백제의 이주지식인과 동아시아 세계

김영심

지식산업사

김영심金英心

전북 고창에서 태어났다. 서울대학교 인문대학 국사학과를 졸업하고, 같은 대학원 국사학과에서 문학석사와 문학박사 학위를 받았다. 서울대학교 규장각, 가톨릭대학교, 공주대학교, 가천대학교, 한성백제박물관에서 근무했다. 현재 문화재위원회 사적분과 위원으로 활동 중이다.

주요 논문으로는 〈백제 관등제의 성립과 운영〉, 〈백제문화의 도교적 요소〉, 〈칠지도의 성격과 제작 배경〉, 〈일본 속 백제유물의 범위와 의미〉 등이 있다. 저서로는 《백제의 지방통치》(공저), 《고대 동아세아와 백제》(공저), 《한성백제의 역사와 문화》(공저), 《금석문으로 백제를 읽다》(공저), 《문자와 고대한국 1·2》(공저) 등이 있으며, 역서로는 《역주 한국고대금석문》(공역), 《동사》(공역), 《역주 중국정사 동이전 진서~신당서 백제》(공역) 등이 있다.

백제의 이주지식인과 동아시아 세계

초판 1쇄 발행   2022. 12. 26.
초판 2쇄 발행   2024. 7. 25.

지은이   김영심
펴낸이   김경희
펴낸곳   (주)지식산업사
본사 ● 10881, 경기도 파주시 광인사길 53(문발동)
전화 031 - 955 - 4226~7 팩스 031 - 955 - 4228
서울사무소 ● 03044, 서울시 종로구 자하문로6길 18 - 7
전화 02 - 734 - 1978, 1958 팩스 02 - 720 - 7900
영문문패 www.jisik.co.kr
전자우편 jsp@jisik.co.kr
등록번호   1 - 363
등록날짜   1969. 5. 8.

ⓒ 김영심, 2022
   ISBN 978 - 89 - 423 - 9111 - 0(93910)

이 책에 대한 문의는
지식산업사로 연락해 주시길 바랍니다.

백제의
이주지식인과
동아시아 세계

김영심 지음

지식산업사

이 저서는
대한민국 교육부와 한국연구재단의 지원을 받아 수행된
연구임(NRF – 2017S1A5A2A01023522)
"This work was supported by the Ministry of Education of Korea and the
National Research Foundation of Korea(NRF – 2017S1A5A2A01023522)."

책을 펴내며

중국의 역사서인 《수서隋書》 백제전에는 "其人雜有新羅·高麗·倭等 亦有中國人"이라는 구절이 있다. 한반도의 고대 삼국 가운데 백제에는 신라, 고구려, 왜국, 중국 사람들이 섞여 살고 있었다는 내용이다. 고대사회에서는 국가와 국가 사이의 국경선이 오늘날처럼 분명하게 그어져 있지 않았다. 따라서 주민들이 오늘날과 비교해 상대적으로 자유롭게 국경을 넘나들 수 있었기 때문에 외국인이 본국의 주민과 섞여 사는 것이 가능한 일이긴 했다. 그렇지만 사료적 가치가 높은 것으로 인정되는 중국 정사에 백제에 대해서만 이러한 '사실'이 '특별히' 기록되었다는 것은 신라, 고구려 등에서 볼 수 있는 '현상'과 크게 달랐기 때문일 것이다.

《수서》의 기록은 그동안 백제사회를 설명할 때 빠지지 않고 거론될 정도로 유명한 '사실史實'이지만, 1981년 이래 한국 고대사를 공부해 온 필자도 이를 당연한 '사실事實'로 받아들였을 뿐 왜 그 사실事實이 사실史實이 되었는지를 천착해 보지는 않았다. 백제에 외국인 주민이 많이 거주하는 특별한 현상의 원인에 대해 중국과의 지리적 근접성, 역사적 연계성, 문화적 공통성 등 추상적이고 관념적인 설명은 있었다. 납득은 되지만, 확인은 되지 않는 설명일 뿐이었다.

일본의 오사카, 나라지역에는 백제인의 흔적이 무척 많이 남아 있다.

백제에 많은 외국인이 들어와서 살고 있었다는데, 반대로 일본에는 많은 백제인이 살았다는 얘기다. 백제가 신라와 당 연합군에 의해 무너진 뒤 백제인들이 일본에 많이 건너간 것은 사실이다. 그러나 나라가 망했다고 해서 국민들 가운데 많은 숫자가 살던 나라를 떠나 이웃 나라로 이주하지는 않는다. 더구나 백제인들이 일본으로 이주하기 시작한 것은 백제가 멸망하기 훨씬 이전부터였다. 그리고 바다 건너 일본으로 가는 일은 오늘날처럼 간단한 일이 아니었다.

백제에 외국인들이 다수 거주한 사실, 일본에 외국인으로서 백제인들이 다수 거주한 사실 두 가지를 우연한 일로 보기는 어렵다. 고대사회로서 백제가 가지고 있었던 특별한 성격과 연관관계가 있는 것으로 해석하는 것이 자연스러워 보인다. 백제에 와서 살고 있었던 외국인들은 어떤 계기로 이주한 어떤 사람들이었고, 백제에서는 무슨 역할을 했을까? 반대로 일본에서 살았던 백제 사람들은 어떤 배경을 가진 사람들이고 무슨 활동을 했을까? 이것을 밝히면 백제사회가 가지고 있었던 특성을 좀 더 명확하게 할 수 있을 것이라 생각했다. 다양한 계통의 주민이 어우러져 의사소통을 하고 삶을 영위할 수 있을 정도로 백제사회가 개방적이었을까, 다른 나라의 사람을 받아들이는 데 포용적이었던 만큼 백제인 스스로도 다른 나라로 가서 활동하는 데 적극적이었을까 등이 자연스럽게 세부 연구과제가 되었다.

백제는 중국이나 일본과 교류를 활발히 한 나라였다. 4세기 후반 일본과 외교관계를 맺은 이후 왕족을 비롯하여 많은 백제인이 건너가서 정착하고 활동했던 자취가 여러 곳에 남아 있다. 백제사 연구자로서 여러 차례에 걸쳐 그 지역들을 답사하면서 언젠가 오래 머물며 공부하고 싶은 욕망이 생겼다. 2016년 드디어 오랫동안 마음에 두었던 '일본에서의 장기 답사'가 시작되었다. 장기 답사와 단기 답사는 많은 점이 달랐다. 장기 답사에는 1년 이상 거주할 공간이 필요했는데, 살 집을 구하는 일부터 녹록지 않았다. 교토 야마시나山科에 소재한 맨션의 첫 외국인 입주자로서 거쳐야 할 절차는 복잡했고, 결국 지인의 도움을 받을 수밖에 없었다. 문득 1500여 년 전 백제인들이 왜국에 건너왔을 때의 상황이 오버랩되었다.

그들은 살 곳은 어떻게 마련하고, 먹거리는 어떻게 조달하며, 의사소통은 또 어떻게 했을지 의문이 꼬리를 물었다. 정착하는 과정에서 생길 수밖에 없는 현실적인 문제들을 어떻게 해결했을까? 모두 연구 대상이었지만, 소상히 밝히는 것은 쉽지 않은 과제였다. 더욱이 어떻게든 일본사회에 정착하여 삶의 뿌리를 내려야 하는 절박함이 있었던 당시 이주민의 심정을, 현지 답사와 연구만을 목적으로 하고 온 필자가 온전히 느낄 수는 없었다. 대신 백제의 이주민들이 살았던 자취라도 잘 따라가 보고 싶었다. 집 가까이에 있는 사적지부터 시작하여 오사카부, 나라현, 시가현 일대의 고분군, 사찰, 신사 등의 유적지를 찾아다니고, 박물관의 전시를 열심히 보러 다녔다.

그러나 이주민의 삶을 온전히 복원하는 작업은 실현하기 어려운 과제였다. 후일의 과제로 미루어 둔 채, 문헌에 남아 있는 이주지식인의 활동상과 역할을 정리하는 작업을 우선 시작했다. 사료비판을 통해 의미를 부여할 필요가 있는 문헌자료와 그동안 축적된 고고발굴자료, 백제 유민 묘지명 등의 문자자료를 활용하여 이주지식인의 활동상을 밝혀보는 작업을 이어 갔다.

백제사에서 큰 자취를 남긴 이주지식인은 백제에 들어와 활동했던 중국계 이주지식인이나 백제 멸망 전과 멸망 후 왜국에 건너가 활동했던 유학자, 승려, 기술자, 관료 등 백제계 이주지식인이었다. 백제에서 제반 분야의 기술자를 '박사博士'라 불렀던 전통을 살려 전문 지식과 기술을 가진 자를 지식인의 범주에 넣었다.

고대사회에서는 국가의 규모나 역할이 제한되어 있었던 만큼 국가의 체제를 갖춰 가고 국가를 운영하는 데 지식인이 직접 개입하거나 영향을 미칠 수 있는 범위가 컸다. 이주지식인은 자신이 살던 곳을 떠나 새로 이주한 곳에서 자신의 역량을 발휘해 국가체제 확립과 사회발전에 기여한 존재였다. 이주민 연구의 첫 작업이 되는 이 책에서는 백제의 이주지식인이 한 나라의 국경을 넘어서 '동아시아 세계'를 형성하는 데 일조한 진정한 '동아시아인'이었고, 이들의 활약으로 고대 동아시아 세계가 하나의 역사적·문화적 공간으로 자리 잡았음을 밝히고자 했다.

지식인의 역할이 미미해진 오늘날의 답답한 상황에 대해 문제의식을 공유하려는 목적도 어느 정도는 있었다. 1960년대부터 시작하여 90년대 전반까지만 해도 한국은 물론 전 세계에서 지식인의 사회적 역할이 매우 중시되었다. 그러나 대중사회가 확산되면서 사회를 이끌어가는 지도층의 역할은 줄어들었고, '지도층의 부재不在'라고 할 정도의 상황이 되었다. 또한 국제관계에서 교류와 협력이 불가피한 상황임에도 불구하고 이민자의 나라인 미국에서마저 자국중심주의가 팽배해졌다. 거대 담론과 가치관의 부재, 방향성의 상실로 대변될 정도의 상황에서 사회 구성원들이 나름의 목표와 방향을 가지고 자신의 삶을 개척하고, 그 삶을 영위하는 자세와 능력을 갖출 수 있도록 추동推動하는 무엇인가가 필요하다고 생각했다. 그 무엇인가를 찾아내는 것이 지식인의 역할이라면, 백제 이주지식인들의 활동으로부터 무엇인가의 실마리를 찾을 수도 있지 않을까가 연구의 부수적인 기대효과였다.

백제 이주지식인의 활동상을 복원하는 데는 백제사만이 아니라 중국, 일본을 포함한 고대 동아시아사에 대한 폭넓은 이해가 필요하다. 그만큼 큰일이라는 얘기다. 그럼에도 불구하고 역량이 충분하지 않은 필자가 이 책을 내기로 용기를 낸 것은 '이주지식인'이라는 범주를 분석 틀로 사용하여 동아시아 고대사회 이주민의 활동상을 살펴보는 것이 나름대로 큰 역사적 의미가 있다고 판단했기 때문이다. 앞으로 꾸준한 천착을 통해 오류를 바로잡고, 좀 더 깊이 있는 '역사적 이해'를 보여 드릴 것을 약속한다.

부족한 책이지만, 이 책을 내기까지 많은 분들의 도움을 받았다. 이주지식인의 삶의 터전이었던 곳에서 공부할 기회를 마련해 주신 다나카 도시아키田中俊明 선생님과 권오영 선생님, 연구를 게을리하지 않도록 독려해 주신 노중국 선생님, 부족한 글을 꼼꼼히 읽고 글을 수정·보완할 수 있도록 지적하고 많은 자료까지 제공해 주신 충남역사문화연구원의 박재용 선생님께 감사를 드린다. 촉박한 출판 일정에도 짜임새 있는 책을 만들기 위해 애쓰신 지식산업사의 김연주 편집자와 김경희 대표님께 감사의 마음을 표한다. 가장 날카로운 비판자이자 조언자인 남편, 언제나 든든한 지원군인 두 아들에게도 고마움을 전한다. 이제는 유명을 달리하신 두 분의 어머님과 아버님, 언제나 사랑으로 감싸 주는 형제, 자매는 필자를 오늘까지 이끌어 준 버팀목이었다. 40년 가까이 함께해 온 서울대 고대사팀의 선후배, 백제사 연구 동료들은 언제까지나 함께할 학문적 동반자이다.

이제 또 새로운 도전이 필요한 시기가 아닌가 한다. 남만큼 빨리 가지는 못하지만 '우보牛步'로라도 더 먼 곳을 향해 나아가는 나의 모습을 보고 싶다.

2022년 늦가을
남한산을 바라보며,
김영심

차 례

화보

〈화보 1〉 아차산 4보루 출토 명문 접시(왼쪽)와 함안 성산산성 목간

〈화보 2〉 시카노시마志賀島 출토 '한왜노국왕漢委奴國王' 금인金印
(후쿠오카 시립박물관)

〈화보 3〉 나라현 난고南鄕
야나기하라柳原유적 벽주건물

12

〈화보 4〉 칠지도(나라현 이소노카미신궁)
근초고왕 때 제작된 금상감 명문의 문자자료. 백제와 일본의 교섭을 상징하는
일종의 외교문서이다.

〈화보 5〉 하남 감일동 백제고분군 출토 계수호(왼쪽)와 호수호

〈화보 6〉 시가현 아노우六太유적의 온돌

〈화보 7〉 사카노우에노다무라마로坂上田村麻呂 무덤. 사카노우에노다무라마로는 8세기 말부터 9세기 초에 활약한 무장으로, 백제계 이주민인 야마토노아야씨東漢氏의 일족이다.

〈화보 8〉 진법자 묘지명 탁본

　〈화보 9〉 오사카부 히라카타시 구다라지百濟寺 사적

서장 왜 백제의 이주지식인에 주목하는가

1. 문제의식

한반도의 고대 삼국 가운데 백제는 중국에서 일본으로 이어지는 동아시아 삼국의 국제관계 형성에서 매우 중요한 역할을 담당한 나라로 알려져 왔다. 바닷길로 이어지는 교역로에서 중요한 위치를 차지하고 있기 때문에 백제사의 이해에서 대외관계는 매우 큰 부분을 차지하였고, 개방성과 국제성은 백제사의 특성으로 거론되었다. 그런데 그동안의 대외관계 연구는 국제적인 역관계의 변화를 밝히는 데 초점이 맞춰져 있었다. 대외관계를 '교섭交涉'과 '교류交流'로 구분하여 교섭은 정치적·군사적·외교적 측면에, 교류는 경제적·문화적 측면에 비중을 둔 것으로 정리한다면,[1] 교섭에 대한 연구의 비중이 컸다고 할 수 있다. 또한 백제 문화의 개방성과 국제성이 동아시아 공유문화권 형성에 중요한 역할을 했다는 것이 일반적으로 지적되었는데, 1970년대에 본격적으로 제기된 '동아시아 세계론'은 그동안의 연구에 적지 않은 영향을 끼쳤다.

동아시아 세계론은 '한대漢代에 시작, 남북조 시기에 완성된 책봉체제册封體制에 기반하여 중국의 제도, 문물이 주변 제국에 전해져 정치적 세

---

1 노중국, 2012, 《백제의 대외 교섭과 교류》, 지식산업사, 6~7쪽.

계, 문화권적 세계로서 동아시아라는 자기완결적 세계가 형성되었다'는 이론으로서,[2] 한자·유교·불교·율령이라는 공통 지표를 가진 중국·한반도·일본·베트남을 동아시아 세계로 설정하고 있다. 그러나 동아시아 세계론은 중국 중심의 국제질서를 설명하는 책봉체제에 입각했고,[3] 일본사의 해명에 궁극적인 목표를 두었기 때문에 한반도의 역사가 매몰되어 버렸다는 비판을 받기도 했다.[4] 최근에는 고대사회 국제관계 연구의 외연이 확대되면서 또다른 차원의 문제점이 지적되고 있다. 책봉관계만이 아니라 중국과 상호 영향관계를 가진 제국諸國·제민족諸民族이 활약하는 역사의 무대로 동부 유라시아를 상정하거나,[5] 6~7세기의 국제관계가 중국, 한국, 일본이라는 범위를 벗어나서 연동되고 있기 때문에 주변제국으로까지 넓혀 보아야 한다는 '동부 유라시아론'도 제기된 상황이다.[6]

---

2 西嶋定生, 1970, 〈東アジア世界の形成 總說〉, 《岩波講座 世界歷史》 4, 岩波書店, 3~8쪽; 西嶋定生 著·李成市 編, 2001, 《古代東アジア世界と日本》, 岩波現代文庫, 22쪽.

3 조공 형식의 외교에서는 조공국의 상표와 중국 황제의 조서, 조공 군주에 대한 관작과 印綬의 사여에 모두 한자가 사용되기 때문에 문서외교를 계속하기 위해서는 한자를 습득해야 한다고 보았다(西嶋定生, 1999, 〈漢字の傳來とその變容〉, 《倭國の出現 － 東アジア世界のなかの日本》, 東京大學出版會, 175~176쪽). 이에 대해서는 삼국의 중국 교섭이 점차 완벽한 중국식 문서외교 형식으로 발전한 것은 한자문화의 확산에 따른 결과였을 뿐, 원활한 외교를 위하여 한자 수용을 적극적으로 추진한 것은 아니라는 비판도 있다(이성규, 2003, 〈한국 고대국가의 형성과 한자 수용〉, 《한국고대사연구》 32, 71쪽). 또 조공·책봉관계는 전근대 동아시아 국가 간에 벌어졌던 독특한 외교 형식임은 분명하나, 책봉국의 중심성과 피책봉국의 독립성을 인정하는 바탕 위에서 이루어진 것이다(송기호, 2007, 《동아시아의 역사분쟁》, 솔출판사, 240쪽; 여호규, 2006, 〈6~8세기 동아시아 국제관계사 연구의 진전을 기대하며〉, 《역사와 현실》 61, 20쪽). 따라서 책봉체제의 성격 규정에 대한 문제점을 지적할 수 있다.

4 주 2)의 西嶋定生 著·李成市 編 책에 대한 옮긴이의 서문에 나오는 비판이다(니시지마 사다오 지음·이성시 엮음·송완범 옮김, 2008, 《일본의 고대사인식 －'동아시아세계론'과 일본－》, 역사비평사, 9~10쪽).

5 佐川英治·杉山清彦, 2019, 《中國と東部ユーラシアの歷史》, 放送大學教育振興會, 4쪽.

백제의 경우만 하더라도 왜국에 보낸 부남국扶南國 물품, 백제 사신과 곤륜崑崙 사신 관련 기록, 함평 창서 유적 출토 토기의 서역인 얼굴, 무령왕릉 출토 동남아시아산 유리의 입수경로 등에서 볼 수 있듯이,[7] 인적·물적 교류의 범위가 매우 넓었다. 따라서 국제관계나 교류의 지역적 범위 및 경로를 설정할 때 시야를 확대할 필요는 분명히 있다.

동아시아 세계가 자기완결적 세계인지는 더 고민해 보아야 할 과제가 되었으나, 그렇다고 해서 이제 '동아시아 세계론'은 더 이상 가치가 없는 이론인가? 이에 대해서는 동의하기 힘들다. 교류의 빈도나 관계의 긴밀성, 문화적 동질성에서 볼 때 동아시아 세계라는 틀은 여전히 유의미하기 때문이다. 더욱이 근자에 출토된 문자자료나 고고자료를 통해 밝혀진 문자문화와 율령제, 물질문화 등에서 고대 동아시아 삼국의 연관성이 구체적으로 밝혀지고 있는 점도 고려할 필요가 있다. 다만 그간의 연구에서 동아시아 삼국의 문화적 연관성이나 공통성이 생기게 된 배경에 대한 천착이 충분히 이루어지지 않은 것은 큰 문제였다. 중국에 인접한 곳이라는 지역적인 요인을 넘어서는, 문화적 연관성의 고리 또는 비교 연구의 근거가 마련되어야 할 것이다.

동아시아지역의 고대국가는 영역을 확보하기 위해 잦은 전쟁을 치르면서도 통치에 필요한 지식과 기술을 확보하고자 끊임없이 노력했다. 스스로의 힘으로 통치체제 구축에 필요한 지식과 기술, 운영 원리, 가치체계를 창출한 경우도 있지만, 대부분의 경우는 자신이 가진 바탕 위

6 廣瀨憲雄, 2011, 《東アジアの国際秩序と古代日本》, 吉川弘文館, 15쪽: 2014, 《古代日本外交史 東部ユーラシアの視点から読み直す》, 講談社選書メチエ, 22~42쪽: 2018, 《古代日本と東部ユーラシアの国際関係》, 勉誠出版.

7 권오영, 2012, 〈백제와 서역의 문물교류에 대한 시론〉, 《백제연구》 55, 212~222쪽: 2019, 《해상 실크로드와 동아시아 고대국가》, 세창출판사, 194~215쪽.

에 외부로부터 새로운 것을 수용하고 변용하는 과정을 거쳐 자기 나름의 국가체계를 구축해 갔다. 그 과정에서 국가적 차원의 교섭이나 인적人的·물적物的 교류가 빈번하게 이루어졌고, 문헌과 고고자료 속에는 그러한 교류의 흔적이 남게 되었다. 특히 사람이 직접 오고 간 인적 교류는 지식과 기술, 사상 등 제반 문화를 전달하는 데 파급력이 컸다.

여러 유형의 인적 교류 중에서 이 연구에서 주목한 것은 출신 국가가 아닌 다른 나라로 옮겨가 활동한 이주민, 특히 '이주지식인移住知識人'이다. 이주민과 지식인 두 가지를 키워드로 삼은 이유는, 이주민은 이동수단이 제한되어 있던 고대사회에서 자신이 살고 있던 기반을 떠나서 다른 곳에 정착하여 그곳에서 자신의 존재를 부각시키며 또 다른 삶을 영위해 나갔다는 점에서 고대사회의 역동성과 개방성, 고대인의 지향성과 세계관을 상징적으로 보여 주기 때문이다. 또한 지식인은 오늘날과 달리 지식과 기술·정보에 대한 접근이 제한된 고대사회에서 문자에 대한 이해를 바탕으로 새로운 지식과 기술·정보를 흡수하여 사회의 변화와 발전에 기여한 사람들이기 때문이다.

동아시아지역의 고대국가들은 '한자'를 이용하여 국가 간 의사전달, 지식과 정보의 공유가 가능했다. 동아시아 사회의 지식인은 단지 한자로 작성된 문서를 이해하고, 문서를 작성할 수 있는 단순한 지식인이 아니었다. 그들은 한자문화권에서 만들어진 각종 제도, 외교, 생활방식, 기술, 문화 등을 활용하여 고대국가가 해결해야 할 과제를 처리해 내는 전문가였다. 따라서 고대 동아시아 사회에서 이주지식인은 '한자'에 대한 이해를 기반으로 특정 분야의 지식과 기술을 가지고, 이주한 사회에 적극적으로 참여하여 사회의 변화와 문화 발전의 중요한 계기를 만든 사람들이라고 할 수 있다. 동아시아지역 고대국가에서 사회발전의 원동력으로 작용하였고, 결과적으로 동아시아지역 고대국가 간 문화적 연관성이 나타나게 된 배경의 하나로서 '이주지식인'이란 존재에 대해 다양한 측면에서 조명해 볼 필요가 있다.

고대 동아시아 이주지식인의 대표적인 사례는 한반도와 일본열도에 정착한 중국계 이주지식인, 백제를 비롯한 삼국에서 일본열도로 이주한 지식인이다. 중국계 이주지식인이 유학에 기반을 한 경우가 많다고 한다면, 후자는 유학적 기반을 가진 관료와 불교에 기반한 승려 지식인이 많았다. 중국계 식자층의 경우 표문表文과 같은 외교문서 작성에서 지식인으로서의 면모를 확실히 드러내고, 국경에 구애받지 않고 자신이 가진 실력을 최대한 발휘하면서 이주국에 정착하였다. 그러나 자신의 개인적인 능력을 기반으로 언제든지 자유롭게 떠날 수 있는 사람들, 오늘날의 '전문지식을 가진 노마드'와 같은 존재이기도 했다. 따라서 이주지식인의 활동을 제대로 규명하면, 동아시아 고대국가의 발전과정과 동아시아 문화권의 형성과정을 역동적으로 그려낼 수 있을 뿐만 아니라, 동아시아 역사와 문화의 전개과정에서 이주지식인이란 존재가 갖는 의미를 좀 더 분명하게 규정할 수 있을 것으로 판단된다.

동아시아 세계론이 본격적으로 주창될 당시에는 일본이라는 나라의 역사, 곧 일국사―國史를 명확하게 하기 위한 목적이 강했으나, 최근에는 일국사관을 극복하기 위한 대안으로서 동아시아론이 제기되고 있다. 이러한 새로운 움직임을 가시화할 수 있는 존재가 이주지식인이 아닐까 한다. 일국사적인 역사인식을 탈피해서 동아시아 삼국의 연대와 공동연구가 가능한 주제이기 때문이다.[8]

---

8 동아시아 교과서가 나온 것도 일국사적인 역사인식을 탈피하기 위한 시도 가운데 하나였다. 그러나 아직도 일국사의 틀을 넘어서는 동아시아 세계의 구상은 제시되지 못했다. 연구의 시작 단계부터 이를 염두에 둔 것은 아니나, 일국의 범위를 뛰어넘어 활동한 이주지식인 중에는 진정한 '동아시아인'으로 명명할 수 있는 부류가 있다는

고대 동아시아 세계에서 이주지식인의 문제를 다양한 측면에서 고찰할 수 있는 나라는 백제이다. 국가형성 과정에서 부여·고구려계의 이주민이 한韓의 토착민 계통과 함께 중심세력을 형성했으며, 여기에 낙랑·대방을 통해 유입된 중국인, 전쟁 포로로 끌려와 거주하게 된 말갈·고구려 사람도 포함되었다.9 백제사회의 개방성과 그에 따른 주민구성의 다양성은 《수서隋書》 백제전에 특기될 정도였고,10 최근에는 신라·고구려·왜·중국인뿐만 아니라 서역인이 들어왔을 가능성도 제기되고 있으며, 또 백제에서 일본으로 건너가 활동한 사람들에 관한 기록도 많이 보인다.11 백제와 중국, 일본과의 관계에서 문헌 기록에 개인의 이름이 등장하는 경우는 왕족을 제외하고는 대체로 관료, 지식과 기술을 가진 전문인 집단이 많다. 이처럼 이주지식인의 존재가 다수 확인됨에도, 현재까지 백제사는 물론 한국고대사에서 '이주민'으로 통칭했을 뿐 '이주지식인'이라는 범주를 따로 설정하여 다양한 각도에서 분석한 연구는 없었다. 따라서 선행연구에 대한 검토는 부득이 이주민 연구 전반에 걸쳐 이루어질 수밖에 없다. 이 연구에서는 고대국가가 어떠한 과정을 거쳐 체계를 갖춰 나갔는지에 대한 고민을 함께 담아 백제사에서 이주지

것을 확인할 수 있었다.

9 김영심, 2007a, 〈백제 한성도읍기 문화의 계통성과 특색〉, 《한성백제의 역사와 문화》, 서경문화사, 86쪽.

10 《隋書》 권81 열전46 동이 백제 "其人雜有新羅高麗倭等 亦有中國人"

11 일본열도 내의 이른바 '도래계' 씨족의 출자에 대해서는 중국계냐 한국계냐의 논란이 있으나, 실질적으로는 4세기 말 이래 한반도에서 이주·정착한 한반도계가 다수이다(諸田正幸, 1988, 〈渡來人論. 序章〉, 《歷史學研究》 582). 한반도 여러 나라 중에서는 백제 출신이 가장 많고, 일본의 지배자집단을 구성하는 비율 또한 백제계가 가장 많다(山尾幸久, 1989, 〈河內飛鳥と渡來氏族〉, 《古代を考のえる河內飛鳥》, 吉川弘文館, 136~139쪽; 나행주, 2015, 〈일본고대국가와 백제계 도래인 –특히 백제계 문필(史姓)씨족의 활동과 역할을 중심으로–〉, 《한일관계사연구》 52, 15쪽).

식인의 활동 상황과 역할을 분석하고자 한다.

2. 선행 연구의 검토

백제는 대외 교류가 활발하게 이루어진 나라인 만큼 대외관계사 및 교류·교섭사가 중요한 연구 분야의 하나로 자리 잡았고, 이주민에 대한 연구도 적지 않았다. 전체적으로 문물 교류라는 차원의 연구가 중심을 이루고, 인적 교류에 대한 관심은 상대적으로 적은 편이다.[12] 백제사에서 이주민에 관한 기존의 연구는 대체로 백제에서 활동한 중국계 이주민과 일본에서 활동한 백제계 이주민에 집중되고, 또 이들을 별도로 다루고 있다. 물론 중국·일본과의 인적 교류 전체를 다루면서 시기별 추이를 제시하거나,[13] 중국과 일본으로 건너간 백제 유민의 활동과 유민이 남긴 유물·유적을 종합적으로 검토한 성과물도 나온 바 있다.[14]

그런데 중국과의 관계에서는 교섭과 교류를 직접 담당했던 인간에 대한 관심은 상대적으로 부족했다. '중국계[15] 백제관료'의 활동을 살펴

---

12 백제의 대외교섭과 교류 문제를 집대성한 노중국의 연구에서도 시기별로 교섭과 교류의 양상이 어떠했는지 체계적으로 정리었지만, 주로 '문물'의 교류를 밝히는 데 초점이 맞춰져 있고, 사신단을 제외하고는 교섭과 교류에서 중요한 역할을 한 사람들에 대해 그다지 주목하지 않았다(노중국, 2012, 앞의 책).

13 윤수희, 2009, 〈百濟의 人的交流 硏究 −5세기를 중심으로−〉, 한국학중앙연구원 한국학대학원 박사학위논문.

14 충남역사문화연구원, 2007, 《백제 유민들의 활동》, 백제문화사대계 7.

15 지역적으로도 넓고 여러 왕조에 걸쳐 있는 이주민을 '중국계'로 통칭하는 것에 대해 문제점을 지적하기도 한다. 그러나 여러 시기에 걸쳐 중국의 다양한 지역에서 발생한 이주민을 지칭할 때 '중국계 이주민'을 대체할 만한 용어를 현재까지도 찾기 어렵다.

보는 정도였다.[16] 일본과의 관계에 견주어 자료가 한정되어 있기 때문일 것이다. 중국에서 백제 유민의 묘지명이 발견되면서 중국계 이주민[17]의 이주 시기에 대한 관심이 높아지고 있으나,[18] 묘지명의 성격상 내용이 제한적인 까닭에 이주민의 활동상이 구체화되지는 못하고 있는 실정이다. 그러나 근래에 들어 중국계 인물이 백제에 유입된 과정과 활동 양상 및 이들이 백제의 체제정비에 기여한 면을 좀 더 깊이 있게 천착하고, 이들이 왜로 건너가 활동한 내용까지 검토한 연구가 나오고 있다.[19]

일본과의 관계에서는 문헌이나 고고자료가 상대적으로 많이 남아 있기 때문에 이주민의 활동에 초점이 맞춰진 편이다. 이른바 '귀화인歸化

따라서 통칭으로 '중국계 이주민'이라는 표현을 쓰면서 경우에 따라 좀 더 세분화되고 구체적인 용어를 병용하고자 한다.

16 김기섭, 2000, 《근초고왕과 백제》, 서경문화사; 윤용구, 2007, 〈중국계 관료와 그 활동〉, 《백제의 대외교섭》, 충남역사문화연구원; 정재윤, 2012, 〈중국계백제관료에 대한 고찰〉, 《사총》 77.

17 유민묘지명에서 중국으로부터 이주했다고 기록되어 있는 사례 중에는 백제 멸망 후 唐에 이주하여 정착하기 위해서 중국계임을 표방한 것일 뿐 실제는 백제 출신이라 보는 견해들도 있다. 禰氏의 경우는 출신지가 논란이 되지만, 陳氏와 같은 경우는 외교 분야에서도 활약한 중국계임이 분명하다.

18 김영관, 2012a, 〈중국 발견 백제 유민 예씨 가족 묘지명 검토〉, 《신라사학보》 24.
김영관, 2014, 〈백제 유민 진법자 묘지명 연구〉, 《백제문화》 50.
김영심, 2013a, 〈묘지명과 문헌자료를 통해 본 백제멸망 전후 禰氏의 활동〉, 《역사학연구》 52.
정동준, 2014, 〈〈陳法子 墓誌銘〉의 검토와 백제 관제〉, 《한국고대사연구》 74.
백길남, 2015, 〈4~5세기 백제의 중국계 流移民의 수용과 太守號〉, 《동방학지》 172.
조범환, 2015, 〈중국계 유이민의 백제 귀화와 정착과정에 대한 검토〉, 《한국고대사탐구》 19.
이여름, 2018, 〈4~5세기 백제 이주귀족의 정착과 활동〉, 《역사와 현실》 108.
박초롱, 2019, 〈禰氏 一族의 백제 이주와 성장〉, 《목간과 문자》 23.

19 김창석, 2016, 〈중국계 인물의 백제 유입과 활동 양상〉, 《역사문화연구》 60.
장미애, 2017, 〈백제 내 이주민 집단의 위상 비교〉, 《역사학연구》 66.

人'[20]이라는 존재에 대해 일본학계가 먼저 주목하였고, 이들이 일본사회의 진전과 문화의 발전에 결정적인 역할을 수행했다고 보는 것이 일반적이었다.[21] 1980년대에 들어서는 한국학계에서도 이에 관한 연구가 시작되었다. 일본에서 이루어진 일련의 연구를 소개하고, '귀화'의 개념에 대한 검토를 통해 주의를 환기시켰다. 귀화인이나 번국蕃國 등의 용어가 《일본서기》 편찬 당시의 율령 용어임을 밝히고, 귀화인이라는 용어가 부적절함을 언급하였다.[22]

1990년대 후반부터는 연구자의 증가와 함께, 백제 유민을 포함한 이주민의 활동에 대한 연구가 활발해졌다. 문헌자료를 통해 백제와 왜국[23]

---

20 814년 奉勅·撰上되고, 815년 개정·再撰된 《新撰姓氏錄》은 左·右京과 畿內의 氏族을 神別·皇別·諸蕃 셋으로 분류하였다. 전체 1182 성씨에서 未定雜姓 117씨를 제외한 1065 성씨 가운데 諸蕃 씨족은 약 30%를 차지하는데, '귀화인'은 이 제번으로 분류된 씨족을 중심으로 그들과 同族을 형성하는 집단을 지칭한다(丸山裕美子, 2014, 〈歸化人と古代國家·文化の形成〉, 《岩波講座 日本歷史》 第2卷 古代 2, 岩波書店, 109쪽).

21 關晃(1956, 《歸化人》, 至文堂: 2009, 《歸化人》, 講談社 學術文庫), 平野邦雄(1964, 〈8·9世紀における歸化人の役割〉, 《歷史學研究》 292) 등의 연구에서 이러한 기조가 형성된 이래 현재까지도 이어져 오는 평가이다. 중국이나 한반도에서 가지고 온 여러 가지 기술이나 지식문물로 일본열도가 미개에서 문명으로 발전했다는 표현을 쓰기도 했다(吉村武彦, 2010, 《ヤマト王權》, シリーズ日本古代史 2, 岩波新書, 104~105쪽).

22 金鉉球, 1985, 《大和政權の対外關係研究》, 吉川弘文館; 김은숙, 1985, 〈일본 고대의 '귀화'의 개념 −《일본서기》의 '귀화' 용례를 중심으로−〉, 《변태섭박사화갑기념사학논총》, 삼영사.

23 이 책에서 주된 검토 대상으로 삼고 있는 시기인 4~5세기부터는 중국 정사의 열전에도 '왜국전'으로 나오고, 실제 일본열도에서도 大王을 정점으로 한 국가체가 등장하기 때문에 '왜국'으로 통칭하도록 하겠다. 〈禰軍墓誌銘〉과 같은 670년대의 기록에서 '일본'이라는 표현이 등장하기는 하지만 지칭 대상이 분명하지 않고, '일본'이라는 국호는 8세기 초 《大寶令》 제정 뒤에 공식적으로 사용되었다고 보는 것이 일반적이다(김영심, 2013a, 앞의 논문, 228−229쪽). 그러므로 700년대 전후 및 8세기 이후의 상황, 현재의 일본열도라는 지역 및 나라를 지칭할 때는 '일본'이라는 용어를 사용하기로 하겠다.

의 교류 관계를 규명하는 과정에서 일본에 건너갔던 왕족이나 문자문화와 선진기술의 전달자들을 언급하거나, 백제 유민들의 활약상을 검토하는 연구가 주를 이루었다.[24] 이러한 연구를 통해 백제와 왜국 사이에서 오고 갔던 인물들과 백제왕씨百濟王氏를 비롯한 유민의 활동 양상에 대해서는 일정 정도 정리가 되었다고 할 수 있다.[25]

이러한 연구성과를 토대로 2000년대 말부터 최근에 이르기까지는 연구가 세분화되면서 특정 부문에 대한 구체적인 검토가 이루어졌다. 《일본서기》에 보이는 오경박사五經博士의 성격을 밝히거나,[26] 귀실씨鬼室氏와 진씨秦氏, 사씨沙氏 등 왜국으로 이주한 대표적인 성씨의 후예씨족에 대한 검토를 행하였다.[27] 야마토大和 정권의 대표적인 씨족과 '백제계

---

24 박윤선, 1995, 〈도일 백제 유민의 활동〉, 숙명여대 석사학위논문.
  연민수, 1998, 《고대 한일관계사》, 혜안.
  이재석, 2000, 〈소위 왜계 백제관료와 야마토 왕권〉, 《한국고대사연구》 20.
  이근우, 2001, 〈일본열도의 백제 유민에 대하여〉, 《한국고대사연구》 23.
  송완범, 2006, 〈동아시아세계 속의 〈백제왕씨〉의 성립과 전개〉, 《백제연구》 44.
  김선민, 2007, 〈일본고대국가와 백제왕씨〉, 《일본역사연구》 26.
  연민수, 2009, 〈일본 고대국가 형성과 백제〉, 《한국사 시민강좌》 44, 일조각.
  송완범, 2010, 〈일본 율령국가와 백제 유민의 연구〉, 《고대 동아시아 재편과 한일관계》, 경인문화사.
25 충남역사문화연구원, 2007, 《백제의 대외교섭》 백제문화사대계 9의 제3장 '왜와의 관계'와 《백제 유민들의 활동》 제1장 '일본 속의 백제 이주민과 유민'은 그 결과물이다. 특히 일본 속의 백제 유민 가운데 백제왕씨에 대해서는 우리나라에서도 연구가 꽤 이루어진 편이다(송완범, 2006, 위의 논문; 김은숙, 2007, 〈일본 율령국가의 백제왕씨〉, 《백제 유민들의 활동》, 충남역사문화연구원; 崔恩永, 2017, 〈百濟王氏の成立と動向に關する研究〉, 滋賀縣立大學大學院 博士學位論文).
26 이근우, 2010, 〈《일본서기》에 보이는 오경박사와 吳音〉, 《일본역사연구》 31.
27 연민수의 일련의 연구가 이에 해당한다(연민수, 2016, 〈백제 鬼室氏와 일본의 후예씨족〉, 《백제학보》 17: 2017, 〈진씨의 도래전승과 후예씨족의 활동〉, 《한일관계사연구》 58: 2018, 〈왕진이 일족의 문서행정과 시조전승〉, 《동북아역사논총》 62: 2021, 〈사비시대 사택씨의 위상과 멸망 이후의 후예씨족〉, 《한국학》 44-1). 그간의 일련의

도왜인'의 관계,[28] 멸망 전후의 도왜 불교 승려의 활동에 초점을 맞추기도 하였다.[29] 문헌과 고고자료를 연결하고, 왜국의 정치상황을 고려하여 백제 왕족의 왜국 파견 문제를 다룬 연구,[30] 이주민의 정체성 문제를 다룬 연구도[31] 눈에 띈다. 야마토 정권에서 문필업무를 담당한 사부史部 집단 또는 사성史姓 씨족이 왕인王仁의 후예임을 밝히고, 이주의 계기가 민간 차원이냐, 국가적 차원에서 이루어진 것이냐에 따라 왜국 내에서의 존재형태나 정착방식에서도 차이가 있다고 보는 지적도 있었다.[32] 또한 백제계 이주민의 활동이 일본 고대국가의 발전과정에 미친 영향에 따라 단계를 설정하기도 하였다.[33] 이와 함께 왜계 백제관료의 사례를

연구는 연민수, 2021, 《일본 고대국가와 도래계 씨족》, 학연문화사에 모두 수록되어 있다.

28 박재용, 2011, 〈고대 일본 藤原氏와 백제계 도왜인〉, 《백제연구》 54: 2017, 〈고대 일본의 蘇我氏와 백제계 씨족〉, 《한국고대사연구》 86: 2019, 〈고대 일본의 망명백제 관인과 그 후예씨족〉, 《한일관계사연구》 64.

29 백미선, 2010, 〈사비시대 백제의 대왜 불교 교류와 慧聰〉, 《한국사상사학》 34; 백미선, 2012, 〈백제 멸망기 도왜 승려들의 활동과 사상〉, 《한일관계사연구》 41; 박재용, 2014, 〈6세기 백제계 도왜인과 불교〉, 《백제문화》 50.

30 정재윤은 문헌자료와 고고학자료를 연결해서 보려고 시도했다. 당시 일본의 정치상황, 곧 야마토 정권의 정치력이나 통일국가 형성 여부에도 관심을 가지고, 6세기까지는 야마토 정권이 통일국가를 이루지 못했다는 시각에서 논지를 전개하였다(정재윤, 2008, 〈백제 왕족의 왜 파견과 그 성격〉, 《백제연구》 47).

31 윤선태, 2003, 〈7~9세기 삼국인의 일본이주와 정착 – 고대일본의 중화의식과 귀화인 문제를 중심으로-〉, 《대외문물교류연구》 2; 박윤선, 2012, 〈도일 백제 유민의 정체성 변화 고찰〉, 《역사와 현실》 83; 정효운, 2017, 〈백제 멸망과 백제 유민 – 정착 과정과 정체성 문제를 중심으로〉, 《동북아문화연구》 53.

32 東漢氏나 秦氏 같은 민간차원의 도래인은 유력호족인 蘇我氏와의 사적 결합·유대관계가 강한 반면, 국가적 차원의 파견과 같은 경우는 야마토 정권과의 정치적 관계가 더 견고하다고 보았다(나행주, 2015, 앞의 논문, 18~19쪽).

33 서보경, 2014, 〈고대 일본의 신지식 전수방식의 변화와 특징 – 大學寮의 성립과정을 중심으로-〉, 《일본학》 38. 이밖에도 서보경은 문필실무직 등 백제계 이주민에 관한

검토하여 출신배경이나 성격을 규정한 연구도 있었다.[34] 이처럼 문헌을 중심으로 한 꾸준한 연구 덕분에 백제계 이주민의 실상도 꽤 밝혀졌다고 할 수 있다.

한편 1990년대 후반부터 한일 양국에서 고고 발굴자료가 증가함에 따라 고고학계에서는 물질생활과 관련된 물적 교류의 양상을 정리하는 데 연구가 집중되었다. '일본 속의 백제문화'를 소개하는 차원에서 현재 일본에 남아 있는 백제 관련 유물·유적 등을 조사하고 정리함으로써 일정 정도의 현상은 밝혀 놓았으나,[35] 문헌자료와의 유기적 연결을 통해 그 유물·유적이 어떠한 역사적 맥락을 갖는지에 대한 검토는 부족했다. 근자에 들어서는 일본에 남겨진 백제계 유물·유적이나 백제에 남아 있는 왜계의 유물·유적을 이주민의 활동과 연결시켜 해석하고 역사적 배경을 논하는 연구가 증가하고 있는 상황이다.[36] 2017년부터 2019년에 걸쳐 나온 《일본 속의 백제》 시리즈는 일본의 긴키·큐슈·혼슈지역의 백제 이주민과 관련된 물질자료를 분야별로 정리하고 집대성한 자료집이다.[37] 그런데 유물, 유적은 개인보다는 집단성이 반영된 것이라

일련의 연구를 꾸준히 진행하고 있다(서보경, 2009, 〈도왜한 백제계 韓人과 河內 － 백제왕족의 도왜와 관련하여〉, 《사총》 68: 2016, 〈'同祖' 계보의 변화를 통해 본 왕인, 왕진이계 씨족〉, 《한일관계사연구》 53: 2017a, 〈고대 일본의 문필실무직과 한국계 〈渡來〉씨족〉, 《사림》 59: 2019a, 〈東西文部와 大祓〉, 《한일관계사연구》 64).

34 이연심, 2010, 〈6세기 전반 가야·백제에서 활동한 '왜계관료'의 성격〉, 《한국고대사연구》 58; 서보경, 2010, 〈達率 日羅를 통해 본 倭系百濟官僚〉, 《역사와 담론》 56; 박재용, 2015, 〈《일본서기》에 보이는 왜계백제관료〉, 《백제학보》 15.

35 국립공주박물관, 1999~2004, 《일본소재 백제문화재 조사보고서》 Ⅰ~Ⅳ.

36 권오영, 2005, 《고대 동아시아 문명교류사의 빛 무령왕릉》, 돌베개; 박천수, 2012, 《일본 속 고대 한국 문화 －近畿地方－》, 동북아역사재단; 서현주, 2015, 〈왜에 남겨진 백제 문물〉, 《한국사 속의 백제와 왜》, 한성백제박물관; 김낙중, 2015, 〈백제에 남겨진 왜의 문물〉, 《한국사 속의 백제와 왜》, 한성백제박물관.

할 수 있으나, 문헌에 남아 있는 자료는 지배층 또는 지식인이라 부를 수 있는 부류의 자료들이 대부분이라서 고고자료와 문헌자료를 정합적으로 연결시켜 보기 힘든 측면이 있다.

일본학계에서는 연구 초기의 '귀화인'이란 용어를 '도래인渡來人' '도래계渡來系'라는 용어가 대체하면서 '도래계 씨족'에 대한 연구가 주를 이루었으나,[38] 현재는 유물·유적과 문헌자료를 유기적으로 연결하여 이른바 '도래인'의 실상을 구체적으로 제시하고, 이를 정치·사회적 맥락에서 파악하려는 연구도 많이 행해지고 있다.[39] 근래 고고학의 성과, 특히 생산유적의 발굴사례가 증가하면서 야마토 정권과 도래인의 관계가 분명해졌다고 할 수 있다.[40] 또한 야마토 정권과의 관계만이 아니라 특정 지역의 호족과 도래인의 관계를 규명한 연구도 있다.[41] 최근에는 한반도계 도래계 집단에 대한 고고자료를 분석하여, 한반도계 도래문화의

---

37 충청남도·충남역사문화연구원, 2017, 《일본 속의 백제 -긴키지역-》 I·II: 2018, 《일본 속의 백제 -큐슈지역-》: 2019, 《일본 속의 백제 -혼슈지역-》.

38 加藤謙吉의 일련의 연구가 이에 해당한다(1991, 《大和政権と古代氏族》, 吉川弘文館: 1998, 《秦氏とその民 渡来氏族の実像》, 白水社: 2001, 《吉士と西漢氏 渡来氏族の実像》, 白水社: 2002, 《大和の豪族と渡来人 -葛城·蘇我氏と大伴·物部氏-》, 吉川弘文館: 2003, 《ワニ氏の研究》, 雄山閣: 2017, 《渡来氏族の謎》, 祥伝社: 2018, 《日本古代の豪族と渡来人 -文献史料から読み解く古代日本-》, 雄山閣).

39 田中史生, 1997, 《日本古代国家の民族支配と渡来人》, 校倉書房; 田中史生, 2005, 《倭国と渡来人》, 吉川弘文館; 田中史生, 2019, 《渡来人と帰化人》, 角川選書; 加藤謙吉, 2002, 앞의 책; 上田正昭, 2013, 《渡来の古代史 -国のかたちをつくったのは誰か-》, 角川選書; 坂靖, 2018, 《蘇我氏の古代学 -飛鳥の渡来人-》, 新泉社; 千夏久, 2020, 〈渡来系移住民がもたらした産業技術 -畿内地域の鍛冶生産と馬生産-〉, 《渡来系移住民 -半島·大陸との往来-》, 岩波書店; 龜田修一, 2020, 〈列島各地の渡来系文化·渡来人〉, 《渡来系移住民 -半島·大陸との往来-》, 岩波書店.

40 丸山裕美子, 2014, 앞의 논문, 125쪽.

41 大橋信弥, 2004, 《古代豪族と渡来人》, 吉川弘文館: 2019, 《古代の地域支配と渡来人》, 吉川弘文館.

전략적 수용이 일본열도에서 고대국가 형성을 촉진시켰음을 밝힌 연구도 나왔다.[42] 이러한 연구성과들에 힘입어 '도래인'이라는 주제를 다룬 특별전시회도 여러 차례 개최되었다.[43]

근래의 연구에서도 중국이나 한반도에서 가지고 온 기술이나 지식·문물, 도래인의 활동이 일본사회의 진전과 문화 발전에 결정적인 역할을 수행했다고 보는 기본 입장은 변함이 없다. 한반도로부터 청동기·철기 등이 수입되고 체계적 기술을 동반한 도작농경이 전래됨으로써 일본열도의 생산경제에 커다란 전환점이 되었다는 점, 고고학계에서 철기 등의 금속기와 같은 물질문명의 수입이 중요한 자료로서 강조되던 것에 더하여 한자 등 문자의 수용이 불교·유교 등 사상이나 종교, 율령법의 수입에 가져다 준 의미에 크게 주목하게 되었다는 점을[44] 특징으로 들 수 있겠다. 또한 한반도에서 왜국으로 들어온 도래인과 중국에서 들어온 도래인을 구분하여, 한반도계의 기술자는 집단으로 도래해서 집락을 형성했던 것과 달리 중국계 지식인은 소규모로 열도 안에서도 거점을 가지지 못했을 가능성이 높다는 지적도 있었다.[45] 이주 및 정착의 방식을 이해하는 데 고려할 요소로 생각된다.

현재는 '도래인'을 더 이상 '도래인'이 아니라 '일본인'으로서 자리매김하고 있는 추세이고, '귀화인'이라는 용어로 회귀하기도 한다는 점에

---

42 中久保 辰夫, 2017, 《日本古代國家の形成過程と對外交流》, 大阪大學出版部.

43 대표적인 전시 도록은 다음과 같다.

大阪府立近つ飛鳥博物館, 2004, 《今來才伎 －古墳·飛鳥の渡來人－》, 平成16年度秋季特別展圖錄; 大津市歷史博物館, 2016, 《渡來した人人の足跡 －大津の古墳群と集落跡》, 發掘された 2016 地域展示圖錄; 大阪歷史博物館, 2017, 《渡來人いずこより －도래인은 어디에서 왔는가》, 特別展圖錄.

44 吉村武彦, 2010, 앞의 책.

45 河內春人, 2018, 《倭の五王 －王位繼承と五世紀の東アジア》, 中公新書.

서[46] 이들 용어에 대한 성격 규정은 여전히 진행 중이라 할 수 있다. 이와 관련하여 도래인에 대한 일본학계의 인식 수준을 비교적 정확하게 평가한 연구가 주목된다. 선진 기술과 지식을 가지고 왜인 사회에 접합되어 동화되어 가면서, 왜인 중심의 국가와 사회에 많은 영향을 미친 고대의 마이노리티 집단이라는 것이다.[47]

이상에서 백제사상의 이주민과 관련한 그동안의 연구를 개략적으로나마 살펴보았다. 본론의 서술과정에서 연구의 구체적인 내용은 언급되겠지만 현재까지 이루어진 연구는 대부분 고대 동아시아 전체를 염두에 두지 않고, 백제사의 틀 속에서 이주민의 문제를 다룬 경향이 있다. 중국에서 시작된 주민 이동의 파도가 각 나라의 정치적 상황 등과 연결되어 이주민이 발생하는데, 그간의 연구는 문헌과 고고자료를 통해 이주민의 활동상과 자취를 정태적으로 정리하는 데 치중한 것이 아닌가 생각된다. 또한 다양한 층차層差를 가진 이주민을 하나로 뭉뚱그림으로써 이주민의 계층적 차이, 이주의 계기·동기·목적 및 이주 기간의 차이, 정착방식이나 역할의 차이 등을 고려한 심도 있는 고찰이 진행되지 못했다.[48] 그리고 여전히 개개의 사례에 대한 소개의 성격이 강해서 시기적 변화상과 그 변화의 의미를 파악하는 데는 소홀했다. 물론 한반도에서 도래한 집단이 일본열도 재래의 집단과 어떠한 관계를 맺고 어떻게 정착하는지를 토기 자료의 기종 구성과 그 특징을 통해 복원하고, 다

---

46 丸山裕美子, 2014, 앞의 논문, 135쪽.

47 이재석, 2010, 〈일본 고대국가 형성기의 知의 유통과 독점〉, 《동양사학연구》 111.

48 최근 이 문제와 관련하여 백제에서 일본으로 건너간 시기를 밝힌다든가, 백제인들이 어떠한 과정을 거쳐서 일본에 정착했고, 그 결과 어떻게 일본인화되었는지에 대한 관심을 기울여야 한다는 지적이 있었는데(김수태, 2017, 〈긴키지역의 백제인들〉, 《일본 속의 백제 –긴키지역–》 I, 30~31쪽), 전적으로 동의한다.

른 문화적 배경을 가진 집단 간의 관계성을 찾고자 한 연구도 행해졌다.[49] 그러나 고고자료를 통해 이주민의 귀속의식을 탐구하는 것은 쉽지 않다.

이와 함께 지적할 수 있는 것이 일본학계의 연구는 '귀화인'과 '도래인'이란 용어에 대한 검토부터 시작하여 정치한 면은 있지만, '민족적' 입장이 개재될 소지가 있고, 일본고대사의 한 부분으로서 귀화인 또는 도래인에 대해 언급하는 경향이 있다는 점이다. 또한 한국의 학계는 백제 멸망 이후를 백제 유민사의 한 부분으로 취급함으로써 백제사의 시간적 범위를 넓혀 보려는 의도를 가지고 있다. 여전히 연구에 '일정한 목적성'이나 의도가 작용하고 있다고 하겠다.

3. 연구 시각과 방법론

이상에서 살펴본 바와 같이 백제사에서 이주지식인 문제를 전론專論한 선행 연구가 없는 실정이다. 이러한 상황에서 이 연구에서는 이주민에 관한 선행연구의 성과를 수용하면서도 이주지식인 문제를 바라보는 기본시각과 접근방법을 새롭게 정립한 뒤 연구를 진행하고자 한다.

먼저 용어와 관련하여 이 연구에서는 '귀화인', '도래인'이라는 표현 대신 '이주민'이란 용어를 사용하고, 이주민 중에서도 '이주지식인'에 초점을 맞추고자 한다. 그동안 백제에서 활약한 중국계 인물에 대해서는 낙랑·대방, 중국 군현, 한계漢系 출신 유민流民 또는 식자층이라는 표현이, 왜국에서 활약한 중국 및 한반도 출신 인물에 대해서는 귀화인,[50]

---

49 中久保 辰夫, 2017, 앞의 책.

도래인,[51] 도왜인[52] 등의 용어가 사용되었다. 그런데 '귀화'는 《일본서기》나 율령법에도 명기되어 있는 것처럼[53] 왕화王化가 미치지 않는 이적夷狄이나 번국蕃國의 사람들이 왕화를 사모해서 자발적으로 귀부한다는 의미로 율령국가의 성립 뒤에나 사용될 수 있는 용어이다.[54] 따라서 7세기 말 율령국가가 성립하기 전인 4세기 말~5세기 단계에는 사용할 수 없으며, 한반도나 중국에서 온 사람들이 반드시 왕·천황을 공경해서 귀복한 사람은 아니기 때문에 적절하지 않다는 지적이 있었다.[55] 이에 대한 대안으로 사용된 용어가 '도래인'이다.[56] 귀화인이라는 용어와 도

---

50 關晃, 1956, 앞의 책; 平野邦雄, 1964, 앞의 논문; 上田正昭, 1965, 《歸化人 -고대국가の成立をめぐって-》, 中央公論社. 다만 上田正昭는 새로운 귀화이론을 제기하여 '귀화인'은 율령국가와 관련해서 활약한 자에 한정적으로 사용하고, 도래인은 일본 국토에 토착한 외래의 사람들이라는 의미라고 했다. 귀화인, 도래인 문제에 대해서는 田中史生, 2019, 앞의 책, 19~49쪽 참조.

51 諸田正幸, 1988, 앞의 논문; 田中史生, 1997, 앞의 책; 上田正昭, 2013, 앞의 책.

52 바다를 건너 왜로 갔다고 하여 붙여진 명칭인 도왜인은 왜로 건너가 정착한 사람만이 아니라 왜에서 일정 지위를 확보한 뒤 돌아오거나 한반도와 일본열도를 왕래한 사람까지 포함한다고 한다(김기섭, 2005, 〈5세기 무렵 백제 渡倭人의 활동과 문화 전파〉, 《왜 5왕 문제와 한일관계》, 경인문화사, 222~223쪽). 백제의 멸망, 특히 백제 부흥운동이 종식되는 시기를 기점으로 도왜 백제인, 백제계 일본인이라는 용어로 구분해 보아야 한다는 견해도 있다(김수태, 2017, 앞의 논문, 31쪽).

53 "異俗重譯來 海外既歸化"(《일본서기》 권5 숭신 12년 3월조); "蕃客歸化"(《養老令》 職員令 69 大宰府조); "遠方之人 欽化內歸"(《養老令》 職員令 69 大宰府조 義解); "凡 沒落外蕃得還及化外人歸化者 所在國郡給衣粮"(《養老令》 戶令16 沒落外蕃조).

54 歸化라는 용어는 "內歸欽化"라는 중화사상의 산물로서, 《古事記》나 《風土記》에서는 귀화라는 용어가 사용되지 않고, 參渡(度)來, 渡(度)來의 용어가 사용된 것과 달리, 《일본서기》에서는 귀화라는 용어를 사용하였다(上田正昭, 2013, 앞의 책, 10~11쪽).

55 金恩淑, 1985, 앞의 논문, 1263쪽; 田中史生, 2005, 앞의 책, 17~21쪽.

56 '귀화'를 '도래'의 한 형태·제도라고 보고 다양한 형태의 '도래인'이 있었을 가능성을 제기하며 일본 고대국가의 구조적 특질을 해명하는 차원에서 '도래인'에 대한 연구를 해온 田中史生(田中史生, 1997, 앞의 책, 9~11쪽)은 도래인을 '移動者'라고 넓게 정

래인이라는 용어가 표면적인 용어상의 차이만이 아니라 일본 고대국가의 성격이나 성립 시기를 보는 시각 자체에서 깊은 인식의 차이가 내포되어 있다고 할 수 있다.[57] 또한 '도래'라는 용어가 일본의 입장에서 나온 표현이기 때문에 '도왜인渡倭人'이라는 표현을 쓰기도 하지만, 도래나 도왜 모두 장기적으로 거주했던 자취가 드러나지 않는 문제점이 있다. 물리적인 이동만을 의미하고, 이주·정착의 의미는 없기 때문에[58] 이 연구에서 주로 다루고자 하는 대상인 '도래해서 1년 이상 정주한 사람들'을 지칭하는 용어로는 적절하지 않다.

'도래인'이라는 용어를 사용했던 다나카 후미오田中史生는 근래의 연구에서 '이동'을 키워드로 도래를 새롭게 파악하여 도래인이든 귀화인이든 중국대륙이나 한반도에서 일본에 이주·정주한 사람으로 한정할 수 없다고 주장하였다. 종래 5·6세기에 중점을 두어 '도래인'을 설명하고, 《신찬성씨록》이 편찬된 시대를 '귀화인 역사의 종말기'로 파악해 왔다. 그러나 헤이안(平安)시대에는 왕래를 되풀이하는 도래상인도 '귀화'라 표현하였고, 또 현대의 고대사연구에서 귀화인·도래인에 그 자손을 포함하는 것은 근대 일본에서 그들의 조선祖先으로서 귀화인을 바라보았던 시각을 계승한 것이므로 도래인·귀화인 문제는 고대사에 그치는 것이 아니라 일본과 일본사의 문제라는 입장을 분명히 하였다.[59] '귀화'라는 용어 자체도 시기에 따라 변함을 지적하고, 귀화인이든 도래인이든 일본사의 전개에 큰 영향을 미친 이들의 문제를 바라보는 시각과 연구의

의한 뒤 7개의 유형으로 정리한 바 있다(田中史生, 2005, 앞의 책, 21~26쪽).
57 諸田正幸, 1988, 앞의 논문, 13쪽.
58 丸山裕美子, 2014, 앞의 논문, 110~113쪽; 吉村武彦·吉川眞司·川尻秋生 編, 2020, 《渡來系移住民 －半島·大陸との往來》, 岩波書店, 16쪽.
59 田中史生, 2019, 앞의 책, 291~298쪽.

의미를 새삼 천명하였다고 할 수 있다.

가장 최근에는 '도래계이주민渡來系移住民'이라는 용어가 사용되고 있다. 책의 제목으로까지 등장하게 된 이 용어는 "대륙·반도에서 바다를 건너서 도래·이주해 온 사람"을 뜻하며, 도래해서 실제로 거주하였다는 의미[60]까지 살린다는 차원에서 선택된 용어였다. 그러나 왜에 정착하기 위해서는 바다를 건너와서 정착할 수밖에 없는데 굳이 '도래계'라는 용어를 덧붙여야 하는지는 의문이다.

일본학계에서 '결과적 귀화인'이라는 용어를 사용하며 다시 '귀화'로 회귀하고 있는 현실에서[61] 불필요한 소모전을 종식하고, 연구의 실질적인 진전을 도모하기 위해서는 좀 더 객관적인 용어가 필요하다고 본다. 따라서 이 연구에서는 이들을 지칭하는 용어로서 "본래 살던 지역을 떠나 다른 지역으로 이동하여 정착한 개인이나 집단"을 의미하는 '이주민'이라는 용어를 사용하여, 중국계 이주민, 백제계 이주민, 왜계 이주민이라는 보편적인 용어로 표현하고자 한다.[62] 여기에 "자신의 전문성을 바탕으로 사회 변화를 구체적으로 만들어 내는 사람"[63], "현실 문제를 직시하고 그에 대한 해결책을 제시할 수 있는 사람"[64]이라는 지식인에 대한 정의를 받아들여 '이주지식인'의 범주를 설정하고자 한다. 이주지식

---

60 吉村武彦·吉川眞司·川尻秋生 編, 2020, 앞의 책, 1~18쪽.

61 丸山裕美子는 귀화인이 스스로의 의지로 도래해서 정주한 사람을 중심으로 하지만, 결과적으로 정주했던 사람도 포함된다고 정의하고, 6세기까지 도래한 귀화인을 '今來漢人'도 포함하여 '옛 귀화인'으로, 7세기 후반의 백제 유민·고구려 유민을 중심으로 한 귀화인을 '새로운 귀화인'으로 명명하였다(丸山裕美子, 2014, 앞의 논문, 113쪽).

62 '이주민'이라는 용어로 표현하고자 하나, 기존 연구를 소개할 때는 부득이 '도래인'이라는 용어도 함께 사용하고자 한다.

63 이성재, 2012, 《지식인》, 책세상, 30쪽.

64 薗田香融, 1995, 〈古代の知識人〉, 《岩波講座 日本通史 5》古代 4, 岩波書店, 155쪽.

인은 '자신이 가진 지식과 기술을 바탕으로 이주한 사회에 적극 참여하여 지적 자극과 사회의 동력을 제공함으로써 새로운 문화의 전달자로서만이 아니라 국가체제의 확립에도 크게 영향을 미친 사람'이었다.

그런 의미에서 이주지식인의 범주에 '재기才伎'는 당연히 포함된다. 백제와 고구려에 재주가 뛰어난 자를 요청하고 있고,[65] 《대보령大寶令》 조문을 통해서도 천황이 재기가 있는 자를 파악하려 했음을 알 수 있는데,[66] 지식인은 전문 지식과 기술의 개발과 공급자였기 때문이다. 이는 지식을 한정적으로 보던 데서 탈피하여 인간의 생활과 국가체제 유지에 필요한 생산 기술의 중요성을 상기한다는 의미도 있다.

둘째, 고대 동아시아 이주사의 관점에서 이주민, 이주지식인 문제를 다루고자 한다. 국경을 넘어선 이주라고 하는 것이 동아시아 정세의 변화 속에서 이루어졌고, 이주민이 다른 나라의 형성 및 성장·발전과정에 일정한 영향을 미쳤기 때문이다. 이는 선행연구에서 부족했던 이주지식인의 형성 배경이나 이주의 동기를 파악하는 데도 도움이 되며, 이주 사례의 분석을 위한 단계 설정에도 필요한 관점이다. 동아시아 각국이

---

65 《일본서기》 권14 웅략 7년 시세조; 권15 인현 6년 추9월조.
66 《令集解》 戶令 沒落諸蕃條 "古記云 問 若有才伎者, 奏聞聽勅 又上句 具狀上飛驛 若爲分別 答 上飛驛時不知有才伎 後始顯才伎者 重奏開耳"
   《唐令》 戶令에는 "凡沒落外蕃得還及化外人歸化者 所在國郡 給衣粮 具狀發飛驛申奏 化外人 於寬國附貫安置 沒落人依舊貫 無舊貫 任於近親附貫 並給粮遞送 使達前所"까지만 나와 있는데(仁井田陞, 1933, 《唐令拾遺》, 東京大學出版會刊, 238쪽; 井上光貞·關晃·土田直鎭·靑木和夫, 1976, 《律令》, 日本思想史大系 3, 岩波書店, 229쪽), 養老令의 私撰 주석서인 《令集解》의 沒落諸蕃條에는 '재기'에 관한 〈古記〉의 내용이 추가되어 있는 것이다. 〈古記〉는 大寶令의 주석서라고 하므로(박이순, 2012, 〈고려·당·일본에 있어서의 「歸化(人)」 관련의 법 연구 ─일본의 養老律令을 중심으로─〉, 《한국민족문화》 43, 3쪽), 이를 통해 대보령에서도 지식과 기술을 가진 이주민, 이주지식인에 대한 규정이 있었음을 알 수 있다.

처한 정치·사회적 상황과 동아시아 전체의 상황을 염두에 두어야 이주 지식인층이 형성될 수 있었던 사회적 배경·문화적 기반은 물론 그들의 역할을 정확히 파악할 수 있을 것이다. 또한 동아시아 전체를 염두에 두면, 백제사에서 이주지식인을 살펴볼 때도 현실적으로 자료의 제약은 있지만, 당연히 중국－백제, 백제－일본의 관계에서 쌍방향의 접근을 시도하고, 평가에서도 일방적이거나 이중적인 잣대를 적용하는 우愚를 범하지 않게 될 것이다.

셋째, 백제사상 이주지식인과 관련된 문헌 및 고고자료, 문자자료의 분석을 통해 이주지식인의 활동상을 정리하고, 시기별 경향성을 파악하는 것도 이 연구의 중요한 목표의 하나이다. 고고자료는 생동감 있는 연구를 견인해 낼 수 있는 자료이고, 한반도계 유적을 특정 성씨姓氏, 특정 분야에서 활동한 이주민과 연결시켜 보는 연구도 행해지고 있는 만큼 최근의 연구성과까지 반영하여 문헌과 고고자료의 접목을 시도해보고자 한다.

이주지식인의 사례를 정리하고 그들의 활동상을 분석하고 정리하는 데에서는 이주의 계기·동기·목적의 차이, 이주 기간의 차이, 정착 방식의 차이, 역할의 차이 등에 주목하고자 한다. 이주민들의 이주 동기와 관련해서는 '기회의 땅을 찾아서'라는 차원에서도67 검토할 예정이다. 이주 기간의 경우도 단기와 장기로 나누어서 검토하고자 한다. 단기와

---

67 백제와 일본의 관계에서 당시 일본열도는 백제보다 정치 사회적으로 후진지역이었으므로 전문지식이나 선진기술을 지니고 있을 경우 일본사회로부터 대우받고 꿈을 실현할 수 있는 기회의 땅으로 인식했을 것이라는 점에 대해 양기석이 이미 주목한 바 있다(양기석, 2010, 〈백제인들의 일본열도 이주〉, 《마한·백제 사람들의 일본열도 이주와 교류》, 중앙문화재연구원 창립10주년기념 국제학술대회 발표문, 11쪽). 중국에서 백제로 온 이주지식인도 이와 동일한 인식을 하고 있었을 것으로 보인다.

장기의 기준은 일본에 파견된 백제의 박사博士 등이 3년 만에 돌아오는 시스템이 있었기 때문에 3년을 기준으로 할 것이다. 3년 체재 이후 원래 거주하던 나라로 돌아오는 경우가 대다수였을 것이지만 이주한 지역에서 정착해서 하나의 가문을 이루는 경우도 있었을 것이다. 따라서 사료에서 확인하기는 어렵지만 이 또한 염두에 두고 살펴볼 계획이다. 그래야 정착의 과정에서 어떠한 어려움이 있었고, 그들의 역할에 대한 정확한 의미 부여가 가능하기 때문이다. 이주해 간 사람들의 정착지역, 정착 방식 및 방법도 외교활동, 왕권 및 귀족과의 유착, 이주해 간 나라의 국가적 발전에 필요한 지식 및 기술 제공 등 다양한 차원에서 살펴볼 것이다. 이러한 분석은 이주지식인을 유형화하여 체계적인 연구를 하기 위한 발판을 마련하는 기초 작업이 될 것이다. 더 나아가 이주지식인의 위상과 소속의식 및 정체성을 파악할 수 있는 단서를 제공할 수 있을 것이다.

넷째, 그동안은 선진문물을 전해 주는 쪽의 입장에서 선진문물을 수용한 사회의 성장·발전에 큰 영향을 미쳤다는 차원에서 연구가 주로 이루어졌지만, 수용하는 쪽이 이주민을 자신의 사회에 안착시키고, 선진 제도와 문물을 내재화시키려고 노력한 측면도 고려하고자 한다. 새로운 문물이 한 사회에 정착하려면 그 사회가 새로운 문물을 수용하기 위한 필요를 느끼고, 그 제도가 실현될 수 있도록 여러 가지 적극적인 조치를 취했느냐 아니냐가 성공의 관건이 되기 때문이다.68 예컨대 백제계

---

68 한국의 연구자는 반도에서 열도에 미친 문화의 영향을 과대시하고, 일본 연구자는 열도에서 독자의 고대문화가 발전했다는 것을 강조하는 경향이 있다는 주장처럼(吉村 武彦, 2010, 앞의 책, 105~106쪽) 교류사 또는 관계사 연구에서 객관적인 시각을 견지하기 어려운 면이 아직도 남아 있다. 그러나 현 단계의 역사 연구에서 민족주의는 어느 정도 극복되었다고 판단해서 이러한 입장을 취하게 되었다.

이주민들이 자리 잡았다는 것 자체를 밝히는 차원에서 그치는 것이 아니라 일본의 면세 조치나 사성賜姓 정책이 가지는 의미를 천착하는 단계로까지 나아가고자 한다. 이주민을 정착시키기 위한 조치가 많이 취해졌다는 것은, 그만큼 이주민들이 이주한 지역에서 담당했던 사회적 역할이 컸음을 말해 준다고도 할 수 있다.

다섯째, 백제의 이주지식인 가운데 백제에서 활약한 중국계 이주지식인과 일본에서 활약한 백제계 이주지식인을 중심으로 시기별 활동상을 살펴보고자 한다. 이주 시기, 이주의 계기 및 동기, 이주 기간, 이주 지역, 정착 방식, 활동 분야, 이주사회에 끼친 영향력 등 여러 기준에 따라 살펴보고, 이주지식인의 속성을 도출해 냄으로써 이주지식인 연구의 모델을 제시하고자 한다.

이러한 연구방법론 아래에서 이 연구에서는 제1부에서 고대 동아시아 사회에서 이주지식인이 형성된 배경을 살펴보고, 백제사에서 이주 사례와 이주지식인 분석을 위한 단계 설정을 시도한다. 이어 제2부에서 동아시아의 주민 이동의 시기와 백제사의 발전 단계를 고려하여 1단계(4세기~5세기 중·후반), 2단계(5세기 후반~7세기 중반), 3단계(7세기 후반)로 구분해서 백제사에서 이주지식인의 활동 양상을 시기별로 살펴보고, 시기별 경향성을 살펴보고자 한다. 고찰의 하한은 9세기 초반이다. 815년 편찬된 《신찬성씨록》은 이주민의 일본화가 이루어지기 직전 '제번諸蕃'을 대대적으로 들어 제씨諸氏의 정치적 자격과 서열을 고정하고자 한 측면이 있기 때문이다.

제3부에서는 사례 분석만으로는 구체성을 담보하기 어려운 이주지식인의 활동상을 백제계 이주지식인이 왜로 이주하여 활동했던 주요 부문에 한정하여 시계열時系列로 정리할 수 있는 심층접근법을 취하고자 한다. 아울러 백제계 이주민, 이주지식인을 받아들인 왜에서 어떤 조치를

통해 이들을 정착시켜서 그들을 활용하고자 했는지 검토한다. 이는 백제계 이주지식인이 고대 동아시아인으로서 자리 잡는 중요한 배경이 됨과 동시에 일본 고대국가가 체제를 정비하는 데 어느 정도로 역할을 하였는지를 상호 관계 속에서 살펴볼 수 있는 수단이 되기 때문이다.

제4부에서는 백제사에서 이주지식인을 시기별로 검토한 내용을 바탕으로 이주지식인의 특성을 도출한 뒤 그들의 역할을 동아시아 문화권 형성의 견인차, 공생共生 관계의 창출자로서 정리해 보고사 한다. 아울러 현대사회에서 이주지식인 연구가 어떤 의미를 갖는지 의미를 생각해 보는 것으로 마무리 짓겠다.

제1부

백제 이주지식인의 형성 배경과
시기 설정

1. 이주지식인의 형성 배경

1) 고대국가의 성립 · 발전과 문자

문자文字가 없었던 사회에서는 그림이나 소리, 표정을 통해서 서로의 의사를 교환하였다. 이후 말을 사용하게 되었지만, 구술언어만으로는 내용을 항구적으로 저장하거나 재현하기가 어렵고, 시간적·공간적 제약도 많이 받았다. 이러한 한계를 극복하기 위해 등장한 것이 문자였다. 문자는 표현하고 전달하는 의사소통의 중요한 수단이었지만, 획득된 문화를 전달하고 세련되게 할 뿐만 아니라 새로운 문화를 창조하는 데도 중요한 수단이었다. 문자는 먼 곳에 있는 사람한테 전달하기 위한 목적이 강했기 때문에 문자로 쓰여진 문서와 같은 강한 전달력이 없었다면 원거리 교역시장이나 교역로의 확보에 경제적 기초를 두고 성립된 광역지배는 불가능했을 것이다.[1]

문자를 습득하게 되면 종래 구전이나 모방을 통해 얻을 수 있었던 기술을 책을 매개로 배울 수 있게 되고, 이를 기록으로 남겨 후세에 전달하는 것도 가능하다. 문자의 이용은 지배의 방식을 비약적으로 발전시킬 뿐만 아니라 여러 가지 선진기술의 도입과 발전으로도 연결된다. 국가의 성립 및 발전에 미치는 문자의 영향은 그만큼 컸던 것이다. 고

---

1 가와다 준조 지음·임경택 옮김, 2004, 《무문자사회의 역사 – 서아프리카 모시족의 사례를 중심으로 – 》, 논형, 37쪽.

대국가 형성의 지표로 문자에 의한 지배방식의 확립을 들 수 있을 정도로 문자를 읽고 쓰는 능력은 특수한 기술이며, 문필종사자뿐만 아니라 기술자, 사상가의 공통의 기반이다. 모든 지식과 교양, 기술을 창출하고 축적할 수 있는 기반이 문자의 습득이다. 따라서 전문 지식의 창출자이자 전달자인 지식인이 갖춰야 할 선결 조건은 문자에 대한 충분한 이해이다.

동아시아 세계 공통의 문자는 '한자漢字'였다. 수천 년 전 독자적으로 발전한 문자 체계 가운데 하나인 한자의 시원은 상商나라 말기인 기원전 11세기 무렵의 갑골문에서 찾을 수 있다. 물론 지금부터 6천여 년전인 신석기 말기 앙소문화仰韶文化의 여러 유적지에서 출토된 도기에 새겨져 있는 간단한 부호를 한자의 초기 형태라고 보기도 하지만, 갑골문 단계에 완전한 형태를 갖춘 최초의 문자가 되기 때문에 한자는 상나라 때부터 여러 차례 진화해 왔다고 할 수 있다.[2] 식자층은 문자를 도구로 지식을 축적하고 전수하는 계층으로서, 제왕을 보좌하고 인민을 관리하였다. 한나라는 이러한 식자층을 바탕으로 더욱 정교한 문서행정 시스템을 도입하여 국가를 운영하였으며, 이후 중국을 비롯한 동아시아 국가의 행정 운용의 모델로 정착시켰다.[3] 중국은 스스로 개념이 들어간 문자인 한자를 만들어 의사소통을 하고, 이를 전수하는 시스템을 갖춘 나라였다.

이에 견주어 여타의 동아시아 고대국가에서는 한자를 수입해서 쓰는 상황이었다. 한자는 동아시아 세계 공통의 문자, 곧 동아시아 사회에서

---

2 허진웅 지음·영남대 중국문학연구실 옮김, 1993, 《중국고대사회 – 문자학과 고고학적 해석에 입각하여 – 》, 지식산업사, 11~18쪽.
3 송일기, 2013, 〈삼국시대 서적 유통에 관한 연구〉, 《한국도서관·정보학회지》 44–1, 231~232쪽.

〈그림 1-1〉 상대商代 수렵 갑골문
(중국사학회 엮음·강영매 옮김, 2008,
《중국통사》 1, 범우, 73쪽)

지식과 기술이 전달되는 매개체였다. 따라서 한자를 습득한다는 것은
한자 자체만이 아니라 중국의 역사와 문화, 각종 제도나 시스템에 대한
학습 및 이해의 과정이라고도 할 수 있다.[4] 한자문화의 수용은 구체적
인 지식과 정보를 담고 있는 서적의 전래도 수반하기 때문이다. 동진東
晋 원흥元興 원년(402) 환현桓玄이 스스로 초제楚帝라고 칭하면서 내린
영令에 따르면, 5세기 초까지도 간독이 사용되었고 남북조시대 이후 종
이 문헌이 전국적으로 사용되었음을 알 수 있다. 종이의 사용에 따라
서적의 제작과 상품화, 서사書寫를 담당하는 전문적 직업이 등장하게 되
면서 문헌의 종류와 수량이 급격히 증가하게 되었고, 문헌의 유통이 활
발해지면서 단지 국내만이 아니라 국외 유통이 본격화되었던 것이다.[5]

---

4 이성규, 2003, 〈한국 고대국가의 형성과 한자 수용〉, 《한국고대사연구》 32, 87쪽.

동아시아 고대 국가에서 문자를 습득해서 중국의 전문서를 읽을 수 있는 것은 기술의 발전에 크게 도움이 되었고, 지배자들이 문자를 이용할 수 있게 되면 지배를 위한 강력한 무기를 확보하는 셈이었다.[6] 문자를 장악할 수 있는지가 고대의 통치술에서 예언의 능력을 얻을 수 있느냐 없느냐의 관건이 되었고,[7] 국가권력의 일부는 문자와 함께 '도필지리刀筆之吏'라 불리는 하급관리에게 넘겨져 구석구석까지 권력이 구현될 수 있었기 때문이다.[8] 문자는 행정문서의 작성이나 호적제의 정비, 율령의 제정, 더 나아가 유교와 불교 등 사상과 종교의 확립과 같은 내정뿐만 아니라 외교문서의 작성을 포함한 외교활동에서도 필수적인 도구였다.[9] 따라서 한자문화를 수용하여 고대국가의 형성, 발전에 필요한 통치제도를 확립하기 위해 교육기관을 설치해서 식자층을 양성하는 것이 동아시아 고대국가에서는 중요한 일이었다.

한반도나 일본에서 고대국가를 수립하여 국가체제를 갖추기 위해서는 한자에 대한 이해를 갖춘 전문가가 필요했다. 천문·역법·농업기술 등의 각종 선진 기술과 제도는 물론 국가의 운영에 필요한 지식과 정보, 기술이 전수되는 과정에서 한자에 대한 이해를 갖춘 이주지식인의 활약이 돋보이고, 한자문화 자체도 중국 – 백제 – 일본으로의 전수관계가 분명히 확인된다. 백제는 중국계 이주지식인으로부터, 왜국은 백제계 이주지식인으로부터 전수받았을 가능성이 있다. 특히 왜국에서는 국가체제를 정

5 김경호, 2014, 〈4~6세기 동아시아에서의 문헌의 유통과 확산〉, 《대동문화연구》 88, 126~137쪽.

6 諸田正幸, 1988, 〈渡來人論·序章〉, 《歷史學研究》 582, 17~18쪽.

7 張光直 지음·李徹 옮김, 1990, 《신화 미술 제사》, 동문선, 134~150쪽.

8 후지에다 아키라藤枝晃 지음·오미영 옮김, 2006, 《문자의 문화사》, 박이정, 99쪽.

9 연민수, 2009, 〈일본 고대국가 형성과 백제〉, 《한국사시민강좌》 44, 258쪽; 吉村武彦, 2010, 《ヤマト王權》 シリーズ日本古代史 2, 岩波新書, 104쪽.

비해 가는 과정에서 한자·한어漢語에 능숙한 이주지식인 집단을 확보하는 것을 매우 중요하게 여겼다. 근래 백제나 신라지역 출토 목간木簡의 사례가 증가하면서 일본에 미친 한반도의 문자문화의 영향이 구체화되고 있는 상황이다. 따라서 먼저 고대 한반도에서 문자생활과 그에 바탕한 지식의 보급이 얼마나 이루어졌는지를 살펴보는 것부터 시작하고자 한다.

2) 고대 한반도와 일본의 문자에 대한 이해와 이주지식인의 대두

고대 한반도에서 사용된 문자는 한자였다. 고조선 위만의 손자 우거右渠 때에도 진국辰國 또는 중국衆國이 글을 올려 천자에게 알현하고자 했다고 하므로 낙랑군 설치 이전부터 한자가 사용되었음을 알 수 있다. 그러나 한반도에 한자가 본격적으로 유입된 시기는 한사군 설치 이후이다. 낙랑의 존치 지역인 평양에서 기원전 1세기의《논어論語》죽간본이 발견되고,[10] 기원전 45년에 작성된 초원初元 4년 낙랑군호구부 목간이 출토되어[11] 낙랑군의 문자 사용과 문서행정을 추정할 수 있다. 낙랑군에서는 문서행정에 입각한 군현지배의 진행과정에서 현지 출신 속리屬吏의 도움이 필요했기 때문에 낙랑군에 거주했던 비한인계도 넓은 의미의 식자층에 편입될 정도로 식자층의 저변이 넓었다.[12] 문자생활의 기준을

---

10 李成市·尹龍九·金慶浩, 2009, 〈平壤 貞柏洞364號墳 출토 竹簡 論語에 대하여〉, 《목간과 문자》 4, 127~166쪽.
11 윤용구, 2007b, 〈새로 발견된 낙랑목간 −낙랑군 초원4년 현별 호구부−〉, 《한국고대사연구》 46; 김병준, 2008, 〈낙랑군 초기의 편호과정과 '胡漢稍別' −〈樂浪郡初元4年縣別戶口多少 □ □ 木簡〉을 단서로−〉, 《목간과 문자》 창간호.
12 김병준, 2011, 〈낙랑군의 한자 사용과 변용〉, 《고대 동아시아의 문자교류와 소통》, 동북아역사재단, 61~65쪽.

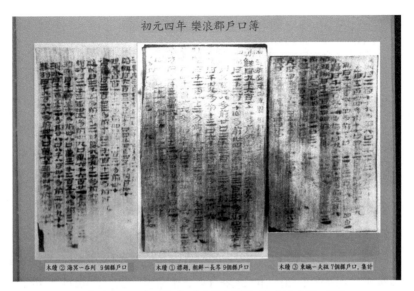

初元四年 樂浪郡戶口簿

木牘 ② 海冥~呑列 9個縣戶口　　木牘 ① 標題, 朝鮮~長岑 9個縣戶口　　木牘 ③ 東暆~夫租 7個縣戶口, 集計

〈그림 1-2〉 초원 4년명 낙랑군호구부 목간(윤용구 제공)

〈그림 1-3〉 아차산 4보루 출토 '後卩都口兄' 명문
접시(서울대박물관 제공)

어떻게 설정하느냐가 관건이 되기는 하겠지만, 낙랑군이 400여 년 동안 지속되면서 비교적 광범위한 범위에서 문자생활이 영위되었던 경험 자체는 주목해 볼 필요가 있다.

낙랑·대방군 사회의 이러한 경험들은 고구려, 백제와 같은 주변지역에 큰 영향을 미쳤다. 고구려의 경우 3세기 이전의 문자자료가 출토되지 않아 한자문화의 구체적인 수용 양상을 파악하기 어렵다. 그러나 4세기 중반 안악 3호분 벽화의 묵서명이나 붓을 들고 기록을 하고 있는 시종의 모습, 4세기 전반의 와당 명문을 볼 때 3세기나 3세기 초 단계에는 문자를 사용한 문서 행정이 가능했을 것이다.[13] 물론 2세기 단계에 외교문서의 작성과 해독 업무를 맡은 주부主簿가 있었을 가능성을 배제할 수 없으나, 313년(미천왕 14) 낙랑군을 멸망시키면서 낙랑군의 핵심 지배세력을 노획하고, 4세기 이후 중국 내부의 정세변화 속에서 이탈한 중국계 망명인이 대거 고구려로 내투해 옴에 따라 고구려는 한문을 해독하고 작성할 수 있는 식자층을 대거 확보하게 된다. 식자층의 확보를 통해 4세기 후반 태학太學과 같은 교육기관을 설치하여 한자 해독자를 양성하는 제도를 마련하였으며, 이를 바탕으로 각종 문서행정과 외교문서 작성을 본격적으로 시작했다.[14] 특히 355년 전연前燕과의 조공·책봉관계가 체결됨에 따라 외교문서 작성이 본격화되는데, 이는 백제에서 동진이나 왜국과 외교관계를 맺게 되면서 외교문서의 작성이 본격적으로 시행되는 것과 연결시켜 볼 수 있을 것이다. 이후 고구려는 유교경전은 물론 역사와 문학 서적에 대한 이해로까지 넓혀간 것으로

---

13 송기호, 2002, 〈고대의 문자생활〉, 《강좌 한국고대사》 제5권, 가락국사적개발연구원, 15쪽; 이성규, 2003, 앞의 논문, 75~79쪽.

14 여호규, 2011, 〈고구려의 한자문화 수용과 변용〉, 《고대 동아시아의 문자교류와 소통》, 94~100쪽.

보인다.[15]

일찍부터 중국 군현을 통해 선진문물을 받아들이는 데 적극적이었던 백제도 한자의 수용 자체는 313년 낙랑·대방에서 들어온 식자층이 주도했다. 중국계 이주지식인의 유입과 함께 중국 군현의 문서행정 시스템을 직접 수용하여 문서를 작성하고, 그를 바탕으로 국가를 통치해 나가고 나름의 문자문화를 만들어 갔다. 하남 미사동 수혈주거지 및 풍납동 토성에서 출토된 벼루와 명문 토기, 전塼 등을 통해 문자생활이 행해졌음을 알 수 있다. 《삼국사기》 근초고왕대 기사 말미에 나오는 '書記(서기)'[16] 또한 역사서가 아니라 문맥상 '국가의 일을 문자로 기록한 것'일 가능성이 높다. 따라서 백제의 문자생활도 고구려와 큰 시차가 없었을 것이며, 늦어도 낙랑군이 축출된 4세기 전반에는 한자문화가 수용된 것으로 보인다. 낙랑계 식자층은 문자 교육은 물론 국가 운용에 필요한 서적의 수입과 편찬, 보급에도 주도적으로 관여하였다.

4세기 중반(369) 제작된 칠지도七支刀의 명문이 유려한 한문으로 되어 있고, 중국의 도검에 상투적으로 보이는 길상구가 구사될 정도로 백제의 식자층이 중국식의 한자문화에 상당히 익숙했음을 알 수 있다. 근초고왕대에 제작된 칠지도 명문은 372년 동진과 공식적인 외교관계를 체결하기 전에 일본에 외교적 목적으로 작성해 보내 준 일종의 외교문서에 해당한다. '백제왕세자百濟王世子'인 근구수가 주체가 되어 제작한

---

15 《南齊書》 권58 열전 제39 東南夷 高句麗 "知讀五經"; 《周書》 권49 열전 제41 異域 上 高句麗 "書籍有五經 三史 三國志 晉陽秋"; 《北史》 권94 열전 제82 高句麗 "書有五經 三史 三國志 晉陽秋"; 《舊唐書》 권199 열전 제149상 東夷 高句麗 "其書有五經及史記·漢書·范曄後漢書·三國志·孫盛晉春秋·玉篇·字統·字林 又有文選 尤愛重之"

16 《삼국사기》 권24 백제본기 제2 "古記云 百濟開國已來 未有以文字記事 至是 得博士高興 始有書記 然高興未嘗顯於他書 不知其何許人也"

칠지도의 명문 작성에는 낙랑·대방계의 식자층들이 역할을 했을 것이다. 백제는 자신들의 필요에 따라 이들 식자층과 그들을 통해 받아들인 한자문화를 적절히 활용하여 먼저 실용적인 외교문서를 작성하고, 문서 행정 체계를 마련했다. 표表나 소疏 같은 문서가 중화의 법도에 따른다는 것은,[17] 문서 행정체계가 중국과 유사했음을 의미한다. 《북사北史》 백제전의 "행정실무에 능하였다[能吏事]"라는 표현을 보면,[18] 백제에는 상당한 규모의 관인층이 있었는데, 이는 유교적인 고전교육이 제도화되어 있었기 때문에 가능했을 것이다.

〈그림 1-4〉 칠지도(이소노카미신궁)

---

17 《舊唐書》 권199 열전 149상 동이 백제국 "又表疏並依中華之法"

18 《北史》 권94 열전 제82 동이 백제 "俗重騎射 兼愛墳史 而秀異者頗解屬文 能吏事"

또한 근초고왕대 왕자 근구수와 장군 막고해莫古解 사이의 대화에 《도덕경道德經》의 구절이 자연스럽게 인용되고, 384년에는 불교가 전파되었으며, 450년에는 송宋에 점술과 관련된 《역림易林》과 식점式占을 요구하고 있다. 5세기에 백제 식자층이 한자 학습이나 유·불의 경전 이해를 뛰어넘어, 도교, 의약, 점술 등 중국의 다양한 선진문화를 섭렵했던 것이다. 성왕대에는 불경 및 해설서를 요구할 정도로 새로운 문헌과 지식의 전수를 요구하면서 지식체계를 확장시킬 수 있었다.19 《주서周書》에는 백제에서 경전, 사서는 물론 문장을 짓기까지 하는 것으로 기록되어 있다. 한자의 학습이 중국의 경전·사서·시문의 학습과 표리를 이루게 되므로 초기의 의사전달과 표기를 위한 문서행정이나 외교문서 학습에서 중국문화의 수용을 위한 학습으로 발전했음을 알 수 있다.20 부여 쌍북리 56번지 출토 《논어論語》 목간은 본래의 길이는 30cm 전후가 되는데, 습서용 사면목간으로 〈학이學而〉편을 기재하고 있다.21 동아시아의 전적 교류라는 차원에서 중요한 의미를 갖는다.22

신라의 경우 《양서梁書》 신라전의 "문자가 없어서 나무에 새겨 신표로 삼는다"는 기록에서 보듯이,23 '각목刻木, 곧 나무에 새기는 것과 함

---

19 김영심, 2012, 〈웅진·사비시기 백제 지배층의 사상적 지향 －六朝 士大夫와의 비교를 통하여－〉, 《백제문화》 46, 210~214쪽; 김경호, 2014, 앞의 논문, 141~142쪽.

20 이성규, 2007, 〈고대 동아시아의 열림과 닫힘〉, 《동아시아 경제문화 네트워크》, 태학사, 119쪽.

21 김성식·한지아, 2018, 〈부여 쌍북리 56번지 사비한옥마을 조성부지 유적 출토 목간〉, 《목간과 문자》 21; 울산발전연구원문화재센터, 2020, 《부여 쌍북리 56번지 유적 발굴조사보고서 － 부여 한옥마을》.

22 정동준, 2020, 〈동아시아의 전적교류로 본 백제의 유학교육〉, 《한국사연구》 188: 2020, 〈동아시아의 전적교류와 《논어》 목간〉, 《목간과 문자》 24.

23 《梁書》 권54 열전 제48 신라 "無文字 刻木爲信 語言待百濟而後通焉"

〈그림 1-5〉 함안 성산산성 목간 앞(왼쪽
둘)과 뒷면(국립가야문화재연구소 제공)

께 '구두口頭'를 사용한 명령전달 시스템이 6세기 전후까지도 지속되었
다.[24] 물론 신라 사신이 국서를 지참하지 않았기 때문에 문자가 없다거
나 의사는 백제의 통역이 있어야 소통할 수 있다는 표현이 나온 것으
로 볼 수도 있지만,[25] 신라의 문자문화의 발전이 고구려나 백제에 견주
어 늦은 것은 분명하다. 고구려나 백제보다 한자 및 중국 문헌의 수용
이 늦었지만, 6세기 중반의 함안 성산산성 목간이나 6세기 후반의 〈진
흥왕 순수비〉에서 불교와 유교 경전 및 노장 경전을 이용한 왕도정치
의 이념을 발현하고 있는 점이 주목된다. 신라의 왕경에서 멀리 떨어진
변방인 김해 봉황동과 인천 계양산성 유적에서 6~7세기 무렵 《논어》의

---

24 윤선태, 2011, 〈백제와 신라의 한자·한문 수용과 변용〉, 《고대 동아시아의 문자교류
와 소통》, 동북아역사재단, 155~156쪽.

25 《梁書》에서는 법흥왕의 성을 募, 명을 秦으로 전하였는데, 《梁書》와 비슷한 시기인
636년에 편찬된 《隋書》에서는 신라에 대해 "其文字甲兵 同於中國"이라 표현하고 신라
왕은 金眞平으로 명기하였다. 이를 양나라 때와는 달리 당시 신라 사신이 정식 국서
를 휴대했기 때문에 표기가 달라진 것으로 보고 있다(이성규, 2003, 앞의 논문, 69쪽).

〈공야장公冶長〉편 일부가 묵서된 사면四面목간이 발견되므로, 적어도 6세기에 들어와서는 한자는 물론 유교 경전 및 불경을 포함한 중국 문헌이 신라에도 유통되었음을 알 수 있다.

이를 보면 우리 고대사회에서는 고구려·백제의 경우 4세기 전반, 늦어도 4세기 중·후반 단계에는 한자문화의 이해에 기반한 지식인이 형성되었을 것으로 보인다. 신라는 6세기 단계에 지식인이 출현할 수 있는 여건이 갖춰지지 않았을까 한다.[26] 약간의 시기차는 있으나 고구려, 백제, 신라순으로 한자문화에 대한 이해가 이루어졌을 것이다. 한자문화에 대한 이해의 정도를 잘 보여 주는 것이 외교문서이다. 외국과 문서외교를 언제 시작했느냐는 한 나라의 문장력의 진전도를 반영하는 하나의 지표가 될 수 있다.[27] 물론 외교문서의 왕래가 반드시 외교문서에 대한 완전한 이해를 수반하지 않았을 가능성이 제기되고는 있지만,[28] 외교문서의 수수는 그 수단이 되는 문자문화에 대한 공유를 전제로 한다고 보아도 무리가 없을 것이다.

이러한 차원에서 백제에서 왜국에 전해 준 칠지도의 의미도 다시 살펴볼 필요가 있다. 칠지도 명문은 백제 유물에서 현재까지 확인되는 최초의 한문 문장으로 일종의 외교문서에 해당한다. 근초고왕대 백제왕세자인 근구수가 주체가 되어 칠지도를 제작하면서 낙랑·대방계의 식자층과 그들을 통해 받아들인 한자문화를 적절히 활용하여 명문을 작성한

---

26 송기호는 문자생활 개시를 다양한 측면에서 검토하여 고구려는 4세기대, 백제는 4세기 후반~5세기 전반, 신라는 6세기대에 시작되었다고 보았으나(송기호, 2002, 앞의 논문, 37쪽), 이성규는 고구려와 백제는 늦어도 4세기 이후, 신라는 6세기 이후 한자가 각각 활발하게 사용되었다고 보았다(이성규, 2003, 앞의 논문, 70~71쪽).

27 송기호, 2002, 위의 논문, 27쪽.

28 이성규, 2003, 앞의 논문, 66~67쪽.

것이다.[29] 이 칠지도에 동진東晉의 연호가 새겨져 있었다는 것은[30] 어떻게 보아야 할까? 동진, 백제, 왜라는 동아시아 삼국 사이에 동진의 연호가 공유되고 있었음을 의미하는 것이며, 그 밖에도 동진의 문화가 공통의 코드[31]로서 기능했을 가능성을 말해 준다. 그 배경에는 이주지식인에 의한 한자문화 및 중국문화의 유입이 전제되어 있다. 낙랑·대방군 지역에서 발견되는 와·전명에서도 동진의 연호는 발견된다. 이들이 낙랑·대방군 존속 시에 들어온 중국계이든, 아니면 한사군 설치 당시 들어온 중국계의 후손이라 해도 지속적으로 중국 본토와의 연결로 새로운 문화에 접하고 있었음을 알 수 있다. 동진 – 백제 – 왜국으로 이어지는 문화 네트워크의 형성을 상정할 수 있을 것이다.

지식인에 의해 작성되었을 외교문서가 실제로 남아 있는 백제의 사례를 구체적으로 분석해 보면, 당시 백제에서 문헌에 대해 어느 정도 이해하고 있었는지를 파악할 수 있다. 개로왕 18년(472) 백제가 북위에 보낸 표문의 작성 주체는 유학승 또는 중국계 망명인으로 추정되는데,[32]

---

29 김영심, 2014a, 〈4세기 동아시아 세계와 백제의 위상, 칠지도〉, 《금석문으로 백제를 읽다》, 학연문화사, 63쪽.

30 칠지도 명문의 첫 부분에 나오는 '泰口四年'에 대해서는 그동안 중국 西晉의 泰始 4년(268)설, 東晉 太和 4년(369)설, 北魏 太和 4년(480)설이 있었고, 백제 근초고왕이나 전지왕 때의 독자적인 연호로 보기도 하는 등 의견이 분분했다. 명문의 전반적인 내용, 백제가 근초고왕대 처음으로 동진으로부터 책봉을 받았다는 사실, 《일본서기》 신공 52년조의 기록 등을 고려할 때 동진의 연호로 보는 것이 타당하다(김영심, 2013b, 〈칠지도의 성격과 제작배경 – 도교와의 관련성 검토–〉, 《한국고대사연구》 69, 114~119쪽; 김영심, 2014a, 위의 논문, 49~50쪽).

31 河內春人, 2013, 〈五~七世紀における學術の流通と南朝文化圈〉, 《古代中國·日本における学術と支配》, 同成社, 162~163쪽.

32 內田淸, 1996, 〈百濟·倭の上表文の原典について〉, 《東アジアの古代文化》 86, 大和書房, 117쪽.

작성의 주체가 누구든 당시 백제의 국왕을 비롯한 고위 관료들이 인용된 고사故事나 문장들에 대한 이해가 가능했음을 의미한다. 더욱이 유학승이 작성했다고 한다면 유학생의 지식인으로서의 면모를 유감없이 보여 준다. 표문에는 《사기史記》《한서漢書》 등의 사서만이 아니라 《예기禮記》《춘추좌전春秋左傳》 등에 나오는 고사가 다양하게 인용되었다.

백제의 외교문서에서 이러한 풍조가 나타난 것은 위진남북조시대 이래 다양하고 풍부한 저술이 등장하고 종이 문헌을 전국적으로 사용하면서 대량 생산이 가능해져, 서적의 상품화와 대규모의 유통이 가능해졌기 때문이다. 문헌의 제작과 유통이 활발해짐에 따라 중국 내부에서만이 아니라 주변국가로 본격적으로 유통되기 시작했으며, 한반도의 고대 삼국에도 대량의 문헌이 들어왔고 지식인이 이를 접할 수 있었던 것이다.[33]

일본에서도 한자의 수용과 사용은 국가의 형성, 발전과정에서 중요한 요소였다. 낙랑군이 설치된 이후 왜인도 한자를 접할 수 있는 기회가 증가했고, 시카노시마[志賀島]에서 발견되어 후쿠오카 시립박물관에 소장되어 있는 '漢委奴國王(한왜노국왕)' 금인金印에서 볼 수 있듯이 중국왕조와의 교섭도 이루어졌다. 3세기 전반 대방군을 매개로 위魏에 조공한 히미코卑彌呼도 친위왜왕親魏倭王이라는 칭호와 함께 금인을 수여받았지만, 이때의 한자에 대한 이해는 상징적인 형태의 유물로 이해되는 정도였을 것이다. 외교문서를 작성할 능력을 갖춘 식자층은 갖지 못했다.[34]

---

33 김경호, 2014, 앞의 논문, 126~137쪽.
34 田中史生, 2016, 〈漢字文化と渡来人 - 倭國の漢字文化の担い手を探る〉, 《古代東アジアと文字文化》, 國立歷史民俗博物館, 同成社, 7~11쪽. 나행주는 자체의 문자를 갖지 못한 일본열도에서는 기원 전후부터 야마타이국 히미코의 경우처럼 위정자가 중국과의 외교관계에서 한자·한문으로 외교문서를 작성할 필요가 있었을 가능성이 있다고 보았으나(나행주, 2015, 〈일본고대국가와 백제계 도래인 - 특히 백제계 문필(史姓)씨족의 활동과 역할을 중심으로 - 〉, 《한일관계사연구》 52, 28쪽), 실제로 문서를 작성할 수

〈그림 1-6〉 시카노시마志賀島 출토 '漢委奴國王' 금인金印
(후쿠오카 시립박물관福岡市博物館, 2013, 《FUKUOKA
－アジアに生きた都市と人びと－》, 12~13쪽)

"景初三年(경초 3년)"명을 가진 삼각연신수경三角緣神獸鏡이나 "景初四年(경초 4년)"명을 가진 반룡경盤龍鏡 등의 자료가 있지만, 이 시기 왜인이 문자를 어떻게 인식하고 있었는지는 많은 의문이 따른다.[35] 200년 전후에 제작된 다수의 방제경倣製鏡에 대해 왜인이 이미 문자를 알고 있었다는 증거로 보기도 하지만, 문자 사용의 배경에 있는 사상·문화까지 이해한 상태에서 문자를 새긴 경을 제작했다고 보기는 어렵다.[36]

백제에서 보내 준 칠지도도 외교를 목적으로 한 선물이기 때문에 그것이 가지는 상징적 의미가 크다. 4세기 후반 백제가 왜국에 보낸 선물인 칠지도는 양국 교섭의 상징물로서 금상감 명문을 가진 문자자료가 사용되고 있다. 아직기·왕인 등에 의해 한자가 일본에 전래되었다는 《일본서기》 응신천황대의 기록에 대해서는 그 사실성 여부가 여전히 논

있는 식자층이 있었을 가능성은 낮다.

35 大阪府立近つ飛鳥博物館, 2011, 《倭人と文字の出会い》, 平成23年度 春季特別展 圖錄, 9쪽.

36 吉村武彦, 2020, 〈ヤマト王權と半島·大陸との往來〉, 《渡來系移住民 －半島·大陸との往來－》, 岩波書店, 26~27쪽.

란이 되고 있지만, 칠지도와 5세기 중·후반 왜국의 문자문화를 보여 주는 명문도검을 보면, 4세기 후반~5세기 초두에 백제로부터 본격적인 문자문화가 전래되었음은 분명하다.[37] 일본에서 문자의 사용 개시 시기와 관련된 구체적인 자료로는 구마모토熊本현 에다후나야마江田船山고분 출토의 치천하명대도治天下銘大刀와 사이타마埼玉현 이나리야마稻荷山고분 출토의 신해명철검辛亥銘鐵劍 등 5세기의 철검명문이 주목되었다. 특히 에다후나야마고분 대도명 말미에 보이는 "書者張安(서자 장안)"은 중국계의 백제인으로 추정되는데,[38] 정치적 의례와 결부되어 문자가 사용되었다는 증거로 거론되기도 했다.[39] 이주민에 의한 문자문화가 외교만이 아니라 내정에서도 사용된 것이다.

한편 왜왕 478년 상표문은 백제의 국서와 유사하여 5세기 후반 왜국에서 중국의 학술에 대한 일정한 축적이 있었음을 알 수 있다.[40] 472년 백제가 북위에 보낸 상표문과 478년 왜왕 무武가 남조의 송 순제順帝에게 보낸 상표문에 인용된 자료나 표현에서 유사한 점이 많아 472년 상표문의 작성자가 백제의 한성함락 뒤 왜국에 망명해서 478년의 상표문을 작성했을 가능성도 제기되고 있다.[41] 5세기가 되면 《송서宋書》 왜국전에 보이는 것처럼 왜가 송과의 관계를 직접 맺을 수도 있지만, 두 나라의 관계 형성에 백제가 개입되었을 가능성이 높다. 백제는 왜의 군사적 지원, 왜는 선진문물의 필요성 때문에 관계가 돈독했고, 돈독한 동

37 小倉慈司, 2016, 〈資料からみた日本列島と朝鮮半島のつながり〉, 《古代東アジアと文字文化》, 國立歷史民俗博物館, 同成社, 169~170쪽.

38 鈴木靖民, 2016, 《古代日本の東アジア交流史》, 勉誠出版, 222쪽.

39 三上喜孝, 2013, 《日本古代の文字と地方社會》, 吉川弘文館, 9~12쪽.

40 河內春人, 2013, 앞의 논문, 151~152쪽

41 內田淸, 1996, 앞의 논문, 95~117쪽.

맹관계를 관리하기 위한 차원에서 백제가 왜의 대송 교섭을 연결해 주었다고 본다.[42] 왕족을 파견하여 왕족외교를 펼치던 백제가 양국의 우호관계를 적극적으로 유지하기 위해 취한 조치였을 것이다.

왜의 문자문화와 관련하여 또 하나 주목해 볼 것이 《수서隋書》 동이전 왜국조의 내용이다. 왜국조를 보면 왜국의 문자의 시작에 대해서 "문자는 없고 다만 나무에 새기거나 끈으로 매듭을 지어 의사소통을 할 뿐이다. 불법을 받든다. 백제에서 불경을 얻어서, 비로소 문자가 있게 되었다."라는 기록이 나온다.[43] 《수서》 왜국전의 기록을 어떠한 맥락에서 이해해야 할지 고민이 필요하다. 이에 대해서는 《양서》 신라전[44]과 마찬가지로 백제가 신라나 왜국이 중국왕조와 교섭할 때 매개 역할을 했는데, 자신들의 국제적 지위를 높이기 위해 의도적으로 왜나 신라의 문화 레벨을 낮게 평가한 정보를 흘렸을 가능성이 있고, 이러한 잘못된 정보가 사서에 수록된 데에는 백제를 매개로 하는 '중역重譯'이라는 당시의 외교 형식이 영향을 주었다고 보기도 한다.[45]

일본에 불교가 전래된 시기에 관해서는 552년설과 538년설이 있다. 초전 자체는 538년인데 여러 차례 전수되었음을 말해 주는 것으로, 538~552년 사이 백제에서 불교가 전래되었고, 이것이 일본에서 공식적으로 불교를 수용한 토대가 되었을 것이다.[46] 불법을 믿게 된 것과 문자 사

---

42 서보경, 2009, 〈도왜한 백제계 韓人과 河內 − 백제왕족의 도왜와 관련하여−〉, 《사총》 68, 21~22쪽.

43 《隋書》 권81 열전 제46 倭國 "無文字 唯刻木結繩 敬佛法 於百濟求得佛經 始有文字" 이 기록에 대해서는 개황 20년(600) 황제가 왜국의 사신이 입조하자 황제가 관리에게 명하여 그 풍속을 채록하게 한 내용의 일부이기 때문에 신빙성이 높다고 보고 있다(이성규, 2003, 앞의 논문, 58쪽).

44 《梁書》 권54 열전 제48 신라 "語言待百濟而後通焉"

45 河內春人, 2013, 앞의 논문, 165쪽.

용을 연관시킨 《수서》 왜국전의 기사에 따른다면, 일본의 문자 사용 시기는 6세기가 된다. 그러나 불교 수용 이전인 5세기에 제작된 일본의 철검명문과 왜가 송에 보낸 상표문 등을 보면, 불교의 전래 단계에 와서야 일본에서 문자가 사용되었다고 보기는 어렵지 않을까 한다. 불교와 승려가 문자문화의 전개에서 기여하는 바가 컸기 때문에, 비로소 글자가 생겼다는 의미는 단순히 문자로서의 한자가 아닌 한문 문장이나 문자를 능숙하게 다루는 기술이 백제에서 전해졌음을 말하는 것으로 이해하는 것이[47] 타당할 것이다.

《수서》 왜국전의 기록은 백제와 왜 양국의 지적 발전 수준에 차이가 있었음을 말해 준다. 백제가 동진에 사신을 파견한 이후 12년 만에 동아시아의 선진문명인 불교를 도입한 반면, 일본은 불교 수용에 관심을 갖지 않았기 때문이다. 백제가 한자를 비롯한 중국의 선진문물을 일찍 수용할 수 있었던 것도 그것을 받아들일 만한 사회적 필요성이 있고, 여건이 갖춰져 있었음을 의미한다. 백제가 중국의 한자와 한자문화를 성공적으로 수용하여 자신들의 문자문화를 만들어 내고, 또 이를 일본에 전해 주었으며, 일본의 문자문화 전개에 불교가 중요한 매개체가 되었다고 정리할 수 있다.

일본에서는 사원유적에서도 《논어》 목간이 출토된다. 유교의 문자 텍스트가 경전과 함께 사원에서 학습 대상이 되었다는 것은, 불교와 유교가 먼저 널리 퍼져 국가 지배이념을 뒷받침하는 사상으로서 조화롭게

---

46 정병삼, 2002, 〈고대 한국과 일본의 불교교류〉, 《한국고대사연구》 27, 115~116쪽; 최연식, 2011, 〈6세기 동아시아 지역의 불교 확산과정에 대한 재검토〉, 《충청학과 충청문화》 13, 81~86쪽. 이에 대해서는 제2부 제2장과 제3부 제1장에서 좀 더 언급하도록 하겠다.

47 東野治之, 2005, 〈古代日本の文字文化〉, 《古代日本文字の來た道》, 大修館書店, 93~94쪽.

자리 잡고 있었다고 해석되기도 한다.[48] 그러나 불교 승려가 단지 불교만이 아니라 유교적 소양도 겸비한 지식인층임을 보여 주는 증거라고 할 수 있다. 한자문화의 발전에 유교 경전과 불교 경전이 모두 중요한 매개고리 역할을 했다는 것도 알 수 있다.

이상에서 살펴본 바와 같이 고구려, 백제, 신라 등 한반도 고대 삼국과 왜에서 문자, 곧 한자의 수용과 사용은 국가형성이나 체제정비의 근간이 되는 중요한 요소였다. 국가의 성장, 사회의 발달 과정에서 현안을 해결해 가기 위한 새로운 지식과 기술이 필요한데, 한자에 대한 이해는 새로운 지식과 기술의 도입에 1차적으로 필요한 수단이었다. 동아시아 세계 공통의 언어를 습득하는 것은 각종 제도와 문물, 불교·유교 등 사상이나 종교, 율령법 등을 수입하는 기초가 되었다. 역으로 불교나 유교의 수용과 발전이 문자문화의 확산에 기여했다는 것도 충분히 짐작할 수 있다.

고대 동아시아 사회에서 지식과 기술의 원천은 중국 왕조인 경우가 대부분이었다. 그런데 한반도에는 낙랑·대방이라는 중국 군현이 313·314년까지 존속했고, 백제는 낙랑·대방의 고토故土에 해당하는 지역을 차지하기 위해 고구려와 치열한 다툼을 벌인 적이 있으며, 372년에는 중국 동진과 정식으로 통교했기 때문에 중국의 선진 문물과 제도에 비교적 빨리 접할 수 있었다. 백제의 지식인층의 성립 차원에서 가장 눈에 띄는 존재도 바로 근초고왕대에 활약했던 박사 고흥高興이다. 낙랑·대방에 와 있던 중국계 지식인층이나 중국 본토에서 들어온 지식인층의 활약이 있었고, 공식 통교 이후에는 새로운 지식과 기술의 도입에 사신이나,

---

48　三上喜孝 저·오택현 역, 2020, 〈고대 일본 논어 목간의 특질〉, 《목간과 문자》 25, 184쪽.

유학생·유학승 등을 포함한 인간의 이동과 그들의 정착이 기여한 부분이 컸을 것이다.

지정학적 위치상 선진문물의 전달 통로는 육로일 경우 고구려를 경유하였을 가능성이 있고, 해로일 경우 황해 연안항로나 황해 중부 횡단항로[49]를 이용하여 중국과의 직접 교류가 이루어졌을 가능성이 있다. 백제는 다시 한반도 서남해안을 통해 가야나 왜국으로 선진 문물을 전달하는 역할도 했다. 따라서 선진 문물과 제도의 수용 시기에는 편차가 있을 수밖에 없는데, 시기적 낙차의 정도는 사안과 시점에 따라서 달랐을 것이다.

전파된 문물의 시기적 낙차를 보여 주는 하나의 사례는 5~6세기에 걸쳐 보급된 역법曆法이다. 백제는 5세기 중반 송과의 교류를 통해 원가력元嘉曆이라는 중국의 역과 점술의 지식을 도입해서 함께 활용하는 체제를 정비한 바 있다.[50] 왜국에서는 5세기에 역의 지식이 일부 유입되었지만 역 문화의 본격적인 유입은 6세기 중반 백제에서 역박사曆博士가 도래한 이후였다. 관륵觀勒이 역법과 함께 천문지리, 둔갑방술 등의 지식을 가져와 역을 다루기 위한 지식을 체계적으로 전달했고, 왜국 조정에서는 관륵에게 학생을 붙여 이들 기술을 배우게 해서 역을 만드

---

49 황해 중부 횡단항로의 개척 시점에 대해서는 7세기설, 5세기 후반설, 5세기 전반설, 4세기 후반설, 4세기 전반설, 3세기설까지 다양한 견해가 있는데(임동민, 2022, 〈백제 한성기 해양 네트워크 연구〉, 고려대대학원 박사학위논문, 53~54쪽), 황해 연안의 정세 변동뿐만 아니라 고대사회의 조선술, 항해술까지 고려한 종합적인 판단이 필요하다.

50 《周書》 권49 열전 41 이역 상 백제 "用宋元嘉曆 以建寅月爲歲首"
원가력은 송 문제 원가 20년(443)에 만들어져 445년부터 사용되기 시작하였는데, 백제에서 남조와의 교류를 통해 원가력을 도입해서 사용했음을 무령왕릉 지석의 曆日과 日辰 기록으로 입증한 연구도 있다(이은성, 1984, 〈무령왕릉 지석과 원가력법〉, 《동방학지》 43, 42~64쪽).

는 체제를 정비하고자 했다.[51] 대략 1세기 정도의 차이가 보이나, 점차 그 시기적 낙차는 줄어들었을 것으로 보인다. 백제는 5세기 중반에 역을 받아들여서 6세기 중반 역박사를 보내 줄 정도로 자신의 것으로 체화시키는 데 1세기 정도 걸렸고, 왜국은 6세기 중반 받아들여서 602년 관륵이 들어올 때 역을 제대로 활용할 수 있는 여타 지식도 함께 받아들여 자신들의 것을 만들어 내고, 이를 전수할 수 있는 체제를 갖춘 것으로 생각된다.

일본 고대 율령국가의 형성은 중국대륙 및 한반도의 선진적인 문화나 제도를 도입해서 이를 본보기로 삼았기 때문에 가능한 일이었다. 선진 문화나 제도를 도입하기 위해서는 외교관계가 필요했고, 외교가 지속되기 위해서는 문필을 담당한 전문직이 필요하였다. 중국 또는 한반도계의 이주민을 채용한 것은 이러한 이유에서였고,[52] 결과적으로 5세기 후반의 왜국에서는 한자·한문을 습득한 식자층이나 문필 집단이 꽤 성립되어 있었다. 따라서 백제나 왜국처럼 1차적인 지식의 창출국이 아닌 경우 지식인 집단, 지식문화의 창출에는 외교적 계기가 매우 중요했다는 것을 알 수 있다.

또한 6세기 단계의 상황을 보면 중국 남조의 양梁 무제武帝는 체제정비 과정에서 가문의 지위가 아닌 개인 재능과 덕행을 중시하는 기풍을 만들어 내는 데 주력했다. 수도에 학관學官을 세우고 오경박사를 통해 학생들을 교육하는 한편, 이들 학생에 대해 시험을 치러 급제자를 관직에 등용하였다.[53] 백제 성왕은 양 무제를 전범으로 삼았기 때문에 이러

---

51 《일본서기》 권19 흠명 15년 2월조; 권22 추고 10년 동10월조.
52 薗田香融, 1995, 〈古代の知識人〉, 《岩波講座 日本通史 5》 古代4, 岩波書店, 157쪽.
53 미야자키 이치시다宮崎市定 지음·임대희 등 옮김, 2002, 《구품관인법의 연구》, 소나무, 42쪽.

한 분위기가 백제에도 영향을 미쳤을 가능성이 있다. 지식인을 필요로 하는 사회 분위기가 형성되어 양에 적극적으로 박사 등의 지식인을 요청하였고, 왜국에도 박사를 파견하였던 것이다. 따라서 왜국의 한자문화 또한 6세기에 들어서면 백제로부터 오경박사가 파견되고, 불교가 전해짐에 따라 변화하기 시작한다. 오경박사와 승려는 지배층의 자문에 응하게 되었고, 이를 통해 왜국의 지배층이 한자문화에 대한 이해를 심화시킬 수 있었다.[54]

이상에서 백제나 일본의 문자문화의 성립 및 전개과정에 이주지식인이 개재되어 있음을 알 수 있다. 이는 비단 문자문화의 발전에 국한되는 것은 아니다. 한반도의 고대 삼국과 왜국에서 국가가 형성되어 고대 국가의 체계를 수립하고 이를 운영해 나가는 과정에서 각 단계마다 필요한 지식과 기술을 수용하여 발전시켜 갈 필요가 있었고, 그 역할을 이주지식인이 담당하는 경우가 많았다. 이주지식인이 가진 선진 문물에 대한 지식과 기술, 역량을 활용하고자 했던 것이 이주지식인의 형성 배경이 되었고, 그들의 다양한 활동으로 이어지게 되었다.

---

54 이에 대한 구체적인 검토는 제3부 제1장에서 하고자 한다.

2. 동아시아의 주민 이동과 백제의 이주 사례 분석을 위한 시기 설정

1) 동아시아의 정세 변화와 주민의 이동

백제의 이주지식인의 사례를 분석하기 위해 중국 대륙과 한반도를 둘러싼 국제 정세의 변화, 백제사의 전개과정, 고대 동아시아에서 주민 이동이 대규모로 발생한 시기를 고려하여 단계를 설정하고자 한다. 동아시아에서 발생한 이주민은 서로 연동되어 있기 때문에 국제적인 역학 관계를 고려한 위에서 단계를 설정할 필요가 있다.

한의 멸망 이후 589년 수나라에 의해 통일되기까지 중국대륙은 분열과 통일을 거듭하면서 한반도의 역관계는 물론 한반도 고대 국가의 성장·발전과정에 큰 영향을 미쳤다. 주민이동이 발생하게 된 근본적인 계기가 되었던 중국의 정치상황을 먼저 고려하고, 그것이 어떤 식의 주민 이동을 가져 오게 되었는지, 그 파급효과가 백제와 일본에는 어떻게 나타났는지 우선적으로 살펴보고, 백제계 이주민이 일본에 집중적으로 건너간 시기는 언제인지 등을 종합적으로 검토할 필요가 있다.

지정학적으로 중국 대륙과 한반도를 잇는 중요한 위치에 있었던 낙랑은 동아시아 해역의 정치적·경제적 교역의 중심 역할을 담당했기 때문에 낙랑의 상황도 중요한 고찰 대상이 된다. 고대 동아시아에서 주민의 이주는 장기간에 걸쳐 지속적으로 나타나는 현상이기는 하지만, 큰 변화가 있었던 획기는 분명히 있었으므로 이를 중심으로 단계를 설정해 보도록 하겠다.

기원전 2세기 말 낙랑군이 설치되기 전부터 낭야琅琊를 비롯한 산동 지역과 낙랑군에 해당하는 지역의 민간 교류가 이루어지고 있었다.[55] 또 낙랑군 설치 이후에는 한반도가 중원의 혼란기에 피난할 수 있는 하나의 대안지역으로 인식되면서 산동성 낭야 출신 사족士族들이 이주해 왔다고 한다.[56] 후한 말 중앙정치가 혼란해지고, 3세기 초 대방군이 설치될 때까지 다양한 계층의 중국계 주민이 마한지역으로 흡수되었다. 기원전 82년 진번·임둔군 폐지, 3세기 초 대방군의 설치, 경초 연간 (237~239) 위의 낙랑·대방군 정벌, 274년 서진西晉의 동이교위부東夷校尉府 설치 등 정치·군사적 변동기마다 중국계 유이민이 마한·백제지역으로 파상적으로 유입된 것이다.[57] 그러나 중국계 주민이 본격적으로 백제에 유입된 것은 아니었다.

백제를 중심으로 볼 때 대규모의 주민 이동이 있었던 시기는 4세기이다. 중국 내부의 변란과 한반도 내의 낙랑·대방군의 멸망이 주된 계기가 된 것이 아닌가 한다. 남북조[58]로 분열된 5호·북조, 동진·남조 시기는 이주민이 대량 발생했던 시기였다.[59] 중국 대륙에서 5호16국시대

55 기원전 1세기 말~기원후 1세기 초에는 산동에서 발생한 기근이나 하층민의 봉기로 많은 피난민이 발생했고, 1세기 초를 전후하여 많은 산동인들이 해로를 통해 낙랑군으로 피신해 왔는데, 낙랑에 망명한 부류는 有産層이 주류를 이루었다고 한다(권오중, 2008, 〈낙랑 석암리 9호분 소고〉, 《한중관계 2000년》, 소나무, 30~35쪽: 2009, 〈'낙랑사' 시대구분 시론〉, 《한국고대사연구》 53, 139~145쪽).

56 안정준, 2016, 〈고구려의 낙랑·대방군 고지 지배 연구〉, 연세대대학원 박사학위논문, 36쪽.

57 김창석, 2016, 〈중국계 인물의 백제 유입과 활동 양상〉, 《역사문화연구》 60, 64~68쪽.

58 한 제국이 붕괴된 이후 400년 동안 이른바 '위진남북조시대'를, 서진이 30여 년의 통일을 이루기는 했지만, 위·오·촉의 분열부터 시작하여 전체적으로 분열의 시기라는 측면에서 '남북조'로 표현하기도 한다. 정치적 분열을 인정하는 용어이기는 하지만 이 시기 중국 문화권이 확장되고 다양해졌음을 의미하는 용어이기도 하다는 점에서(마크 에드워드 루이스 지음·조성우 옮김, 2016, 《하버드 중국사 남북조 – 분열기의 중국 –》, 너머북스, 18~19쪽), 수용할 수 있다고 본다.

59 박한제, 1996, 〈東晋·南朝史와 僑民 –僑舊體制의 형성과 그 전개–〉, 《동양사학연구》 53, 3쪽.

는 민족이동기로 명명될 정도로 서진 혜제惠帝 시기 팔왕八王의 난(291~306)[60]과 4세기 초 회제懷帝 시기 영가永嘉의 난[61]에 의해 야기된 북방 유목민족의 중원 유입이 중요한 주민이동의 계기가 되었다. 3세기 말~4세기 초의 팔왕의 난과 영가의 난 이후 당시 중국의 중심지였던 화북지역은 여러 민족이 난립하면서 다수의 유민들이 발생하고 있었고, 주변 소수민족이 중국 내지로 이동하게 되면서 시작된 주민의 이동은 5호16국시대를 특징짓는 요소가 되었다.

4세기 초기의 유민의 다수는 화북에서 강남으로 이동했으며, 그 수는 90만에 달했다. 351년의 후조後趙 정권 붕괴 시, 370년 화북을 통일한 전진前秦이 383년 비수淝水 전투에서 동진에 패배하여 붕괴될 때에도 대량의 유민이 발생하였고, 439년 북위北魏가 화북을 통일할 때까지 여러 지역에서 연쇄적인 인구 이동이 있었다. 4세기를 통해 수백만인이 강남으로 이동하였고 관중, 관동, 산동반도, 화북 내부에서 한족과 5호를 불문하고 많은 이동이 있었던 것이다.[62] 중국 중심부에서 일어난 혼란으로 한반도와 인접한 요수, 곧 현재의 요하 유역에도 한족들이 전란을 피해 다수 이주해 오고,[63] 만주지역으로 이동한 서진 주민 가운데 일부는 요동이나 산동반도를 거쳐 한반도 방면으로 이주했다.[64]

---

60 290년 4월 삼국정립을 수습하고 중국을 통일한 서진의 무제 司馬炎의 죽음을 계기로 서진의 종실·외척·권신에 의한 제위 계승 다툼이 일어나 서진왕조를 흔드는 대반란이 되었다(三崎良章, 2012,《五胡十六國 －中國史上の民族大移動－》, 東方選書, 48~49쪽).

61 북방 초원지대의 여러 유목 종족이 산서성에서 산동성에 이르는 황하 유역을 점령한 사건을 말한다. 최근 백제 멸망 뒤 중국으로 이주해 간 백제 유민인 禰軍의 묘지명에서도 선조의 이주 시기로 '永嘉末'이 언급되고 있다.

62 三崎良章, 2012, 앞의 책, 178~186쪽.

63 關尾史郎, 1999, 〈古代中國における移動と東アジア〉,《岩波講座 世界歷史 19: 移動と移民》, 岩波書店.

64 이여름, 2018, 〈4~5세기 백제 '이주귀족'의 정착과 활동〉,《역사와 현실》108, 254쪽.

한편 서진의 붕괴로 동이교위부가 영향력을 행사하지 못하면서 낙랑·
대방군은 동이교위부의 지원을 받을 수 없었다. 낙랑·대방군은 서진의
실질적인 지배력이 상실되면서 급속도로 쇠퇴하였다.[65] 동이지역에 대한
서진의 영향력이 무너지자 낙랑·대방군은 고립될 수밖에 없었고, 고구
려는 이 틈을 타 미천왕 14년(313) 낙랑군을 공격해 남녀 2천 명을 포
로로 잡았고, 314년 대방군을 침공하였다.

《자치통감資治通鑑》 기록에 따르면, 313년 요동의 장통張統이라는 사
람은 낙랑·대방군에 거주하며 고구려에 대항하다가 낙랑 사람인 왕준王
遵의 설득으로 함께 1천여 가를 이끌고 모용외慕容廆에 귀의하니 모용
외는 그들을 위해 낙랑군을 새로 설치하고 장통을 태수太守, 왕준을 참
군사參軍事에 임명하였다.[66] 이를 근거로 313~314년 고구려가 낙랑·대
방을 점령한 것도 모용외가 장통과 연계하여 서북한까지 진출하는 것을
차단하기 위한 선제공격적인 성격을 지녔다는 주장도 있다.[67] 4세기 당
시 고구려가 '모용연慕容燕'과의 세력 경쟁 속에서 장기간 중국계 유이
민을 확보하기 위해 경쟁했던 것이 아닌가 한다.[68]

4세기 초 고구려로 이주해 온 사례를 보면, 서진의 평주자사이던 최
비崔毖는 319년 치소인 양평襄平을 탈출하여 고구려로 망명하였다.[69] 전

65 임기환, 2000, 〈3세기~4세기 초 위진의 동방정책〉, 《역사와 현실》 36, 30쪽; 여호
　규, 2000, 〈4세기 동아시아 국제질서와 고구려 대외정책의 변화〉, 《역사와 현실》 36,
　38~39쪽; 강선, 2005, 〈4~6세기 동아시아 정세와 고구려의 대외정책〉, 《군사》 5, 75
　쪽; 김기섭, 2017, 〈4~5세기 동아시아 국제정세와 백제의 외교정책〉, 《백제문화》 56,
　274쪽.
66 《資治通鑑》 권88 晉紀10 孝愍황제 건흥 원년 4월조.
67 여호규, 2009, 〈4세기 고구려의 낙랑·대방 경영과 중국계 망명인의 정체성 인식〉,
　《한국고대사연구》 53, 163쪽.
68 안정준, 2016, 앞의 논문, 53쪽.
69 《晉書》 권108 慕容廆載記, 2806~2807쪽; 《資治通鑑》 권91 진기13 태흥 2년 12월

연前燕의 내분기인 333~336년, 전연과 후조가 각축을 벌이던 338년 무렵에도 중국계 이주민이 대거 내투하였다.[70] 또한 전연의 멸망과 북연의 멸망을 계기로 고구려 쪽으로 이주하는 중국계 이주민이 대거 발생하였다. 낙랑지역에는 북방 유주幽州·기주冀州 방면에서의 유민이 파동적으로 들어와 있었고,[71] 이들은 385년 이전 고구려로 들어갔다.[72] 고구려에서는 낙랑·대방지역에 중국계 망명인을 대거 이주시켜 통치력을 강화해 갔는데, 370년대 중반부터 이 지역 재지세력이나 중국계 망명인에게 관등을 수여하며 준관인층으로 편입하는 정책을 펴기도 했다.[73] 이처럼 4세기부터 5세기 전반까지 요서지역에서 전연(337~370), 전진(351~394), 후연後燕(384~407), 북연北燕(407~436)으로 이어지는 혼란이 계속되는 동안 고구려의 성장이 두드러졌다.

낙랑·대방계 유민이 대거 백제지역으로 유입된 것은, 낙랑·대방군 소멸 직후가 아니라 고구려와 백제가 군현 고지를 놓고 치열하게 공방전을 벌이던 355년 전후였다. 355년 고국원왕이 낙랑공樂浪公 작호를 받

조, 2874쪽.

70 336년 전연의 佟壽, 郭充(《資治通鑑》 권95, 진기17 함강2년 정월, 3005~3006쪽), 338년 전연의 동이교위 封抽, 護軍 宋晃, 居就令 游泓(《資治通鑑》 권96, 진기18 함강 4년 5월, 3018-3021쪽), 344년 우문부의 逸豆歸(344)(《魏書》 권101 열전 85 흉노우 문모괴전; 《資治通鑑》 권97, 진기19 건원 2년 1월조) 등의 사례가 기록에서 직접적으로 확인되고 있다. 4~5세기 고구려로 유입해 온 중국계 이주민의 사례는 공석구, 2003, 〈4~5세기 고구려에 유입된 중국계 이주민의 동향 - 문헌자료를 중심으로-〉, 《한국고대사연구》 32, 133쪽의 〈표 1〉 참조.

71 윤용구, 2007a, 〈중국계 관료와 그 활동〉, 《백제의 대외교섭》, 충남역사문화연구원, 259쪽.

72 《資治通鑑》 권106, 진기28 효무제 太元 10년 11월 "… 四方流民 前後至者 數萬口 先是 幽冀流民 多入高句麗 …"

73 여호규, 2009, 앞의 논문, 192쪽.

으며 통치를 강화하자 위협을 느낀 대방계 유민이 백제와의 연계를 강화하다가 투항한 것이다. 355년 즈음 대방군은 이미 독립세력으로 존재하기 어려웠기 때문에 이 지역을 둘러싼 고구려와 백제의 대립이 심화되면서 반고구려적 대방계 유민이 백제로 대거 남하했다고 본다.[74] 낙랑·대방군이 멸망한 뒤 고구려 세력권이 된 지역에 그대로 남아 정착한 사람들이 상당히 많았기 때문에 근초고왕대 낙랑·대방군 고지의 일부를 백제가 장악할 때 유입된 인구가 가장 많았을 것이다. 전연과 북연의 멸망으로 중국계 이주민이 대거 발생했을 때 중국 내륙 출신 주민도 황해 연안항로와 육로를 통해서 백제로 내투했을 가능성이 있다.[75]

백제에 유입된 중국계 주민에는 유교적 소양을 갖추고 문서행정에 능통한 인물들이 다수 포함되어 있었기 때문에,[76] 지식인층의 많은 수가 백제에 흡수된 뒤 외교와 학문 분야에서 중용되어 왕의 측근세력으로 활약하였다.[77] 한식漢式 문물에 익숙했던 이들 한계漢系 지식인층이 백제사회에 정착하게 되면서 백제는 중국문화의 핵심적인 내용에까지 접근할 수 있게 되었다. 낙랑·대방군의 이주민을 받아들일 수 있었던 것은, 백제사회가 그만한 여건을 갖추고 있었음을 의미한다. 체제정비의 필요성이 있었기 때문에 이들에 주목한 면이 있었고, 또 이들은 지리적으로 인접해 있기도 했고 자신들이 백제사회에서 담당할 역할이 있었기

---

74 송지연, 2004, 〈대방군의 성쇠에 대한 연구〉, 《사학연구》 74, 18~22쪽; 윤용구, 2007a, 앞의 논문, 258~263쪽; 여호규, 2015, 〈4세기~5세기 초엽 백제의 대중교섭 양상〉, 《백제의 성장과 중국》 쟁점백제사 5, 한성백제박물관, 148쪽.

75 백길남, 2015, 〈4~5세기 백제의 중국계 유이민의 수용과 태수호〉, 《동방학지》 172, 10~11쪽.

76 윤용구, 2007a, 앞의 논문, 263쪽

77 문동석, 2007, 《백제 지배세력 연구》, 혜안, 68~77쪽; 김기섭, 2007, 〈고대국가의 여명〉, 《한성도읍기의 백제》, 충남역사문화연구원, 49~50쪽.

때문에 백제사회에 정착했을 것이다.

4세기 말~5세기 초에는 대방의 옛 땅을 둘러싸고 고구려와 백제 사이에 전투가 격화되었다. 고구려 광개토왕의 남진으로 한성이 압박을 받게 되면서 백제는 가야－왜국으로 이어지는 외교관계를 더욱 강화해 간다. 왕제王弟나 왕세자王世子 등의 왕족을 왜국에 보내 체류하게 하는 방식의 왕족외교를 벌여 왜국과의 신뢰관계를 구축하고, 왜국에 군사적 도움을 요청하였다.[78] 개로왕대 곤지昆支의 파견도 왕족외교의 일환이었다.

그러나 개로왕대의 체제정비 노력이 실질적인 효과를 거두지 못한 상황에서 5세기 후반 고구려 세력이 백제를 압도하여 백제의 도읍인 한성漢城이 함락되었다. 대방 땅이 고구려 지배 아래 들어가게 되면서 백제지역에 살고 있던 중국인이 백제인과 함께 남쪽으로 이동하고, 그 일부가 왜국에 간 경우도 있었다. 《일본서기》의 기록을 보면 응신 연간에 해당하는 4세기 말~5세기 초 한반도에서 이주가 있었고, 5세기 중·후엽 웅략조에 더 많은 사람들이 이주해 왔다. 이들을 편제하는 것이 야마토 정권의 중요한 일이었고, 이들을 장악함으로써 왕권을 강화할 수 있었다.

5세기 말부터 6세기 초에 걸쳐 일본열도에 '금래한인今來漢人'이 발생한 것은 고구려 장수왕의 공격에 의해 백제의 한성이 함락된 것에 크게 영향을 받았다. 그러나 또 한편으로는 북위의 사민정책의 여파가 한반도 남부를 거쳐 일본열도에까지 미친 결과였다.[79] 5세기 중반을 경계로 문자 해독, 철 생산, 대규모 관개기술 등 우수한 문화를 가진 새로운 이주민이 들어오게 되면서 5세기 말의 웅략조(457~479)는 고대국가

---

78 김영심, 2008, 〈백제의 '君'호에 관한 시론적 고찰〉, 《백제연구》 48, 19쪽.
79 倉本一宏, 2014, 〈大王の朝廷と推古朝〉, 《岩波講座 日本歷史》 第2卷 古代2, 岩波書店, 8~9쪽.

형성사상의 일대 획기가 되었다. 왜국은 이른바 '왜5왕倭五王'시대에 해당하는 421~487년에 걸쳐 송에 사신을 보낸 이후 600년(607년)[80] 수隋에 사신을 파견할 때까지 중국과의 외교관계가 단절되었다.

웅략雄略 사후 꽤 오랫동안 왜국의 왕권은 안정되지 못했다. 웅략과 청령淸寧 이후 즉위한 인현仁賢, 현종顯宗, 무열武烈이 이중履中 계열로서 웅략과는 계보를 달리하였다. 계체繼體는 무열이 후사가 없이 죽자 응신應神의 5세손을 영입한 것으로 기록되어 있는데,[81] 실제로 무열이 죽음으로써 왕통이 끊겼다고 보기는 어렵고 계체가 무열과는 다른 계보에 속했다는 의미로 생각된다.[82] 6세기 초 계체는 왕권 교체를 통해 신왕조를 개창한 것이다. 그러나 507년 고시국越國에 있던 계체는 야마토大和에 들어가지 못하고 오미近江·야마시로山城·가와치河內 등지를 전전하는 과정을 거쳤다.[83] 동성왕대에는 백제와 왜국의 관계가 일시적으로 소원했으나, 계체에 의해 왕조가 교체됨에 따라 무령왕은 새로운 왕실과의 교류를 통해 우호 관계를 돈독히 하였다.[84] 따라서 백제와 왜국의 본격적인 교역은 6세기 초를 전후하여 시작되었다고 할 수 있다.

동성왕대에 웅진천도에 따른 혼란을 극복하고, 무령왕대에 다시 강국이 될 정도의 국력을 회복한 백제는 성왕대에 이르러 실질적인 중흥

---

80 《隋書》 왜국전에는 600년에 왜국이 수에 사신을 보낸 것으로 나오나, 《隋書》 본기에는 607년 이전에 왜국이 사신을 보냈다는 기록은 나오지 않는다.

81 《일본서기》 권17 계체 即位前紀 "男大迹天皇 更名彦太尊 譽田天皇五世孫 彦主人王之子也"

82 권오영, 2012, 〈계체왕조의 등장을 둘러싼 고고학적 환경 － 무령왕대 백제와 왜의 교섭을 이해하기 위한 사전작업－〉, 《백제문화》 46, 270~271쪽.

83 박재용, 2021, 〈웅진·사비기 백제와 왜국의 관계〉, 《대통백제, 통합과 교류의 장을 펼치다》, 송파구, 104쪽.

84 홍성화, 2018, 〈웅진시대 백제와 왜의 관계〉, 《사총》 94, 158쪽.

노력이 성공을 거둔다. 무령왕·성왕은 양나라와의 작은 교류를 바탕으로 양 무제를 전범으로 삼아 통치 이념과 체제를 정비하고자 했다. 성왕은 사비로 천도하여 통치체제를 재정비하고, 중국 남조·왜와의 관계를 안정적으로 구축하면서 활발하게 교류를 하게 되었다.[85] 성왕대부터는 학자나 지식인층의 파견이 이루어지고, 불교의 전파와 같은 문화적 관심이 극대화되었다고 할 수 있다. 6세기 중·후반의 흠명조, 민달조에 백제가 왜국에 많은 지식인층을 보내 주고, 백제에서 '왜계 관료'가 활약할 수 있었던 것도 이러한 시대 분위기 속에서 가능하였다.

그런데 수가 등장함에 따라 백제는 고구려, 수나라와의 관계에서 입장을 정리하느라 고민하게 되었고, 7세기 전반 무왕대에는 백제와 신라가 대립하게 되면서 602년 관륵의 파견을 제외하고는 왜국에 대한 적극적인 문물의 제공 양상은 보이지 않는다. 특히 왜국이 수에 사신을 직접 파견하고, 당 등장 이후 직접 교통하게 되면서 백제의 역할이 줄어들게 되었다. 일본이 중국의 문물을 직접 받아들일 수 있게 된 것은, 백제와 왜국의 관계에서 중요한 변화의 계기가 되므로 단계 설정에서 고려해야 할 부분이다.

7세기 후반은 그 이전을 뛰어넘는 대량의 인구이동을 가져온 시기이다. 7세기의 동아시아는 각 나라의 이해관계가 첨예하게 대립되었고, 그 과정에서 백제와 고구려는 신라와 당의 연합군에게 패배하였다. 660년 백제가 멸망하고, 663년 백강白江전투의 패배로 부흥운동이 실패하면서 백제의 왕족과 귀족, 일반민이 당으로 끌려가기도 하고, 왜국으로 건너

---

85 무령왕대에 중국 양나라의 선진문물을 왕성하게 수입하게 되면서 백제의 선진문물과 왜국의 군사 지원이라는 양국의 교섭 양상도 시작되었다. 양국의 교류가 활발히 전개될 수 있었던 것은, 백제가 서남해지역으로 본격적으로 진출하면서 교통로와 기항지를 확보할 수 있었기 때문이다(박재용, 2021, 앞의 논문, 105~106쪽).

가 생존을 도모했다.

백제계 이주민의 활동은 일본과의 관계에서 두드러진다. 4세기 후반부터 7세기 후반까지 백제가 왜국과 동맹관계를 유지했기 때문일 것이다. 삼국과 왜국 사이의 인적, 물적 대상물의 교류상황을 검토해 보면 백제와 왜국의 관계는 교류의 횟수와 내용이 다른 나라에 견주어 월등히 앞서 있다. 제2부의 사례 분석에서 드러나겠지만, 백제에서 왜국으로 건너간 이주민은 수공업자를 비롯한 기술자 집단, 유교 경전에 밝은 지식인, 불법을 전수하는 승려계층 등 전문가 집단이 많았고, 백제에서 제공했던 것은 생산기술만이 아니라 한자문화·유교·불교 등 정신문화까지 포괄하고 있어서 일본열도의 상황을 고려할 필요가 있다.

2) 이주 사례 분석을 위한 시기 설정

백제사상의 이주민 분석에서 단계를 구분하는 데에는, 고대 동아시아에서 주민 이동이 두드러졌던 시기와 백제사의 전개과정을 우선적으로 고려하고, 일본에 이주민이 집중적으로 건너온 시기인 400년 전후, 5세기 후반~6세기 초, 7세기 후반을 염두에 두었다.[86] 그리하여 1단계는 4세기~5세기 중·후반, 2단계는 5세기 후반~7세기 중반, 3단계는 7세기 후반 이후로 시기를 설정하여 사례를 분석해 보기로 하겠다.

---

86 일본에 이주민이 많이 들어간 시기에 대해서는 약간의 차이는 있지만 대체로 일치된 견해를 보이고 있다(양기석, 2010, 〈백제인들의 일본열도 이주〉, 《마한·백제 사람들의 일본열도 이주와 교류》, 중앙문화재연구원 창립10주년기념 국제학술대회 발표문, 11~14쪽; 丸山裕美子, 2014, 〈歸化人と古代國家·文化の形成〉, 《岩波講座 日本歷史》 第2卷 古代 2, 岩波書店, 113쪽; 나행주, 2015, 앞의 논문, 17~18쪽). 다만 上田正昭는 彌生時代 전후를 1기로 추가하여 총4기로 설정하고 있다(2013, 《渡來の古代史 － 國のかたちをつくったのは誰か》, 角川選書, 46~47쪽).

1단계는 4세기~5세기 중·후반으로서 낙랑·대방의 멸망으로 중국계 이주민이 대거 유입되고, 고구려의 침공에 대비하여 백제가 왜국에 왕족외교를 펼치는 등 왜국과의 교류가 활발해진 시기이다. 4세기 말, 5세기 초에 중국 대륙과 한반도로부터 왜국에 대규모의 이주가 이루어졌다.[87] 백제가 동성왕대에 천도에 따른 혼란을 극복하고 중국 남제南齊에 사신을 파견할 때 중국계 이주민 및 그 후손을 활용하지만, 왜국과의 관계는 소강상태였기 때문에 5세기 중·후반이 1단계와 2단계의 경계가 된다.

2단계는 5세기 후반~7세기 중반이다. 세부적으로는 5세기 후반~6세기, 7세기 전·중반의 시기 설정도 가능하다. 5세기 후반~6세기 전반까지는 백제가 한성함락으로 웅진으로 천도한 이후 국력을 회복한 시기라고 한다면, 6세기 중·후반은 사비천도 후 지배체제를 재정비하고 중국 양나라로부터 심화된 문물을 입수하여 정기적으로 왜국에 전해 준 시기이다. 한반도 삼국이 중국 및 왜국과 활발히 통교했던 시기라고 하겠다. 7세기 초 왜국이 수에 사신을 파견하고 이후 당과도 교류하게 되지만 백제와 왜국과의 관계에서는 종래의 기조가 대체로 유지된다. 6세기 중·후반부터 7세기 초까지 백제에서 파견된 지식인층이 가장 적극적인 활동을 하였다고 할 수 있다. 따라서 2단계는 세부적인 차이는 인정하되, 시기 범위를 백제 멸망 전까지로 잡고자 한다.

3단계는 백제가 멸망하여 백제의 유민이 왜국에 건너간 7세기 후반 이후이다. 고찰의 하한은 《신찬성씨록》의 편찬 시기인 815년이다. 백제계 이주민의 이주 종착지인 일본에서 이주민에 대한 편제가 일단락되

---

87 坂元義種, 1996, 〈渡來系の氏族〉, 《日本の古代》 11 ウヂとイエ(大林太良 編), 中央公論社, 363~364쪽.

고, 일본인으로서 자리 잡았음을 보여 주는 상징적인 기록이기 때문이다. 3단계는 일본 고대국가가 율령체제를 확립시키기 위해 새로운 지식과 이념을 필요로 하면서 백제 유민의 활동이 두드러졌던 시기라고 할 수 있다.

제2부

백제 이주지식인의
시기별 활동 양상

제1부에서 설정한 시기구분에 따라 백제사에서 보이는 이주의 사례를 분석해 보고자 한다. 이주 국가에서 활동한 내용에 대한 검토를 토대로 이주 기간, 이주 형태, 정착 방식, 이주의 성격을 추정해 보고 이주의 시기별 경향성을 추출해 낼 계획이다. 백제의 경우 중국과의 관계에서 보다는 일본과의 관계에서 형성된 이주민, 이주지식인에 관한 자료가 많다. 이는 일본에서 활동한 백제계 이주지식인에 대한 고찰을 통해 밝힐 수 있는 부분이 많다는 의미이기도 하다.

중국과 백제 사이, 백제와 일본 사이의 이주민을 나누어 살펴보되, 이주 기간의 문제는 고려할 필요가 있다. '이주移住'는 옮겨가서 거주한 다는 의미이기 때문에 반드시 최종까지 정착한 사람만을 지칭하지는 않는다. 고고학에서는 적어도 수개월에서 1년 정도 이상은 체재해서 일상적인 생활을 보낸 경우를 이주민으로 본다고 하나,[1] 오경박사五經博士와 같은 인물이 체재하는 기간이 3년인 점을 감안하면 1~3년 정도는 단기, 3년 이상은 중·장기로 구분해서 살펴보는 것이 어떨까 한다. 파견이 되었다가 완전히 정착한 경우도 있겠지만, 이주 시점이나 기간의 차이가 이주 지역, 정착 방식, 이주한 사회에서의 역할의 차이도 수반하므로 먼저 이러한 기준을 가지고 이주민의 사례를 분석해 보고자 한다. 이주의 계기나 동기도 문헌상에 드러나는 것은 파견이나 바쳐진 것[貢, 獻, 上送]이 대부분이지만, 자신의 선택에 의한 경우도 분명히 있었을 것이다.

---

1 龜田修一, 1993, 〈考古學から見た渡來人〉, 《古文化談叢》 30, 748쪽.

국가의 형성 및 발전 과정에서 반드시 갖춰야 할 요소들이 어떤 것들이 있는지를 간단히 살펴본 뒤에 실제의 이주 사례를 검토해 보면 해당 사례의 특징이나 시기별 경향성이 좀 더 분명히 드러날 것이다. 이는 일본 고대국가의 형성, 발전과정 연구에서 주로 검토된 문제지만, 백제의 상황을 이해하는 데도 어느 정도 도움이 되리라 생각한다. 백제와 일본의 발전 단계가 다르기 때문에 시차는 있지만 국가의 형성, 발전과정에서 필요로 하는 것에는 공통된 면이 있다. 생산력과 군사력을 상징하는 농기구와 무기, 위신재의 제작에 불가결한 금속광물자원과 제작 기술, 토기 제작과 직조 등 각종 수공업 전문기술과 지식, 기능만이 아니라 이를 다룰 수 있는 인적 자원이 필요하였다. 또한 국가체제를 실질적으로 운영하는 데 필수적인 각종 제도와 문서행정을 담당하는 전문관료, 지배이데올로기의 확립과 사상의 통일 및 문화형성에 불가결한 유교와 불교 등의 사상체계와 이에 정통한 박사나 승려 등 당대 최고의 전문지식인, 왕궁이나 사원 등 도성 건설에 필요한 고도의 기술을 가진 특수기능인 등 각종 인적자원을 확보하는 것이 필요하였다.

이주민은 새로운 사회에 정착하기 위해 자신의 역량을 최대한 발휘한 것이지만, 그 효과는 이주한 사회의 변화에 일정한 역할을 한 것으로 나타난다. 이에 대해 선진문화의 영향이라는 단순한 해석에서 벗어나 밖으로부터의 주민과 문화의 유입이 기존사회의 구조나 질서에 어떠한 방식으로 작용해 갔는지를 밝힐 수 있다면 이주민, 이주지식인에 대한 입체적인 고찰이 가능하리라 본다.

이주민과 이주민의 후예를 나누는 기준선은 출생지이므로[2] 이주 1세대와 그 후예는 구분해서 살펴보도록 하겠다. 또한 이주자에게 '모국'의

---

2 葛劍雄, 2005, 〈移民的定義和本書研究的範圍〉, 《中國移民史》, 五南圖書出版社, 33쪽.

존재 여부는 그들의 정체성 존속에 상당한 영향을 미치므로 백제가 멸망한 뒤인 제3단계의 이주민, 이른바 '유민'의 차이에도 유의하도록 하겠다.

제1장 4세기~5세기 중·후반 국가체제의 구축과 이주지식인의 활동

1. 백제의 국가체제 정비와 중국계 이주지식인의 활동

1단계(4~5세기)에 백제-중국의 관계에서 발생한 이주 사례는 낙랑·대방의 멸망에 따른 낙랑·대방 계통 이주민과 영가의 난 이후 중국사회의 혼란으로 말미암아 중국에서 직접 들어온 이주민으로 구분해 볼 수 있다. 중국과의 관계에서 등장하는 이주민으로서 기록에 남아 있는 사례는 대체로 중국계 백제관료에 한정된다. 고이왕대의 위사좌평 고수 高壽를 백제에 귀화한 인물로 거론하기도 하나,[3] 좌평이라는 관직의 성립 시기를 고려하고, 이후 중국계 관료가 백제에서 수여받는 관등과 비교해 볼 때 단정짓기가 곤란하다.

중국계 이주민[4]이 본격적으로 활약하게 된 것은 낙랑·대방군 멸망 이후이고, 이주지식인으로 분류할 수 있는 식자층의 활약이 주를 이룬다. 근초고왕대의 박사博士 고흥高興은 대표적인 사례이다. 낙랑계 주민이

---

3 정재윤, 2012, 〈중국계백제관료에 대한 고찰〉, 《史叢》 77, 5~6쪽.
4 전 지역, 전 시기에 걸쳐 '중국계 이주민'이라 뭉뚱그려 표현하는 것에 대한 문제점을 지적하기도 하지만, 마땅한 대안을 찾기 전까지는 '중국계 이주민'이라는 용어를 그대로 사용할 수밖에 없다.

상대적으로 백제에 많이 유입된 데에는 백제왕이 동진으로부터 받은 '영낙랑태수領樂浪太守' 작호도 일정한 작용을 했을 가능성이 있다.5 백제가 고구려의 영향 아래에 있던 낙랑군의 주민을 동진으로부터 인정받은 통수권자임을 강조하여 백제로 유입시키고, 이들을 백제의 대외활동에 참여시키는 데 중요한 기제가 되었을 것이다.

낙랑·대방 계통 인물들이 백제에서 두각을 나타낸 이유를 백제가 한군현의 유민을 우대했기 때문이라는 의견도 있으나, 이를 뒷받침할 만한 근거는 확인하기 어렵다. 중국계 이주민을 수용한 백제의 조치로서 사료에서 직접적으로 찾아볼 수 있는 것은 없지만, 그들의 식자층으로서의 능력을 고려하면 외교관계의 업무를 담당하게 한다든가, 국왕의 측근에서 문한직文翰職으로서의 역할을 맡게 하는 조치가 있었을 것이다. 고구려의 사례를 참조하면 백제에서는 중국계 이주민에게 관등을 수여하여 준관인층準官人層으로 편입하는 정책이 시행되었을 것으로 생각된다. 다만 고구려와 달리 이에 관한 문자자료가 나오지 않고,6 박사 고흥의 경우도 관등은 보이지 않는다.

백제는 남북조 시기 남조 정권에 27회, 북조에 5회 사신을 파견하였다. 남북조시기 중원왕조의 정세를 면밀히 관찰하고 적시에 사신을 보냄으로써 자국에 유리한 상황을 만들어 갔다. 국제질서가 변화하는 혼란기였기 때문에 외교적 목적의 글을 작성할 필요가 커졌고, 중국계의

---

5 김기섭, 2017, 앞의 논문, 239~240쪽.

6 고구려 고분벽화에서는 묵서가 확인되어 무덤 주인공에 대한 개략적인 정보를 알 수 있다. 안악3호분의 피장자인 冬壽는 고구려의 관등을 수여받지 못했으나, 덕흥리벽화 고분의 피장자 鎭은 小大兄이라는 고구려 관등을 수여받고 평양지역으로 이주된 뒤 고구려 중앙정부와의 관계를 토대로 세력기반을 구축하였다(여호규, 2009, 앞의 논문, 190~192쪽).

이주지식인을 적극 활용할 필요가 생겼다. 따라서 백제의 대중국외교는 남북조시대의 국제정세에 따른 전략 외교술이며, 통상적인 사신 왕래에 견주어 상표문과 같은 특수상황에서의 사신 파견이 더 큰 의미를 가진 다고 할 수 있다.7 중국계 이주지식인의 활동에서 눈에 띄는 것이 표문 表文과 같은 외교문서의 작성이다. 450년 송에 보낸 표문이나 472년 개 로왕이 북위에 보낸 국서 또한 중국계 이주지식인이 작성했을 가능성이 높다.

472년 북위에 사신으로 간 장무張茂, 490년과 495년 동성왕대의 표문 에 보이는 고달高達, 양무楊茂, 회매會邁와 모유慕遺, 왕무王茂, 장새張塞, 진명陳明 등도 중국계 이주민이다. 동성왕대 활약한 이들은 2단계의 사 례이지만, 이들의 선조는 그 이전에 백제에 들어왔을 것이다. 왕씨의 경우 왕구王狗, 왕경王景의 자료로 볼 때 낙랑·대방 계통으로 생각된다. 중국 왕조와 교섭을 원활히 하기 위해 낙랑이나 대방군, 여타 지역에서 확보한 중국인들을 선발하여 사신으로 파견하는 등 외교에 적극 활용했 던 것이다.8

백제가 중국에서 들어온 이주민 집단을 어떤 방식으로 편제해서 다 스렸는지, 과연 이들 이주민집단이 정착할 수 있는 기반을 마련해 주고, 그에 따른 제도적인 조치를 취하였는지 문헌기록에는 자세히 나오지 않 는다. 다만 목간자료에 나오는 '부이部夷'나 '귀인歸人' 같은 표현을 통해 이주민 집단을 별도의 구역에 모아놓고 관리했을 가능성도 제기되고 있 다.9 예컨대 3세기 중·후반부터 4세기에 해당하는 화성 기안리제철유적

7 방향숙, 2013, 〈5~7세기 중국왕조들의 백제에 대한 인식과 외교 전략의 변화〉, 《백 제연구》 57, 62쪽.

8 이도학, 2009, 〈중국 속의 백제인들, 중국 바깥의 백제인들〉, 《민족학연구》 7, 37쪽.

9 부여 궁남지 목간에 보이는 '部夷'를 도성 5부에 거주하는 夷人으로 해석하는 견해에

은 마한 단계부터 중요한 제철 기지 역할을 하고 있는 상황에서 새로 발생한 낙랑 이주 제철기술자들을 기존의 제철기지에 합세시킴으로써 좀 더 대규모의 제철기지로 성장·발전시킨 사례이다.[10] 경기남부지역은 원삼국시대 후기부터 마한 중심세력이 관여하여 대규모 제철기지로 조성되었는데, 국가의 발전과정에서 철자원의 확보는 중요한 요소였기 때문에 백제 초기 중부지역 최대의 제철기지로서 백제의 성장·발전의 기반이 되었던 것이다.

또한 성남 판교유적과 하남 광암동유적, 하남 감일동유적 등에서 확인된 백제 한성기의 횡혈식석실분도 4세기 중·후반~5세기 중국계 이주민의 유입과 관련되어 있다. 성남 판교고분군 석실에서 발견된 여성 머리장식(가랑비녀)이나,[11] 하남 감일동고분의 구조 및 중국계 유물에 근거하여 한성과 지방 요처 등에 중국계 유이민을 집단 안치했을 것으로 추정한다. 특히 4세기 중반~5세기 초반의 횡혈식석실분 52기가 확인된 하남 감일동고분은 석실 구조가 3~5세기 중국 동진·남조, 한반도 서북지역의 낙랑계 무덤에서 보이는 전축분 양식과 유사하고, 부뚜막형 토기나 중국 동진의 청자 호수호 및 계수호가 출토되어, 3~5세기 중국 대륙의 전란과 낙랑군 멸망 등을 계기로 백제에 들어온 중국계 이주민의 생활문화를 반영한 것이라고 보고 있다.[12] 더욱이 이러한 유적과 유

(윤선태, 2006, 〈木簡으로 본 百濟 泗沘都城의 안과 밖〉, 《동아고고논단》 2, 259쪽) 힘입어 4~5세기 단계에도 이러한 조치가 취해졌을 것으로 보았다(백길남, 2015, 앞의 논문, 16쪽).

10 김길식, 2017, 〈원삼국~백제 한성기 경기남부지역 제철기지 운용과 지배세력의 변화 추이〉, 《백제문화》 56, 97~100쪽.

11 성남 판교고분군 석실에서 출토된 여성 머리장식을 두고서는 낙랑·대방군현과 연고가 있다고 보기도 하고, 동진 출신 중국계 이주민일 가능성을 제시하기도 한다.

12 권오영, 2019, 〈하남 감일동 백제고분군의 고고학적, 역사학적 위상〉, 《하남 감일동

〈그림 2-1〉 하남 감일동 백제고분군과 출토 유물
① 고분군 전경 ② 계수호(왼쪽) ③ 호수호
④ 부뚜막형 토기 ⑤ 가랑비녀
(① 고려문화재연구원, ②~⑤ 하남역사박물관 제공)

물이 3세대 50년 이상 지속되고 있으므로 집단적인 사민徙民 조치가 이루어졌을 가능성이 있다. 백제가 중국의 전문인 집단을 데려와 기술관료로 육성하며 토착인과 공존케 했을 가능성도 상정되고 있다. 중국계 유물이 나오는 무덤을 모두 중국계 이주민의 흔적으로 보는 것은 신중을 기해야 할 문제이나, 집단성과 지속성의 측면에서 볼 때 감일동고분군은 중국계 이주민의 집단 이주와 집단 거주의 사례에 해당할 것이다.

중국의 혼란을 피해서 이주해 온 집단은 고구려에 의해 백제가 침공받고 혼란에 빠지게 되면, 자연스럽게 또 다른 안정된 곳으로 이주하여 자신들의 능력을 발휘할 기회를 찾았을 것으로 보인다. 5세기 전반 백제를 거쳐 왜국으로 건너간 중국계 유이민 집단은 이러한 차원에서 볼 여지가 있다. 왜국과의 관계에서 살펴볼 궁월군弓月君이나 아지왕阿智王은 이러한 존재가 아닐까 한다.

백제로 들어온 중국계 이주민 중에는 백제를 거쳐 왜국으로 건너간 경우가 많다. 종래 중국계 이주민, 백제계 이주민의 경우로 나누어 살펴보는 것이 일반적이었으나, 중국-백제-왜국으로의 이주 경로가 분명한 경우와 그러한 이주 경로가 보이지 않는 경우로 구분해서 살펴보면 고대 동아시아의 이주지식인의 역동성이 부각될 수 있을 것으로 보인다. 일본으로까지의 이주 경로가 확인되는 대표적인 사례는 왕씨王氏, 고씨高氏, 장씨張氏 등이다.[13]

백제고분군의 위상》, 중부고고학회, 1~4쪽.

13 낙랑지역 금석문에서는 周氏, 李, 丁, 高, 鄭, 趙, 王, 張, 眞, 番, 陽, 杜, 刑, 盧, 吳, 黃, 商, 段, 奉, 程, 貴, 揚(楊?), 牟 등 성씨로 추정될 수 있는 명문이 다수 확인되나(한국고대사회연구소 편, 1992 《譯註 韓國古代金石文》 I 제3편 제1부 樂浪, 206~453쪽), 이를 모두 성씨로 볼 수 있는지, 또 성씨라 해도 이들을 모두 중국계라 볼 수 있는지 확정지을 수 없다. 이후의 문헌자료에서 실제 인명에 등장하는 경우에 한하여 사례 검토를 하도록 하겠다.

〈표 2-1〉 4세기~5세기 중·후반 중국계 이주지식인

| 시기 | 중국계 이주민(중국→ 백제) | | | | |
	인명	활동 연대 또는 시기	활동내용	관직 또는 관등	비고
4세기 이전	왕경王景*	1세기 (69~72년)	치수治水	侍御史 河堤謁者	8세조 왕중王仲 때 낙랑으로 이주
	고수高壽	(고이왕대)		衛士佐平?	
4세기 ~ 5세기 중·후반	왕구王狗	근구수왕대	왕인의 조부. 식자층		4세기 이주?
	고흥高興	근초고왕대	외교문서 작성, 문서행정	博士	4세기 이주?
	장위張威	424년	송 사신	長史	
	장무張茂	472년	북위 사신	司馬	관군장군 여례餘禮 보좌
	진씨陳氏				2세기 말 한韓에 유입

* 표시는 낙랑에서 활동

왕씨는 4세기 이전 단계부터 그 유래를 살펴볼 수 있다. 왕경王景은 8세조가 왕중王仲, 부친이 낙랑군의 삼로三老를 역임한 왕굉王閎으로, 8세조인 왕중 때에 중국 내지에서 낙랑군으로 이주해 온 경우에 해당한다.[14] 낙랑군 남한인誹邯人으로 1세기 초에 태어났다. 가학家學으로 여러 가지 학술을 배웠는데, 특히 치수治水에 조예가 있어 69년(영평 12) 황제의 자문에 응하였다. 황하 제방과 변거汴渠의 수축에 공을 세웠고, 시

---

14 《後漢書》 권76 循吏열전 제66 王景 "王景字仲通 樂浪誹邯人也 八世祖仲 本琅邪不其 人 好道術 明天文 … 仲懼禍及 乃浮海東奔樂浪山中 因而家焉 … 父閎 爲郡三老 更始 敗 土人王調殺郡守劉憲 自稱大將軍樂浪太守 建武六年 光武遣太守王遵將兵擊之 至遼東 閎與郡決曹史 楊邑等共殺調迎遵 皆封爲列侯 閎獨讓爵 … 永平十二年 議修汴渠 乃引 見景 問以理水形便 景陳其利害 應對敏給 帝善之 又以嘗修浚儀 功業有成 … 景三遷爲 侍御史 十五年 從駕東巡狩 至無鹽 帝美其功績 拜河堤謁者 賜車馬縑錢"

어사侍御史로 승진하였으며, 72년(영평 15) 하제알자河堤謁者에 제수되었다. 8세조인 왕중은 도술과 천문에 밝았고, 왕경은 치수와 관한 식견이 있었는데, 이러한 전문 지식이나 기술이 이주해 온 사회에서 자신의 지위를 유지하는 데 도움이 되었을 것이다.

왕구王狗의 경우는 한 고제의 후손인 난鸞의 후손으로서 '전지백제轉至百濟'했다는 표현으로 보아[15] 백제까지 오게 된 경위가 복잡했을 가능성이 있다. 구소왕久素王, 곧 근구수왕이 왕구의 손자인 왕인을 보내 준 것으로 나오고 있는데, 왕인이 왜에 건너간 시기는 여전히 논란이 되고 있다. 왕인의 조부인 왕구가 백제에 온 시기를 4세기 초, 곧 낙랑·대방군의 멸망 시기에 해당한다고 보기도 하나,[16] 적어도 근구수왕 이전에 왕구가 백제에 왔다는 것은 인정할 수 있지 않을까 한다.[17] 왕인의 혈족집단이 어느 곳으로부터 왔는지에 대해서는 낙랑·대방군지역을 포함하여 한 공손씨 정권, 위, 서진이 다스리던 지역이 포괄적으로 거론되고 있다. 일본에서 사자使者를 백제에 보내 '문인文人'을 초빙하고자 했다고 하므로 이들의 성격은 유식자층이었음이 분명하다.

문헌에 등장하는 고씨는 고수高壽와 고흥高興이 있다. 《삼국사기》 고이왕 28년(261)조에 위사좌평으로 임명되었다고 하는 고수에 관한 기록은 앞에서 언급한 것처럼 다각도의 사료비판이 필요하다. 6좌평이 고이왕대부터 설치되었을 가능성이 없는 상황에서 그 관직에 임명된 인물의 사례를 그대로 취신하기는 어렵고, 더욱이 중국계 이주민이 후대에 받

---

15 《속일본기》 권40 환무 연력 10년 하4월 戊戌 "漢高帝之後曰鸞 鸞之後王狗轉至百濟 百濟久素王時 聖朝遣使徵召文人 久素王即以狗孫王仁貢焉"

16 정재윤, 2012, 앞의 논문, 11쪽; 김창석, 2016, 앞의 논문, 59쪽.

17 조범환, 2015, 〈중국계 유이민의 백제 귀화와 정착과정에 대한 검토〉, 《한국고대사탐구》 19, 6쪽.

는 관등이나 관직과 비교해 보더라도 위사좌평이 지나치게 고위의 관직이기 때문이다. 그러나 낙랑지역 금석문에서 고씨는 많이 등장하므로 '위사좌평 임명'이라는 사실을 뺀다면 중국계 이주민으로 보아도 무방할 듯하다.

고흥이 백제로 이주해 온 시기에 대해서는 고구려에 의해 낙랑군과 대방군이 멸망당한 4세기 초로 보는 견해,[18] 백제가 평양성을 공격하여 고국원왕을 전사시킨 371년(근초고왕 26)으로 추정하는 견해,[19] 372년 통교한 동진 정권이 파견했을 가능성[20] 등이 제기되고 있다. 고흥은 동진 또는 낙랑 유민일 가능성 두 가지 모두 상정할 수 있다. 고흥에 관한 여타 기록이 없는 상황에서 더 이상의 추정은 곤란하나, 근초고왕조 기사 마지막에 《고기古記》를 인용하여 처음으로 '서기書記'가 있게 되었다는 사실을 기록하고 있다.[21] 따라서 낙랑군 고씨의 후예라고 해도[22]

---

18 加藤謙吉, 1997, 〈フミヒト系諸氏の出自について〉, 《古代文化》 49 - 8; 양기석, 2013, 〈백제 박사제도의 운용과 변천〉, 《백제문화》 49, 132쪽 재인용.

19 西本昌弘, 1989, 〈樂浪·帶方二郡の興亡と漢人遺民の行方〉, 《古代文化》 41 - 10, 22쪽. 이 견해를 바탕으로 대방지역이 백제와 고구려의 주요 격전지로서 거리도 가깝고 주민이 친백제 성향이기 때문에 고흥이 대방계통 인물이라고 주장하기도 한다(정재윤, 2012, 앞의 논문 10쪽).

20 김창석, 2016, 앞의 논문, 83쪽.

21 《삼국사기》 권24 백제본기 제2 근초고왕 30년 "古記云 百濟開國已來 未有以文字記事 至是得博士高興 始有書記 然高興未嘗顯於他書 不知其何許人也". '始有書記'에 대해서는 종래 국가적인 역사서의 편찬으로 언급되어 온 것에 대한 비판이 제기되었다. 국가적 차원의 문서기록의 공식화로 보는 견해(이도학, 1995, 《백제 고대국가 연구》, 일지사, 43 - 44쪽)와 문서행정의 실시가 아니라 문자로써 사건, 곧 역사를 기록한다는 것으로서 국가사서 편찬의 기초 작업이 이때 시작되었다는 의미로 보는 견해가 있다(김창석, 2016, 앞의 논문, 83~85쪽).

22 佐伯有淸, 1981, 〈應神王朝の形成と渡來人〉, 《東アジア世界における日本古代史講座》 3, 學生社, 89쪽.

근초고왕대에 새롭게 이주해 왔으며, 중국 본토의 문서행정이나 역사서 편찬과 같은 문자문화를 목도한 경험을 살려 백제에서 활약했을 가능성이 높다고 생각된다. 근초고왕대에 동진과 처음으로 통교, 곧 대중외교가 개시되었기 때문에 문서외교가 필요했고, 고흥은 외교문서를 작성하는 역할을 맡았을 수도 있다.

장씨는 구이신왕대 활약한 장위張威와 개로왕대 활약한 장무張茂, 동성왕대 활약한 장새張塞가 있다. 장씨는 와전을 비롯한 낙랑지역 문자자료에도 등장한다. 황해도 봉산군 문정면 소봉리 1호분에서 출토된 '장무이張撫夷'전이 대표적이다. 또한 313년 요동지역 출신인 장통張統은 낙랑·대방군에 거주하며 고구려에 대항하다가 모용외에 귀의하였다.[23] 요동지역에 있던 사람이 낙랑·대방에 와서 거주했음을 알 수 있는 사례이다. 백제에서 활약한 장씨 가운데 장위는 경평景平 2년(424) 장사長史라는 직함을 가지고 사신으로 파견되었다.[24] 대방계 유력세력인 장씨가 백제에 귀화하여 장사, 곧 막부의 속관으로 문사文事를 담당하였음을 알수 있다. 장무張茂는 연흥 2년(472) 관군장군冠軍將軍 여례餘禮가 북위에 파견될 때 용양장군龍驤將軍 대방태수 사마司馬라는 직함을 가지고 보좌하였다.[25] 장새張塞는 495년 진무장군振武將軍 조선태수로서 남제에 파견되었다.[26] 한편 5세기 일본의 에다후나야마고분 출토의 치천하명대도에 "書者張安也"라는 문구가 기록되어 있어 장씨는 중국 요동에서 대방으로, 대방에서 백제로, 다시 왜로 이주하면서, 문자나 학문에 관련된 업무를 담당한 것으로 보인다.

23 《資治通鑑》 권88 晉紀10 孝懷皇帝 下.
24 《宋書》 권97 열전 57 백제국.
25 《魏書》 권100 열전 88 백제.
26 《南齊書》 권58 열전39 동남이 백제국.

5세기에 백제나 왜에서 활약한 중국계의 다수는 이 시기 대규모의 인구이동을 일으켰던 화북의 쟁란이 일단락되고 있었기 때문에 중국대륙에서 태어나지는 않았을 것이다. 특히 5세기 후반에 활약한 중국계 인물은 중국 출생이 아니었지만, 백제나 왜국에서 보낸 상표문에 보이는 것처럼 중국계 성姓으로 중국계의 정체성이나 문화를 계승했음을 보여 준다. 동아시아 각국에서 활약한 중국계 인물은 중국에서 태어나지 않아도 자신들의 뛰어난 문화와 중국 성을 가지고 동아시아의 다양한 왕권에서 벼슬하는 것이 가능했다.[27] 이들이 언제까지 중국계의 정체성을 유지하고 있었는지는 2단계에서 추가적으로 언급하고자 한다.

한편 진씨陳氏의 경우도 최근 발견된 〈진법자 묘지명陳法子墓誌銘〉을 보면 한말의 혼란기를 맞아 본거지를 떠난 경우가 아닌가 생각된다.[28] 환제桓帝·영제靈帝 말년인 2세기 후반 한韓·예濊가 강성하여 군현이 능히 제어하지 못할 때 백성들이 한에 많이 유입되었다고 한다.[29] 유입된 백성들은 낙랑군 지배 아래 있었던 사람들에 한정되지 않고, 중국 본토에 거주하던 후한의 백성들도 포함되었을 것이다. 〈진법자 묘지명〉에 따른다면 진씨 또한 후한의 본토에서 2세기 말 이주해 온 경우이다.[30] 진법자의 출생 연도는 615년, 조부는 555~565년쯤 출생했을 것으로 추정된다. 증조 진춘陳春이 태학정太學正을 역임하였고, 부친인 진미지陳微之 또한 뛰어난 재주와 해박한 지식을 가지고 지방의 백성들을 잘 다스

---

27 田中史生, 2019, 《渡來人と歸化人》, 角川選書, 80~82쪽.
28 〈陳法子 墓誌銘〉 "먼 조상은 쇠약한 한나라 말년에 큰 바다를 건너 피난하였고, 후손은 韓에 의지해 처음 왔을 때 熊浦를 근거지로 하여 가문을 이루었다(遠祖以衰漢末年 越鯨津而避地 胤緖以依韓導日 託熊浦而爲家)"
29 《三國志》 권30 위서 30 오환선비동이열전 제30 한조 "桓靈之末 韓濊强盛 郡縣不能制 民多流入韓國"
30 김영관, 2014, 〈백제 유민 진법자 묘지명 연구〉, 《백제문화》 50, 114~115쪽.

려 칭송을 받았다고 하므로, 진씨도 기본적으로 지식인층으로서 백제에 이주해 온 사례가 아닌가 한다. 백제에 이주해 온 중국계 지식인층 가운데 왕씨, 고씨, 장씨 모두 왜국으로 이주해 간 사례가 남아 있지만, 진씨의 경우는 아직까지 확인할 수 없다.

이처럼 백제에 정착한 중국계 이주민은 적어도 가家 단위의 집단 이주가 이루어졌고, 백제에서는 이들이 정착할 수 있는 거주 지역을 마련해 주었을 것으로 보인다. 중국계 지식인층이 백제사회에 정착하게 된 것은 중국문화의 핵심적인 내용에까지 접근할 수 있는 계기가 되었다. 일회적인 방문이 아니라 백제사회에 대대로 자리잡고 살면서 자신들이 알고 있었던 중국의 제도를 백제사회의 실정에 맞게 구현하기도 했다. 3세기 중·후반 마한사회의 주도권을 장악한 백제도 고대국가로서 체제를 정비하기 위해 이들을 적극적으로 받아들일 필요성이 있었다. 왕씨, 고씨, 장씨 등이 대표적으로 활약한 성씨이며, 양楊·회會·모慕씨도 낙랑·대방계의 후예이다.

2. 4~5세기 백제, 왜국의 관계와 백제계 이주민의 정착 양상

일본에서 활약한 백제계 이주민과 이주지식인이 많은 것은 그동안의 연구에서 이미 밝혀졌다. 백제에서 왜국으로 간 이주민의 경우 중국－백제－왜국으로 볼 수 있는 경우와 백제－왜국으로 한정되는 경우로 구분해 볼 수 있다. 중국－백제－왜국으로 볼 수 있다고 해도 백제에서 활동한 뒤 그 경력을 매개로 왜국으로 건너간 경우가 많으므로 백제계 이주민의 사례에서 언급하는 것이 타당할 것이다. 백제계 이주민이 일본에 정착하는 사례를 전체적으로 검토하고, 그 가운데 이주지식인으로 언급할 수 있는 경우를 추출해서 살펴보도록 하겠다. 이주는 개인 차원의 이주든 집단적 이주든 거의 대부분 국가적 교류 차원에서 공식적으로 이루어졌을 것이다.[31] 그러나 실제로는 비공식적 차원의 이주도 있었을 가능성을 염두에 두고 이주 사례를 검토하고자 한다. 물론 집단 이주의 경우 이주민의 중심 부류가 있었고, 거주지와 역할은 상호연관되었을 것이다.

이주지식인의 사례로서 그동안 문헌에 등장하는 인물들이 거론되어 왔다. 《일본서기》 응신 연간에 집중적으로 보이는 문헌자료는 불확실한 부분이나 윤색된 경우가 많아 사료로서 바로 활용하기에는 어려운 면이 있다. 그러나 4세기 말 이후 한반도로부터 많은 기술자의 이주가 고고자료에서 증명되고 있으므로 이주 사실 자체를 부인할 수는 없을 듯하다.

후쿠오카현 니시진마치西新町유적은 3세기 초부터 4세기 말까지 한반도에서 일본으로 건너간 초기 이주민들의 대규모 취락 유적이다. 500기의 주거지와 한반도계 토기가 확인된 이 유적을 매개로 기나이畿內와 한반도를 연결하는 교역루트가 형성되었을 가능성이 있다. 국제적인 교역항으로서 한반도에서 일본열도로 이어지는 교역망의 중간 거점 역할을 했다. 그런데 니시진마치유적을 제외하고는 아궁이가 산발적으로 도입된 정도이므로 일본에 건너간 사람이 장기적으로 거주했다고 보기는 어렵다. 4세기 단계까지는 단기성이었다가 5세기 이후에 이주민의 정착이 확인되므로,[32] 그 이전 단계는 이주민에 대한 고찰에서는 제외된다.

---

31 김수태, 2017, 〈긴키지역의 백제인들〉, 《일본 속의 백제 ―긴키지역―》 I, 충청남도·충남역사문화연구원, 32쪽.

32 河野一隆, 2018, 〈생산유적〉, 《일본 속의 백제 ―큐슈지역―》, 충청남도·충남역사문화연구원, 127~128쪽.

한편 5세기까지는 백제와 왜국 사이에서만 이루어진 것이 아니라 지역 간 교섭이나 수장 간 상호 교섭이 이루어졌다는 지적도 있다.[33] 그러나 이는 백제와 마한의 구분이 모호한 부분이 많고 백제가 영산강유역을 편입한 시기를 언제로 보느냐와도 관련된 문제이므로 신중히 접근할 필요가 있다. 왜국 또한 규슈九州 남부에서부터 간토關東 지방을 아우르는 광역의 수많은 지역집단을 통칭하는 명칭이기는 하나, 6세기 초 계체 왕권이 규슈의 이와이磐井 세력을 물리치기 전까지는 규슈九州, 산잉山陰, 오카야마岡山, 기나이畿內, 간토 등 적어도 5개의 지역정권이 수평적 또는 동맹적인 관계로 공존했다고 보기도 한다.[34] 그러나 5세기 단계에 들어서면서 일본열도의 여러 지역 정권은 점차 하나의 정권으로 통일되어 가는 과정을 거쳤다.[35] 규슈의 지역 정권이 독자적으로 백제와

---

33 坂靖, 2018, 《蘇我氏の古代學 －飛鳥の渡來人－》, 新泉社, 95쪽.

34 권오영, 2010, 〈마한의 종족성과 공간적 분포에 대한 검토〉, 《한국고대사연구》 60, 27~28쪽.

35 한반도에서 고대국가 성립 시기에 대해 논의가 분분했던 것처럼 일본에서도 국가 성립 문제를 둘러싸고 오랜 기간 심도 있는 논의가 있어 왔다. 6세기 초 이와이의 난을 진압하기 전까지 일본열도에 지역정권 또는 '지역국가'가 공존했다고 보는 것이 일본학계의 일반적인 견해였다(白石太一郞, 2002, 〈古墳; 古墳時代〉, 《日本考古學事典》, 三省堂). 그러나 최근 강대한 지역권력을 인정한다고 해도 지역권력은 중앙정부에 철을 의존하고 있어 자립할 수 없고, 전방후원분이라는 것도 왜정권의 계열 아래 위치해 있으며, 지배의 정당성을 뒷받침하는 공동 이데올로기와 전방후원분 제의를 가진 사회라는 점에서 독립된 국가로 보기 어렵다는 견해가 제기되었다(都出比呂志, 2018, 《古代國家はいつ成立したか》, 岩波新書, 178쪽). 그에 따르면 초기국가는 3세기 고분시대의 시작과 함께 성립, 고분시대(3~6세기)에 왕의 권력 성장, 7세기에 들어 중앙집권적 관료제를 확립한 율령국가 확립, 8세기에 성숙한 고대국가가 되었다(都出比呂志, 2018, 위의 책, 175~180쪽). 최근에는 고분시대에 해당하는 3~5세기 긴키近畿지역의 고고자료를 꼼꼼히 검토하여 초기국가와 성숙국가의 차이를 비교하면서 일본 국가형성을 둘러싼 논의를 한 단계 진전시킨 후속 연구도 나왔다. 5세기 '기술·지식 도입형 대외교류'를 추진함으로써 영역 내를 정비하여 5세기 이래 일본열도가 질서가

교류하기도 했을 것이지만, 문헌기록으로 남은 백제로부터의 이주민은 여러 지역집단 중에서도 고대국가로 이어지는 정치체와 관계를 형성하고 있다. 따라서 백제와 왜국의 교섭 차원에서 언급해도 무방한 경우가 많으므로, 이에 한정해서 살펴보도록 하겠다.

또한 고구려의 공격이 본격화되면서 백제가 가야-왜로 이어지는 외교관계 구축에 나서 왕족외교를 펼치게 되는데, 이때 파견된 왕족의 성격도 문제가 된다. 아신왕이 태자인 전지를 왜에 파견하여 동맹을 맺은 이래 왕족외교가 백제 왕실과 지배층이 향유하던 문화를 왜 왕실에 직접 전하는 하나의 창구가 되었다.[36] 외교의 목적으로 파견되었던 왕족이 문화 전파의 중요한 통로가 되었던 것은 사실이나, 이들의 파견 목적과 왜에서의 역할을 볼 때 이들을 일률적으로 이주민, 이주지식인의 사례로 규정하기는 곤란한 면이 있다.

4세기 후반~5세기 초보다 더 이른 시기부터 한반도로부터의 이주는 있었지만, 백제계 이주민의 사례는《일본서기》응신 연간의 기록에 집중적으로 보인다.《일본서기》기록에 따르면 응신 7년에 백제인 등이 한인지韓人池를 만들었고, 응신 8년에도 백제인이 왔으며, 응신 14년(403)에는 봉의공녀縫衣工女 진모진眞毛津과 궁월군弓月君이 왔다.[37] 응신 15년(404)에는 유교경전에 능하고, 마사馬飼 전문가인 아직기阿直伎가 왔으며, 응신 16년(405)에는 박사 왕인王仁이 왔다.《고사기》응신천황단段에는 왕인이 올 때 백제국이 제철기술자인 한단(韓鍛; 가라카누치) 탁소

유지되는 사회로 변모했다는 것이다(中久保辰夫, 2017,《日本古代國家の形成過程と對外交流》, 大阪大學出版部, 257~268쪽).

36 서보경, 2008, 〈백제의 동맹 형성과 관리 -《宋書》에 보이는 왜왕의 도독백제군사호 요청과 관련하여-〉,《일본연구》35, 21쪽.

37 《일본서기》권10 응신 7년 추9월조, 8년 춘3월조, 14년 춘2월조.

(卓素; 다쿠소)와 직물기술자인 오복(吳服; 구레하토리) 서소(西素; 사이소),
양조기술자 등이 왔다고 기록되어 있다.[38] 이후 《일본서기》 인덕 43년
(455)~웅략 2년(458)까지는 왕족외교와 관련된 왕실 인물 이외에는 이
주민이 등장하지 않는다.

웅략 7년(463)에는 서한재기西漢才伎 환인지리(歡因知利; 완인치리)라는
자가 모국인 백제로부터 '금래재기今來才伎', 곧 새로 온 기술자에 해당
하는 신한도부고귀(新漢陶部高貴; 이마키노아야노스에츠쿠리카우쿠위),[39] 안
부견귀(鞍部堅貴; 구라츠쿠리켄쿠위), 화부인사라아(畵部因斯羅我; 에가키인
시라가), 금부정안나금(錦部定安那錦; 니시고리지야우안나코무), 역어묘안나
(譯語卯安那; 위사메우안나) 등 각종 수공업 관련 기술자[手末才伎]를 맞이
하여 동한씨(東漢氏; 야마토노아야씨)에게 관리시켰다.[40] 5세기 후반부터
6세기에 걸쳐서 한반도의 가야나 백제 등에서 기내 방면으로 이주한

---

38 《古事記》 中卷 응신천황단. 이하 일본의 인명 및 지명은 연민수 외, 2013, 《역주 일
본서기》 1·2·3, 동북아역사재단의 사례를 따라 한글음(한자; 일본음)으로 표기하고,
반복해서 나올 경우는 한글음이나 한글음(한자) 방식으로 표기하는 것을 원칙으로 한
다. 다만 지명이나 인명 가운데 일본음이 널리 알려진 경우는 일본음이나 일본음(한
자) 방식으로 표기한다.

39 오사카부 남부의 泉北 구릉에 위치해서 堺市·和泉市·岸和田市에 걸친 陶邑窯蹟群을
이들 경질토기 생산 기술을 가진 工人 이주자와 연결시켜 보기도 한다(吉村武彦,
2010, 앞의 책, 112쪽).

40 《일본서기》 권14 웅략 7년 시세조 "於是, 西漢才伎歡因知利在側. 乃進而奏日, 巧於奴
者, 多在韓國. 可召而使. 天皇詔群臣日, 然則宜以歡因知利, 副弟君等, 取道於百濟, 幷下
勅書, 令獻巧者. 於是, 弟君銜命, 率衆, 行到百濟, 而入其國. 國神化爲老女, 忽然逢路.
弟君就訪國之遠近. 老女報言, 復行一日, 而後可到. 弟君自思路遠, 不伐而還. 集聚百濟所
貢今來才伎於大嶋中, 託稱候風, 淹留數月. … 乃與海部直赤尾將百濟所獻手末才伎, 在於
大嶋. 天皇聞弟君不在, 遣日鷹吉士堅磐固安錢,〔堅磐, 此云柯陀之波.〕 … 由是, 天皇詔大
伴大連室屋, 命東漢直掬, 以新漢陶部高貴·鞍部堅貴·畵部因斯羅我·錦部定安那錦·譯語卯
安那等, 遷居于上桃原·下桃原·眞神原三所."

도래인이 많이 있었는데, 이들을 구래의 도래인과 구별해서 금래라고 부르고, 그 가운데 공인을 '금래재기'라 칭하기는 하지만, 이들을 반드시 웅략조로 이해할 필요는 없다고 한다.[41] 이에 대해서는 2단계에서 다시 설명하도록 하겠다.

한편 웅략 14년조에 나오는 오국吳國이 바친 숙련된 직조기술자 한직(漢織; 아야하토리), 오직(吳織; 구레노하토리)과 바느질에 숙달한 형원(兄媛; 에히메)과 제원(弟媛; 오토히메) 등에 대해서도 직조·염색과 관련된 백제인으로 보기도 한다. 이를 제외한다고 해도 물품을 생산해 내는 숙련된 기술자에는 웅략 7년조에 나오는 토기의 제작에 종사한 도부와 마구류를 제작하는 집단인 안부, 말의 사육만이 아니라 마구 제작, 군사·교통과도 결합된 마사부馬飼部 등이 포함된다. 따라서 4세기 말부터 5세기 중·후반에 걸쳐 토기의 제작, 말의 사육과 마구류의 제작, 직조 및 염색, 화공 등 일상 생활을 영위하는 데 필요한 물품을 제작하는 각종 수공업과 관련된 숙련 기술자가 왜국에 이주해서 활약한 것으로 볼 수 있다. 여기에서 등장하는 각종 기술은 일본 고대국가가 성장해 가는 과정에서 기초가 되는 기술이라고 보아도 좋을 것이다.

응신 연간의 기사에 나오는 인물의 이주 시기에 대해서는 논란이 많이 되고 있다. 일본의 고대국가 형성과정과 관련하여 응신천황대는 새로운 왕조가 시작되는 출발점이 된다는 지적이 있기 때문에 일본사의

---

41 加藤謙吉, 2002, 《大和の豪族と渡來人 －葛城·蘇我氏と大伴·物部氏－》, 吉川弘文館, 2~5쪽. 그러나 웅략 7년조 '今來才伎' '新漢'에 대해서는 6세기 중반부터 7세기 초에 새로운 기술을 가지고 왜 왕권에서 활동한 사람들이 보이므로 후대의 사실이 개작된 것으로 보는 견해도 있다(田中史生, 2019, 앞의 책, 155~158쪽). 그러나 南鄕유적에서 보이는 것처럼 陶部 집단과 같은 경우는 5세기까지도 소급되므로 일률적으로 규정할 수는 없을 것이다. 2단계에서도 이에 대한 기술을 보충하도록 하겠다.

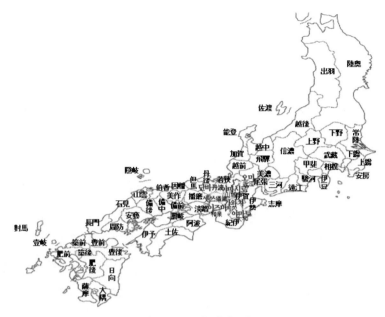

〈그림 2-2〉 고대 일본 지도

(연민수 외, 2013, 《역주 일본서기》 2, 동북아역사재단)

전개에서 응신천황의 즉위가 갖는 의미, 응신 연간 기사에 대한 연대조
정과 관련하여 검토할 부분이 많다.[42] 연대 조정의 가능성은 있지만,[43]
대체로 4세기 말부터 5세기 중·후반 왜가 국가체제를 갖춰 가는 과정
에서 수리관개, 제철, 토기 제작, 직조 등 생산기반 확보와 관련된 기술
을 필요로 했음을 알 수 있다.

---

42 直木孝次郎은 4세기 말쯤 야마토를 본거지로 하는 大和政權과는 혈통적으로 연고가
 없는, 河内를 본거지로 하는 河内政權이 성립했다고 보았다(直木孝次郎, 2015, 《日本
 古代史と応神天皇》, 塙書房, 6~37쪽). 이에 대한 정리는 장미애, 2021, 〈《일본서기》
 응신기의 성격과 5세기 전반 백제-왜 관계의 이해〉, 《역사와 현실》 120, 83~85쪽
 참조.

43 응신 연간의 도래 기사를 연민수는 5세기 말 무렵으로 보고 있지만(연민수, 2009
 〈일본 고대국가 형성과 백제〉 《한국사시민강좌》 44, 264~265쪽), 대체로는 2주갑
 120년을 늦추어 5세기 초로 보고 있다.

여러 가지 생산기반 가운데 일본열도 수장층이 가장 필요로 했던 것은 철 자원의 확보였다. 전쟁에서 우위를 차지하기 위해서는 철제 무기를 제작할 수 있어야 했고, 농업생산력을 증대시키기 위해서는 경지개발과 관개시설이 필요했으며, 그를 뒷받침하기 위해서는 철이 절대적으로 필요했다.[44] 이를 위해 변진弁辰으로부터 철을 취해 갔다.[45] 한반도 출신의 야장冶匠인 한단韓鍛에 대해서는 가야에서 건너온 공인으로 보기도 하지만, 최근 조사된 백제의 제철유적을 보면 백제에서도 제철 또는 철기 제작과 관련된 기술을 취해 갔을 가능성이 높다. 백제 또한 왜와의 교역에서 철을 무기로 하고 있다.[46] 철 자원 및 이와 관련된 선진기술을 안정적으로 확보할 필요가 있었던 왜로서는 한반도로부터 선진기술을 가진 기술자들이 이주해서 정착할 수 있도록 하는 조치가 필요했다. 청동기·철기 등 금속의 수입은 일본 열도의 생산경제에 커다란 전환점이 되었기 때문이다.

또한 5세기 이후 기나이畿內지역을 중심으로 각지에서 농경지의 개간이 활발해지고 제방, 저수지 등 수리사업과 토목공사가 진행되었다. 한인지(韓人池; 가라히토노이케)나 자전제(茨田堤; 만다노츠츠미)를 만든 전

---

44 일본에서 자체적인 철 생산이 가능하게 된 것은 5세기 이후였으며 그전까지는 한반도로부터 철 소재를 공급받았다. 4세기 말에서 5세기 말 한반도 남부의 鐵鋌이 서일본지역으로 집중적으로 유입되고, 가야지역의 기술자들이 일본열도로 건너간 이후인 5~6세기 단계에나 철 생산과 제철이 가능했다고 할 수 있다(東潮, 1999, 《古代東アジアの鐵と倭》, 溪水社, 242~247쪽; 이남규, 2010, 〈한국 고대철기문화 교류에 관한 연구성과와 과제〉, 《농경·금속문화와 한일관계》, 경인문화사, 161~162쪽).

45 《三國志》 권30 위서 동이전 한전 변진조 "國出鐵 韓·濊·倭皆從取之"

46 《일본서기》 신공 46년조의 기사를 보면 백제왕이 왜에서 온 사신에게 철정 40개를 선물로 주고 백제에는 진귀한 보물이 많음을 자랑하고 있다. 이는 백제가 선진문물을 가지고 있고 전수할 수 있는 나라임을 상징적으로 드러낸 행위였다(김영심, 2014, 앞의 논문, 60쪽).

〈그림 2-3〉 가와치河內·야마토大和지역 위치 및 지형
(오사카역사박물관 패널: 필자 촬영)

승에서 보이는 것처럼 기내에서 일찍부터 이주민을 투입한 대규모의 농
지개발이 행해졌다.[47] 아마도 이주민의 규모가 컸기 때문에 미개척 지

---

47 《일본서기》 권10 응신 7년 "秋九月 高麗人·百濟人·任那人·新羅人 並來朝 時命武內
宿禰 領諸韓人等作池 因以名池號韓人池"; 《古事記》 인덕천황단 "役秦人 作茨田堤及茨
田二宅"

역을 제공했던 것으로 보인다.[48] 저지低地의 개발과 관련된 치수시설과 이주민의 참여는 2단계에 본격화되므로 2단계에서 다루도록 하겠다.

한반도, 특히 백제계 이주민이 정착한 지역은 기나이의 가와치河內[49] 지역과 나라奈良분지였다. 가와치지역에서 백제인이 적극적으로 활동할 수 있었던 것은, 5세기대 가와치의 개발과 경영이 왜 정권의 현안 가운데 하나였음을 의미한다.[50] 백제계 이주민이 그 사회의 절실한 필요에 부응할 수 있는 선진 기술을 가진 존재였고, 왜국으로부터의 절실한 요청이 있었으며, 이주자 자신 또한 자신의 능력을 발휘하여 성과를 이룰 수 있다고 판단했기 때문일 것이다. 이러한 세 가지 조건이 맞물려 백제로부터 기술자의 이주가 이루어졌다고 할 수 있다. 가와치평야의 개발과 이에 따른 농업생산력의 발달은 왜국 정권의 물적인 토대를 확고히 다졌다.

현재의 오사카부 남동부에 해당하는 가와치지역은 세토나이카이瀬戸内海와 야마토를 연결하는 교통의 요충지로서 야마토 정권이 선진문물을 받아들이는 관문에 해당한다. 그 북부에서 흘러드는 하천인 요도가와淀川와 야마토가와大和川 등이 오사카만에 유입되면서 광대한 충적 저습지가 펼쳐져 있다. 교통의 요지이긴 하지만 상습 범람지역이라서 공지로

---

48 龜田修一, 1993, 앞의 논문, 750쪽.

49 가와치지역은 한반도계 이주민이 36%를 차지하고, 그 가운데 백제계가 64%를 차지한다는 연구가 있었다(山尾幸久, 1989, 〈河內飛鳥と渡來氏族〉, 《古代を考のえる河內飛鳥》, 吉川弘文館, 136~139쪽). 이를 참고로 하여 박재용은 나라현 남부의 아스카飛鳥와는 구분되는 가와치아스카河內飛鳥의 전체 씨족 가운데 한국계는 37%로 고구려가 5씨, 신라가 7씨, 백제가 23씨를 차지하며, 이 가운데 가와치아스카의 중심인 아스카베군安宿郡에 분포하는 씨족은 14씨족인데 백제계 씨족이 飛鳥戸造·田邊史 등 9씨로 64%를 차지하고 있다는 구체적인 통계를 제시했다(박재용, 2021, 앞의 논문, 146쪽).

50 서보경, 2009, 〈도왜한 백제계 한인과 河內 −백제왕족의 도왜와 관련하여−〉, 《사총》 68, 21쪽.

남아 있었다. 따라서 백제계 이주민이 새로운 생산 기술과 문화를 가지고 건너와 주변 일대를 대대적으로 개발하고 자신들의 역량을 발휘할 수 있는 최적지였다.[51] 오사카시大阪市 히라노구平野區 남서쪽의 나가하라長原유적은 바로 이와 관련된 유적이다. 나가하라유적에서는 200기 이상의 고분군과 함께 취락유적이 확인되었는데, 긴키지역에서 한식계 토기가 가장 많이 출토되었고 그 가운데 절반 이상이 백제계 토기이다. 이러한 토기의 유입은 5세기 초부터 시작되었다. 나가하라의 북쪽에 충적지가 넓게 펼쳐져 있고, 가와치 호수河內湖가 있기 때문에 이 연안의 치수·관개 사업에 이주민의 토목 기술이 활용되고, 나가하라가 개발의 거점이었음을 보여 준다고 할 수 있다.[52]

처음 백제인들이 가와치지역에 정착했을 때는 개인 또는 집단 이주가 병행되었고, 이들의 능력이 발휘되면서 집단 거주 형식으로 발전했을 가능성이 있다.[53] 야마토 정권은 주변을 점차 통일하면서 일본 열도를 체계적으로 지배하고자 하였고, 백제의 선진문물과 제도 수용은 이러한 시스템을 갖추는 데 매우 유용했던 것이다.

오사카부大阪府 시조나와테시四條畷市의 시토미야기타蔀屋北유적은 말의 사육과 관련된 제염토기와 한반도산 마구가 출토됨에 따라 5~6세기 백제계 이주민의 집락유적으로 추정되고 있다.[54] 말의 전신 골격 및 말

---

51 吉村武彦, 2010, 앞의 책, 110쪽; 박재용, 2020, 〈곤지의 도왜와 그 후손들〉, 《문물연구》 38, 동아문화재단, 7쪽.

52 大阪歷史博物館, 2017, 《도래인 いずこより － 도래인은 어디에서 왔는가》, 特別展圖錄, 78쪽.

53 정재윤, 2016, 〈가와치지역의 백제계 도왜인〉, 《동북아역사논총》 52, 201~202쪽; 정재윤, 2017, 〈백제인들의 일본열도 정착 과정〉, 《일본 속의 백제 － 긴키지역－》 II, 충청남도·충남역사문화연구원, 687~688쪽.

54 권오영은 5세기 무렵 오사카지역에 집단적으로 이주, 정착하여 말의 사육을 통해

을 사육하던 흔적과 함께 준구조선準構造船 선박 자재의 일부가 확인되고, 한반도 서남부지역의 경질토기도 출토되기 때문에 하내호를 통해 선박을 이용해서 한반도로 직접 이어졌을 것으로 보인다.[55] 시토미야기타유적에서는 다양한 계통의 유물이 출토되어 성격을 어느 한 계통으로 단정짓기 어렵지만, 부뚜막 부속구나 토제 제작 등을 볼 때 백제와 그 주변 지역의 비중이 크다고 할 수 있다.

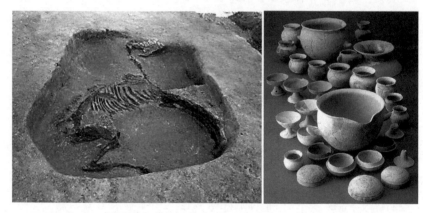

〈그림 2-4〉 시토미야기타유적 말 매장 토갱(①)과 한식계 토기(②)
(① 필자 촬영 ② 충청남도·충남역사문화연구원, 2017, 《일본 속의 백제 ―긴키지역―》 I, 100쪽)

세력을 확장한 백제계 馬飼집단과 관련된 유적으로 보고 있는 반면(권오영, 2005, 《고대 동아시아 문명교류사의 빛 무령왕릉》, 돌베개, 269~270쪽), 박천수는 畿內지역에 본격적으로 말이 도입된 것은 영산강유역 전방후원분 피장자를 매개로 백제 왕권과 왜 왕권이 교섭하게 된 데서 비롯되었다고 보았다(박천수, 2012, 《일본 속 고대 한국 문화 ―近畿地方―》, 동북아역사재단, 94~96쪽). 坂靖은 영산강유역을 중심으로 한 도래인 집단의 집락이지만, 이동식부뚜막과 전달린 솥을 조합시킨 한식계 연질토기도 출토되기 때문에 김해 주변의 도래인도 포함되어 있을 가능성이 있다고 보면서도 미니어처 炊飯具나 아궁이장식도 많이 확인되므로 백제지역의 영향을 부인할 수는 없다고 하였다(坂靖, 2018, 앞의 책, 77~80쪽).

55 吉村武彦, 2010, 앞의 책, 110~112쪽.

가와치지역 외에도 나라분지[야마토지역]에서 백제계 이주민의 정착의 흔적이 찾아진다. 나라현 고세시御所市의 난고南鄉유적군은 가츠라기葛城 지역을 대표하는 5~6세기의 취락유적으로서, 5세기 중엽까지와 5세기 후반~6세기의 유적의 성격에 차이가 있다. 5세기 중엽까지는 무기류, 직기류 등의 수공업 생산과 관련된 복합생산공방 유적이 확인되어 가야·백제계가 관여한 수공업기술자의 유적으로 보이나, 5세기 후반부터 6세기에는 백제계의 벽주[대벽]건물이 다수 확인되어 이주지식인의 집락 으로 전환된 것으로 추정된다.[56]

난고유적군은 후에 갈성씨(葛城氏; 가츠라기씨)로 불리는 왜국을 대표 하는 대수장세력의 거점지역으로서, 5세기 전반 즈음 수장의 거택 가까 이에 고도의 기술을 가진 마한계·가야계의 도래인이 모여 거주하면서 단야나 유리, 석제의 옥 등의 생산에 관계했다고 보는 견해도 있다.[57] 갈성씨가 외교를 통해 한반도에서 온 도래인을 획득했으며, 도래인의 높은 생산성에 뒷받침된 갈성씨의 힘은 실질적으로 대왕가를 위협할 정 도였다고 한다.[58] 난고유적은 나라분지 서남부에 자리잡은 5세기의 유력 씨족이 한반도에서 건너 간 이주민과 제휴하여 세력을 확대했음을 말해 준다고 할 수 있다. 5세기에는 이처럼 정권의 중추가 있던 나라분지나 오사카평야에 자리잡은 이주민들이 국가형성에 중요한 역할을 담당했다.

5세기 단계의 백제계 이주민의 존재와 관련하여 대표적으로 거론되는 이들 유적도 그 계통을 백제냐 가야냐로 명확히 구분하기 어렵다. 여러 지역에서 들어온 이주민이 같은 집락 안에서 생산활동에 참여하고 있기

---

56 충청남도·충남역사문화연구원, 2017, 《일본 속의 백제 - 긴키지역 - 》 II, 464~466 쪽.

57 田中史生, 2019, 앞의 책, 95쪽.

58 加藤謙吉, 2002, 앞의 책, 37~38쪽; 坂靖, 2018, 앞의 책, 31~32쪽.

〈그림 2-5〉 난고 야나기하라柳原유적 벽주건물
(충청남도·충남역사문화연구원, 2017, 『일본 속의 백제 – 긴키지역–』 II, 465쪽)

때문이다. 기술자의 집단 이주가 많았던 이 시기의 유적을 특정의 이주지식인과 연결시켜 보기는 더욱 힘들다. 다만 중국 호족胡族 왕조의 사민정책에 의한 대이동의 여파가 한반도를 거쳐 일본열도까지 미치면서 5세기 이후 철 생산기술, 대규모 관개수로 공사 기술, 스에키須惠器 제작, 말의 사육 기술 등의 기술자가 이주해서 정착했다는 문헌 기록들을 이들 유적들이 확인해 주고 있다고 하겠다.

　예외적으로 어느 정도의 단서를 찾을 수 있는 유적은 오사카부 가시와라시柏原市 다카이다야마高井田山고분이다. 다카이다야마고분은 편평한 할석으로 구축된 궁륭상천정, 우편재연도 등 판교형석실분과 같은 백제 한성기의 횡혈식석실을 충실히 따르고 있다.[59] 출토된 스에키의 연대로

59 충청남도·충남역사문화연구원, 2017, 《일본 속의 백제 – 긴키지역–》 II, 320~323쪽.

〈그림 2-6〉 오가타유적 단야 관련 유물
(충청남도·충남역사문화연구원, 2017, 《일본 속의 백제
– 긴키지역 –》 II, 395쪽)

보아 고분의 축조 시기는 5세기 후반으로 추정되는데, 긴키지역에서 최초로 횡혈식석실 구조를 갖추었으며 소형분임에도 청동다리미, 갑주, 한식계 토기 등 한반도산 문물을 다수 부장하고 있다. 다카이다야마高井田山고분 주변에는 마츠오카야마松岳山고분, 차우스야마茶臼山고분, 오가타大縣유적 등 백제계 이주민과 관련된 유적이 많이 확인된다. 오가타유적에서는 단야로, 송풍관, 슬래그, 백제토기와 말 뼈 등이 출토되어, 5세기 후반 철제품의 생산에 관여한 백제계 이주민의 취락유적이자 대규모의 공방과 같은 생산기반시설이 아닐까 한다.[60] 따라서 야마토가와大和川의 교통상의 요지에 입지하며 주변 유적을 통괄한 다카이다야마고분의 피장자는 백제왕족급 인물로 추정된다.[61]

---

60 충청남도·충남역사문화연구원, 2017, 앞의 책, 394~395쪽; 정재윤, 2016, 〈가와치지역의 백제계 도왜인〉, 《동북아역사논총》 52, 203~207쪽.

61 坂靖, 2018, 앞의 책, 56~60쪽. 백제가 고구려의 남하로 압박을 받는 가운데 기술

이러한 고분이 축조될 수 있었던 배경은 4세기 말 이래 전개되었던 왕족외교에서 찾을 수 있다. 4세기 말 아신왕대 이래 백제는 북쪽에 있는 고구려에 대항하기 위해서, 왜국은 국가체제 정비를 위해서 왕족외교를 벌였기 때문에 질자質子와 채녀采女의 사례가 일본 측 기록에 많이 등장한다. 질자는 곤지昆支의 예에서 보듯이 일정 기간 체재 뒤 백제로 돌아간 경우가 많으나, 채녀는 왜국에 정착하는 경우가 많았을 것이므로 백제계 이주민에서 한 몫을 차지하였을 것이다.

4~5세기 백제와 왜국의 교류와 관련하여 자주 거론되는 왜계 고분에 대해서도 간단하게나마 언급할 필요가 있다. 5세기 전·중반 백제 영역에 조영된 고흥군 길두리 안동고분과 야막리 야막고분, 신안군 배널리 2호분, 해남 외도·신월리고분 등의 피장자에 대해서는 왜의 무장武將이나 왜계의 도래인일 가능성과 왜와 우호적인 관계의 현지집단일 가능성이 제기되고 있다. 전자로 보는 근거는 왜계 고분에 복수의 대도大刀와 갑주가 부장되어 있고, 이들 고분이 주변의 재지수장 계열과는 관계 없이 갑자기 출현하고 1세대에 한해서 축조된 점, 모두 백제의 영역인 남해안에 위치한다는 점 등이다. 특히 길두리 안동고분에서는 백제산의 금동제식리, 금동제관모가 부장되고 있으므로 그 피장자는 백제에 의해 수입된 왜의 무장일 가능성이 높다고 보았다.[62] 왜에서 백제 및 영산강

공인들과 함께 도래한 집단의 우두머리로 왕족에 필적하는 인물로 보고 있다(安村俊史, 1996, 〈被葬者をめぐって〉, 《高井田山古墳》, 柏原市教育委員會, 185쪽; 高田貫太, 2017, 《海の向こうから見た倭國》, 講談社現代新書, 157쪽). 다카이다야마고분은 시기적으로는 1, 2단계의 경계선에 있는데, 곤지 집단과의 관련성도 고려하여 1단계에서 설명한다.

62 박천수는 이러한 논리에 기반해서 405년 전지왕이 귀국해서 즉위할 때 호위했던 군사 100인이 《일본서기》 응신 16년조(405)에도 보이므로 신빙성이 높다고 보고, 백제와 왜에 양속했던 이들을 무덤의 주인공으로 주목했다(박천수, 2020, 〈古代の朝鮮半

유역 교섭을 실제로 담당한 북부 규슈 출신의 왜계 도래인으로 보기도 한다. 왜계집단만으로는 연안항로의 항행이 어렵기 때문에 현지 집단의 중개나 협력이 필요해서 재지의 지역집단과 잡거했다는 것이다.[63]

이에 반해 후자는 해상교통로상의 중요 지점인 포구에 기반을 둔 재지세력이 안전한 항로를 확보하여 왜와의 우호적 관계를 유지하는 데 기여한 공에 대한 포상의 의미로 위세품을 받은 것으로 보았다.[64] 이와 동일한 맥락에서 항해로 확보와 안전한 사용의 보장 등을 위해 연안항해에 필요한 섬이나 육지의 주요 관측 지점에 왜계 고분이 축조되었을 가능성을 상정하고, 현지집단은 연안항로상의 유리한 입지를 이용하여 해상교역에 필요한 역할을 하고 그 대가로 백제(가야), 왜 쌍방으로부터 위세품으로서 금동관, 무기류 등을 받은 것으로 보는 견해도 있다.[65] 이들 왜계 고분은 5세기 전·중반 왜와의 교류 관계가 활발했음을 보여 주는 자료라 할 수 있지만, 왜에서 백제로 들어온 이주민의 예로서 적극적으로 이용하기는 어렵다고 판단된다.

영산강유역에서 확인되는 전방후원형고분은 대체로 500년 전후 축조되는데, 전방후원형고분이 사라지는 것을 백제왕권 - 영산강유역정치체 - 규슈세력 - 왜왕권이라는 다핵적 구조가 '백제 - 왜왕권'이라는 쌍방구도의 새로운 국제질서로 재편된 것으로 해석하기도 한다.[66] 영산강유역에서 나타나는 왜계 요소에 대한 해석은 영산강유역의 백제 편입 시기를

島と日本列島〉,《渡來系移住民 － 半島·大陸との往來 －》, 岩波書店, 271~274쪽).

63 高田貫太, 2017, 앞의 책, 97~98쪽.

64 김영심, 2014b, 〈고흥 안동고분 축조의 역사적 배경〉,《백제문화》 51, 70~72쪽.

65 김낙중, 2021, 〈영산강유역권 마한 관련 유적의 최신 조사 성과와 의의〉,《호남고고학보》 67, 151쪽.

66 김낙중, 2015b, 〈3~6세기 해남지역 정치체의 성장과 변동〉,《호남고고학보》 51, 68쪽.

언제로 보느냐와 밀접히 관련된 문제이다. 《일본서기》 신공 49년조 기사를 통해 4세기 후반 근초고왕대 백제가 전남 서남해안 일대에 진출하여 가야-왜국으로 이어지는 교역로를 확보했다는 것을 알 수 있으므로, 백제와는 무관한 영산강유역 정치체가 왜국과 교류한 것만으로 치부할 수는 없다. 또한 빈도는 적지만 백제와 왜국의 교류가 일방적인 것만은 아니었음을 보여 준다고 하겠다.

3. 왜에서 활동한 초기 백제계 이주지식인

앞에서 문헌과 고고자료를 통해 4~5세기 단계 백제와 왜국의 정치적 상황과 백제계 이주민의 현황을 정리해 보았다. 이를 토대로 백제계 이주지식인의 사례를 살펴보도록 하겠다. 응신 연간에 국가에서 공식적으로 파견한 아직기, 왕인, 진모진眞毛津 등이 1단계에 해당하는 이주지식인이다. 이들은 백제가 우호적인 관계를 유지하기 위해 파견한 사례로서, 왜국에 파견된 뒤 모두 백제로 돌아오지 않고 왜국에 정착하였다. 아직기와 왕인은 유교경전 및 문필에 능했던 인물로서 이들이 왜국에 건너간 시기에 대해서는 여전히 논란이 되고 있다.[67] 궁월군弓月君 또한 그 계통이 논란이 되는 인물이지만 검토의 대상이 된다. 관련 기록에 대한 사료비판과 검토를 통해 그 활동상, 일본씨족과의 관계, 정착지 및 관련 유적, 후예 씨족들에 대해 살펴보기로 하겠다. 활동상은 일본

---

67 한반도, 특히 백제와의 관계가 집중적으로 기록된 《일본서기》 응신기의 기록은 백제 3서 가운데 하나인 《百濟記》를 기반으로 작성되었는데, 《일본서기》에 채록되는 과정에서 상당한 개변이 이루어졌을 가능성이 누누이 지적된 바 있다.

고대국가의 성장과정 및 운영과 관련한 역할에 초점을 맞추도록 하겠다. 이러한 검토 내용은 2, 3단계에도 동일하게 적용된다.

1) 궁월군弓月君

1단계의 백제계 이주민으로서 구체적인 인명이 거론된 인물은 궁월군이다. 궁월군은 백제에서 이주해 온 인물로서 진시황제의 3세손인 효무왕孝武王의 후예이며 진씨秦氏의 조상이라고도 하나, 정확한 실체는 알수 없다.[68] 《일본서기》 응신 14년 시세조와 16년 8월조의 기록에 따르면,[69] 궁월군이 백제에서 인부人夫 120현縣을 이끌고 귀화하고자 했으나 신라인이 방해하여 가라국에 머물러 있다고 하니, 왜국에서 갈성습진언(葛城襲津彦; 가츠라기노소츠비코)을 보내 궁월군의 인부를 가라에서 불러들이도록 했다. 그러나 3년이 지나도록 습진언이 돌아오지 않자, 3년만에 평균목토숙네(平群木菟宿禰; 헤구리노츠쿠노스쿠네) 등이 정예병을 이끌고 신라의 국경에 이르러 궁월의 인부를 거느리고 습진언과 함께 돌아왔다고 한다.

응신 연간의 궁월군 이주 기사에 대해서는 사실성을 인정하기도 하고 부정하기도 하지만,[70] 이 기사에 대한 이해의 편차는 매우 크다. 3세기 중엽 즈음 기리영 전투가 벌어졌을 때 대방군 태수가 궁준弓遵이었

---

68 궁월군의 祖先에 관한 내용은 《新撰姓氏錄》 권21 左京諸蕃 上 太秦公宿禰조 참조.
69 《일본서기》 권10 응신 14년 시세조 "是歲 弓月君自百濟來歸 因以秦之日 臣領己國之人夫百卄縣而歸化 然因新羅人之拒 皆留加羅國 爰遣葛城襲津彦 而召弓月之人夫於加羅 然經三年 而襲津彦不來焉": 응신 16년 8월조 "八月 遣平群木菟宿禰・的戶田宿禰於加羅 仍授精兵詔之日 襲津彦久之不還 必由新羅之拒而滯之 汝等急往之擊新羅 披其道路 於是 木菟宿禰等進精兵 莅于新羅之境 新羅王愕之服其罪 乃率弓月之人夫 與襲津彦共來焉"
70 이에 대해서는 김영심, 2008, 앞의 논문, 4쪽 주7) 참조.

다는 사실에 근거하여 궁월군과 휘하 집단이 중국계일 가능성이 있으며, 궁월군 사례를 통해 백제로 들어온 중국계 유이민이 가야, 신라로 확산되고, 또 일부는 왜국으로 이주하는 경우가 있었음을 확인할 수 있다는 주장도 있다.[71] 중국으로부터 유이민이 백제로 들어옴에 따라 신라나 가야, 왜국에 연쇄반응을 일으킬 가능성은 있으나, 궁월군의 성을 궁준과 연결해 보는 것은 무리가 아닌가 한다. 오히려 중국계로 가칭했을 가능성이 커보인다.[72]

일반적으로 진씨(秦氏; 하타씨)의 조선 전승이 기재되었다고 보고 있다. 이주민의 가전家傳에서 나온 시조전승적 성격이 강한 이 기사를 통해 진씨의 도래 경위를 어느 정도 추정은 할 수 있으나, 진씨가 백제계 이주민이냐, 신라계 이주민이냐의 논란은 여전히 남는다. 궁월군이 거느린 '人夫百二十縣'의 현은 중국 주현제의 현으로 생각되지만, 실제로는 백제의 성·촌을 가리키며, 아지사주가 '당류黨類 17현縣'을 인솔한 것과 마찬가지로 궁월군의 무리도 집단으로서 도래한 것으로 보는 견해가 있다.[73] 백제계 이주민일 가능성을 제기한 것이다.

그러나 또 한편에서는 진시황제의 후예로 칭하고 있지만 실제로는 신라 방면에서 건너온 이주민 집단인 진씨의 시조전승으로 보는 것이 타당하다는 견해도 있다.[74] 《고사기》 응신단에 나오는 "秦造之祖 韓直之祖

---

71 김창석, 2016, 앞의 논문, 73쪽.
72 이른바 도래인의 출자는 그들 자신이 표방한 것과 실제에 차이가 있다. 秦氏, 東漢氏, 西文氏 모두 중국계로 표방하고 있으나, 이들 3씨는 물론 기타 중국계로 칭해지는 제씨의 대다수도 중국에서 직접적으로 일본에 도래한 것이 아니라, 한반도를 경유해서 도래한 것으로 보는 것이 일반적이다(諸田正幸, 1988, 앞의 논문, 14쪽). 중국계로 표방한 이유는 계보가 기록될 당시의 시대적 상황과 관련이 있다. 백제가 멸망한 이후, 중국계로 표방하는 것이 실리가 있다고 판단되었기 때문일 것이다.
73 吉村武彦, 2020, 앞의 논문, 43쪽.

… 參渡來也"라는 기사나 진씨가 교토부 남부의 야마시로山城지역과 규슈 북부 등을 중심으로 일본열도 각지에 정착하여 농지개발, 양잠, 광산개발 등에 참여하여 재지의 호족이 되거나 야마토 정권의 실무를 담당하는 관인이 되어 활동한 흔적이 많이 남아 있는 것에 주목하기는 했지만, 그 계통은 신라계 이주민으로 본 것이다. 그러나 '씨(氏; 우지)'라는 것이 혈연에만 기초한 것이 아니라 외적인 힘에 의해 조직된 정치·사회적 조직이고, 특히 진씨는 일반의 우지와는 달리 조정에 양잠, 직조 제품과 관련된 공납물을 납부하기 위해 야마시로(山背→山城)를 중심으로 각지의 이주민 세력을 규합해서 만든 의제적인 거대 씨족 조직이다. 씨족 조직의 성립 시기는 5세기 후반[75] 또는 6세기 중반 무렵[76]으로 추정되고 있다. 따라서 서일본 일대를 중심으로 일본 전역에 걸쳐 분포하고 있는 진씨의 계통은 다원적인 도래와 거주를 고려할 필요가 있다. 한인지韓人池 개발에서 볼 수 있듯이 백제와 신라, 가야 등 여러 방면의 이주민이 모두 들어온 것이, 궁월군이 120현을 거느리고 오고, 신라와 가야도 연루된 것으로 기록되지 않았나 생각된다. 진씨가 양잠·직조와 관련되므로 집단으로 이주해 올 때 지도자 역할을 했던 궁월군은 이와 관련된 기술을 가진 것으로 보면 어떨까 한다.

궁월군의 사례에서 주목되는 것은 궁월군이 이끈 집단의 이주에 관여한 갈성씨葛城氏이다. 갈성씨의 선조로 기록된 갈성습진언은 한반도에서 쿠와바라桑原, 사비佐糜, 다카미야高宮, 오시노미忍海 등 4읍의 한인漢

---

74 연민수 외, 2013, 《역주 일본서기》 1, 동북아역사재단, 536쪽.
75 井上滿郎, 2003(1995), 《古代の日本と渡來人 －古代史にみる國際關係－》, 明石書店, 104~107쪽; 加藤謙吉, 2002, 앞의 책, 31~32쪽; 加藤謙吉, 2017, 《渡来氏族の謎》, 祥伝社, 100~108쪽.
76 加藤謙吉, 2002, 앞의 책, 31~32쪽.

人 시조를 영입한 존재이며, 이후 궁월군과 그를 따르는 인물, 백제 왕족 주군酒君 등 백제나 가야지역의 인물들을 야마토지역으로 유입시키는 데 기여한 인물이다.77 앞에서 언급한 것처럼 갈성씨는 이주민과의 관계를 통해 자신의 세력을 키운 성씨로 보면 될 것이다.

2) 아직기阿直岐

중국에서 시작된 주민 이동의 여파가 일본열도에 미치면서 생산 기반과 관련된 기술만이 아니라 대륙의 새로운 문화와 기술로서 문자를 읽고 쓸 수 있는 기술이 들어왔다.78 이와 관련하여 눈여겨 볼 인물이 아직기와 왕인이다. 아직기에 관한 기록은 《일본서기》《고사기》《속일본기》에 모두 나오고 있으나, 사료마다 명칭이 다르다. 또한 왕인과 결부되어 나오고 있다. 이와 관련된 기록을 모아 보면 다음과 같다.

A-① 가을 8월 임신삭 정묘(6일)에 백제왕이 아직기阿直伎를 파견하여 좋은 말 두 마리를 바쳤다. 카루[輕]의 언덕 위의 마구간에서 기르도록 하고 아직기阿直岐에게 사육하는 일을 관장하도록 하였다. 그리고 말을 사육하는 곳을 우마야사카[廏坂]라고 불렀다. 아직기는 경전도 잘 읽었으므로 태자 토도치랑자(菟道稚郎子; 우지노와키이라츠고)의 스승으로 삼았다. 천황이 아직기에게 "너보다 훌륭한 박사가 있느냐?"고 묻자 "왕인王仁이라는 사람이 있습니다. 그 사람이 우수합니다."라고 대답하였다. 그래서 상모야군(上毛野君; 가미츠케노노키미)의 조상인 황전별(荒田別; 아라타와케)·무별(武別; 가무나기와케)을 백제에 보내

---

77 서보경, 2019, 〈秦氏의 조상전승에 관한 연구〉, 《일본연구》 82, 38 - 39쪽.
78 倉本一宏, 2014, 앞의 논문, 8~9쪽.

왕인을 불러오도록 하였다. 아직기는 아직기사(阿直岐史; 아치키노후비토)의 시조이다.[79]

② 봄 2월에 왕인이 왔다. 태자 토도치랑자는 왕인을 스승으로 삼았다. 여러 전적을 배우니 통달하지 못하는 것이 없었다. 왕인은 서수(書首; 후미노오비토)의 시조이다.[80]

③ 가을 9월에 왜한직(倭漢直; 야마토노아야노아타이)의 조상 아지사주(阿知使主; 아치노오미)와 그의 아들 도가사주(都加使主; 츠카노오미)가 그들이 이끄는 무리 17현을 데리고 왔다.[81]

④ 백제국주 조고왕照古王이 암말 한 마리와 수말 한 마리를 아지길사(阿知吉師; 아지키시) 편에 바쳤다〔이 아지길사는 아직사(阿直史; 아지키노후비토) 등의 조상이다〕. … 또 백제에 현인이 있으면 바치도록 명령하였으므로 명을 받고 바친 사람은 화이길사(和邇吉師; 와니키시)라고 하며,《논어》10권과《천자문》1권 합쳐서 11권을 이 사람 편에 바쳤다〔이 화이길사는 문수文首 등의 조상이다〕.[82]

⑤ 6월 계유(10일) … 우위사독右衛士督 종3위 겸 하총수下總守 판상대기

---

79 《일본서기》권10 응신 15년조 "秋八月壬戌朔丁卯 百濟王遣阿直伎 貢良馬二匹 卽養於輕坂上廐 因以阿直岐令掌飼 故號其養馬之處 曰廐坂也 阿直岐亦能讀經典 卽太子菟道稚郎子師焉 於是 天皇問阿直岐曰 如勝汝博士亦有也 對曰 有王仁者 是秀也 時遣上毛野君祖 荒田別·巫別於百濟 仍徵王仁也 其阿直岐者 阿直岐史之始祖也" 응신 15년은 백제 왕력으로 환산하면 아신왕 14년(404)에 해당하는 것으로 보고 있다. 응신 16년에 백제 아화왕이 죽고, 직지왕〔전지왕〕이 귀국해서 즉위했다는 기사가 나오는데《삼국사기》에 따르면 전지왕이 즉위한 해는 405년이다.

80 《일본서기》권10 응신 16년조 "春二月 王仁來之 卽太子菟道稚郎子師之 習諸典籍於王仁 莫不通達 所謂王仁者 是書首等己始祖也"

81 《일본서기》권10 응신 20년조 "秋九月 倭漢直祖阿知使主 其子都加使主 並率己之黨類 十七縣 而來歸焉"

82 《古事記》中卷 응신천황단 "亦百濟國主照古王 以牡馬一疋 牝馬一疋 付阿知吉師以貢上〔此阿知吉師者 阿直史等之祖〕 … 又科賜百濟國 若有賢人者貢上 故受命以貢上人 名和邇吉師 卽論語十卷 千字文一卷 并十一卷 付是人卽貢進〔此和邇吉師者文首等祖〕"

촌예전마려(坂上大忌寸苅田麻呂; 사카노우에노오오이미키 가리다마로) 등
이 표를 올려 아뢰기를 "신 등은 본디 후한 영제의 증손인 아지왕(阿
智王; 아지 오우)의 후손입니다. 후한의 제위가 위魏로 옮겨갔을 때,
아지왕은 신우神牛의 가르침에 따라 그곳을 떠나 대방帶方으로 갔습
니다. … 후에 부형父兄을 불러 놓고 '제가 들으니 동쪽 나라에 성스
러운 임금이 있다고 합니다. 어찌 귀속하여 따르지 않겠습니까. 만약
오래도록 이곳에 머무르면 아주 없어지게 될까 두렵습니다.'라 말하
고, 곧 친동생인 우홍덕迂興德 및 일곱 성씨의 백성들을 데리고 내조
하여 귀화하였습니다. 이는 예전천황(譽田天皇; 응신〈오진〉천황)이 천
하를 다스리던 때의 일입니다. 이에 아지왕은 주청하여 아뢰기를,
'신의 옛 터전은 대방에 있습니다. 백성들은 남녀 모두 재예才藝를
가지고 있는데, 근자에는 백제와 고(구)려 사이에 붙어 살면서, 마음
속으로 머뭇거려 아직 거취를 결정하지 못하고 있습니다. …' … 그
남녀 백성들은 촌락 전체가 사자使者를 따라 모두 와서 영원히 공민
이 되어 누대에 걸쳐 해를 거듭하여 지금에 이르렀습니다. 지금 여
러 나라에 있는 한인漢人 또한 그 후예입니다. … "라고 하였다.[83]

사료 A-①, ②에서 보이는 것처럼 《일본서기》에는 아직기와 왕인,
《고사기》에는 A-④처럼 아지길사, 화이길사라고 나온다. A-①에서는
왕인이 아직기의 추천으로 왜국에 간 것으로 되어 있으나, A-④의 기
록은 매우 소략하지만 왜국의 요구로 백제에서 보낸 것으로 되어 있다.

---

83 《속일본기》 권38 今皇帝 환무 연력 4년(785) 6월 "癸酉 … 右衛士督從三位兼下總守
坂上大忌寸苅田麻呂等上表言 臣等本是後漢靈帝之曾孫阿智王之後也 漢祚遷魏 阿智王因
神牛敎 出行帶方 …後召父兄告日 吾聞 東國有聖主 何不歸從乎 若久居此處 恐取覆滅
卽携母弟迂興德 及七姓民 歸化來朝 是則譽田天皇治天下之御世也 於是阿智王奏請日 臣
舊居在於帶方 人民男女皆有才藝 近者寓於百濟高麗之間 心懷猶豫未知去就 … 其人民男
女 擧落隨使盡來 永爲公民 積年累代 以至于今 今在諸國漢人亦是其後也 … "

A - ④에서는 왕인이 《논어》와 《천자문》을 가지고 왔다는 것을 강조하고 있는 반면, 《일본서기》에는 이에 관한 기록은 없고 A - ②처럼 왕인을 태자의 스승으로 삼았다는 점이 기록되었다. 한편 도래계 씨족의 대표라고 할 동한[왜한]씨(東漢[倭漢]氏; 야마토노아야씨) 관련 사료인 A - ⑤에서는 판상대기촌예전마려가 자신이 아지왕阿智王의 후손이며, 아지왕은 3세기 초 대방으로 갔다가 왜로 온 사람이라는 점을 말하고 있다.

따라서 《일본서기》의 기록에 나오는 아직기阿直岐와 아지사주阿知使主, 《고사기》의 아지길사阿知吉師, 《속일본기》의 아지왕阿智王이 과연 동일인인지가 논란이 되고 있다. 아지사주와 아지길사, 아지왕은 접미어에 차이가 있을 뿐 인명 부분에 해당하는 '아지'는 동일하기 때문에 동일인이 다르게 표기된 것으로 생각된다. 다만 응신 15년조의 아직기와 응신 20년조의 아지사주가 동일인이냐는 결론을 내리기가 쉽지 않다. 동일인으로 보면 아직기는 대방에서 백제를 거쳐서 왜로 온 것이고, 동일인이 아니라면 아직기는 백제에서 왔고, 아지사주(아지왕)는 《속일본기》의 기록처럼 직접 대방에서 온 것이 된다. 그런데 백제에서 좋은 말 두 마리를 바쳤다는 것과 암컷과 수컷을 바쳤다는 내용은 동일한 사안에 대한 기술로 생각되므로, 아직기와 아지사주는 동일인에 대한 이표기일 가능성이 높다.[84] 아직기가 대방에서 백제를 거쳐서 온 것이다.

이와 관련해서는 《삼국지》 기사를 참고할 수 있다. 《삼국지》 위서 한전의 "桓靈之末 … 民多流入韓國(환제·영제 말년에 백성들이 많이 한국으로 흘러들어 갔다)"이라는 기사에서도 알 수 있듯이 2세기 말 후한의 혼란기에 한반도에 들어온 중국인이 있었고, 중국계 주민 중에는 238년 위

---

84 아직기와 아지사주를 동일인으로 보지 않고 도래 순서가 아직기 → 왕인 → 아지사주 → 궁월군 → 왕진이 순이라고 보는 견해도 있다(나행주, 2015, 앞의 논문, 17쪽).

가 낙랑·대방군을 공손씨 정권으로부터 탈취할 무렵 대방군으로 갔다가, 그 뒤 백제로 이주한 사람들이 있었다. 314년 고구려가 대방군을 점령한 뒤 고구려와 백제가 대방의 옛 땅을 둘러싸고 대립이 심화된 355년 무렵 반고구려계의 대방계 유민이 대거 백제로 들어왔다고 하므로 아직기 또한 대방 유민집단과 관련이 있을 가능성이 높다. A-⑤의 판상씨 등이 아지왕의 후손임을 참칭한 것은 사실로 보기 어렵다 하더라도 아직기의 이주 경위 자체는 인정할 수 있지 않을까 한다.

아직기와 왕인이 왜국에 건너온 것이 확실하다면 이주 시기는 과연 언제인지도 이들의 활동과 활동에 대한 평가에서 중요한 문제이다. 《일본서기》에는 아직기와 왕인 모두 전지가 즉위한 응신 16년(405) 직전인 응신 15년 가을 8월과 16년 봄 2월에 파견된 것으로 기록되어 있다. 아직기와 왕인이 5세기 말부터 6세기에 걸쳐 자주 등장하는 다양한 직능인 파견의 형태로 이루어져 6세기의 사실이 이 시기에 소급되어 기록되었을 가능성이 언급된다. 그렇지만 397년(아신 6) 아신왕의 왕자 전지가 질자로 왜국에 파견된 이후부터 《삼국사기》 백제본기와 《일본서기》에 인용된 《백제기》가 대응되고 있으므로 4세기 말~5세기 초로 보는 것이 타당하지 않을까 한다. 아신왕대 백제가 왜국에 적극적인 외교를 펼친 것은 고구려의 압박 때문이었다. 따라서 아직기는 대방 유민의 후손으로서 백제에서 활동하다가 5세기를 전후한 무렵 왜국에 파견된 것으로 정리할 수 있다. 5세기 초를 전후한 시기에 백제는 왕권 차원에서 백제에 와서 활동하던 중국계 인물을 왜국에 파견한 것이다. 아직기의 이주는 당류黨類를 거느리고 왔다고 하므로 집단 이주였다.

아직기의 활동과 관련해서는 사료 A-⑤와 ①이 참고가 된다. A-⑤의 《속일본기》 기사에 따르면 대방 사람들이 재예才藝가 있는 사람임을 강조하고 있다. '재예'에는 분명히 학문과 관련된 지식인뿐만 아니라 기술자가 포함되어 있었을 것이다. 아직기 또한 유교경전에 능했지만, 말의 사육기술도 가지고 있었다. 말은 지배층의 이동 수단이므로 말의 사육 및 관리를 맡은 사람은 지배층과 접할 수 있는 기회가 많다. 따라서 당연히 글을 아는 사람이 이를 맡았다면 세력을 키울 수 있는 배경이 될 것이다. 문필과 마사馬飼 두 가지 일이 단순한 기술자를 넘어서 지배세력과 밀접한 관련이 있는 일이었기 때문에 동일한 인물이나 씨족이 맡을 수 있었을 것으로 보인다. 왕인 또한 전적을 해독하는 박사였지만, 장부 정리에 능한 실무 기술자이기도 했다. 아직기가 백제에서 도래하고, 그 뒤 왕인이 백제에서 와서 벼슬하였다는 것은 육상 운수·유통을 담당할 수 있는 사람이 필요해졌고, 또 이를 장부로 기록하는 일이 그만큼 중요해졌음을 의미한다.

아지사주는 야마토국大和國 다카이치군高市郡 히노쿠마향檜前鄕에 거소를 받았는데, 인덕조에 이마키군今來郡을 세웠고, 뒤에 다카이치군高市郡으로 개명되었다. 현재 나라현 다카이치군 아스카무라明日香村에 히노쿠마檜前라는 지명이 남아 있지만, 본래의 히노쿠마는 현재보다 그 범위가 북쪽으로 더 넓었다고 한다.[85]

아직기의 후예 씨족으로는 아직[기]사(阿直[岐]史; 아지키노후비토)와 왜한직(倭漢直; 야마토노아야노아타히)에서 볼 수 있듯이 아직[안칙]씨(阿直[安勅]氏; 아지키씨)와 동한[왜한]씨(東漢[倭漢]氏)가 있다. 동한씨와 그 휘하의 이주계 씨족은 나라 분지의 남쪽에 해당하는 야마토국 다카이치군에 거주하였다.[86] 현재의 나라현 아스카무라에 거주한 동한씨 가운데

---

85 加藤謙吉, 2002, 앞의 책, 131~132쪽.
86 다가이치군의 '今來'에 해당하는 지역인 高取町 淸水谷유적에서 2001년 말 이주민과 관계가 깊은 도질토기, 한식계 토기, 대벽건물 등과 함께 5세기 후반의 온돌 유구가 확인되었다(加藤謙吉, 2002, 앞의 책, 134~135쪽).

문필과 재정 업무를 맡은 대표적인 씨족은 동문직씨(東文直氏; 야마토노후미아타히씨)인데, 이들은 왕인의 후예로서 가와치河內에 본거를 둔 서문수(西文首; 가와치노후미노오비토)와 함께 '동서사부東西史部'를 형성하였다.[87] 야마토나 가와치의 정부 중추에서 활동하던 왜한씨倭漢氏의 일부는 5세기 말~6세기 초쯤 야마토 정권의 관인으로 등용되어, 오쓰大津 북교北郊에 이주해서 활동하게 되었다. 이들 지하한인(志賀漢人; 시가노아야히토)은 비와코琵琶湖의 수운 교통의 이점을 이용하여 주변 각지에 진출함으로써 세력을 확대하였다.[88]

동한씨東漢氏 또는 왜한씨倭漢氏는 5세기에 한반도에서 건너온 오래된 이주민으로[89] 장부의 기록, 창고의 관리 등을 주된 직무로 하였다. 이주민이 외국에서 살아갈 때는 언어·습속을 같이 하는 동일민족이 집단으로 행동하는 것이 유리했기 때문에 특정 지역에 거주해서 집단으로 행동하는 경우가 많다. 따라서 통합을 강화하기 위해 공통의 조선祖先을 조작하여 의제적인 혈연집단을 만들었는데, 한씨漢氏는 의제적 혈연집단으로 볼 수 있다.[90] 7세기가 되어도 한반도와 관계를 유지하며 새로운

---

87 나행주, 2015, 앞의 논문, 16쪽.

88 大橋信弥, 2015, 〈近江における文字文化の受容と渡來人〉, 《國立歷史民俗博物館研究報告》 194, 43~44쪽.

89 《신찬성씨록》에서는 漢氏의 선조가 "후한 靈帝의 증손 阿智王"이라 하여 중국계로 나오지만, 이는 후대에 부회한 것이며 《고사기》나 《일본서기》의 기록처럼 한반도 남부에서 이주한 씨족으로 보는 것이 일반적이다. 4세기 말부터 5세기까지 한반도로부터의 이주민의 대부분은 가야 남동부·가야 남서부·전남 서부의 영산강유역에서 출자했고, 倭漢氏를 구성한 이주민 집단의 중추는 安羅加耶로부터의 이주자로 보기도 한다(大橋信弥, 2014, 〈安羅加耶と倭國の初期交流〉, 《한국민족문화》 51, 259~260쪽). 한씨의 '아야' '아라'의 원 의미는 安羅에서 유래했다고 해도 《일본서기》 등의 문헌기록을 감안한다면 백제·가야계를 중심으로 한 한반도로부터의 이주민 출신으로 볼 수 있을 것이다.

기술의 도입에도 열심이었다는 것을 동한(왜한)서직현(東漢〔倭漢〕書直縣; 야마토노아야노후미노아타히아가타)의 활동으로 알 수 있다.[91] 이들은 642년 백제에서 온 사절을 응접하고, 650년 '백제박百濟舶'이라 칭하는 배 2척의 건조에도 종사하고 있었다. 따라서 본국으로부터 계속 새로운 기술을 제공받는 것이 이주지식인이 이주한 사회에서 실력을 발휘하는 중요한 요소로 작용했던 것이 아닐까 한다.

3) 왕인王仁

왕인에 관한 기록은 앞에서 제시한 사료 A에 아직기와 함께 나온다. 《일본서기》나 《고사기》 외에도 왕인의 후예를 표방하는 씨족에 관한 기록에서 많이 등장한다. 사료 A–④에 따르면 백제 조고왕照古王이 왜국 응신천황에게 아지길사(阿知吉師; 아치키시)를 파견하고, 또 현인을 요구하자 화이길사(和邇吉師; 와니키시)를 보내게 되고 그가 일본에 오면서 《논어》 10권과 《천자문》 1권을 가져와서 바쳤다고 한다.[92] 《일본서기》에는 사료 A–①처럼 백제왕이 파견한 아직기에게 응신천황이 그보다 더 뛰어난 사람이 있는지 묻자 왕인을 천거하였고, 왕인이 일본에 건너

---

90 坂元義種, 1996, 앞의 논문, 376쪽.
91 히시다 테츠오, 2019, 〈사원유적 –백제와 관련된 혼슈지역의 고대 사원〉, 《일본 속의 백제 –혼슈지역–》, 충청남도·충남역사문화연구원, 72쪽.
92 주 82)의 《古事記》中卷 應神段 기사 참조.
  《古事記》와 《일본서기》의 기록은 다소 차이가 있는데, 《古事記》 쪽이 성립 시기도 앞서고 전승의 원형을 비교적 잘 전해서 《논어》와 《천자문》의 전래를 강조하고 있는 반면, 《일본서기》에서는 전승에 문제가 있다고 하여 내용을 삭제하고, 대신 태자의 스승이 되었다는 점이 강조되었다. 왕인 전승의 핵심은 《古事記》의 내용처럼 왕인이 《논어》와 《천자문》을 전했다는 것이다(이근우, 2004, 〈왕인의 《천자문》·《논어》 일본 전수설 재검토〉, 《역사비평》 2004년 겨울호, 194~196쪽).

와 천자의 스승이 되어 여러 전적을 가르쳤다는 내용이 전한다. 《일본
서기》와 《고사기》 두 사서의 내용에 근거하여 응신천황대에 왕인이 《논
어》와 《천자문》을 일본에 전해 주고 태자의 스승이 되었다는 이야기가
만들어진 것으로 보인다.

또한 《속일본기》 환무 연력 9년조에는 '왕인'이라는 구체적인 인명으
로는 나오지 않는다. 다만 상모야씨上毛野氏의 먼 조상인 황전별荒田別을
백제에 사신으로 보내 학식이 있는 사람을 찾아 모셔오게 하자 귀수왕
이 그 손자인 진손왕(辰孫王, 일명 智宗王)을 보내 사신을 따라 입조하게
하였는데, 천황이 특별히 총애하여 황태자의 스승으로 삼았다고 기록되
어 있다.[93] 또 10년조에는 왕인이 백제의 왕명을 받들어 왜국으로 건너
간 배경과 그 뒤의 행적, 후예들의 활약에 대한 사실이 전해진다.[94] 따
라서 《고사기》에 나오는 화이길사和邇吉師나 《속일본기》 환무 9년조에
나오는 진손왕辰孫王은 왕인으로 추정된다. 왕인에 관한 이야기에 대해
근초고왕대 - 아신왕대의 사실로 정리하기도 했으나,[95] 왕인의 존재를 인
정한다 하더라도 도래 시기에 대해서는 아직기와 마찬가지로 4세기 중
엽에서 5세기 초로 볼지, 백제에서 왜국으로 오경박사가 본격적으로 파
견되기 시작한 6세기로 볼 것인지[96] 여전히 논란이 되고 있다.

6세기설의 중요한 근거는 다음과 같다. 일본의 아스카飛鳥·후지와라藤

---

93 《속일본기》 권40 환무 연력 9년(790) 추7월 신사 "其後輕嶋豊明朝御宇應神天皇 命
  上毛野氏遠祖荒田別 使於百濟搜聘有識者 國主貴須王恭奉使旨 擇採宗族 遣其孫辰孫王
  〔一名智宗王〕隨使入朝 天皇嘉焉 特加寵命 以爲皇太子之師矣"
94 《속일본기》 권40 연력 10년(791) 4월 무술 "寂弟等言 漢高帝之後曰鸞 鸞之後王狗 轉
  至百濟 百濟久素王時 聖朝遣使徵召文人 久素王卽以狗孫王仁貢焉 是文·武生等之祖也"
95 이병도, 1976, 《한국고대사연구》, 박영사, 577~578쪽.
96 이근우, 2004, 앞의 논문, 201 - 202쪽: 2010, 〈《일본서기》에 보이는 오경박사와 吳
  音〉, 《일본역사연구》 31, 26쪽.

原, 나라奈良 등지에서 7~8세기대의 《논어》와 《천자문》 목간이 다수 출토되었는데, 《천자문》은 양나라 때 주흥사(周興嗣, 470~521)가 만들었기 때문에 그 성립 시기가 6세기보다 올라갈 수 없어서 4~5세기에 왕인이 《논어》와 《천자문》을 전수했음을 입증해 주지 못한다고 보았다. 왕인은 서문씨西文氏의 도래전승과 관련된 가공의 인물이며, 6세기대 왕진이王辰爾의 활동을 왕인에 가탁하여 조작했다고 본 것이다.[97]

그러나 《논어》에는 후한대의 정현鄭玄이 주해한 것과 위나라 하안(何晏, 193?~249)의 《논어집해論語集解》, 황간(皇侃, 488~545)의 《논어의소論語義疏》가 있고, 《천자문》에는 위나라 종요鍾繇의 《천자문》과 양무제 때 주흥사의 《천자문》이 있다. 왕인이 왜에 가지고 간 《논어》와 《천자문》에 대해서는 의견이 분분하다. 왕인이 전해 준 《천자문》과 《논어》가 주흥사의 《천자문》과 황간의 《논어의소》라고 단정할 수 없는 이유는, 일본에서 발견된 7~8세기대의 목간에서 "何晏集解子曰"(평성궁 목간)이나 "論語書何晏集解"(효고현 하카마비네袴狹목간)의 표기가 확인되기 때문이다.[98] 이들 목간 사례를 보면 일본에서 하안의 《논어집해論語集解》가 유통되었음을 알 수 있다.

또한 왕인이 전해 준 《천자문》과 《논어》가 주흥사의 《천자문》과 황간의 《논어의소》라고 보는 입장에서는, 박사라는 용어 자체가 《일본서기》에서 자주 사용되지 않았기 때문에 '박사 왕인' 또는 '왕인박사'라는 표현도 6세기 이후에야 쓰일 수 있다고 한다.[99] 그러나 앞에서 살펴본

---

97 김은숙, 1988, 〈서문씨의 귀화 전승〉, 《역사학보》 118; 이근우, 2004, 앞의 논문; 서보경, 2016, 〈同祖 계보의 변화를 통해 본 왕인, 왕진이계 씨족〉, 《한일관계사연구》 53.
98 미카미 요시다카三上喜孝, 2012, 〈일본 고대 지방사회의 《논어》 수용〉, 《地下의 논어, 紙上의 논어》, 성균관대출판부, 228~230쪽.
99 왕인은 《일본서기》 민달 원년(572)조에 나오는 王辰爾를 모델로 하여 앞 시대에 활

것처럼 왕인은 근초고왕의 대방지역 정복을 전후하여 백제로 이주한 것으로 보이는 왕구王狗의 손자로서, 왕인이 박사에 오른 것도 유교적 소양이 있고 학문에 능통했던 가문의 전통이 배경이었을 것으로 생각된다.[100] 근초고왕대에 이미 박사 고흥이 존재하므로 박사라는 용어를 굳이 늦은 시기의 것으로 단정할 이유는 없다.

백제의 박사는 한대漢代의 박사에서 유래한 것으로 볼 수 있을 것이다. 또한 평성궁 목간이나 효고현 하카마비네袴狹 목간에서 볼 수 있듯이 "何晏集解(하안집해)" 묵서가 확인되므로 왕인이 가지고 간 《논어》는 하안의 《논어집해論語集解》, 《천자문》은 위나라 종요鍾繇의 것이었을 가능성도 적지 않다.[101] 더욱이 기원전 45년의 〈낙랑군 초원 4년 현별 호구 樂浪郡初元四年縣別戶口〉 목간이 출토된 평양 정백동貞柏洞 364호분에서 39매의 《논어》 죽간이 출토되었다.[102] 전한시대 중국인들이 쓴 것이긴 하지만, 낙랑군 등지에서 《논어》가 일찍부터 유통되었을 가능성이 있다. 따라서 근초고왕이 대방 고지를 차지할 때 백제로 들어온 왕구의 손자라고 한다면 왕인이 활동했던 시기는 5세기 초에서 그리 멀지 않은 시기가 아닐까 한다. 《고사기》에 나오는 《논어》와 《천자문》의 시기를 확정할 근거는 없지만, 학술의 전래와 함께 전적이 전해졌음은 분명하다. 응신조의 형성에 동반하여 백제·신라로부터 사람들이 이주해 와서 선진

동한 인물로 조작한 것이고, 실제로 왕인은 6세기 중엽에 활동하였다고 결론을 내렸다(이근우, 2004, 앞의 논문, 196~208쪽).

100 문안식, 2003, 〈왕인의 渡倭와 상대포의 해양교류사적 위상〉, 《한국고대사연구》 31, 167~169쪽.

101 이병도, 1976, 앞의 책, 507쪽; 김영심, 2006a, 〈백제 유학의 일본 전파와 그 영향〉, 《민족발전연구》 13 - 14, 중앙대 민족발전연구원, 91쪽.

102 권11 先進 편이 31매 555자이며, 권12 顔淵 편은 8매 147자로 모두 702자가 적힌 것으로 집계되었다(이성시·윤용구·김경호, 2009, 앞의 논문).

기술을 왜국에 전하고 응신조를 발전시키는 기초를 마련했던 것이다.[103]

왕인의 행적을 추정할 수 있는 근거는 더 이상 보이지 않으나, 왕인은 경서에 대한 해박한 지식을 바탕으로 응신천황의 신임을 받아 태자 우지노와키이라츠코菟道稚郎子의 스승이 되었으며, 일본의 학문과 문풍 진작에 기여하여 학문의 조상으로 숭배된 것이 아닌가 한다. 왕인의 이주는 이후 백제에서 여러 박사가 파견되는 단초가 되었다. 또한 장부 작성이라는 실무 능력을 갖춰 왜국의 생산과 유통도 발전시켰을 것이다.

왕인의 정착지는 중부 가와치中河內지역의 후루이치古市지역이었다. 중부 가와치지역의 다지히丹比·후루이치高市·시키志紀·아스카安宿·다카야쓰高安·오가타大縣 등에 이주계 씨족이 집중하였다. 특히 아스카베군安宿郡은 4세기대부터 본격적으로 개발되기 시작하여 왕인의 후예라고 하는 서문씨(西文氏; 가와치노후미씨)를 비롯한 백제계 씨족들이 정착하였다. 5~6세기에는 비조호조씨(飛鳥戸造氏; 아스카베노미야스코)씨를 비롯, 석천씨(石川氏; 이시카와씨), 금부씨(錦部氏; 니시키베씨), 전변사씨(田邊史氏; 다나베노후미씨) 및 왕진이 후예씨족 등이 성장하고 백제라는 동족의식 속에서 서로 교류하면서 가와치의 중심지역으로 발전하였다.[104] 7세기대에는 비조호조씨가 천황가와 친밀한 유대관계가 있었기 때문에 왜국 왕실이나 귀족의 자제들이 성장하던 곳이 되기도 하였다.

왕인은 서수書首의 시조로 기록될 정도였기 때문에 후예 씨족으로 5세기 이래 왜국의 문필업을 담당한 성씨가 많다. 왕인의 후예인 서문수西文首는 서쪽인 가와치에 거주하면서 동쪽인 야마토에 거주한 아직기

---

103 佐伯有淸, 1981, 앞의 논문, 90쪽.
104 박재용, 2020, 앞의 논문, 13쪽; 박재용, 2017, 〈고대 일본의 소아씨와 백제계 씨족〉, 《한국고대사연구》 86, 216~229쪽.

〈그림 2-7〉 사이린지(왼쪽)와 사이린지 초석(필자 촬영)

의 후손인 동문직씨東文直氏와 함께 동서사부東西史部를 형성하였다. 야마토 조정의 문필을 담당하는 실무관료의 중심인 '동서사부' '동서제부東西諸部'는 이들의 거주지에서 유래한 것으로 보인다.

서문씨西文氏[105]는 후에 외교나 군사 등에서도 활약한 후비토〔史〕계의 유력 씨로 가와치국河內國 후루이치군古市郡 후루이치향古市鄕을 본거지로 한다. 현재의 오사카부 하비키노시羽曳野市 후루이치의 사이린지西琳寺는 그 씨사氏寺였다.[106] 후루이치군古市郡과 다가이치군高市郡지역에 왕인의 후예들이 많이 거주하였다. 서문씨 외에도 사이린지가 위치했던 현재의 후루이치古市고분군 주변에 왕인의 후손인 무생씨(武生氏; 다케후씨), 장씨(藏氏; 쿠라씨) 등이 거주하였다. 서문씨西文氏, 무생씨武生氏, 장씨藏氏 등 왕인을 시조로 삼은 이들 후예 가운데 후미씨文氏는 문서 작성 및 기록을 담당하고, 장씨藏氏는 물품 보관 및 출납을 담당했으며, 마씨馬氏[107]는 육상 운수 및 유통을 담당했다. 서한씨 세력이 쇠퇴해 감

---

105 서문씨가 연력 10년(791) 상표문에서 한 고조의 후손인 낙랑군의 왕씨, 곧 왕인이 일본에 도래해서 서문씨의 조가 되었다고 한다. 중국계로 표방하고 있어도 한반도계일 가능성이 크다(諸田正幸, 1988, 앞의 논문, 14쪽).

106 上田正昭, 2013, 앞의 책, 79~80쪽.

107 馬氏는 나중에 武生連氏, 櫻野首氏, 高志史氏 등으로 분지했다(나행주, 2015, 앞의

에 따라 가와치의 이주 씨족 속에서 왕인의 후예씨족이 세력을 떨쳤다.

4) 진모진眞毛津

1단계의 명실상부한 이주지식인은 진모진이다. 《일본서기》 응신 14년 조에는 백제에서 일본에 봉의공녀縫衣工女인 진모진을 바쳤는데 이가 일본의 내목의봉(來目衣縫; 쿠메노키누누이)의 시조라고 기록되어 있다.[108] 내목(來目; 쿠메)은 현재 나라현 가시하라시橿原市 쿠메초久米町지역이고, 《신찬성씨록》 이즈미국和泉國 제번諸蕃조에 "옷을 짜는 것은 백제국의 신로명으로부터 유래했다(衣縫 出自百濟國神露明也)"는 기록이 나오지만, 두 지역 사이의 관련성은 추정하기 어렵다.[109] 다만 《신찬성씨록》의 기록을 통해서도 의봉과 관련된 기술이 백제로부터 전해졌음을 파악할 수 있다.

백제의 대성8족의 하나로서 한성시기부터 세력을 떨쳤던 진씨眞氏인 점을 감안하면 귀족 신분의 여성일 가능성이 있다. 귀족 여성으로서 옷을 짜는 기술, 곧 직조 및 의복 제작과 관련된 전문 기술을 가지고 왜국에 파견된 사례이다. 백제에서 파견된 여성 기술자가 일본의 직조기술 발전에 기여했기 때문에 의복 제작과 관련된 업무를 담당하는 성씨의 시조가 되었던 것이다. 의복의 제작을 담당하는 여성 기술자를 백제에서 보내 주었다는 것은, 그만큼 백제의 직조술이 발전되었고, 귀족 여성들이 그러한 기술 발전에 선도적 역할을 담당했음을 보여 준다. 수리

논문, 39쪽).

108 《일본서기》 권10 응신 14년 "春二月, 百濟王貢縫衣工女. 曰眞毛津. 是今來目衣縫之始祖也."

109 연민수 외, 2013, 《역주 일본서기》 1, 동북아역사재단, 536쪽.

관개 기술자나 제철 기술자 등과 함께 직조 관련 여성 기술자도 자신의 전문 기술을 가지고 일본사회에서 정착하여 선진 기술의 전수자로서의 역할을 했으므로 명실상부한 백제계 이주지식인이라고 할 수 있다.

5) 곤지昆支

아신왕이 태자인 전지를 왜국에 파견하여 동맹을 맺은 이래 백제에서는 왕족을 열도에 파견·체류하게 함으로써 양국의 관계를 친밀하게 유지하는 이른바 '왕족외교'를 실시하였다. 이는 백제 왕실과 지배층이 향유하던 문화가 왜 왕실에 직접적이고 항상적으로 전해지는 하나의 루트가 되기도 했다.[110] 외교의 목적으로 파견되었던 왕족이 문화 전파의 중요한 통로가 되었던 것은 사실이나, 이들을 지식인으로 분류할 수 있을지 고민해 볼 필요가 있다.

곤지가 왜국에 건너간 기사는 《일본서기》 웅략 5년(461) 하4월~추7월 사이에 보인다. 곤지의 도왜 목적에 관해서는 백제의 일련의 왕족외교와 같은 차원에서 유사시 청병請兵이나 친백제 정권 유지, 왜국과의 우호관계 도모와 같은 외교적인 목적을 우선시하는 입장과 백제의 내부의 대립세력을 제거하기 위한 정략적인 수단임을 강조하는 입장 두 가지로 나뉜다.[111] 전자의 목적이 당연히 있었겠지만, 백제에서 실질적인 군권을 장악한 인물이 16년이라는 기간 동안 왜국에 체류했고, 또 가족과 함께 갔다는 사실을 보면 우호 도모라는 임무는 형식상의 명령이고 실제로는 곤지를 왕권의 핵심부에서 배제시키고 자식에게 왕위를 물려

---

110 서보경, 2008, 앞의 논문, 21쪽.
111 이에 대한 정리는 박재용, 2021, 앞의 논문, 145~146쪽 참조.

주려는 개로왕의 의도가 있었을 것이다. 다만 곤지를 이주지식인의 범주에 넣느냐 아니냐는, 곤지가 왜국에 파견된 목적보다는 왜국으로 건너간 곤지가 실제로 수행한 역할에 주목할 필요가 있다.

곤지는 왜국에 머물면서 과연 어떤 활동을 했을까? 백제 왕족이 가와치를 중심으로 열도에 잡거한 백제인에 대한 관리 역할도 담당했다고 한다면,[112] 왕족이 일정한 지식과 기술을 가진 전문적 지식인으로서 활동했다고 보기는 곤란하지만, 곤지의 경우는 이주지식인이 활동할 수 있는 기반을 마련한 존재라는 점에서 중요한 의미를 갖는다.

〈그림 2-8〉 다카이다야마고분 석실과 출토 유물
(충청남도·충남역사문화연구원, 2017, 《일본 속의 백제 - 긴키지역-》 I, 44쪽)

112 河內 飛鳥에 정착하여 일본열도 내 백제귀족들의 경제적 기반을 흡수·관리하기 위해서였다고 보는 견해가 있다(山尾幸久, 1989, 앞의 논문, 136~139쪽; 이도학, 1995, 《백제 고대국가 연구》, 일지사, 198~199쪽; 서보경, 2009, 앞의 논문, 22쪽).

〈그림 2-9〉 아스카베신사飛鳥戸神社(박재용 제공)

곤지는 아사쿠라노미야朝倉宮에서 왜왕을 알현하고, 야마토 조정의 수도가 아닌 가와치의 아스카飛鳥에 정착하여 본래의 외교적인 역할보다는 왜왕권과의 유착관계를 통해서 왜국 내에서 입지를 확보하려는 현실적인 길을 선택했다. 5세기 이후 한반도에서 건너온 이주민 집단을 결속해서 그들을 통솔, 관리하는 일로 이주민 집단의 장으로서의 지위를 보장받았던 것이 아닐까 한다.[113] 곤지의 세력 근거지는 백제계의 횡혈식석실분이 밀집되어 있는 가와치 아스카(베)군安宿郡 일대인데, 이주민들은 곤지를 정점으로 하는 족적 결집을 이룬 것으로 보인다.[114] 곤지와

---

113 김영심, 2008, 앞의 논문, 20쪽; 서보경, 2009, 앞의 논문, 7~19쪽.
114 곤지 일행이 가와치지역에 머무르게 된 것은 자의에 의한 것이라기보다는 왜국의 의도적인 정책에 따른 것일 가능성이 높다(박재용, 2020, 앞의 논문, 7쪽).

그 후손들의 터전이었던 가시와라시柏原市의 다카이다야마高井田山유적에서 발견된 백제의 횡혈식석실분에서는 무령왕릉 출토의 청동제 초두 및 동경과 비슷한 5세기 후반~6세기 전반의 유물이 출토되어, 피장자를 이주민 집단을 지휘하던 백제 왕족으로 추정하기도 한다.[115]

대체로 곤지의 후예로 생각되는 비조호조(飛鳥戶造; 아스카베노미야스코)씨는 국가의 실무관인으로서 아스카베飛鳥戶의 집단을 이끌었다. 아스카베신사는 곤지의 후손인 아스카베 씨족이 세운 신사이고, 아스카베신사의 북동쪽 하치부세야마鉢伏山에 자리한 아스카센즈카飛鳥千塚는 6세기부터 축조, 7세기 말까지 축조된 200~300여 기의 고분으로 아스카베 씨족의 분묘로 추정된다.[116] 백제계 이주민의 주요 활동지가 야마토가와大和川와 이시카와石川가 합류하는 교통로의 중심에 있었음을 알 수 있다. 따라서 아스카베 씨족은 야마토 조정의 수도로 통하는 교통의 요지에서 물자의 유통 및 수송 관리 업무에 종사한 것으로 보인다. 야마토 정권의 수전水田 개발과 보급, 일정 연령의 남자들이 국가적 역역을 부담하는 선진적인 지배기술은 6세기 후반 백제에서 건너온 왕진이나 백저담진白猪膽津과 같은 2단계의 이주지식인이 주로 담당하였다. 이들과 결부된 것이 소아씨蘇我氏이므로, 곤지는 1단계에서 2단계의 이주지식인 활동으로 이어지는 가교 역할을 했다고 할 수 있다.

4세기 단계 백제에 들어온 중국계 이주지식인은 이주의 목적 자체가 외교활동은 아니었다. 이들을 받아들인 사회에서 필요로 하는 업무를 담당한 것일 뿐이다. 이와 달리 5세기의 백제의 왕족외교는, 백제가 왕

---

115 권오영, 2005, 앞의 책, 23쪽. 박재용은 귀국하지 않은 곤지의 자식 가운데 한 인물일 가능성도 제시하였다(박재용, 2020, 앞의 논문, 15쪽).

116 정재윤, 2016, 〈가와치 지역의 백제계 도왜인〉, 《동북아역사논총》 52, 209쪽; 충남역사문화연구원, 2017, 《일본 속의 백제 – 긴키지역–》 II, 325~326쪽.

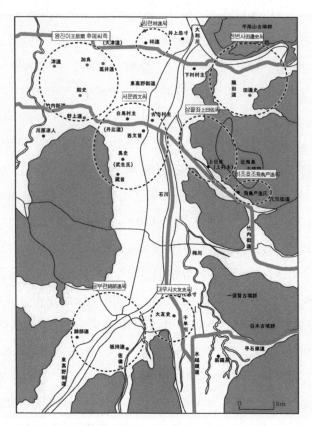

〈그림 2-10〉 가와치(오사카)지역 백제계 씨족 분포도
(박재용, 2020, 〈곤지의 도왜와 그 후손들〉, 《문물연구》 38, 12쪽)

족을 통해 우호적인 외교관계를 유지하기 위한 것이었고, 이들이 왜국에 정착한 경우가 있다. 백제에서는 박사 고흥의 예에서 보듯이 4세기 후반 단계에 통치체제 정비에 중국계 이주지식인을 활용하고 있다. 이에 견주어 왜국에서는 4세기 말 5세기에 걸쳐 수리 관개시설이나 직물 제조, 토기 제작 등 생산 기반을 마련하기 위한 기술자를 제공받는 것에 집중되어 있다. 백제와 왜국의 차이는 수용하는 사회 발전단계의 차

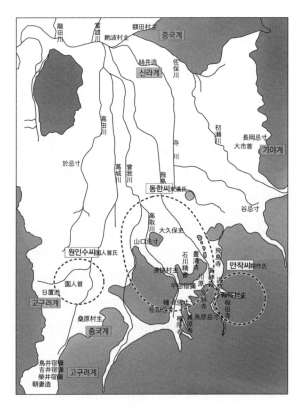

〈그림 2-11〉 야마토[나라]지역 백제계 씨족 분포도
(박재용 제공)

이에 기인했을 것이다.

왜국에 건너온 1단계의 백제계 이주민은 왜국 조정으로부터 현재의 나라분지나 오사카지역에 일정한 거주지를 받고 지식과 기술을 공급했다고 할 수 있다. 이들이 제공한 기술은 토기의 제작, 제철, 직조, 양조, 말 사육 등 일상생활과 농업생산력 및 군사력 강화에 필요한 기술이자 국가체제 유지에 기초적인 요소들이었다. 이들이 정착하는 데 갈성씨葛城氏와 같은 유력 씨족의 도움이 있었고, 갈성씨 또한 이주민들의 생산

성에 뒷받침되어 세력을 강화해 갔지만, 이주민들이 집단을 이루어 힘을 결집할 만한 상황은 아니었다.

문자문화와 관련된 지식인층의 활약도 문헌에 등장한다. 아직기는 유교경전에 능했지만, 말 사육 전문가이기도 했다는 점에서 실용기술을 가진 고대의 지식인상이라 할 수 있고, 왕인 또한 문필과 함께 재정이라는 실용적인 분야에서 전문성을 가졌다. 이 당시의 지식인은 실용성을 겸비한 지식인이었다. 생산력의 발전에 따라 각각의 고유 업무로 분화되어, 불교나 유교와 같은 사상·종교 분야에 종사하는 지식인 등으로 특화되는 후대의 양상과는 차이가 있다. 아직기와 왕인은 이 시기의 전형적인 지식인이었으며, 이들의 이주는 이후 일본사회가 고대 문화를 흡수하여 발전시키는 토대가 되었다. 1단계와 2단계에는 일본의 관위제 자체가 아직 성립되지 않았기 때문에 백제계 이주민들에게 관위를 수여한다든가 하지는 못하고 실무적인 일에 참여하게 하는 정도였다.

제2장 5세기 후반~7세기 중반 동아시아문화권 형성과 이주지식인의 역할

1. 동아시아 정세의 변화

한성이 함락되고 웅진으로 천도하게 된 475년은 백제사에서 큰 획기가 된다. 백제는 웅진으로 천도할 수밖에 없었지만, 한성시기에 고대국가를 운영한 경험을 바탕으로 6세기 전반까지는 천도 뒤의 혼란을 극복하고, 재기의 발판을 마련하였다. 동성왕·무령왕대에 걸쳐 왕권을 강화하고 체제를 정비하기 위한 노력을 기울였기 때문이다. 475년 이후부터 660년 백제가 멸망할 때까지를 2단계로 설정하여 당시의 시대적 상황과 과제를 검토한 뒤 이주지식인의 사례를 살펴보고자 한다.

무령왕대에는 다시 강한 나라가 되었다고 선언할 정도로 국력을 회복하였고, 무령왕 치세의 일본열도 또한 변혁기였다. 나라지역 출신이 아니라 지방호족 출신인 계체(繼體; 게이타이)가 왕권교체를 통해 야마토 정권을 장악하였다. 계체천황이 중심이 된 야마토 정권이 대외교섭권을 일원화하고자 하면서 야마토 정권과 북부 규슈九州의 유력 재지세력인 이와이磐井 세력 사이에 최대의 내전이 발생했다. 527~528년에 걸친 이와이의 난을 진압한 뒤 마침내 야마토 정권이 주도하는 대외정책이 본격적으로 전개되었다고 볼 수도 있다.[1] 무령왕은 새로운 왕실과

---

1 坂靖, 2018, 앞의 책, 95쪽; 연민수, 2018, 〈백제와 규슈지역의 교류〉, 《일본 속의 백제 ―규슈지역―》, 충청남도·충청남도 역사문화연구원, 9쪽.

지속적으로 교류함으로써 우호적인 관계를 유지하였다.[2] 계체 연간인 513, 516년에 보이는 백제의 오경박사 파견은 그러한 우호 관계를 상징적으로 보여 주는 사례라 할 것이다.

성왕대부터는 양 무제를 전범으로 삼아 유·불 통치이념에 기반한 왕권강화 정책을 적극적으로 추진해 나갔다.[3] 유교의 예학禮學이나 불교에 적극적인 관심을 갖게 되면서 유학자나 불교승려와 같은 지식인층이 크게 활약하였고, 문화에 대한 관심 또한 극대화되었다. 성왕은 대대적인 체제 정비과정에서 불경에 대한 해설서는 물론 유교경전을 연구하고 교육할 수 있는 모시박사毛詩博士나 강례박사講禮博士와 같은 전문가, 기예를 갖춘 장인과 화가를 초청하여 문화적 수준을 제고시키는 데 심혈을 기울였다. 성왕대 불교가 발전하게 된 것은 무령왕 12년(512)부터 시작된 남조 양과의 활발한 교류 덕분이다. 양 무제 연간의 불교와 예학의 발달이 백제 지배층의 사상 형성은 물론 체제 정비와 문화적 발전에 중요한 영향을 미쳤다.

이후 위덕왕대에는 남조의 진陳만이 아니라 북제·북주 등 북조에도 사신을 파견하여 나름의 대외관계를 구축해 나갔다. 수隋가 등장하여 6세기 말(589) 중국대륙을 통일하면서 중국의 분열의 시대가 마무리되는데, 수나라의 등장과 함께 백제는 실리적인 양단외교를 추구해 갔다. 수나라에 이어 당이 등장함에 따라 한반도 삼국의 외교경쟁은 치열해졌고, 백제도 621년(무왕 22) 당에 조공한 이래 660년(의자왕 20)까지 40년

---

2 권오영, 2009, 〈동아시아 문화강국 백제의 상징, 무령왕릉〉, 《한국사 시민강좌》 44, 일조각, 124~125쪽; 홍성화, 2018, 앞의 논문, 158쪽.

3 조경철, 2000, 〈백제 성왕대 유불정치이념 －陸詡와 謙益을 중심으로－〉, 《한국사상사학》 15, 7~71쪽; 김영심, 2006b, 〈백제 사비시기 체제정비의 사상적 기반〉, 《백제 사비시기 문화의 재조명》, 춘추각, 51~53쪽.

동안 22회 조공사를 파견하였다. 당 건국 뒤 642년까지 당에 사신을 파견한 횟수는 백제가 신라보다 많을 정도로 당과의 관계도 긴밀하였다.[4]

한편 왜국과의 관계에서도 무령왕, 성왕대에 걸쳐 오경박사를 비롯한 제諸 박사를 파견하고, 538~552년 사이, 적어도 540년대에 불교를 전수하는 등 매우 적극적으로 문물을 전해 준다. 백제가 왜국에 대해 선진문물을 전수해 준 것은 백제-가야-왜국으로 이어지는 연합의 맹주로서 지위를 유지하고자 했기 때문이다. 성왕이 관산성전투에서 전사한 이듬해인 555년(위덕왕 2) 위덕왕의 동생인 계(季; 혜왕)가 왜국에 파견되어 우호관계를 확인하고 556년 귀국한 이후 574년(위덕왕 21)까지 양국의 교섭은 20여 년 동안 이루어지지 않았다. 그러나 575년 2월 왜국과의 관계를 재개하여 백제가 왜국에 사신을 파견하였다. 위덕왕대에 신라가 남북조와 직접 교통하게 되면서 활발하게 활동하자 백제는 왜국에 적극적으로 문물을 전수하여 우호관계를 돈독히 하였다. 577년(위덕왕 24)과 588년 불교 경론과 함께 불교 승려 및 사찰 조영 기술자 등을 보냈다. 백제는 왜국에 불교 관련 문물과 기술자를 대거 파견하여 우호적인 관계를 복원하고자 했고, 왜국은 중국과의 외교가 단절된 상태에서 백제를 통해 선진문물을 수용하여 야마토 정권 중심의 정치체제를 구축하고자 했기 때문이었다.

수의 등장으로 607년 왜국이 수와 직접 통교를 하고,[5] 수에서는 이듬

---

4 643년 신라는 고구려의 공격을 당에 호소하며 구원을 요청하였는데, 642년 무렵까지는 신라가 백제보다 당과 더 긴밀한 관계는 아니었다(노태돈, 2009, 《삼국통일전쟁사》, 서울대학교출판부, 75~76쪽).

5 《일본서기》 권22 추고기 15년 "秋七月戊申朔庚戌 大禮小野臣妹子遺於大唐 以鞍作福利爲通事". 《隋書》 왜국전에는 開皇 20년(600) 왜왕이 사신을 보냈다는 기록이 나오나, 《일본서기》에는 이에 관한 기사는 보이지 않는다. 大業 3년(607)에 사신을 보내 조공했다는 기사는 《隋書》 왜국전에도 나온다.

해 왜국의 사신이 귀국하는 편에 배세청裴世淸을 사신으로 보냈다.[6] 당이 등장한 이후에는 견당사를 파견하면서 백제의 역할이 줄어드는 상황이 발생한다. 7세기 전반 왜국의 대외정책의 방향이 교류의 다변화로 가는 추세였던 만큼 602년 관륵觀勒의 파견 이후 629년까지 한동안 백제와의 관계가 확인되지 않는다.

7세기 중반 의자왕대에는 동아시아 국제질서에 새로운 변화가 있었다. 왜국에서는 641년 10월 서명(舒明; 조메이) 천황이 사망하고, 부인인 황극(皇極; 고교쿠) 천황이 즉위함에 따라 황극 옹립에 공을 세운 대신 소아신하이(蘇我臣蝦夷; 소가노오미에미시)와 그의 아들 소아입록(蘇我入鹿; 소가노이루카)이 실권을 장악하였다. 백제에서는 의자왕이 즉위한 이듬해인 642년 정변이 있었다.[7] 백제에서 추방당한 교기翹岐가 왜국에서 후대를 받자 의자왕대는 왜국과의 관계가 소원해졌다. 신라는 642년 3월 왜국에 사신을 파견하여 황극정권과 외교교섭을 시도하였고, 고구려도 643년 왜국에 사신을 파견하였다. 삼국의 외교공세를 받은 왜국은 삼국 모두와 외교를 유지하는 외교정책을 지속하였다.[8] 소아씨 세력의 발호에 중신겸자련(中臣鎌子連; 나카토미노카마코노무라지)이 반발하면서 645년 왜국 조정에서 정변이 일어났다.

중신겸자련은 중대형황자(中大兄皇子; 나카노오에노오지)와 결탁, 세력을 규합하여 645년 소아입록을 제거하고 효덕을 옹립하였다. 효덕은 중대형황자를 태자로 삼고, 연호를 대화(大化; 다이카)라 하고 개신改新을 단행했다. 대화개신의 배경은 소아씨의 전횡이라는 국내 문제만이 아니

---

6 《일본서기》 권22 추고기 16년 하4월조.
7 《일본서기》 권23 서명기 13년 동10월조, 권24 황극기 원년 춘정월조 및 2월조.
8 김은숙, 2007b, 〈7세기 동아시아의 국제 관계 -수의 등장 이후 백제 멸망까지를 중심으로-〉, 《한일관계사연구》 26, 69~70쪽.

라, 당 제국의 팽창에 따라 긴박해진 국제 정세와 도당유학생渡唐留學生들이 전하는 새로운 문물에 대한 지식으로 왜국 조정의 상하에 새로운 개혁의 필요성이 커졌기 때문이다.9 645년 고구려와 당의 전쟁으로 고조된 위기의식도 변화를 촉발시켰을 것이다.

630년(서명 2) 1차 견당사를 파견한 바 있었던 왜국 조정은 646년(효덕, 대화 2년) 9월 도당유학생 출신 고향한인현리(高向漢人玄理; 다카무쿠노아야히토노겐리)를 신라에 보내 '질質' 파견을 요청하였다. 647년에는 김춘추가 고향한인현리와 함께 왜국으로 건너갔다.10 아마도 632년 이래 단절되었던 당과의 관계를 타개해 줄 적임자가 김춘추라고 판단했고, 김춘추는 648년 입당하여 당과 왜국의 통교를 중개하게 된 것으로 보인다.

이후 왜국은 653년 제2차 견당사로 240명에 달하는 대규모 유학생 사절단을 당에 파견하였으며, 654년 2월 제3차 견당사를 신라도新羅道를 거쳐 파견하였다.11 왜국 조정은 고구려, 백제와 교류하고, 신라와도 교섭관계를 지속하는 등 정세를 관망하면서 자국의 이익을 추구하였다. 왜국이 신라와 관계를 맺고, 신라를 매개로 당과의 교섭을 적극적으로 추진하는 상황에서 백제는 652년 이후 당에 사신을 파견하는 것을 중단하게 되었다. 654년 말 당 고종은 왜왕에게 새서璽書를 보내 신라를 구원할 것을 요구하였다.12 왜국 조정이 외교노선에 대한 분명한 입장을 표명해야 할 시점이었으나, 왜국 조정은 특별한 움직임을 보이지 않았다. 이처럼 왜국은 당 – 신라 축과 고구려 – 백제 축의 대치상황에서

---

9 노태돈, 2009, 앞의 책, 121~122쪽.
10 《일본서기》 권25 효덕기 大化 2년 9월조, 3년 시세조.
11 《일본서기》 권25 효덕기 白雉 4년 하5월조, 5년 2월조.
12 《舊唐書》 권4 고종본기 영휘 5년 12월 계축; 《新唐書》 권220 열전 145 일본전.

입장을 표명하지 않고 신중한 양면외교를 구사하였으나, 왜국의 입장을 확인한 신라의 판단으로 657년 이후 신라와 왜국 사이의 공식적 접촉이 단절되었다. 당 또한 659년 말 왜국의 견당사 일행의 귀국을 막고 장안에 억류함으로써 왜국과의 관계는 악화되었다.[13]

따라서 640, 650년대에는 당과 한반도 내의 삼국의 관계가 급박하게 돌아가는 상황에서 왜국은 자신들의 국가적 발전과정에서 어떠한 대외관계를 설정할지 매우 신중한 태도를 보였다. 왜국이 백제와 신라 사이에서 실리를 추구하려는 움직임을 보이기는 하지만, 백제와 왜국의 우호적인 관계의 기조는 큰 변화가 없이 그대로 유지되었다고 할 수 있다. 7세기 중반 이미 왜국은 국가체제를 상당히 갖추고, 외교적으로도 비중을 키운 상황이었기 때문에 전략적인 판단을 하기 위해 고민한 것으로 보인다.

2. 중국 - 백제 관계에서 활약한 이주지식인

1) 외교와 유교 관련 중국계 지식인

웅진기 후반, 사비기 중국과 백제와의 관계에서 활약한 이주지식인에 대해서 먼저 살펴보도록 하겠다. 백제에서 490년(永明 8, 동성왕 12) 남제에 파견된 고달高達, 양무楊茂, 회매會邁는 이미 태시泰始 연간(465~471) 함께 송宋에 사신으로 파견된 적이 있다. 이들은 장군과 태수호를 가지

---

13 노태돈, 2009, 앞의 책, 135~146쪽.

고 장사長史, 사마司馬 등의 관직을 띠고 있으며, 공무에 힘썼다는 근거로 장군호와 태수호의 변경을 허락받았다. 495년(建武 2, 동성왕 17)에는 모유慕遺, 왕무王茂, 장새張塞, 진명陳明 등이 남제에 사신으로 파견되었다. 이들 또한 장군과 태수호를 가지고 장사, 사마 등의 관직을 띠고 있다.

고씨, 왕씨, 장씨 모두 1단계에 들어와 활약했던 이주지식인의 연장선상에 있는 존재였다. 이들은 백제의 관등을 가지지 않고, 사마, 장사 등의 직책을 가지고서 외교활동에 종사했다는 공통점을 가진다. 490년과 495년의 사신 파견 모두 백제 왕족을 비롯한 귀족에게 왕王·후侯호를 사여하는 것을 재가裁可받으려는 목적이 강했다. 동성왕이 웅진천도 이후의 혼란을 극복하고 왕권의 강화와 체제 정비를 하기 위한 노력에서 나온 조치였다고 할 수 있다.

그런데 왕씨와 같은 경우는 개황開皇 18년(598) 장사였던 왕변나王辯那, 대업大業 3년(607) 3월 수에 사신으로 가서 고구려를 칠 것을 요청했던 좌평 왕효린王孝鄰 등이 6세기 말, 7세기 초에도 크게 활약하고 있다.[14] 왕씨가 중국계 또는 낙랑·대방계 이주민의 후손임은 분명하지만, 이미 좌평으로서 백제사회에서 최고 관등을 차지하고, 국가적으로 중요한 외교 업무에 종사하면서 백제인으로 자리 잡았던 것이다.

마무馬武는 544년(흠명 5) 시덕施德 관등을 가지고 가야에 파견되어 왜국 측과 협상을 벌인 바 있으며,[15] 이후 성왕의 고굉지신으로서 국왕 측근에서 주요 사안을 보고하고 하달하는 임무를 맡으면서 나솔 관등까지 받게 된 것으로 보인다. 이 마무를 중국계 관료로 보고 있는데,[16] 이

---

14 《삼국사기》 권27 백제본기5 위덕왕 45년조, 무왕 8년조.
15 《일본서기》 권19 흠명 5년 2월조.
16 김창석, 2016, 앞의 논문, 80쪽.

주한 지 몇 대가 지난 뒤에도 중국계 관료로 치부할 수 있는지, 또 중국계 관료이기 때문에 고굉지신이었어도 나솔 관등에 그쳤는지 논의가 필요한 부분이다.

이전부터 와서 활동하던 중국계 이주지식인이 아니라 이 시기에 와서 활동한 중국계 지식인으로서 검토할 인물이 강례박사講禮博士 육후陸詡이다. 육후는 양나라 때 예학의 최고봉인 최영은崔靈恩에게서 《삼례의종三禮義宗》을 배운 예학 전문가였다. 최영은은 《주례》·《의례》·《예기》의 삼례를 집대성한 예서禮書인 《삼례의종》을 펴냈다.[17] 남조에서는 삼례에 대한 연구가 활발했는데, 특히 양 무제 연간(502~549)은 대규모의 예전禮典이 편찬되고, 예학 발달사에서 정점을 이룬 시기였다. 남조에서 예가 존중되고, 대규모의 예전 편찬 사업이 행해진 것은 영가의 난 이후 귀족들의 행동양식과 생활에 정형화의 필요성이 생겼기 때문이다.[18] 백제에서도 성왕이 귀족들보다 우위에 서서 왕권 중심의 체제를 확립하고자 했기 때문에 예학이나 불교의 계율에 관심을 갖게 된 것이 아닌가 생각된다. 성왕이 예학이 융성한 양나라에 강례박사를 청한 것은 예에 기반한 체제의 정비를 도모했기 때문일 것이다. 육후는 541년 이후 백제에 와서 552년을 전후하여 양나라로 돌아간 것으로 추정되는데,[19] 그는 삼례에 대한 이해를 바탕으로 백제 유학을 한 단계 진전시킨 것으로 생각된다.

성왕대 양나라에서 보내 준 육후는 백제에서의 활동을 마치고 중국으로 돌아간다. 그렇지만 자신의 능력을 발휘할 수 있는 기회를 적극적

---

17 周一良, 1993, 〈百濟와 中國 南朝와의 關係에 對한 몇 가지 考察〉, 《百濟史의 比較研究》, 충남대 백제연구소, 225~226쪽.

18 森三樹三郞, 1962, 《梁の武帝 －佛敎王朝의 悲劇－》, 平樂寺書店, 100~101쪽.

19 조경철, 2007, 〈유불통치이념의 구현〉, 《사비도읍기의 백제》, 충남역사문화연구원, 114쪽.

으로 찾는 지식인의 속성으로 볼 때 백제에 왔다가 정착하는 중국계 이주지식인의 경우도 있었을 것이다. 513~554년 사이 《일본서기》에는 오경박사五經博士로 '한고안무漢高安茂'만이 아니라 단양이段楊爾·왕류귀王柳貴·마정안馬丁安이 나오고 의박사醫博士 왕도량王道良·왕유릉타王有悽陀, 역박사曆博士 왕보손王保孫도 나온다. 왕王, 고高, 단段, 마馬씨 모두 낙랑의 와·전명에서도 자주 보이는 중국계 성씨인데 516년 왜국에 파견된 오경박사 '한고안무'에 대해서만 특별히 '한漢'자가 관칭된 이유는 무엇일까? 오경박사에 대해 고덕固德 마정안을 제외하고는 백제 관등이 없으므로 양나라의 관인이라는 주장도 있으나,[20] 과연 이들이 모두 중국에서 이 시기에 백제로 건너온 뒤 다시 왜국으로 파견된 것일까? 또 '한고안무'라는 표현이 나왔다고 해서 6세기 전·중반 시점에서도 이들을 모두 중국계로 치부할 수 있을까?

'한고안무'라는 표현은 고구려 계통의 '고씨'와 구분되는 '한' 계통의 '고씨'임을 드러내기 위한 것이거나, 아니면 백제가 멸망한 뒤 학문과 관련된 업무에 종사하던 사람들이 자신들의 정체성을 백제보다는 중국에서 구할 수밖에 없던 상황에서 쓰게 된 상황을 반영한 것이라고 본다. 성왕대에 고굉지신으로 활약했던 나솔 마무의 사례를 보면 이들이 6세기 당시에 중국에서 들어온 것도 아니고, 또 이들을 계속 중국계라고 표현하는 것도 타당하지 않다고 본다. 낙랑·대방군에서 살던 한계漢系의 주민이 재지화한 것처럼 이들도 이미 백제 왕실의 측근에서 학문을 담당하면서 백제사회에 정착하여 백제인화한 것으로 보는 것이 타당하지 않을까 한다.[21] 외교관계 사료에서 볼 수 있는 인물이 모두 중국

---

20 이근우, 2010, 앞의 논문, 16~19쪽.
21 일본에 파견된 오경박사들이 중국풍의 성을 가지고 있다고 해서 중국계로 치부하고, 이를 백제가 중국과 긴밀한 인적·외교적 네트워크를 확보하고 있었다는 의미로 해석

식의 성을 칭하고 있는 것이 도리어 조작의 의심이 간다는 지적은[22] 왜국에 파견된 인물들의 출신을 규정할 때 참고할 만하다. 외교적 목적에서 중국식 성을 사용한 것이지 실제로는 이미 백제인화했다고 볼 수 있을 것이다.

일본에 파견된 백제의 오경박사는 중국 → 백제 → 왜국으로 이어지는 지식인의 이동 경로가 보이는 사례라는 점에서 중요한 의미를 갖는다. 물론 당대에 중국에서 백제로 건너왔다가 다시 왜국으로 파견된 것은 아니지만, 동아시아 고대사회에서 지식과 정보의 이동 경로가 확연히 드러난다. 백제에서 왜국으로 파견된 이들이 백제사회 자체의 관료 양성 시스템에서 배출된 것인지는 〈진법자 묘지명〉의 태학太學과 같은 교육기관의 존재와 연관시켜 검토할 문제이다. 그렇지만 아직도 백제 스스로 박사를 배출할 상황이 아니어서 양에 오경박사를 요청하여 이들을 왜국에 보내 주는 역할만을 했다고 보기는 어렵지 않나 생각한다. 원래 계통은 중국계라고 해도 백제에서 보내 줄 때는 백제인으로서 정체성을 가지고 있는 백제의 관료를 보내 준 것이다. 따라서 백제계 이주민으로 표현하는 것이 타당하며, 이는 왜국에서 활약한 백제계 이주민의 성격을 규정할 때도 마찬가지로 적용된다. 백제계 이주민의 경우도 이미 일본인으로서의 정체성을 갖고 있는 사람은 더 이상 백제계 이주민이라는 표현이 부적절하다고 본다.

2단계 중국계 이주민의 정착지와 관련하여 검토해 볼 수 있는 고고

하기도 한다(김창석, 2016, 앞의 논문, 79쪽). 그러나 이에 대해서는 좀 더 면밀히 따져 보아야 할 듯하다. 한고안무만 확실히 중국계로 칭하고 있기 때문에 다른 박사들은 이미 백제인화한 것으로 보아야 할 것이다(김영심, 2012, 〈웅진·사비시기 백제 지배층의 사상적 지향 -六朝 士大夫와의 비교를 통하여-〉, 《백제문화》 46, 218219쪽).

22 諸田正幸, 1988, 앞의 논문, 15쪽.

중국계 이주지식인(중국 → 백제)				백제의 유학승(백제 → 중국)		
인명	활동 시기	활동 내용	관직 또는 관등	인명	활동 시기	활동 내용
고달 高達	490년	남제 사신 (태시 연간 대송 사신)	建威將軍 廣陽太守 兼 長史→建威將軍 廣陵太守			
양무 楊茂	490년	남제 사신 (태시 연간 대송 사신)	建威將軍 朝鮮太守 兼 司馬			
회매 會邁	490년	남제 사신 (태시 연간 대송 사신)	宣威將軍 兼 參軍 → 廣武將軍 淸河太守			
모유 慕遺	495년	남제 사신	龍驤將軍 樂浪太守 兼 長史			
왕무 王茂	495년	남제 사신	建武將軍 城陽太守 兼 司馬			
장새 張塞	495년	남제 사신	振武將軍 朝鮮太守			
진명 陳明	495년	남제 사신	揚武將軍			
〔육후 陸詡〕	540년대	강례박사 (성왕대에 파견)	백제에서 3년 체재	승려 발정 發正	30년 동안 양 유학 뒤 541년 전후 귀국	정림사 조성, 왕권과 연결
왕변나 王辯那	598년	수나라 사신	長史	승려 현광 玄光	15년 동안 진陳 유학 뒤 589년 귀국	북조의 선법 수행 전파, 불교 교학 연구

자료로 공주 금학동고분군을 들 수 있다. 공주 금학동고분군은 횡혈식 21기를 포함한 총 43기의 다양한 유구에서 금제 화형花形장식, 금제 엽형葉形장식, 금제 영락, 은제 반지 등 금은제 장신구류가 출토되었다. 반지는 전체적인 형태가 무령왕비의 금제 팔찌를 축소한 형태이고, 특히 은지금장 반지는 백제지역에서 출토된 적이 없는 특이한 사례이다. 유적의 축조 시기는 부장유물의 양상으로 보아 대략 웅진기 이후, 6세기 전반을 전후한 시기로 추정된다.[23] 〈예식진 묘지명〉에서 자신들의

출신을 웅천인熊川人이라 했고, 예씨가 영가의 난 이후 이주해 와 웅천에 정착한 것으로 표방한 것을 어느 정도 인정한다면, 금학동고분군은 중국계 이주민의 집단 거주와 관련해서 살펴볼 수 있겠다.

2) 백제의 유학승

백제에서 중국으로 이주하여 정착한 경우는 사례를 찾기가 힘드나, 백제와 중국 남조와의 교류가 활발하게 이루어지고 있는 시기였기 때문에 이 또한 가능성을 열어 두고자 한다. 국가적 차원에서 공식적인 외교관계를 맺는다는 것은 중국의 선진 문물과 제도를 배울 수 있는 통로를 마련하는 것이기도 했다. 그래서 사신을 파견할 때 유학생이나 유학승을 동반하는 경우가 많았다. 고구려의 승려 승랑僧朗과 같은 경우는 신삼론新三論을 수립하여, 양 무제가 512년(천감 11) 우수한 학승 10인을 뽑아 그의 문하에서 수학케 한 일이 있을 정도로 중국에서 일생을 마치면서 중국 불교 교학계에 미친 영향이 컸기 때문이다. 양나라에 유학한 백제 승려 발정發正이나 진나라에 유학한 승려 현광玄光도 각각 30년, 15년 동안 중국에 머물면서 불교 교학을 익히고 교학 발전에 일정한 영향을 미쳤겠지만, 이들은 모두 수학 후 백제에 돌아와서 남긴 역할이 주목된다.

백제 승려 발정은《관세음응험기觀世音應驗記》증첨백제사자료增添百濟史資料에 양나라 천감天監 연간(502~519) 중국에 들어가서 불도를 배운 것으로 기록되어 있다. 무령왕대, 아마도 512년에 사신 일행과 함께 파견된 유학생으로서 양나라에 30여 년 동안 머물다가 541년(542년 전후)

---

23 충남역사문화연구원, 2008,《유적·유물로 본 백제 (II)》, 172쪽.

귀국한 것으로 보인다.[24] 발정의 행적을 전하는 《법화전기法華傳記》나 《관세음응험기觀世音應驗記》 등의 자료에는 관음신앙과 관련된 내용만을 언급하고 있지만, 양나라에 30여 년 머무는 동안 성실열반학成實涅槃學 등 양나라 불교학의 다양한 내용들에 대해서도 접했을 것으로 보인다.[25] 귀국 후 정림사定林寺 조성에 깊이 관여하여 왕권과 연결되었다. 성왕은 유학승 발정의 사상을 적극적으로 활용하였다. 선진문물을 습득한 발정의 문화적 경험이 필요했던 것이다.

남조의 진陳에 유학하였던 현광玄光은 남악南嶽 형산衡山의 혜사(慧思, 514~577) 문하에서 법화삼매행법法華三昧行法을 수학한 이후 15년 동안 중국에 머물면서 《성실론》을 공부하였다. 본국에 돌아가 법화삼매행법을 전파하라는 스승 혜사의 명을 받들어 위덕왕 36년(589) 백제에 돌아와 웅주熊州, 곧 공주의 옹산翁山에서 삼매행법을 펼쳤다. 현광의 법화삼매행법 현창은 비록 남조의 진을 통해 수용된 것이기는 하지만, 백제 불교계에 그동안 잘 알려지지 않았던 북조의 선법禪法 수행을 본격적으로 전파했다는 데 의미가 있다.[26] 577년 위덕왕이 왜국에 선사禪師를 파견한 것은 발정 이래 중국의 선법에 대한 수학과 보급에서 연유한 것으로 보인다. 백제에서 유학을 가서 중국에 완전히 정착한 경우는 아니지만, 장기간의 거주와 불교 교학 수행으로 얻은 경험과 지식을 바탕으로 백제의 불교 교학 발전에 기여하고, 더 나아가 왜국에까지 영향을 미친 경우라고 할 수 있다.

당나라 때 유학생은 국가의 공식적인 교육기관인 국자학國子學·태학太學·사문학四門學 등에서 수학하고, 유학승은 각 종파의 사원에서 배우는 것

---

24 길기태, 2010, 〈백제의 법화사상과 惠現求靜〉, 《신라문화제학술논문집》 31, 144~145쪽.
25 최연식, 2011b, 〈백제 후기의 불교학의 전개과정〉, 《불교학연구》 28, 200~201쪽.
26 최연식, 2011b, 위의 논문, 206쪽.

이 일반적이었다. 당나라 때는 신라가 가장 많은 유학생을 보냈고, 백제에서도 당과의 관계가 악화되기 전에 유학생을 보냈을 가능성이 있다.[27]

3. 백제 - 왜국 관계에서 활약한 이주지식인

1) 왜국의 상황과 이주지식인의 정착

왜국은 국가를 형성해 가는 과정에서 필요한 선진문물의 수입 통로를 주로 한반도, 특히 백제에 의존했다. 수리관개 기술자, 직조기술자, 제철기술자 등 생산기반 확보와 관련된 기술을 필요로 했고, 토기의 제작, 말의 사육과 마구류의 제작, 직조 및 염색, 화공 등 기술을 가진 이주민 등이 활약했음을 1단계의 검토에서 확인하였다. 1단계가 백제문화의 수용기라고 한다면, 2단계는 한반도계 이주 씨족을 활용하여 새로운 문화를 만들어 낸 시기라고 할 수 있다.

2단계는 백제에서 전파된 불교문화가 재생산되고, 백제인이 전한 음양·방술 및 악무樂舞 분야의 지식과 기예가 재생산된 시기이다. 추고천황대가 되면 신지식과 문물 유입에 대한 백제 의존적인 구조를 탈피하고, 백제에서 파견된 기술자나 한반도계 이주 씨족을 이용하여 백제에서 전수받은 다양한 방면의 지식과 기술을 재생산하는 기반을 갖추게 된다.[28] 지식과 기술의 재생산 기반을 갖추었으나, 3단계처럼 관사를 설

27 《삼국사기》 권27 백제본기5 무왕 41년 2월조; 호리 도시가즈堀敏一 지음, 정병준·이원석·채지혜 옮김, 2012, 《중국과 고대 동아시아 세계 - 중화적 세계와 여러 민족들-》, 동국대 출판부, 322쪽.

치하여 체계적으로 이루어지는 단계는 아니었다. 따라서 1단계의 연장 선상에서 계속 이루어지고 있었던 이주민의 활동에 대해 먼저 살펴보고, 2단계에 와서 본격적으로 보급되었던 지식과 기술, 이때 활약하였던 백제계 이주민의 활동을 살펴보도록 하겠다.

5세기 후반부터 6세기에 야마토 정권은 한반도계 이주민을 집주시켜서 새로운 치수·관개기술을 채용해서 적극적으로 토지를 개발하였다. 저지低地의 재개발을 뒷받침하는 치수시설에는 모리구치시守口市 오니와기타大庭北유적의 대구大溝, 야오시八尾市 가메이龜井유적의 제堤, 야오시八尾市 규호지久寶寺유적의 호안護岸이나 수제水制 시설 등이 있다. 오니와기타유적이나 가메이유적은 저지 개발방식이 적어도 5세기 후반~6세기 초까지 소급됨을 시사하며, 가메이유적의 부엽공법敷葉工法에 의한 제나 규호지유적의 호안시설은 한반도 남부지역 출신의 이주민이 왜국의 가와치河內 저지의 개발사업에 적극적으로 관여하였음을 뒷받침한다.[29] 616년에 축조된 사야마이케狹山池는 몽리면적이 17.9㎢에 이르는 일본에서 가장 오래된 인공 저수지로서, 부엽공법이 확인된다.[30]

5세기 이전부터 한반도에서 건너온 한단야韓鍛冶와 왜계의 단야鍛冶 집단이 활동한 흔적도 많이 확인된다. 가와치지역에서 5세기 이래 철 생산이 특화해서 분업화함에 따라 긴키近畿 등에 대규모의 도래인 전업 집단이 출현하였고, 6세기~7세기 중엽에는 긴키의 집락 안에 단야와

28 서보경, 2015, 〈백제문화와 일본 고대문화〉, 《서울2천년사》 5, 서울역사편찬원, 466~472쪽.

29 田中清美, 1989, 〈5世紀における攝津·河內の開發と渡來人〉, 《ヒストリア》 125, 大阪歷史學會; 小山田宏一, 1999, 〈古代の治水と開發〉, 《狹山池》 論考篇, 12~15쪽.

30 大阪府立狹山池博物館, 2017, 《常設展示案內》, 18~26쪽; 충청남도·충남역사문화연구원, 2017, 《일본 속의 백제 – 긴키지역 –》 I, 109~112쪽.

〈그림 2-12〉 사야마이케狹山池 전경
(충청남도·충남역사문화연구원, 2017, 《일본 속의 백제 – 긴키지역》 I, 109쪽)

사원 조영에 동반한 공방工房이 생기게 되었다. 철기 가공기술의 도입에 의해 생산의 일대 획기를 맞이했던 것이다.[31] 제철 기술과 관련된 기술자의 유입이 일본사회에 가장 큰 변화를 가져온 것으로 생각된다.

또한 1단계에서 간단히 언급한 것처럼 《일본서기》 웅략 7년(463) 시세조에는 토기 및 마구 제작, 그림 그리는 일, 직조, 통역 등에 재주를 가진 기술자 5명의 도래 기사가 나온다. 이들의 도래 시기에 약간씩 차이가 있을 수 있지만, 5세기 초~중엽에 이주한 기술자들과는 구분되는 '금래재기今來才伎'라고 할 수 있는 이들은 5세기 후반부터 6세기 초에 새롭게 이주해 온 수공업기술자였다. 물론 웅략 7년조의 기사를 신빙성

---

31 鈴木靖民, 2016, 〈古代日本の渡來人と技術移轉〉, 《古代日本の東アジア交流史》, 勉誠出版, 221~222쪽.

이 낮다고 보고, '이마키今來'라는 표현이 흠명 연간에 처음 등장하기 때문에 6세기 중반부터 7세기 전반 새로운 기술과 문화를 가지고 도래해서 왜왕권에서 벼슬한 사람들과 그 자손을 '금래재기'나 '신한인新漢人'으로 부른다는 견해도 있다.[32] 그러나 도부陶部는 한반도 도질토기의 영향을 받아 고대 일본에서 하지키土師器를 대신해서 스에키須惠器가 제작되기 시작한 것과 관련이 깊다.[33] 각 부部가 건너온 시기와 활동한 시기에 차이가 있기 때문에 금래재기가 이주한 시기를 일률적으로 규정할 수는 없다. 그러나 적어도 4세기 말부터 5세기 전반, 5세기 후반부터 6세기 전반 사이에 이주민이 대거 일본열도에 유입되었고, 후자를 '금래재기'로 표현한 것으로 정리할 수 있겠다. 5세기 후반부터 6세기에 걸쳐 한반도의 백제나 가야 방면에서 기내 각지에 많은 이주민이 계속 들어오게 되면서 그 이전부터 일본열도에 건너와 기나이畿內나 서일본의 재지 수장층 아래 종속해 있던 구래의 도래인들에게도 점차 왕권의 지배가 미치게 되었다는 의미로 볼 수 있을 것이다.[34]

이들 재기는 나라현 아스카무라明日香村의 아스카飛鳥지역에 정착했고, 소아씨蘇我氏와 관계가 깊으며, 얼마 안 있어 소아씨가 그들을 관리하게 되었다.[35] 대체로 백제에서 건너온 기술자집단을 모체로 세습적으로 전문직업을 갖는 '부部', 곧 왜왕권의 각종 직업집단인 부민제部民制가 형성된 것으로 보인다.[36] 그러나 품부品部·잡호제雜戶制로도 연결되는 금래

32 田中史生, 2019, 앞의 책, 155~158쪽.
33 西谷正, 1992, 〈九州北部初期須惠器とその系譜〉, 《異國と九州 －歷史における國際交流と地域形成 －》, 雄山閣.
34 加藤謙吉, 2002, 앞의 책, 102쪽.
35 吉村武彦, 2020, 앞의 논문, 41쪽.
36 연민수, 2009, 앞의 논문, 272쪽.

한인今來漢人의 조직 편성에는 일반적인 부민제보다도 선구적인 노동력 징발방식, 곧 6세기 중반 이후 미야케屯倉나 공방에서 문자기술을 통해 이주민을 파악·편성하는 방식이 행해졌던 것이 아닐까 한다.

실제로 이주민의 정착지를 정할 때는 국가나 중앙호족, 지방호족이 관여하는 경우가 많다. 6세기대 야마토大和에 이주민을 안치시킨 것이나 7세기대 백제인의 오미近江 안치, 신라인이나 고구려인의 동국東國 안치 등이 정치적 판단에 의해 도래인이 정주한 경우이다.[37] 그러나 오미에는 7세기대의 집단 사민 이전에 이미 이주민들이 대규모로 거주했음이 고고자료에서 확인된다.

시가군滋賀郡의 상황을 고고자료와 문헌자료를 통해 꼼꼼히 검토한 연구에 따르면, 아노우穴太유적, 시가리滋賀里유적, 미나미시가南志賀유적

〈그림 2-13〉 아노우穴太유적 온돌(필자 촬영)

---

37 龜田修一, 1993, 앞의 논문, 750쪽.

등 오쓰大津 북교北郊의 고분시대 후기의 집락이 확인되고, 오쓰 북교만
이 아니라 비와코 동쪽[湖東] 북부에서도 벽주건물[대벽건물] 등의 거주
형태가 발견되고 고분군이 형성되었다. 7세기대 이전인 5세기 후반부터
6세기 중엽에 걸쳐 이른바 '도래인' 집단이 집주하고 오미 각지로 확대
되어 나간 것으로 보고 있으며, 시가군 남부에는 왜한씨倭漢氏 또는 동
한씨東漢氏의 일족이 소아씨의 지시로 이주해 와 지하한인志賀漢人으로
서 세력을 구축했다고 한다.[38] 이들의 계통에 대해서는 단언하기 어렵
다. 일본에서 확인된 벽주건물[대벽건물]의 다수는 시가현에 소재하는데,
궁릉상 횡혈식석실분이나 연통형토제품의 존재로 보아 백제계일 가능성
이 높다고 한다면,[39] 아직기를 조상으로 하는 야마토노아야씨의 분포
범위와 관련해서 참고할 만하다. 또한 계체천황의 아버지는 시가현을
근거지로 삼았으며, 그의 무덤으로 추정되는 가모이나리야마고분鴨稻荷
山古墳에서는 백제계 금동관과 신발이 출토되었다. 이 무덤의 주변에 백
제계 주민이 대거 집주하여 살았다고 할 수 있다.[40] 햐케츠百穴고분군
또한 6세기 후반~7세기 전반에 걸친 60~100여 기의 횡혈식석실분이
군을 이루고 있는데, 아노우노스구리씨穴太村主氏, 사가노아야히토씨志賀
漢人氏, 오오토모노스구리大友村主氏 등의 백제계 이주민의 집단 무덤으
로 추정된다.[41]

이처럼 현재의 시가현에 해당하는 오미지역이 6세기 초·중반 단계에

38 大橋信弥, 2004, 앞의 책, 158~193쪽.
39 권오영, 2008, 〈壁柱建物에 나타난 백제계 이주민의 일본 畿內지역 정착〉, 《한국고
   대사연구》 49, 31쪽.
40 권오영, 2009, 앞의 논문.
41 충청남도·충남역사문화연구원, 2017, 《일본 속의 백제 ―긴키지역―》 II, 527~528쪽.

〈그림 2-14〉 햐케츠百穴고분군(필자 촬영)

백제계 이주민의 정착지로 선택된 이유는, 기나이지역의 외곽이었지만 동국東國·호쿠리쿠北陸지역으로 물류 이동이 용이하고 비와코琵琶湖를 이용하여 농경지를 개간할 수 있는 전략적 요충지였기 때문이다.[42] 또한 벽주건물에서 이동식 부뚜막이나 벼루 등이 출토되었다는 것은, 이 지역의 거주자가 식자층과 같은 상위 계층이었을 가능성을 말해 준다.[43] 백제 멸망 이후인 667년 천지에 의해 오미 천도가 단행된 것도 오미지역이 6세기 단계부터 백제계 이주민의 기반이었던 것이 중요한 배경으로 작용했을 것이다.

발굴을 통해 고고자료는 많이 축적되고 있지만, 이를 문헌과 연결시켜 고찰하기는 쉽지 않다. 또한 문헌에 나타난 사례는 매우 제한적이다. 554년(흠명 15) 백제에서 왜국으로 파견된 인물에는 중국계 이주민 외

42 장성준, 2010, 〈6~7세기 백제계 이주민의 일본 오우미(近江) 지역 정착과 활동〉, 한신대학교 석사학위논문, 12쪽.
43 장성준, 2010, 위의 논문, 20쪽.

에도 악인樂人 삼근三斤, 기마차己麻次, 진노進奴, 진타進陀 등 백제계 인물이 있었다. 왜국의 요청에 의해 파견된 경우는 확실한 목적을 가지고 파견되었기 때문에 비록 체재 기간은 짧았어도 미친 영향이 컸을 것이다. 또한 553년에는 의醫·역易·역曆 박사 등과 함께 복서卜書·역본曆本과 여러 가지 약물藥物, 곧 지식의 원천인 책도 함께 보내기를 요청하고 있다. 이는 지식의 전수에 대한 관심이 커지고 있다는 증거이다.

554년에는 오경박사 등과 함께 승려 담혜曇慧 등 9인을 승려 도심道深 등 7인과 교대시킨다는 기사가 나온다. 종래 이 기사는 별로 주목이 안 되었으나 승려 또한 처음에는 교대제로 파견되었을 가능성을 말해 준다. 그러나 왜국으로 건너간 승려 중에는 602년(추고 10)에 파견된 관륵의 예처럼 오랫동안 왜국에 머물면서 왜국의 관직도 받고, 왜국에서 일생을 마치는 경우도 적지 않았을 것으로 생각된다.

560년대에 들어서는 신라 또한 왜국에 자주 사신을 보낸다. 이는 554년 관산성전투 이후 고구려와 백제가 연합하여 신라를 고립화시키는 방향으로 나가자 신라는 고립화를 모면하기 위해 중국 및 왜국과의 제휴를 모색한 것이다.[44] 이러한 이유에서 백제에서 위덕왕 단계에 적극적으로 왜국에 불교 경론 및 불상, 승려, 기술자 등을 보내 준 것이 아닌가 한다. 6세기 후반에 들어 승려의 파견 기사가 무척 늘어나는 것은 '위덕威德'이라는 시호나, 능산리 사지 및 왕흥사지에서 발견된 많은 유물 등에서 알 수 있다. 이는 백제 위덕왕대가 불교가 크게 진작되었던 시기였던 것과 관련이 있고, 당시 왜국에서도 무엇을 필요로 했는지를 말해 주는 것이라 할 수 있다. 이러한 분위기 속에서 학문승인 선신니

---

44 박재용, 2012, 〈6세기 倭國의 대외관계 변화와 百濟系 씨족〉, 《백제와 주변세계》, 진인진, 234~235쪽.

善信尼는 588년 백제로 가서 계율을 배우고 2년 뒤에 왜국으로 돌아오기도 한다. 6세기 후반부터 7세기 전반(645년)까지는 백제와 왜국의 관계 기사에서 승려 및 불교에 관한 것이 압도적 다수를 차지한다.

왜국의 상황을 보아도 추고(推古; 스이코) 천황이 즉위한 592년부터 710년 평성경(平城京; 헤이조쿄) 천도 때까지의 아스카시대는 관료제도가 도입되고 문화적으로도 발달했던, 일본 역사에서 중요한 시기였다.[45] 581년 수가 중국을 통일하여 동아시아 정세에 변화가 온 것을 계기로 일본에서도 국정 개혁의 필요성이 대두되었다. 추고조에는 지배층 내부의 관인을 서열짓기 위해 불교 교리와 유교, 그중에서도 예적禮的 질서, 예적 이념의 수용에 목적을 두었다. 왜국에 건너간 승려의 다수는 아스카데라飛鳥寺를 비롯한 아스카飛鳥나 가와치의 여러 사찰에 거주하며 불교 및 제반 학문을 왕족, 호족 자제에게 교수하였다. 이른바 '도래인'이 특수한 학문의 전습, 기술·기능의 계승을 원활하게 추진하는 요건이었다.[46] 정치적인 측면에서 보면 고구려, 백제, 신라 등 삼국의 정치조직의 영향을 받아 전통적인 씨성제氏姓制에서 관사제官司制로 개편을 시도하여 종래의 세습직제의 폐해를 타파하고, 개인의 능력에 따라 승진이 가능한 관료조직을 형성하려는 움직임이 있었다. 이는 관위冠位 12계와 17조 헌법의 제정으로 나타났다. 603년의 관위 12계와[47] 604년의 헌법

---

45 이하 일본의 상황에 대한 서술은 김영심, 2006, 앞의 논문, 96~98쪽 참조.

46 鈴木靖民, 2016, 〈古代日本の渡來人と技術移轉〉, 《古代日本の東アジア交流史》, 勉誠出版, 227쪽.

47 일본 推古條의 冠位制는 한반도의 삼국, 특히 백제 16관등제의 영향을 받아 성립했다고 보는 것이 공통적인 입장이다. 백제의 16관등은 佐平, 達率 이하 武督까지의 12등, 佐軍 이하의 3등이 확연히 구별되는데 중간의 12등은 5개의 率位, 5개의 德位, 2개의 督位라는 정연한 체계를 이루고 있다. 이 12등이 처음부터 위계로서 입안된 일본의 冠位 12階로 연결된다는 것이다(井上光貞, 1965, 《日本古代國家の研究》, 岩波書

17조 제정은 관사제의 기초를 마련한 것으로 평가해도 좋을 것이다.

관위제와 17조 헌법에 내재된 관념은 강한 국가의식이다. 성덕(聖德; 쇼토쿠)태자는 고구려 승려 혜자慧慈로부터 불교를, 백제 출신 박사 각가覺哿로부터 유교를 배워[48] 유교적인 정치이념을 반영한 17조 헌법과 관위제를 마련했다. 이는 천황을 중심으로 한 중앙 집권국가를 만들려는 성덕태자의 이상이 구현된 것이었다. 혜자는 성덕태자의 스승이 되어 왜국의 대수對隋 외교에도 간여하는 승려 외교를 전개한다. 왜국의 대수 외교의 개시에는 혜자를 통한 고구려의 관여가 있었다.[49] 소아씨는 기본적으로 친백제정책을 취하면서, 성덕태자를 전면에 내세워 수·신라·고구려로부터 선진문물을 수입한다는 다면외교를 20여 년 동안 지속시켰다고 할 수 있다.[50]

607년(추고 15)에 들어 왜가 수에 다시 사신을 보내게 된 뒤, 608년 수나라 사신 배세청裵世淸을 따라 유학길에 나서게 된 왜국 조정의 유학생, 학문승 선발자는 8명 전원이 이주민 출신이다.[51] 6세기 말, 7세기 초 단계의 지식 담당자층이 여전히 이주민 출신임을 알 수 있다. 그러나 소아씨가 20여 년 동안 다면외교를 취하면서 당에서 귀국한 유학생들이 친당·친신라정책을 건의하기도 하고 당나라 사신이 신라에 대한 군사

店, 296~298쪽).

48 《일본서기》 권22 추고 원년(593) 하4월 "庚午朔己卯 立廐戸豐聰耳皇子 爲皇太子 仍 錄攝政 以萬機悉委焉 … 及壯 且習內敎於高麗僧慧慈 學外典於博士覺哿 並悉達矣"

49 李成市, 1998, 《古代東アジアの民族と國家》, 岩波書店; 이성시 지음, 이병호·김은진 옮김, 2022, 《고대 동아시아의 민족과 국가》, 삼인, 315~316쪽.

50 김현구, 1985, 앞의 책, 365쪽.

51 《일본서기》 권22 추고 16년(608) 9월 "辛巳 … 是時遣於唐國學生倭漢直福因·奈羅譯 語慧明·高向漢人玄理·新漢人大國 學問僧新漢人日文·南淵漢人請安·志賀漢人惠隱·新漢人 廣齊等 并八人也"

지원을 요구하기도 하는 등 백제의 영향력은 상대적으로 줄어들었다.

7세기 전반 왜국의 대외정책이 상황에 따라 작은 변화는 있었지만 교류의 다변화는 불가피한 추세였던 것이 아닌가 한다. 640년 10월 학문승 남연청안(南淵請安; 미나부치노쇼안)과 유학생 고향한인현리(高向漢人玄理; 다카무쿠노아야히토겐리)가 신라를 거쳐 백제사, 신라사와 함께 왜국으로 왔다고 하므로[52] 이들은 당에서 귀국하는 중간에 백제와 신라에 들러 지배층과 교류를 하였을 가능성이 있다.[53] 고향한인현리는 다이카개신 뒤 국박사國博士로서 승려 민롯과 함께 개신정권의 브레인으로 활약하며 당−신라 축에 우호적인 입장을 취했다. 648년(대화 4년) 2월에 왜국은 삼한, 곧 고구려·백제·신라에 학문승을 파견하였다.[54] 학문승은 한반도는 물론 수와 당에 파견되는 사신을 따라 중국으로 건너가 주로 불교에 관한 것을 배우는 승려를 지칭한다. 2단계부터 이미 불교 승려들이 새로운 지식을 흡수하기 위해 한반도나 중국 왕조에 적극적으로 출입하였던 것이다. 따라서 6세기 후반~7세기 전반 왜국은 백제, 고구려, 신라 등 한반도만이 아니라 중국과의 교섭을 통해 신지식과 신문물을 수용했다고 할 수 있다.

이러한 시대배경 속에서 백제에서 왜국으로 이주한 지식인의 사례를 유교 경전에 밝은 유학자와 불법을 전수하는 승려의 사례로 나누어 살펴보도록 하겠다. 이 밖에도 기술자집단을 2단계의 대표적 사례로 들 수 있는데 구체적인 행적이 드러나는 기술자집단에 대해서도 언급하도록 하겠다.

---

52 《일본서기》 권23 서명 12年 冬10月 乙丑朔乙亥條.

53 김은숙, 2007, 〈7세기 동아시아의 국제관계 −수의 등장 이후 백제 멸망까지를 중심으로−〉, 《한일관계사연구》 26, 67쪽.

54 《일본서기》 권25 효덕 대화 4년 "二月壬子朔 遣於三韓(三韓 謂高麗·百濟·新羅)學問僧"

2) 문자문화, 유교 관련 백제계 이주지식인

(1) 왕진이王辰爾

구체적인 활동 내용이나 역할, 정착 시 왕권 및 유력 세력과의 관련 등 여러 가지 내용을 알 수 있는 대표적인 이주지식인은 왕진이이다. 《일본서기》 흠명 14년(553) 7월 갑자조와 민달 원년(572) 5월 병진조에 왕진이에 관한 기록이 나온다.

B-① (천황이) 구스노마가리노미야(樟勾宮: 枚方市 楠葉 부근)에 행차하였다. 소아대신蘇我大臣 도목숙녜(稲目宿禰; 이나메스쿠네)가 칙을 받들어 왕진이를 보내어 선박세를 헤아려서 기록하도록 했다. 왕진이를 선장(船長; 후네노츠카사)으로 삼고 그에 따라 선사(船史; 후네노후비토)라는 성을 내려 주었다. 오늘날 선련(船連; 후네노무라지)의 선조이다.[55]

② 병진(15일)에 천황이 고구려의 표소表疏를 대신에게 주었다. 여러 후비토史들을 불러 모아서 그것을 해독하도록 하였다. 이때 여러 사史들은 사흘 안에 아무도 읽어 내지 못하였다. 그런데 선사船史의 시조인 왕진이만이 해독하여 바칠 수 있었다. 이로 인하여 천황과 대신이 모두 "수고하였다, 진이여. 훌륭하구나, 진이여. 네가 만약 학문을 사랑하지 않았다면 누가 능히 해독할 수 있었겠느냐. 마땅히 지금부터는 궁궐 안에서 가까이 받들거라."고 칭찬하였다. 이윽고 동서東西 여러 사史에게 "너희들이 익히는 학업은 어찌하여 진전이 없느냐. 너희들이 비록 많다고 하나, 진이에게 미치지 못하

55 《일본서기》 권19 흠명 14년 秋七月 "辛酉朔甲子 辛樟勾宮 蘇我大臣稲目宿禰 奉勅遣 王辰爾 數錄船賦 卽以王辰爾爲船長 因賜姓爲船史 今船連之先也"

는구나."라고 말하였다. 또한 고구려가 바친 표소는 까마귀 깃털에 쓴 것이었다. 깃털의 검은색 때문에 그 글을 알 수 있는 사람이 없었다. 이에 진이가 깃털을 밥의 증기로 찐 다음, 비단에 깃털을 눌러 글자를 모두 밝혀내었다. 조정에서 모두 그것을 기이하게 여겼다."[56]

사료 B-①은 선련씨船連氏의 조선祖先 전승에 해당한다. 왜국 조정은 복속시킨 지역에 둔창屯倉을 설치하여 해당 지역으로부터 공진물을 상납받고, 지방으로부터의 공납물은 육로와 해로, 하천, 운하를 이용했다. 아마도 이 지역 수장들이 요도가와淀川 수계를 이용하여 조정에 물자를 공납할 때, 왕진이가 선장의 지위를 부여받고 궁 가까이에 있는 나루(津)에서 공납물(船賦)을 확인하는 업무를 맡았던 것으로 보인다.[57] 각지에서 운반된 물자를 항구에 집적해서 이를 기록하고 보관, 관리하는 임무였던 것이다. 요도가와 수계를 이용한 배로 백제를 지원하기 위한 군사물자의 조달을 행할 때 문자기술을 이용하여 관리를 행한 것으로 보기도 하나,[58] 선부 자체는 조정에 공납하는 공진물, 곧 조운선에 적재한 국가의 조세로 보는 것이 타당할 것이다.

또한 왕진이는 사료 B-②에서 볼 수 있듯이 고구려가 왜국과 국교를 맺는 과정에서 그 역할이 컸다. 민달(敏達; 비다츠) 천황이 소아마자

---

56 《일본서기》 권20 민달 원년 5월 "丙辰 天皇 執高麗表疏 授於大臣 召聚諸史 令讀解之 是時 諸史 於三日內 皆不能讀 爰有船史祖王辰爾 能奉讀釋 由是 天皇與大臣俱爲讚美曰 勤乎辰爾 懿哉辰爾 汝若不愛於學 誰能讀解 宜從今始 近侍殿中 旣而 詔東西諸史曰 汝等所習之業 何故不就 汝等雖衆 不及辰爾 又高麗上表疏 書于鳥羽 字隨羽黑 旣無識者 辰爾乃蒸羽於飯氣 以帛印羽 悉寫其字 朝庭悉異之"

57 연민수 외, 2013, 《역주 일본서기》 2, 동북아역사재단, 377쪽; 吉村武彦, 2020, 앞의 논문, 63쪽.

58 田中史生, 2016, 앞의 논문, 21~22쪽.

(蘇我馬子; 소가노우마코) 대신에게 명령하여 고구려 사신이 가져온 까마귀 깃털에 쓰여진 고구려의 국서를 제사諸史에게 해독시켰으나, 어느 누구도 읽지 못했는데 왕진이만이 해독을 해내 천황과 소아마자에게 절찬을 받았다. 두 사료를 보면 왕진이가 왜에서 활약을 하는 데는 소아씨가 관여되어 있다. 소아씨는 수치 관리, 문필에 뛰어난 왕진이 등의 이주민을 활용하여 출납·장부의 기록 등 새로운 창고의 관리를 개시했음을 알 수 있다. 소아씨는 야마토국 다카이치군高市郡에 있었던 기나이 유력씨족으로서 제2의 거점으로 가와치의 이시가와石川 지방으로 진출하고, 6세기에 이르러 가와치 중남부까지 세력을 확장하는 과정에서 내정·외교상의 문서 처리에 필요한 문필, 기록 전문직인 후비토〔史〕씨를 비롯한 많은 백제계 씨족들과 교류를 가졌다.59 한반도에서 도래한 이주민의 다수가 소아씨와 친밀한 관계를 가졌는데 왕진이와 그 후예도 이들 가운데 하나였다고 하겠다.

왕진이는 선장이 되어 선사船史라는 성씨를 부여받았기 때문에 문필 능력을 인정받아 사부史部에 편입되었다고 할 수 있다. '후히토〔史〕'라는 호칭은 야마토 조정의 정치조직 가운데 문필 관련 업무를 담당한 사람을 부를 때 사용되었다. 67 또는 69씨의 후히토가 있는데, 후히토를 가바네로 사용한 씨족은 야마토와 가와치에 집중적으로 분포한다.60 후히토 사성賜姓 시기, 곧 후히토 성립 시기에 대해서는 5세기, 5세기 후반,

---

59 加藤謙吉, 2002, 앞의 책, 208~209쪽; 박재용, 2016, 〈고대 일본의 국가 기틀을 마련한 백제계 도왜씨족〉, 《한류 열풍의 진앙지 일본 가와치》, 주류성, 239쪽. 소아씨는 대왕에게는 각종 제사를 주관하는 제사장으로서의 권능만 온존시키고, 자신들이 실질적인 정치·재정·군사·외교를 장악하는 이원적인 지배구조를 만들고자 했다(이근우, 2017, 〈백제와 소가씨〉, 《일본 속의 백제 –긴키지역–》 II, 충청남도·충남역사문화연구원, 669~670쪽).

60 서보경, 2017, 〈고대 일본의 문필실무직과 한국계 〈渡來〉씨족〉, 《사림》 59, 291쪽.

〈그림 2-15〉 ① 야츄지野中寺(왼쪽) ② 후지이데라藤井寺(박재용 제공)

6세기 말 등 여러 견해가 있지만, 왕진이의 사례에서 볼 때 5세기까지 소급될 수는 없다. 6세기 말부터 금석문의 양이 급증하고, 벼루의 출토 례가 6세기로 소급되지 않는 것도 문자의 본격적인 사용이 6세기 말이라는 방증이다. 문자문화에 능한 지식인의 활약은 6세기부터 본격화되었다고 보는 것이 타당할 것이다.

B-①과 같은 왕진이 조상전승이 나오게 된 것은, 왕진이계 씨족이 문필 방면에 두각을 나타내면서 후히토를 대변하는 입장에 섰기 때문이다. 문필 및 재무에 뛰어난 왕진이의 일족은 선사船史·백저사(白猪史; 시라이노후히토)·진사(津史; 쓰노후히토)의 3씨로 나뉘어 활약한다. 이들은 《신찬성씨록》 우경제번右京諸蕃 관야조신(菅野朝臣; 스가노아손)조에 근구수왕의 후예인 왕진이의 후예씨족으로 나온다. 모두 가와치국河內國 다지히군丹比郡[61] 야츄향野中鄉을 거점으로 하고 있었는데 선사씨가 야츄지野中寺 부근, 진사씨가 오츠신사大津神社 부근, 백저사씨가 후지이데라藤井寺 부근에 거주하였다.

선사씨의 거주지는 다나베하이지田邊廢寺址 가까이에 있는 마츠오카야

---

61 현재 松原市, 大阪 狹山市 전역과 大阪市 東住吉區를 비롯한 八尾市 등의 일부에 해당한다.

마松岳山에서 '선씨왕후묘지(船氏王後墓誌; 후나시오우고보시)'가 출토되었기 때문에 가와치국 다지히군丹比郡 일대로 본다.[62] 왕인의 후예씨족인 서문씨西文氏가 거주한 후루이치군古市郡 후루이치향古市鄕과 인접한 곳이다. '선씨왕후묘지'에 따르면 선씨인 왕후王後는 왕지인(王智仁; 오진

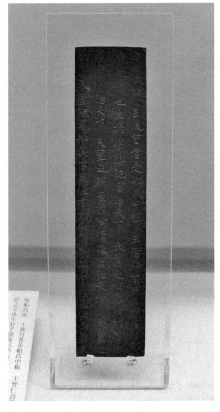

〈그림 2-16〉 선씨왕후묘지船氏王後墓誌
(치카츠아스카박물관 복제품: 필자 촬영)

---

62 船氏王後의 무덤이 조영된 것에서 田邊史氏와 船史氏의 밀접한 관계를 엿볼 수 있다(山尾幸久, 1989, 앞의 논문).

니)의 손자로 민달조에 태어나 조정에서 일했으며 641년에 돌아갔고, 그 처가 668년에 돌아가자 마츠오카야마에 개장하여 같이 묻었다고 한다. 선씨의 선조가 백제에서 건너온 왕진이이고, 하비키노시羽曳野市 서부를 본거지로 하고 있음을 알 수 있다. 선사혜척(船史惠尺; 후네노후히토노에사카)과 같은 경우는 《일본서기》 황극 4년(645) 6월조를 보면[63] 소아씨 주도 아래 《천황기天皇記》와 《국기國記》 편찬에 관여했기 때문에 선사씨가 고대 일본의 역사 편찬에도 참여했다고 할 수 있다. 선사씨는 소아씨에 이어 등원씨(藤原氏; 후지와라씨)와도 긴밀한 관계를 맺으며 성장하였다.[64] 왕진이 후손들은 당대 유력씨족들과 관계를 맺으면서 활약했다고 할 수 있다.

선사씨는 천무 12년(683) 10월 동족인 진사씨와 함께 무라지성連姓을 받은 뒤 연력 10년(791) 정월 궁원숙녜(宮原宿禰; 미야하라노스쿠네)로 개성改姓한다. 백저사씨는 《일본서기》가 완성된 720년 4월 갈정련(葛井連: 후지이무라지)으로 개성改姓된다.[65] 백저사씨는 씨사氏寺로서 후지이데라를 창건했는데, 후지이데라의 창건 시기는 7세기 중반 또는 8세기 중반 즈음으로 보고 있으므로 왕진이 후예씨족인 백저사씨 또는 갈정련씨에 의해 세워진 씨사라고 할 수 있다. 왕인의 후예씨족인 서문씨西文氏가

---

63 蘇我入鹿이 中大兄皇子(천지천황) 등에게 살해당하자 그의 아버지 蘇我蝦夷가 자살하면서 《天皇記》《國記》를 태웠는데, 船史惠尺이 재빨리 불타던 《國記》를 꺼내 中大兄皇子에게 바쳤다는 기사가 나온다(《일본서기》 권24 황극 4년 6월 정유삭 갑진(8일)조).

64 船史氏 출신 승려인 道昭는 藤原氏 자제와 인연을 쌓고, 延慶은 藤原氏의 교육을 담당하며 《藤氏家傳》 편찬에 관여했다고 한다(박재용, 2016, 앞의 논문, 239쪽).

65 白猪史骨이 《일본서기》 편찬에 공이 있고, 그 일족인 白猪史(葛井連)廣成이 719년 외교관으로 활약한 것이 인정되어 개성된 것으로 보인다(연민수 외, 2013, 《역주 일본서기》 2, 동북아역사재단, 400쪽).

사이린지西琳寺를 세운 것처럼 왕진이 후예씨족도 인접해서 살면서 야 츄지, 후지이데라 등 씨사를 세운 것이다.

선船, 진津이라는 직무와 연관된 우지〔氏〕의 명칭에 나타나듯이 왕진 이의 후손은 각지의 공납물이나 교역품의 수송에 동반한 관리 업무를 행하였다. 6세기 중엽 이후 문서 기록이나 계산에 전형적인 기술, 지식, 문화적 특성을 발휘해서 외교나 지역의 거점 경영을 위해 특정의 역할 을 수행했기 때문에 왕권의 지배나 정치를 지원하는 강력한 실물집단으 로서 자리 잡았다고 할 수 있다.[66] 고대사회에서 필요한 물품을 수급하 는 데 문자가 반드시 필요했고, 그 기능을 가진 자가 백제계 이주민과 그 후예였음을 말해 준다. 선사, 백저사, 진사씨는 동서사부東西史部를 이끈 왕인의 후손 서문씨와도 밀접한 관계를 가지고 동족처럼 활동하였다.

왕진이의 후예 씨족이 왜에서 정착한 방법은, '한계漢系' 이주민으로 알려진 한씨(漢氏; 아야씨)가 왜에서 정착하는 방법과 유사한 면이 있다. 한씨의 경우도 《일본서기》 황극 3년 11월조와 황극 4년(645) 6월조에 한직(漢直; 아야노아타히) 등이 소아하이蘇我蝦夷와 소아입록蘇我入鹿의 문 을 지키는 등 소아씨를 뒷받침하는 군사적 기반으로서 중요한 역할을 담당하고 있다. 이주한 사회에서 정착하는 방법이 정계의 실세인 소아 씨와의 유착관계 형성이었음은 분명하다.

동한〔왜한〕직(東漢〔倭漢〕直; 야마토노아야노아타히)이 본래 중국계 이주 민인지, 나중에 중국계임을 표방한 것인지는 구분해서 보아야 할 것이 다. 한씨漢氏가 본래 중국계 이주민의 특징을 살려서 중국과의 외교, 장 부의 기록, 창고의 관리 등을 주된 직무로 하였다는 견해가 있다.[67] 이

---

66 鈴木靖民, 2016, 앞의 논문, 223쪽.
67 坂元義種, 1996, 앞의 논문, 375쪽.

와 달리 동한씨東漢氏는 7세기 중엽에도 백제와의 외교나 기술 도입과 관련하여 활동하는 사례가 보이므로 5세기에 한반도에서 건너온 오래된 이주민으로 보는 견해가 있다.[68] 한씨漢氏가 조정에 자리잡게 되면 점차 실무를 떠나 호족적 성격을 가진 씨족으로 변모하게 되는데, 실무담당 자에서 호족으로 전환하기 위해서는 군사적 기반이 필요했고, 군사적 기반을 마련하는 데에는 금속가공기술자가 필요했으며, 재력을 갖추기 위해서는 도부陶部나 금부錦部, 의봉부衣縫部 등 여러 기술자 집단을 거느리는 것이 필요했다. 따라서 이들을 통합하기 위해 공통의 조선祖先을 조작하여 의제적擬制的인 혈연집단을 만들고자 했기 때문에 한씨漢氏는 일대 의제적 혈연집단이며, 중앙귀족으로서 지위를 확보하기 위해서 사회적 신분질서인 상급의 가바네(姓)를 획득하고자 하였다는 것이다.[69] 이를 참고하면 왕진이의 후예 씨족도 이전부터 건너와 있던 많은 백제계 이주민이나 야마토지역의 유력 이주 씨족 사이에서 그 지위를 유지하기 위해서 왕인의 후손인 서문씨와 동족처럼 활동했을 가능성이 있으며, 소아씨나 등원씨藤原氏 등 유력씨족과 관계를 맺으면서 활약한 것으로 보인다.

또한 왕진이의 후예씨족은 자신들의 지위를 유지·향상시키기 위해서 백제와의 관계를 계속 이어 가고자 했다. 왕진이의 파견 이후에도 백제는 계속해서 '왕'씨의 지식인들을 왜국에 보냈다. 554년(흠명 15) 오경

---

68 히시다 테츠오, 2019, 〈사원유적 - 백제와 관련된 혼슈지역의 고대 사원〉, 《일본 속의 백제 - 혼슈지역 - 》, 충청남도·충남역사문화연구원, 72쪽.

69 坂元義種, 1996, 앞의 논문, 374~378쪽. 이를 동한씨는 단일 씨족명이 아니라 文氏 (書氏, 東文氏), 民氏, 坂上氏, 谷氏, 內藏氏, 長氏 등 많은 枝氏(支族)에 의해서 구성된 집합체를 나타내는 총칭으로 보기도 한다. 대화정권의 군사·재정 분야에서 수완을 발휘하여 두각을 나타낸 동한씨 아래에는 금래재기를 비롯하여 점차 다양한 도래계의 기술자, 유식자집단이 소속하게 되었다고 한다(加藤謙吉, 2002, 앞의 책, 104쪽).

박사 왕류귀, 역박사 시덕 왕도량, 역박사 고덕 왕보손, 의박사 나솔 왕유릉타를 파견하였는데, 이는 왕진이가 왜국 내에서 자신의 입지를 유지하면서 활동할 수 있도록 백제가 지원했음을 의미한다. 새로운 학문이나 지식에 관한 정보를 기반으로 활동하는 지식인이었기에 왕진이는 백제에서 파견되는 박사들로부터 새로운 학문이나 지식을 계속 습득하고자 했고, 이들 인재를 보내줄 것을 계속 고국인 백제에 요구했을 가능성이 있다. 따라서 일본에서 백제계 지식인들이 활약할 수 있던 배경에는 백제 정부의 계속된 노력도 있었음을 주목할 필요가 있다.

왜한씨의 사례이기는 하지만, 실제로 7세기 중엽 백제와 외교나 기술 도입에 큰 역할을 했던 인물인 왜한서직현(倭漢書直縣; 야마토노후미노아타이아가타)은 642년 백제에서 온 사절의 응접을 담당한 일 외에 650년 '백제박百濟舶'이라 칭하는 배 2척의 건조에 종사하고 있다. 왜한씨가 7세기가 되어도 한반도와 관계를 유지하며 새로운 기술의 도입에도 열심이었다는 것을 왜한서직현의 활동으로 알 수 있다.[70] 본국으로부터 계속 새로운 기술을 제공받은 것이 이들 이주지식인이 이주한 사회에서 실력을 발휘하는 중요한 요소로 작용했던 것이다. 이주지식인이 왜국에 정착해서 자신들의 기반을 확보해 가는 방법이나, 지위를 유지·향상시켜 가는 방법에 차이가 있을 수 있지만,[71] 본국이 존속하는 한 본국과의 관계는 지속되었을 것으로 보인다.

---

70 히시다 테츠오, 2019, 앞의 논문, 72쪽.
71 東漢氏나 秦氏처럼 백제왕권과 무관하게 이루어진 민간 차원의 도래인 집단과 국가적 차원에서 정기적으로 파견, 제공, 증여된 선진기술자나 전문가집단이 왜국 내에서 존재하는 형태에서도 차이가 난다고 보고, 전자는 유력호족인 소아씨와의 사적 결합·유대·예속관계가 상대적으로 강한 반면, 후자는 야마토왕권과의 정치적 관계가 더 견고하다는 주장도 있다(나행주, 2015, 앞의 논문, 19쪽). 그러나 일률적으로 구분하기는 힘들다.

2) 담진膽津

다음으로 왕진이의 생질로 기록된 담진(膽津; 이츠)을 들 수 있다. 그러나 담진의 성은 백저白猪이고, 왕진이의 성은 왕王이므로 혈연관계를 상정하기는 힘들다고 보기도 한다.[72] 《일본서기》 흠명 30년(569)조에 따르면, 기비吉備의 백저둔창白猪屯倉에서는 연령이 10세 가까이 이르는 데도 호적에서 누락되어 있기 때문에 부과를 면한 자가 많아 담진을 보내서 전부田部의 정적丁籍을 검정하게 했다고 한다. 여름 4월에 담진이 백저전부白猪田部의 정丁을 조사해서 호적을 만들고, 전호田戶를 편성했는데, 천황은 담진이 적을 정한 공로를 기려 백저사(白猪史; 시라이노후비토)의 성을 내리고, 즉시 전령田令으로 임명했다.[73]

백저둔창이라는 명칭도 담진의 성 '백저'에서 유래한 것으로 생각되는데, 담진은 호적 작성과 전호 편성의 공을 인정받아 '백저사'라는 성을 받고 갈성산전직서자葛城山田直瑞子의 부관副官이 되었다. 따라서 담진은 백제에서 도래한 지 얼마 안 되는, 대체로 6세기 중반 백제에서 새롭게 도래한 문자기능자가 아닐까 한다.

3) 오경박사 단양이段楊爾, 고안무高安茂, 마정안馬丁安, 왕류귀王柳貴

다음으로 살펴볼 이주지식인은 일본에 파견된 오경박사이다. 《일본서기》를 보면 백제는 513년에는 오경박사 단양이를 파견하고,[74] 516년에

---

72 田中史生, 2019, 앞의 책, 159쪽.
73 《일본서기》 권19 흠명 30년(569) "春正月辛卯朔 詔曰 量置田部 其來尙矣 年甫十餘 脫籍免課者衆 宜遣膽津〔膽津者 王辰爾之甥也〕檢定白猪田部丁籍 夏四月 膽津檢閱白猪田部丁者 依詔定籍 果成田戶 天皇嘉膽津定籍之功 賜姓爲白猪史 尋拜田令 爲瑞子之副"

는 오경박사 한고안무漢高安茂를 파견하여 단양이와 교체하게 한다.[75] 554년에는 오경박사 왕류귀를 파견하여 이전에 파견되었던 오경박사 고덕固德 마정안과 교체하게 하였다.[76]

오경박사는 정치나 사회의 질서, 도덕 등을 언급한 유교에 관한 5개의 기본경전을 가르치는 교관으로 전한시대에 설치되었다. 백제나 왜국에 영향을 준 것은 502년 양에서 성립된 오경박사로 보는 견해들이 많다.[77] 양에서는 오경박사가 승려와 함께 지배층의 브레인으로서 활약하였는데, 무령왕대에 백제는 양에 자주 사신을 파견하였고, 성왕대에는 불교의 경전이나 모시박사毛詩博士·강례박사講禮博士 등을 청하여 받아들였다. 이를 토대로 성왕은 유·불 통치이념에 입각한 통치를 지향하였고, 양나라 제도의 국가 운영 방식을 배운 박사나 승려를 왜국에도 보내 줌으로써 제휴를 강화하였다. 왜국에 보내진 지식인은 오경의 제諸박사에 그치지 않고 의醫·역曆·역易 등 제박사나 승려도 포함되었으며, 오경박사를 보내 주고 3년 교대로 왜국에 머물게 함으로써 왜국에 제공하는 지식·정보를 갱신한 점이 특징적이다. 왜국에 보내진 이들이 새로운 지식의 보급 창구 역할을 했다.

이들 오경박사 가운데 마정안을 제외한 단양이와 고안무, 왕류귀에

---

74 《일본서기》 권17 계체 7년 "夏六月 百濟遣姐彌文貴將軍·州利卽爾將軍 副穗積臣押山〔百濟本記云 委意斯移麻岐彌〕貢五經博士段楊爾"

75 《일본서기》 권17 계체 10년 "秋九月 百濟遣州利卽次將軍 副物部連來 謝賜己汶之地 別貢五經博士漢高安茂 請代博士段楊爾 依請代之"

76 《일본서기》 권19 흠명 15년 "二月 百濟遣下部杆率將軍三貴·上部奈率物部烏等 乞救兵 仍貢德率東城子莫古 代前番奈率東城子言 五經博士王柳貴 代固德馬丁安 僧曇慧等九人 代僧道深等七人 別奉勅 貢易博士施德王道良·曆博士固德王保孫·醫博士奈率王有悛陀·採 藥師施德潘量豊·固德丁有陀·樂人施德三斤·季德己麻次·季德進奴·對德進陀 皆依請代之"

77 중국, 백제, 왜에서 보이는 오경박사 등에 대해서는 제3부 제1장에서 더 상세히 언급하도록 하겠다.

대해서 낙랑·대방계의 한인이 아니라 중국 본토에서 직접 또는 한반도를 경유하여 도래한 양의 관인官人이라는 주장도 있다.《속일본기》천평보자 5년(761) 사성賜姓 때 여전히 백제인·고구려인·신라인·한인으로 구분하여 사성하고 있는데, 왕씨와 같이 낙랑·대방지역에서 백제로 들어와서 오랫동안 중국성을 유지하고 있었던 사람들과 이들과 경로를 달리하는 한인漢人을 구별하고 있는 점, 오경박사에는 백제의 관등을 가진 사람이 없는 점, 또 백제가 양에 지속적으로 오경박사의 파견을 요구했다는 점을 근거로 들고 있다.[78] 오경박사 왕류귀가 백제의 관등을 갖지 않는 것에 대해서는 백제의 관등이 정비되기 이전에 왜국에 있었기 때문이라고 보기도 한다.[79] 또한 중국계라는 것을 인정하여 백제가 중국과 긴밀한 인적·외교적 네트워크를 확보하고 있었기 때문에 후대까지 중국계 인물을 받아서 왜국에 파견할 수 있었다고 보는 견해도 있다.[80]

그렇다면 오경박사는 백제의 요청으로 양에서 파견되어 활동하다가 다시 왜국에 파견되었다고 보아야 하는 것인가? 백제는 단지 전달자 역할만을 했던 것일까? 백제 왕이 이들을 자신의 의사대로 자유롭게 파견할 수 있었던 것은 이들이 이미 백제에 정착해서 활동한 사람들이기 때문에 가능했던 것이 아닌가 한다. 516년 왜에 파견된 오경박사

---

78 이근우, 2010, 앞의 논문, 10~19쪽. 종래 일본학계에서도 段·高·王·馬·白·陽·陵·昔·潘·丁 등 중국적인 1字 성을 가진 博士·史 대부분을 梁을 중심으로 하는 남조인으로 이해하고, 백제가 5세기 말부터 6세기에 남조와 교류함으로써 중국에서 얻은 사람으로 보아 왔다(平野邦雄, 1996,〈今來漢人の渡來〉,《大化前代社會組織の硏究》, 吉川弘文館; 山尾幸久, 1989,《古代の朝日關係》, 塙書房).

79 田中史生, 2008,〈六世紀の倭·百濟關係と渡來人〉《百濟と倭國》, 高志書院: 2019,〈왜 왕권 내에서 백제계 이주민의 역할〉,《일본 속의 백제 -혼슈·시고쿠지역-》, 충청남도·충남역사문화연구원, 414~415쪽. 그러나 성왕대에 16관등제가 완비된 것은 사실이지만, 고덕 등의 관등은 그전에 이미 존재한 것으로 보인다.

80 김창석, 2016, 앞의 논문, 79쪽.

'漢高安茂'는 특별히 '漢'자가 관칭되었는데, 출신지가 한인漢人이었던 것처럼 기록되어 있었다고 해도 이때 중국에서 백제로 왔다가 다시 왜로 파견되었다는 의미는 아니다. 한계漢系 출신임이 널리 알려졌기 때문에 칭해진 것일 뿐이며, 이들은 이미 백제 왕실의 측근에서 학문을 담당하면서 백제사회에 정착하여 백제인화했을 것이다. 이는 낙랑·대방군에서 살던 한계의 주민이 재지화한 것과 유사하다 할 것이다.[81] 백제가 멸망한 뒤 문文에 종사하던 사람들이 자신들의 정체성을 백제보다는 중국에서 구할 수밖에 없던 상황에서 계속 '한고안무'와 같은 표현을 쓸 수밖에 없었다고 생각된다. 따라서 왕씨와 같은 경우는 한에서 직접 온 것이 아니라 백제에서 장기간 거주한 다음 왜국에 건너간 것이기 때문에 한계라는 표현은 부적절하다. 554년에 교체된 왕류귀는 왜에서 유학과 문서 해독으로 이름을 날린 왕진이를 가르친 인물이었다고 보기도 한다. 백제의 원주민이었냐, 한에서 와서 백제에 정착한 사람들이었냐의 차이는 있지만, 이들의 계통을 언급할 때는 엄연히 백제계라고 표현해야 타당할 것이다.

단양이로 대표되는 단씨段氏의 경우도 정오동 3호분 출토 칠기에서 "段是作(단시작)"이라는 명문이 나오는데 "段氏作(단씨작)"의 오독일 가능성이 있다고 한다.[82] 단씨의 경우도 왕씨와 마찬가지로 일찍부터 낙랑·대방지역에 와서 활동했고, 낙랑·대방 축출 뒤 백제지역에 와서 활약했을 가능성도 있다.

왕류귀와 교대했던 고덕 마정안은 유교 전문가가 이미 백제관료체제 안에 편입된 사례이다. 초기에 중국계 이주지식인이 관료제 밖에서 국

---

81 김영심, 2012, 앞의 논문, 218~219쪽.
82 임기환, 1992, 〈낙랑지역 출토 금석문〉, 《역주 한국고대금석문》 I, 242쪽.

정에 대해 자문하고 전문기술을 백제 기술자에게 전수하는 역할을 했던 것과는 차이가 있다. 박사가 3년 만에 교체되는 것을 보면 마정안은 적어도 551년에는 왜국에 파견되었다. 흠명 5년(544) 시덕施德 관등의 마무馬武가 가야에 파견되어 왜측과 협상을 벌였는데, 흠명 11년(550)에는 국왕 측근에서 주요 사안을 보고하고 왕의 명령을 하달하는 임무를 맡은 고굉지신으로서 나솔 관등을 띠고 활약하고 있었다. 마진문馬進文 또한 이 당시 고덕 관등을 띠고 국왕에게 상표할 수 있는 위치에 있었다.[83] 따라서 마씨는 이미 백제 관료제에 편입된 인물로 볼 수 있을 것이다. 마무는 성왕의 고굉지신, 곧 핵심측근으로서 고위 관등인 나솔까지 갖게 되었다. 마씨의 사례에서 볼 때 중국계 이주민이 전문 지식을 가지고 백제의 관료체계 내에서 활약하면서 백제에도 이미 오경박사라는 전문가가 배출될 수 있는 상황이었음을 알 수 있다.

(4) 역易박사, 역曆박사, 의醫박사, 채약사採藥師 등

554년 왕류귀 등과는 별도로 파견했다고 하는 역易박사 시덕 왕도량王道良, 역曆박사 고덕 왕보손王保孫, 의박사 나솔 왕유릉타王有㥵陀, 채약사 시덕 반량풍潘量豊[84]과 고덕 정유타丁有陀 등이 있다.[85] 역박사 이

---

83 《일본서기》 권19 흠명 5년 "二月 百濟遣施德馬武·施德高分屋·施德斯那奴次酒等 使于任那 謂日本府與任那旱岐等曰 我遣紀臣奈率彌麻沙·奈率己連·物部連奈率用奇多 朝謁天皇"; 흠명 11년 "春二月辛巳朔庚寅 遣使詔于百濟曰 朕依施德久貴·固德馬進文等所上表意 ──敎示 如視掌中 … 又復朕聞奈率馬武 是王之股肱臣也 納上傳下 甚協王心 而爲王佐 若欲國家無事 長作官家 永奉天皇 宜以馬武爲大使 遣朝而已"

84 王光墓(정백리 127호분) 출토 칠기 명문에서 '番氏牢'가 확인되는데, 왕광의 처로 생각되는 番氏나 潘氏와 관련이 있는 것이 아닐까 한다.

85 《일본서기》 권19 흠명 15년 2월 "別奉勅 貢易博士施德王道良·曆博士固德王保孫·醫博

하는 비록 중국계의 성씨를 가지고 있다고 하더라도, 백제의 관등을 가지고 있는 점에서 백제에 정착하고 있었던 사람으로 보는 견해와,[86] 왕도량과 왕보손은 중국계이고, 왕유릉타·반량풍·정유타는 판단이 곤란하다는 의견도[87] 있다. 역박사, 의박사 등이 이때 교대되었기 때문에 이보다 전 시기부터 이들의 파견이 있었음을 알 수 있다.

오경박사뿐만 아니라 역박사, 의박사, 채약사 등의 관직은 왜에 파견될 때 수여된 관직이 아니라 이미 백제에서 수행했던 업무와 관련된 직책이다.[88] 제諸박사의 다수는 이전부터 백제에 있던 중국계였다고 해도 이미 백제에서 특정 업무를 수행하는 전문가 집단이지 양나라의 관인으로서 직접 또는 백제를 경유하여 왜에 파견되었다고 보기는 힘들다. 낙랑·대방 멸망 시 유입된 중국계만이 아니라 5호16국시대(304~439) 화북의 혼란으로 유입된 중국계 사람들도 6세기 단계에는 백제의 지배층을 형성했을 가능성이 있기 때문이다.

오경박사가 국가체제를 정비하는 과정에서 유교적인 틀을 갖추는 것과 관련된다고 한다면, 역易박사와 역曆박사는 실질적으로 국가를 운영해 가는 데 필요한 달력의 반포나 주술을 중시하는 전통과 관련이 있다. 백제가 송宋에 《역림易林》과 식점式占을 요구한 것이 450년이므로, 백제에서는 적어도 5세기 단계에 역易을 받아들여, 6세기 단계에는 그에 조예가 깊은 박사가 활약했고, 왜국에 전해 주기까지 한 것이다. 왜

士柰率王有悷陀·採藥師施德潘量豊·固德丁有陀·樂人施德三斤·季德己麻次·季德進奴·對德進陀 皆依請代之."

86 이근우, 2010, 앞의 논문, 16쪽.

87 김창석, 2016, 앞의 논문, 79쪽.

88 의박사는 백제가 북위의 제도를 참고한 것이고, 채약사는 중국에서 보이지 않기 때문에 백제의 독자적인 직제로 보는 최근 연구도 있다(박준형, 2021, 〈한국 고대 의약기술 교류〉, 《한국고대사연구》 102, 144쪽).

국에서 따로 역박사를 요청하고 있어 왜국 또한 점술占術에 대한 관심이 높았음을 알 수 있다.[89] 역曆의 지식은 왜국에도 5세기에 일부 유입되었으나,[90] 역 문화의 본격적인 유입은 6세기 중반 백제에서 역박사가 도래한 이후이다. 역은 점술과 조합해서 사용되는데, 관륵이 역법과 함께 천문지리, 둔갑방술 등의 지식을 가져온 것은 역을 다루기 위한 지식을 체계적으로 전달한다는 것을 의미한다. 왜국 조정은 관륵에게 학생學生을 붙여서 이들 기술을 배우게 해서 왜국의 역을 만드는 체제를 정비하고자 했던 것이다.[91] 이를 통해 604년 처음으로 역일曆日을 이용하게 되고, 이후 역법을 이해하여 독자적으로 역을 작성하는 단계에 들어갔음을 알 수 있다.[92]

그런데 앞에서 살펴본 오경박사 마정안의 관등도 고덕이고, 흠명 15년(554) 왜국에 파견된 박사들은 나솔 관등을 가진 의박사 왕유릉타를 제외하고는 대체로 덕계 관등을 소지하고 있는 점이 눈에 띤다. 이들은 유교적인 소양과 실무 행정 능력을 가지고 국가의 통치체계에서 '중간 관료'로서의 기능을 수행했다. 백제 관료체계 내에서 중요한 역할을 담당한 이들 중간 관료들이 전문적 기능을 가지고 일본에 파견되었다가 본인의 요청이나 임기에 따라 교대되었다.[93] 그러나 이들이 왜국에 남아 정착하였을 가능성도 배제할 수는 없다.

---

89 김영심, 2017, 〈고대 일본의 도교문화와 백제〉, 《백제문화》 57, 24쪽.

90 왜5왕이 남조 송에 조공할 때 중국 황제의 시간적 통제 아래 들어갔다는 증거로 曆을 받아 사용했다고 하나, 478년 송에 사신을 파견한 뒤 7세기 초 견수사를 파견할 때까지 중국과의 국교 관계가 없었다.

91 田中史生, 2019, 앞의 책, 169쪽.

92 이치 히로키市大樹 지음·이병호 옮김, 2014, 《일본 고대사의 새로운 해명 아스카의 목간》, 주류성, 59~60쪽.

93 김영심, 2006a, 앞의 논문, 93쪽.

한편 추고 원년(593) 하4월 구호풍총이황자(廐戶豊聰耳皇子; 우마야토노
토요토미미노미코), 곧 성덕태자聖德太子에게 유교를 가르친 것으로 나오
는 박사 각가覺哿94도 백제에서 파견되었을 가능성이 높으나, 더 이상의
내용은 알 수 없다.

(5) 전변사씨(田邊史氏; 다나베노후히토씨)

전변사씨는 원래 대방군지역 출신으로 대방군 멸망 이후 백제에 정
착해 살다가 왜국으로 건너간 씨족일 가능성이 있다. 《신찬성씨록》에는
전변사씨를 한왕漢王의 후손 지총知惣에서 출자한 것으로 기록하고 있
으나,95 중국계 한으로 분류한 것은 출자가 개변된 것이다. 지총智聰은
《속일본기》 연력 9년 7월 신사조 진손왕辰孫王의 일명인 지종왕智宗王,
곧 백제 진사왕의 왕자 지종知宗에 해당하는 것으로 본다.96
전변사씨는 원래 가와치국 아스카군安宿郡 자모향資母鄕지역을 본거지
로 하여 거주하다 중신련겸족(中臣連鎌足; 나카토미노가마타리노무라지)을
따라 오미로 옮겼다가 672년 임신의 난 뒤 다시 가와치로 돌아간 것으
로 보인다. 가시와라시柏原市의 다나베하이지田邊廢寺는 고대 나니와難波
에서 야마토로 통하는 가도의 합류점 부근 요충지에 위치하는데, 전변
사씨가 7세기 후반 하쿠호白鳳시대에 창건하였다. 쌍탑식 야쿠시지藥師
寺식 가람 배치와 와적기단이 특징적이다.97
전변사씨의 사례로는 654년(백치 5) 2월 압사押使 고향현리高向玄理

94 《일본서기》 권22 추고 원년 "且習內敎於高麗僧慧慈, 學外典於博士覺哿. 並悉達矣."
95 《신찬성씨록》 제23권 우경 제번 상 "田邊史 出自漢王之後知惣也"
96 연민수 외 역주, 2020, 《신찬성씨록》 중, 동북아역사재단, 637쪽.
97 박천수, 2012, 앞의 책, 113~114쪽.

등과 함께 판관으로서 견당사로 파견된 전변사조(田邊史鳥; 다나베노후히토토리)의 활약을 확인할 수 있다.[98] 전변사씨는 701년 대보율령 찬정의 중심 역할을 한 등원불비등(藤原不比等; 후지와라노후히토)과도 관계가 깊다. 어린 등원불비등은 전변사대우田邊史大隅 또는 전변사소우田邊史小隅를 따라 같이 가와치 아스카베安宿지역으로 이주하여 백제계 씨족에게 양육되었다. 《대보령》 찬정에는 모두 19명이 참여하였는데, 이 가운데 백제계 전변사씨 인물인 전변사백지田邊史百枝와 전변사수명田邊史首名 2명이 들어가 있다.[99] 《대보령》 편찬에는 전변사씨 외에도 백저사씨가 함께 참여하였다. 율령 편찬에 참여한 인물은 당대 최고의 지식인이자 문장가인 점을 고려하면, 전변사씨는 정치적 입지를 확고히 하면서 학식에도 능한 인물을 다수 배출하였다고 할 수 있다.

3) 불교 관련 백제계 이주지식인

(1) 사공寺工, 노반박사鑪盤博士, 와박사瓦博士, 화공畫工, 불상 제작 기술자

일본에 불교가 전해진 시기에 대해서는 538년 백제 성왕이 태자상과 관불기灌佛器, 불서佛書 등을 보내며 불교신앙을 권유했다는 《원흥사가람연기병유기자재장元興寺伽藍緣起并流記資財帳》의 기록과[100] 552년(흠명 13)

---

98 《일본서기》 권25 효덕 백치 5년 2월조.
99 《속일본기》 문무 4년(700) 6월조에 藤原不比等 등 대보율령의 찬정자에게 녹을 내릴 때 田邊史百枝와 田邊史首名 등의 이름이 보인다.
100 《元興寺伽藍緣起并流記資財帳》에서는 538년 백제 성왕이 태자상 등을 보내며 불교 신앙을 권유했다는 내용과 그로부터 추고조에 이르기까지 蘇我氏가 불교 흥륭에 진력했다는 것을 강조하고 있다.

백제 성왕이 금동석가불상과 반개幡蓋, 경론經論 등을 보내면서 불교를 신앙할 것을 권유했다는 《일본서기》의 기록[101] 두 가지가 전한다. 둘 중 어느 하나로 단정하기는 어려우나, 552년 이전에도 《일본서기》 기사에서 불교와 관련된 내용을 확인할 수 있다. 따라서 적어도 540년대에는 백제에서 불교가 전해졌으며, 587년 용명(用明; 요메이)천황 사망 직후 불교의 공식 수용에 찬성하는 소아씨 일파가 반대파를 물리침으로써 불교가 공식적으로 수용되었다고 본다.[102]

관산성전투에 참여하였다가 백제가 신라에게 대패한 이후 백제와 왜국의 관계는 단절되었다. 그러나 575년(민달 4) 2월 백제가 왜국에 사신을 파견함으로써 20년 만에 관계가 재개되었다. 577년 5월 왜국에서는 왕족인 대별왕(大別王; 오호와케노오호키미)을 백제에 사신으로 파견하였고, 577년 백제는 왜국의 사신이 귀국하는 편에 불교 경론經論과 함께 율사律師, 선사禪師, 비구니比丘尼, 주금사呪禁師, 조불공造佛工, 조사공造寺工 등을 보냈다.[103] 초기에는 불상 제작이나 불교 사찰 조영 기술자가 파견된 것이다. 백제가 위덕왕 초기의 혼란을 극복하고 왕권을 회복하여 국정을 안정적으로 운영할 수 있었기 때문에 왜국에 불교 관련 문물과 기술자를 대거 파견하여 우호적인 관계를 복원하였다. 왜국은 중국과의 외교가 단절된 상태에서 백제를 통해 선진문물을 수용하여 야

---

101 《일본서기》 권19 흠명 13년 10월조 "冬十月 百濟聖明王〔更名聖王〕遣西部姬氏達率怒唎斯致契等 獻釋迦佛金銅像一軀·幡蓋若干·經論若干卷"

102 최연식, 2011a, 앞의 논문, 81~88쪽; 河上麻由子, 2019, 《古代日中關係史 −倭の五王から遣唐使以降まで−》, 中公新書, 65쪽.

103 《일본서기》 권20 민달 6년 "夏五月癸酉朔丁丑 遣大別王與小黑吉士 宰於百濟國 冬十一月庚午朔 百濟國王 付還使大別王等 獻經論若干卷 并律師·禪師·比丘尼·呪禁師·造佛工·造寺工六人 遂安置於難波大別王寺"

마토 정권 중심의 정치체제를 구축하고자 하였다고 할 수 있다. 577년
은 사비 왕흥사王興寺에서 위덕왕이 사리매납의례를 행한 해로, 왕흥사
의 불교문화와 여러 기술은 왜국에 전파되어 아스카데라飛鳥寺 창건 등
에 많은 영향을 미쳤다.[104]

불교 관련 기술자들이 파견되면서 일본에 사찰이 조영되고 불상이
제작되었다. 일본에서 최초로 조영된 본격적인 사찰은 아스카데라로 알
려진 법흥사(法興寺; 호코지)이다.[105] 아스카데라는 아스카 내에서도 마가
미하라真神原라는 교통의 요충지에 소아마자蘇我馬子가 발원·건립한 소아
씨 가문의 사찰이다. 588년(숭준 원년) 창건되기 시작하여 596년(위덕왕
43년, 추고 4년) 건물 조영을 마쳤다. 1956~1957년의 발굴 조사를 통해
1탑, 3금당, 강당지, 회랑지 등을 갖춘 남북 293m, 동서 215~260m 규
모의 사찰임이 밝혀졌다. 또 목탑은 지하의 심초에 사리용기를 봉납하
고 있어 왕흥사와 같은 양식을 띠고 있다.

1탑 3금당식의 가람배치는 고구려의 양식을 띠고 있고, 605년 불상
제작에 고구려가 320냥을 제공하였으며,[106] 성덕태자의 사부인 고구려
혜자慧慈 스님이 운영에 참여하였다.[107] 따라서 아스카데라의 창건에는

---

104 아스카데라의 가람배치나 목탑심초 설치, 사리봉안 형식은 물론 기단구조 등이 왕
　흥사의 것과 차이도 있지만 비교 검토할 만한 가치가 있다고 보았다(佐川正敏, 2010,
　〈王興寺と飛鳥寺の伽藍配置·木塔心礎設置·舍利奉安形式の系譜〉, 《古代東アジアの佛敎と
　王權 －王興寺から飛鳥寺へ－》, 勉誠出版, 159~201쪽).
105 현재 나라현 다카이치군 아스카무라에 소재한 아스카데라는 복수의 호칭이 존재한
　다. 아스카데라의 法號는 호코지法興寺 또는 간고지元興寺이다. 《속일본기》 권8 양로
　2년 9월 갑인조에는 "法興寺를 새 도성으로 옮겼다"는 기록이 나오는데, 헤이조쿄平城
　京 천도와 함께 나라시로 옮겨진 사찰은 元興寺라고 불려졌다. 원래 아스카무라에 있
　던 사찰은 飛鳥寺라 불리며 현존하고 있다(김영심, 2015, 〈일본 속 백제유물의 범위
　와 의미〉, 《백제문화》 53, 88쪽).
106 《일본서기》 권22 추고 13년 4월조.

고구려의 역할도 상당히 컸다고 할 수 있다. 그러나 아스카데라가 위치한 곳이 백제계 기술자가 살고 있던 지역이고, 아스카데라의 건립 시기를 전후하여 백제로부터 전문기술자가 다수 파견되고 있어 백제의 역할이 더욱 컸던 것은 아닐까 한다. 588년 사찰 조영 때 승려 혜총惠總〔聰〕 등 3인이 불사리를 가지고 왔고, 승려 영조율사聆照律師 등 6인과 함께 사공 1인 내지 2인, 노반박사, 와박사 4인, 화공 등을 보냈기 때문이다.108

《일본서기》 승준 원년(588)조에 나오는 사공 태량미태太良未太109·문고고자文賈古子, 노반박사 장덕將德 백매순白昧淳, 와박사 마나문노麻奈文奴·양귀문陽貴文·능귀문㥃貴文·석마제미昔麻帝彌 등 4인, 화공 백가白加 등의 기술자에 주목할 필요가 있다. 이들은 승려들과 함께 왜국에 파견되었는데, 적어도 3년 이상 왜국에 머물면서 기술을 제공하고 전수하는 역할을 담당했다. 흠명 15년 2월조의 "승려 담혜 등 9인이 승려 도심 등 7인과 교대했다(僧曇慧等九人 代僧道深等七人)"는 기록에서 보이듯이 왜국에 파견된 승려들도 오경박사처럼 3년의 기간을 두고 교체되었을 가능성이 크기 때문이다. 이들은 왜국에 체재하는 동안 법흥사(法興寺; 飛鳥寺)를 창건하는 데 자신들의 전문 기술을 제공한 것으로 보인다. 법

---

107 《일본서기》 권22 추고 3년 5월, 4년 동11월조.

108 《일본서기》 권21 승준 원년 "是歲 百濟國遣使并僧惠總·令斤·惠寔等 獻佛舍利 百濟國遣恩率首信·德率蓋文·那率福富味身等 進調并獻佛舍利 僧聆照律師·令威·惠衆·惠宿·道嚴·令開等 寺工太良未太·文賈古子 鑢盤博士將德白昧淳 瓦博士麻奈文奴·陽貴文·㥃貴文·昔麻帝彌 畵工白加 蘇我馬子宿禰 請百濟僧等 問受戒之法 以善信尼等 付百濟國使恩率首信等 發遣學問 壞飛鳥衣縫造祖樹葉之家 始作法興寺 此地名飛鳥眞神原 亦名飛鳥苫田"

109 太良未太에 대해서는 인명이 아니라 서역에서 기술자를 뜻하는 일반명사로 보는 견해가 있는데, 이렇게 보면 파견된 사공은 1인이다.

흥사가 승준 원년에 착공되어 추고 4년(596) 완성되었다고 하므로 최소한 사찰 건립 기간 동안이나 그 이상의 10년에 가까운 기간 동안 머물렀을 가능성도 크다.

이들 가운데 노반박사 백매순白昧淳의 경우만 '장덕將德'이라는 관등을 소지한 것으로 나오고 다른 기술자들은 이름만 나올 뿐 관등 등 더 이상의 정보를 파악하기 곤란하다. 다만 '화공백가畵工白加'의 경우는 그 존재를 확인할 수 있는 실물자료가 남아 있다. 법흥사 창건 이후 화공 백가의 행적을 알 수 있는 자료가 오사카 쿠와즈桑津유적의 쿠와즈목간이다. 우물에서 아스카시대에 속하는 목간 1점이 출토되었는데, 앞면과 뒷면에 묵서가 남아 있고 앞면의 상단에 북두칠성이 확인되므로 일종의 도부道符 또는 주부呪符목간이라 할 수 있다. 앞면 좌측 5개의 글자는 "道意白加之"로 판독된다.[110] 도의道意는 승려의 이름이고, 백가白加는 588년 법흥사의 창건을 위해 백제에서 파견된 기술자이다. 《원흥사가람연기병유기자재장元興寺伽藍緣起幷留記資財帳》에 수록된 〈원흥사노반명元興寺露盤銘〉에는 승준 원년조에 나오는 인물들이 표기는 약간 다르지만 모두 수록되어 있는데, 백가는 '백가박사百加博士'로 표기되어 있다. 함께 나오는 '양고박사陽古博士'도 백가와 마찬가지로 화가일 가능성이 있다.[111] 따라서 백가는 사찰 조영을 위해 파견된 화공이자 주부목간에 나오는 인물이기 때문에 불교적 요소와 도교적 요소가 공존하고 있는 백

110 김창석은 "道章白加之'로 판독하고, 백가는 인명이 아니라 白은 사뢰다, 加之는 사뢴 내용으로 보았으나(김창석, 2008, 〈大阪 桑津 유적 출토 백제계 목간의 내용과 용도〉, 《목간과 문자》 창간호, 242~243쪽), 1991년 이 목간을 처음 소개한 高橋 工의 판독(高橋 工, 1991, 〈桑津遺跡から日本最古のまじない札〉, 《葦火》 35, 大阪市文化財協會, 2쪽; 高橋 工, 1992, 〈大阪 桑津遺跡〉, 《木簡硏究》 14, 57~58쪽)이 더 타당한 것으로 생각된다.
111 안휘준, 1989, 〈삼국시대 미술의 일본전파〉, 《국사관논총》 10, 126쪽.

제 식자층의 존재 양태를 잘 보여 준다고 할 수 있다.[112] 또한 〈원흥사 노반명〉에서는 소아씨 밑에 동한직씨東漢直氏가 있고, 그들이 도래계 공인집단을 통괄했다고 하므로[113] 기술자 또한 소아씨의 관리 아래 있음을 알 수 있다.

593년 심주를 세우는 의식에 소아마자蘇我馬子가 백제 복식을 입고 100명 이상의 수행원을 거느리고 입장했다고 하므로[114] 백제의 영향은 더욱 분명히 드러난다. 606년(추고 14)에 안작조(鞍作鳥; 구라츠쿠리노도리), 곧 도리止利가[115] 동동銅과 자수로 만든 본존 장육불상을 안치하였고,[116] 609년에는 주불인 아스카 대불을 완성하였다고 한다.[117] 초기 일본 불교의 발전에 사마달등(司馬達等; 시메다치노)[118] － 다수나(多須奈;

112 권오영, 2008, 앞의 논문, 15~18쪽.
113 花谷 浩, 1999, 〈飛鳥池유적과 飛鳥文化〉, 《일본소재 백제문화재 조사보고서 Ⅰ － 近畿地方 -》, 국립공주박물관, 110쪽.
114 《扶桑略記》 권3 추고 원년 정월조.
115 일본의 제1세대 造佛工이라고 할 수 있는 止利 佛師의 출신지에 대해서는 중국계의 도래인이냐 백제계 도래인이냐 논란이 많은데, 백제계로 보는 경향이 강하다. 원래 마구를 만드는 기술자 집단의 수장이었지만 6세기 말쯤 휘하의 金工, 木工, 염직 기술자 등과 함께 새로운 기술을 활용해서 불상 제작으로 전향했다. 중요한 사원의 불상 제작에 참여하여 止利樣式을 이루었다. 止利양식은 중국 용문석굴의 불상과 같은 북위시대 후반의 조각 양식에 가깝고, 그것을 일본적으로 정제시킨 것인데, 단순한 형태의 크고 부릅뜬 눈, 불가사의한 미소를 띤 입술, 板을 겹쳐놓은 듯 딱딱하고 직선적인 의복 양식을 특징으로 한다고 보는 견해가 있다(佐藤昭夫, 1993, 〈鞍作止利〉, 《日本史大事典》 第2卷 平凡社, 1076~1077쪽). 이와 달리 백제 양식의 강한 영향과 함께 중국 남북조 양식의 영향을 받은 고구려불상과 신라불상의 영향으로 성립했다고 보는 견해도 있다(문명대, 2001, 〈법륭사 불상조각과 삼국시대 불상조각〉, 《강좌미술사》 16, 83~86쪽; 김리나, 2002, 〈고대 한일 미술 교섭사〉, 《한국고대사연구》 27, 269쪽).
116 《일본서기》 권22 추고 14년 하4월 乙酉朔壬辰(8일)조.
117 《元興寺伽藍緣起幷留記資財帳》 〈元興寺露盤銘〉.

다스나) – 안작조鞍作鳥[119]로 이어지는 백제계 인물 3대가 중요한 역할을 했다고 할 수 있다. 이들은 사마씨이지만 구라츠쿠리(鞍部, 鞍作)로도 표기되고 있기 때문에 왜국 이주 이후 관장 업무가 마구류 제작 등이었을 것이나, 3대에 걸쳐 불상 등의 제작에도 참여하며, 불사佛師로서 명성을 높였다.[120] 안작조는 호류지法隆寺의 석가삼존상과 같은 불상 제작에 큰 족적을 남겼다.

불교와 관련된 기술자는 아니지만, 조원造苑 기술자인 노자공路子工과 고대 티벳·인도의 가면극인 기악伎樂에 능한 미마지(味摩之; 미마시)도 이주 기술자 또는 기능인의 범주에서 언급할 수 있겠다. 612년(추고 20) 백제에서 귀화한 것으로 기록된 노자공 지기마려(芝耆摩呂; 시키마로)는 용모 때문에 추방될 위기에 처했지만 '산악 형상을 만드는 재능'을 인정받아 체류가 허가되었다.[121] 오하리다궁小墾田宮의 남정南庭에 '수미산상須彌山像'과 '오교吳橋'를 축조하였는데, 이시가미石神유적에서 발견된 아스카시대의 분수 석조물을 노자공이 만든 수미산상으로 추정하기도 한다.[122] 미마지 또한 612년 백제에서 귀화하였는데 오나라에서 기악을 배웠다고 한다.[123] 기악은 한반도에 전해져 불교행사에 사용되었고, 왜국에서는 미마지를 받아들여 바로 제자를 선발해서 춤을 전수하게 했는

---

118 司馬達等은 계체 16년(522)에 도래한 것으로 되어 있으나, 민달 13년(584)에 다시 등장하고 있어 60년 일찍 편년된 것으로 본다(연민수, 2007, 〈왜로 이주한 백제인과 그 활동〉, 《백제 유민들의 활동》, 충남역사문화연구원, 53쪽).
119 민달 13년 시세조에 보이는 司馬達等의 손자이자 용명 2년 하4월 병오조에 보이는 多須奈의 아들 止利佛師라고도 한다.
120 연민수, 2009, 앞의 논문, 266~267쪽.
121 《일본서기》 권22 추고 20년 시세조.
122 小野健吉, 2011, 〈고대 일본의 궁원〉, 《백제연구》 53, 91~94쪽.
123 《일본서기》 권22 추고 20년 시세조.

데, 이것이 일본 아악에 영향을 주었다고 한다. 노자공이나 미마지는 모두 개인적으로 일본에 이주해 온 기술자 또는 기능인으로서 일본사회에서 그 역량을 발휘한 경우라고 할 수 있다.

(2) 승려 혜총惠〔慧〕聰

고대사회에서 승려들의 역할은 단지 불법 수행자로서의 역할에 그치지 않는다. 정치·외교의 자문, 정책의 입안, 지식과 기술을 전수하는 교육자 역할을 담당한다. 백제에서 왜국에 불교가 전래된 이후 파견된 승려 또한 이러한 역할을 담당하였다.

577년(민달 6) 백제에서 왜국에 불교 경론과 함께 율사, 선사, 비구니, 주금사 등을 보냈고, 588년(승준 원년)에는 승려 혜총惠聰·영근令斤·혜식惠寔과 승려 영조율사聆照律師·영위令威·혜중惠衆·혜숙惠宿·도엄道嚴·영개令開 등을 사신, 기술자와 함께 파견하였다. 577, 588년 백제에서 왜국에 보내 준 여러 승려 가운데 눈에 띄는 존재가 혜총이다.

588년 아스카데라 창건 당시 혜총은 여러 승려, 기술자들과 함께 파견되어 사찰 창건에 관여하였다. 혜총은 595년(추고 3)에 593년 귀화한 고구려승 혜자慧慈와 함께 불교를 널리 퍼뜨려 삼보의 동량이 되었다.[124] 596년(추고 4) 겨울 11월에 법흥사(아스카데라)가 완성되자 혜자와 함께 처음으로 법흥사에 거주하였다.[125] 백제승 혜총이 아스카데라에 고구려승 혜자와 함께 주지하며 삼보의 동량으로서 일본 불교계를 주도

---

124 《일본서기》 권22 추고 3년 "五月戊午朔丁卯 高麗僧慧慈歸化 則皇太子師之 是歲 百濟僧慧聰來之 此兩僧 弘演佛敎 並爲三寶之棟梁"

125 《일본서기》 권22 추고 4년 "四年冬十一月 法興寺造竟 則以大臣男善德臣拜寺司 是日 慧慈·慧聰 二僧 始住於法興寺"

했던 것이다. 고구려승 혜자는 《삼국불법전통연기三國佛法傳通緣起》에 삼론과 성실에 통달한 학문승으로 전하는데, 595년에 왜로 건너가 615년 (추고 23)에 귀국하였다고 한다.[126] 성덕태자의 불교 스승으로 활약하며 일본 아스카 불교의 발전에 크게 기여하였는데, 혜자의 도왜는 수나라와 신라 관계를 의식한 고구려의 외교 전략에서 나온 것이었다. 혜총이 사망한 해나 장소 등에 대해서는 알려진 바가 없다.

추고조 왕권에서는 백제만이 아니라 수나라나 한반도의 고구려, 신라와도 독자적으로 외교관계를 맺으면서 지배층 내부의 관인을 서열짓기 위해 불교 교리와 유교, 그중에서도 예적禮的 질서와 이념의 수용에 목적을 두었다. 왜국에 건너온 승려의 다수는 아스카데라를 비롯하여 아스카나 가와치의 여러 사찰에 머물면서 불교 및 제반 학문을 왕족, 호족 자제에게 교수하였다. 이들이 이주지식인으로서 특수한 학문의 전습傳習이나 기술·기능이 원활하게 계승되도록 하는 요건이 되었다.[127] 백제승 혜총이나 고구려승 혜자는 정치·외교의 고문, 지식과 기술을 전수하는 교육자로서의 역할을 담당한 승려 지식인이었다.

(3) 관륵觀勒

관륵은 추고 10년(602) 10월에 왜국에 건너갔는데, 역본曆本, 천문天文·지리서地理書뿐만 아니라 둔갑遁甲·방술서方術書를 가지고 갔다.[128] 천

---

126 《일본서기》 권22 추고 23년 11월 "癸卯 高麗僧慧慈歸于國"
127 鈴木靖民, 2016, 앞의 책, 223쪽.
128 《일본서기》 권22 추고 10년 "冬十月 百濟僧觀勒來之 仍貢曆本及天文地理書 并遁甲方術之書也 是時 選書生三四人 以俾學習於觀勒矣 陽胡史祖玉陳習曆法 大友村主高聰學天文遁甲 山背臣日立學方術 皆學以成業"

체의 움직임에서 미래를 예측하는 천문학, 자연계의 성립을 설명하는 음양오행설, 때[時]를 지배하기 위한 역학曆學 등은 고대의 과학으로서 농경사회에서는 매우 중요한 요소였다. 둔갑은 육갑일六甲日을 써서 행하는 복술법의 일종이고, 방술은 의약醫藥·복서卜筮·점성占星·주술呪術 등의 잡기를 포함하므로 모두 도교적인 잡술에 속한다. 관륵이 여러 부문의 책을 가지고 왔을 때 왜국 조정에서는 각 부문마다 서생書生을 선발해서 교습하게 한다. 양호사(陽胡史; 야코노후비토)의 선조인 옥진(玉陳; 다마후쿠)에게는 역법, 대우촌주고총(大友村主高聰; 오토모노스구리코오소오)에게는 천문·둔갑, 산배신일립(山背臣日立; 야마시로노오미히타치)에게는 방술을 배우게 한다. 중국 전적을 지식으로서 이해시키는 것만이 아니라 실천을 목적으로 한 교습을 적극적으로 실시했음을 알 수 있다.

관륵은 고구려승 혜자, 백제승 혜총과 함께 삼론학의 대가로서 성실론에도 정통해 있었으며, 성덕태자에게 불법을 가르친 스승 가운데 하나였다. 관륵의 거처나 몰년은 분명하지 않지만, 혜자가 615년에 고구려로 돌아갔기 때문에 이후 소아마자蘇我馬子가 관륵을 맞이해서 법흥사에 머물게 한 것으로 보기도 한다.[129] 그런데《일본서기》추고 32년(624) 4월 무신(3일)에 한 승려가 조부를 구타한 사건이 발생하여 모든 승니를 벌주려 할 때였다. 관륵은 천황에게 보낸 상표문에서 백제로부터 일본에 불교가 전래된 지 100년도 안 되었기 때문에 승니들이 법을 지키지 못한 것이니 다른 승니는 벌주지 말라고 간언하여 받아들여졌다. 이후 곧바로 임술일(17일)에 불교계의 최고위인 승정僧正에 임명되어 승니를 감독하게 되었다.[130] 추고조에는 일본 최초의 불교 교단 통

---

129 田村圓澄, 1982,《日本佛教史》1 飛鳥時代, 法藏館, 23쪽.

130 《일본서기》권22 추고 32년(624) "夏四月丙午朔戊申 有一僧 執斧毆祖父 時天皇聞之召大臣 詔之曰 夫出家者頓歸三寶 具懷戒法 何無懺忌 輒犯惡逆 今朕聞 有僧以毆祖夫

제·감독 제도라 할 수 있는 승강제僧綱制를 실시하여 국가에서 불교·승려에 대한 본격적인 관리를 시작하게 되는데, 관륵이 최초의 승정이 되어 이를 주도하였다. 관륵이 당시 불교계에서 큰 영향력을 행사하고 있었기 때문에 천황이 그의 간언을 바로 수용하고, 또 승정으로 임명했다고 생각된다.

그런데 천황에 대해 간언하는 과정에서 백제왕을 여전히 '우리 왕(我王)'이라 표현하고 있는 것이 주목된다. 도래한 지 20년이 지난 시점에도 본래의 소속은 백제라고 인식하고 있었다고 할 수 있다. 비교적 장기간 왜왕을 섬기면서도 자신의 정체성을 백제에서 찾고 있기 때문에 이주민의 정체성을 파악하는 데 참고할 수 있다. 백제라는 국가체가 존속하고 있는 상황에서는 이주민의 정체성은 백제 멸망 뒤보다 훨씬 오랫동안 유지되었으리라 생각된다.

관륵이 왔던 추고 10년 윤10월 기축(15일)에 고구려의 승려 승륭僧隆과 운총雲聰이 함께 귀화했다는 기사도 나온다.[131] 추고 12년(604) 헌법 17조 제정 때[132] 두 번째가 '삼보를 두터이 섬겨라'는 조항인 데서도 알 수 있듯이 불교를 중시하고, 승려에 대한 대우가 컸기 때문에 지식인층으로서의 승려가 자신들의 역량을 발휘할 수 있는 기회의 땅을 찾아

故悉聚諸寺僧尼 並將罪 於是 百濟觀勒僧 表上以言 夫佛法 自西國至于漢 經三百歲 乃傳之至於百濟國 而僅一百年矣 然我王聞日本天皇之賢哲 而貢上佛像及內典 未滿百歲 故當今時 以僧尼未習法律 輒犯惡逆 是以 諸僧尼惶懼 以不知所如 仰願 其除惡逆者以外僧尼 悉赦而勿罪 是大功德也 天皇乃聽之 壬戌 以觀勒僧爲僧正 以鞍部德積爲僧都 卽日以阿曇連〔闕名〕爲法頭"

131 《일본서기》 권22 추고 10년 윤10월 을해삭기축조.
132 물론 헌법17조 제정 시기에 대해서는 성덕태자가 작성한 것으로 보는 설도 있지만, 천무조 이후 제정되었다고 보는 것이 일반적이다. 그러나 추고조에 사찰이 창건되고 불교가 널리 보급되었던 것은 분명하다.

왜국에 적극적으로 이주해 왔을 가능성이 크다.

백제에서 파견된 승려가 오경박사와 함께 교대하는 예에서 볼 때, 왜국에 체류한 기간이 긴 관륵도 귀국 가능성이 있었다고 추정하기도 한다.[133] 그러나 관륵의 경우 30년 동안 체류하면서 왜국 왕실에 미친 영향력이나 그 제자들의 활약으로 볼 때 귀국했을 가능성은 적다. 더욱이 30년 동안 체류하여 이미 고령이며, 무왕 33년 의자왕이 책봉되고, 무왕 35년 이후에는 무왕이 정치에 대한 관심이 적어지는 상황이었기 때문에 관륵이 귀국했을 가능성은 매우 적다고 판단된다. 아스카이케飛鳥池 유적 북쪽지구에서 출토된 아스카후지와라쿄飛鳥藤原京 955호 목간에 나오는 기년을 698년으로 보고, '勒口」大夫」大念念〔 〕口'라는 묵서를 후대에 과거 아스카데라에 주지로 있었던 스님의 이름을 적은 것으로 추정하기도 하는데,[134] 관륵과 관련이 있는지 추후 검토의 여지가 있다.

이처럼 혜총이나 혜자와 같은 승려가 성덕태자의 스승이 되고, 또 관륵은 성덕태자에게 불법을 가르치면서 승정이 되었다. 특히 관륵은 일본에서 불교 교단을 국가가 통제·관리하는 체제로 들어가게 하는 데 주도적인 역할을 했다는 점에서 의미가 크다. 이들이 적극 활동할 수 있었던 것은, 당시 사회에서 승려들이 지식인층으로서 담당한 역할이 컸고, 불교가 고대사회 운영에서 중요한 세계관으로서 통치이념에도 중요한 영향을 미쳤기 때문이 아닐까 한다. 백제 성왕이 유교와 불교의 견제와 조화에 입각한 유불통치이념 아래 통치체제를 정지하고자 한 데서 볼 수 있듯이, 불교는 고대 동아시아에서 사회를 운영해 갈 때 필요

---

133 田中史生, 2019, 앞의 책, 168~169쪽.
134 나라문화재연구소, 2007, 《飛鳥藤原京木簡 1》; 하시모토 시게루, 2017, 〈목간 - 긴키지역의 백제 관련 목간-〉, 《일본 속의 백제 -긴키지역-》 I, 충청남도·충청남도 역사문화연구원, 251~252쪽.

한 통치이념으로서 자리 잡을 수 있는 소지가 컸다. 이는 한편으로는 승려들이 한자문화는 물론 유교, 도교에 관한 소양을 갖춘 지식인이었기 때문에 가능한 일이었다. 체제 정비나 국가운영의 조언자, 이념적 지도자로서 역할을 했던 승려를 상정할 수 있을 것이다.

4) 왜국에서 백제로 건너온 이주지식인

2단계는 왜국에서 백제로 건너와 활동한 이른바 '왜계 백제관료'에 대해서도 살펴볼 필요가 있다. 왜계 백제관료는 왜국의 氏와 성姓을 가지고서 백제에 와서 백제의 관등을 수여받고 백제를 위해 활동한 사람들이다.[135] 1단계의 박사 고흥처럼 백제에서는 다른 나라에서 이주해 온 사람들을 관료로 삼은 예가 있기 때문에 이례적인 일은 아니다.

왜계 백제관료는 540~550년대에 집중적으로 출현한다. 왜계 백제관료의 발생 배경에 대해서는 다양한 해석이 있다. 475년 한성함락 이후 왜국이 백제의 왕권 부흥운동에 개입하면서 이때 파견된 왜인들의 후손이 540년대에 백제의 관료가 되었다는 견해,[136] 4세기 후반 백제와 왜국이 외교관계를 맺으면서 백제에 파견되었던 왜병 가운데 일부를 영산 강유역과 같은 변방에 의도적으로 정착시켰다가 5세기 후반 지배체제 정비과정에서 그 일부를 중앙관료로 기용한 것이 성왕대에 집중적으로 출현하는 왜계 백제관료라는 견해가 있다.[137]

---

135 야마토 정권의 씨와 성을 가지면서도 백제의 관위나 관직을 가지고 백제에 체재하면서 백제를 위해 활동하고 있는 사람들이라는 개념 정의 아래 야마토 정권과 백제의 관계가 이들 씨족을 중심으로 가능했다고 보았다(金鉉球, 1985, 《大和政權の對外關係研究》, 吉川弘文館, 66쪽).

136 山尾幸久, 1989, 《古代の日朝關係》, 吉川弘文館.

137 5세기 후반~6세기 전반에 조성된 영산강유역 전방후원분의 피장자를 규명하는 과

한편 왜국으로 건너간 이른바 '도래인'의 후손이라는 설이 있다. 6세기 초반 야마토 정권은 한반도와의 관계가 더욱 중요해지면서 5세기 후반 일본열도로 건너간 한반도 출신 도래인의 자손을 왜국의 사신으로 임명하여 백제에서 활약하게 하였는데, 이들을 통상 왜계 백제관료라고 부른다는 것이다. 이들 왜계 백제관료는 도래인이거나 일본 정착 도래인이 왜인과 혼인해서 그 사이에 태어난 한자韓子 또는 한복韓腹이라고 보았다.[138] 또한 왜계 백제관료는 5세기 후반부터 백제가 가야와 왜국의 유력씨족들과 밀접한 관계를 맺은 것을 계기로 등장하는데, 이들 중에는 왜국의 유력씨족 출신이 많지만 백제계 '도왜인'도 있었으며, 백제의 왕도에 체재했다고 보기도 한다.[139] 왜계 백제관료의 연원 및 주된 활동시기는 대체로 5세기 후반, 6세기 전반(540~550년대)으로 보고 있다고 할 수 있다. 왜국으로 건너간 이주민의 후손이 왜계 백제관료로서 활약한 사례가 다수 확인되므로 이를 염두에 두고 살펴볼 필요가 있다.

왜계 백제관료는 주로 백제 관료와 함께 왜국에 건너가 정치적 교섭이나 군사적 지원을 요청하는 등 대외관계에서 중요한 역할을 하고 있다. 따라서 왜계 백제관료와 관련해서는 단지 외교사신으로서의 성격만 가진 것인지, 백제와 야마토 정권 모두에 소속되어 있는 양속적인 관료인지, 본래 백제와 관계가 있는 인물인지, 또 이들 관료가 다시 왜국으

정에서 왜계 백제관료의 출현 배경을 도출했다(주보돈, 1999, 〈백제의 영산강유역 지배방식과 전방후원분 피장자의 성격〉, 《한국의 전방후원분》, 충남대 백제연구소, 72~77쪽).

138 이연심, 2010, 〈6세기 전반 가야·백제에서 활동한 '왜계관료'의 성격〉, 《한국고대사연구》 58, 231~232쪽. 한자 또는 한복이라고 본 근거는 《일본서기》 권19, 흠명 2년 추7월조 세주의 "紀臣奈率者 蓋是紀臣娶韓婦所生 因留百濟 爲奈率者也 未詳其父 他皆效此也"와 흠명 5년 3월조의 "臣深懼之 佐魯麻都 雖是韓腹 位居大連"이라는 기사이다.

139 박재용, 2015, 〈《일본서기》에 보이는 왜계백제관료〉, 《백제학보》 15, 48쪽.

로 귀환했는지 논란이 되고 있다.

백제에서 왜국에 많은 인원을 파견한 것과 마찬가지로 왜국에서도 적지 않은 수의 왜인들을 파견하여 긴밀한 외교관계를 도모했다. 일반적으로 인정되고 있는 왜계 백제관료는 기신나솔미마사紀臣奈率彌麻沙, 물부나솔용가다物部奈率用歌多, 허세나솔가마許勢奈率哥麻, 물부나솔가비物部奈率哥非, 상부나솔과야신라上部奈率科野新羅, 상부덕솔과야차주上部德率科野次酒, 상부나솔물부오上部奈率物部烏, 물부시덕마가모物部施德麻哿牟 등이 있다.140 고대 일본의 기紀, 허세許勢, 물부物部, 과야씨科野氏 출신으로서 일본의 씨성과 함께 백제의 관등을 가진 관료가 되어 외교 분야에서 활약하고 있는 몇몇 대표적인 사례를 들어보면 다음과 같다.

(1) 기신 나솔 미마사紀臣奈率彌麻沙

《일본서기》 흠명 2년(541) 추7월조에는 백제가, 안라일본부와 신라가 계략을 꾸민다는 것을 듣고, 전부 나솔 비리막고鼻利莫古·나솔 선문宣文, 중부 나솔 목협매순木劦昧淳·기신 나솔 미마사彌麻沙 등을 안라에 보내, 신라에 간 임나집사를 소환해서 임나의 재건에 대해 도모하도록 했다는 기사가 나온다. 기신나솔에 대한 세주를 보면 기신은 그 아버지는 알 수 없으나, 한韓의 부인을 얻어 낳은 자식으로 백제에 머물렀기 때문에 나솔이 된 자로 되어 있다. 5부에는 속해 있지 않지만 백제의 관등을 가지고 있는 왜계 관료로서, 백제에서 왜계 백제관료에 대해 나솔 관등을 수여했음을 알 수 있다.

---

140 연민수 외, 2013, 《역주 일본서기》 2, 347쪽.

(2) 동방령東方領 물부막가무련物部莫哥武連

《일본서기》흠명 15(554)년조에 따르면 물부막가무련(物部莫哥武連; 모모노베노마카루노무라지야)는 5방 가운데 하나인 동방의 방령으로서 방의 군사를 거느리고 함산성, 곧 관산성 공격에 참여한 것으로 나온다. 이 물부막가무련은 흠명 4년(543) 추9월조에 나오는 '물부시덕마가모物部施德麻哥牟'와 동일인으로 보인다. 백제 성(명)왕이 물부시덕마가모 등 3인을 보내 부남扶南의 보물과 노奴 2명을 보낼 때 사신으로 파견되었다. 그런데 동방령은 한강유역을 두고 신라와 다투는 중요한 전투에서 공동 대응을 수행하는 중차대한 임무였기 때문에 이 시기에 왜계 백제 관료를 동방령으로 임명하는 것이 가능하였을까 의문을 제기하기도 한다.[141] 《일본서기》편찬 단계에 물부씨 가전家傳을 토대로 윤색했을 것으로 보지만, 물부씨物部氏가 한반도 문제에 깊이 관여하고 있는 씨족이었음은 분명하다.

(3) 달솔 일라日羅

왜국으로 돌아간 뒤의 활동이 추적되는 왜계 관료로 달솔 일라가 있다. 여타의 왜계 백제관료가 왜국으로 귀환했는지 여부가 불분명한 것과는 차이가 있다. 일라에 대해서는 왜계 백제관료의 활동 시기와 거리가 있고, 백제의 사신으로 왜국에서 활동했다고 보기 어렵기 때문에 왜계 백제관료의 범주에서 제외시켜야 한다는 주장도 있다.[142] 그러나 일

---

141 연민수 외, 2013, 《역주 일본서기》 2, 384쪽.
142 이연심, 2010, 앞의 논문, 228쪽.

라는 백제의 관인이면서 천황과의 군신관계도 있었기 때문에 백제와 왜국에 양속하는 국제인으로 볼 여지가 있다.[143]

백제 위덕왕은 왜국의 규슈 북부인 쓰쿠시筑紫지역에 거점을 마련하고 백제 세력을 이식시키고자 하였는데,[144] 왜국은 왜계 백제관료로 근무하고 있던 달솔 일라를 왜국으로 불러들여 국정에 관해 조언을 구하였다. 일라는 백제가 쓰쿠시지역에 신국新國을 건설할 의도를 가지고 있으므로 속지 말라고 간언하였고, 기밀 누설로 말미암아 달솔 일라는 동행해 왔던 백제 사신에게 살해당했으며, 백제의 쓰쿠시 진출도 무산되었다. 일라가 왜국에 소환되었던 것도 왜국과 백제의 관계에 균열이 생겼기 때문이었을 것인데, 아마도 당시 왜국에서 불교의 수용을 둘러싸고 물부씨物部氏와 소아씨蘇我氏가 대립하던 상황과 무관하지 않을 것이다. 민달천황이 죽은 뒤 친백제 노선을 기조로 하는 소아씨 정권이 출현하였다.

왜계 관료의 활동이 많이 확인되고, 부여에서 '部夷(부이)' 목간의 사례도 보이므로 외지인을 받아들이는 정책적 차원의 조치가 있었을 가능성을 배제할 수 없다. 영산강유역의 전방후원형고분 이외에 최근에는 공주 단지리丹芝里나 금강유역에서도 왜계의 횡혈묘가 확인되어 관심을 끌고 있다. 6세기대에는 백제 관인이 된 왜인이 있고, 그들이 백제에 체재한 기간은 알 수 없으나 그중에는 2세 세대의 왜인도 있으므로 이들의 정착지와 관련하여 왜계의 무덤에 대한 합리적인 해석이 필요하다.

백제지역 횡혈묘는 웅진도성 외곽이나 공주에서 부여로 이어지는 길목, 사비도성 외곽 등 대부분 공주와 부여에 한정되어 분포하며, 웅진

---

143 吉村武彦 외, 2020, 앞의 책, 57쪽.
144 《일본서기》 권20 민달천황 12년(583) 시세조.

기만이 아니라 사비기까지 조영되었다. 부여 쪽으로 갈수록 규모가 작아지고 군집수도 적어진다. 대체로 1~2기 정도로 흩어져 분포하지만, 공주 단지리고분군에서는 5세기 후반부터 6세기 전반에 해당하는 횡혈묘 24기가 확인되었다. 일본 북부 규슈 일원에 분포하는 초기 횡혈묘와 유사하고 일본 고분시대의 대표적 토기인 스에키 등이 출토되어, 백제에 와서 정착한 왜국의 관인·상인 등 왜국과 관련된 집단에 의해 조성된 무덤으로 추정되고 있다.[145] 백제와 왜국의 정치적·경제적 교섭에서 실무적인 일을 담당하다가 백제에 정착한 사람들의 무덤이다. 백제의 도읍지 주변에 외국인의 집단 거류지가 있었음을 말해 준다.

정지산유적과 금학동 20호분에서도 5세기 후반~6세기 초두의 스에키계 토기가 출토되었다. 이들 사례를 통해 웅진시대에도 왜국에서 이주민이 들어왔음을 알 수 있다. 공주 단지리유적은 집단적으로 모여 살았던 사례라고 한다면, 웅진·사비 일원에 흩어져 있는 1~2기 정도의 횡혈묘는 현지세력에 흡수되어 산 경우로 추정된다. 공주 웅진동유적과 같이 횡혈묘와 공존하는 횡혈식석실분의 피장자는 현지 유력세력이거나 왜인 가운데 백제 왕권에 좀 더 고위직의 관인으로 편입된 경우가 아닐까 한다.[146]

2단계에서는 백제에서 활약한 중국계 이주민도 역할의 분화가 있었던 것으로 추정된다. 4세기 중반 이후 본격적으로 백제로 들어와 활동하던 중국계 이주민의 후예들은 여전히 중국과의 외교관계에서 활약을 하였으되, 이미 백제인화해 가는 측면이 많았을 것이다. 이에 견주어 성왕

---

145 이호형, 2008, 〈공주 단지리 횡혈묘군을 통해 본 고대 한일교류〉, 《한국고대사연구》 50, 257~258쪽.
146 김낙중, 2019, 〈백제 횡혈묘의 특징과 의미에 대하여〉, 《문화재》 52-2, 272쪽.

등의 요청으로 중국에서 파견되어 3년 정도 체재했을 박사나 화공 등은 전문화된 지식을 가지고, 국왕의 측근으로서 백제의 체제 정비에 크게 기여하고, 백제의 학문 및 문화 발전에도 족적을 남겼을 것으로 생각된다.

중국에서 6세기 전·중반 백제의 요청에 따라 전문 지식인을 보내 준 것은, 상대국의 적극적 요청에 따른 것이지만 중국 또한 우방 관계를 지속함으로써 얻는 이익이 있었기 때문일 것이다. 이는 6세기 중·후반부터 7세기 전반에 걸쳐 백제에서 왜국의 요청에 따라 여러 분야의 전문 지식인과 기술자를 보내 준 목적을 이해하는 데에도 도움이 된다. 백제는 양으로부터 유학자, 불교 승려 및 불사 관련 기술자 등을 요청해 받고, 또 왜국에 보내 주기도 하지만, 분명히 시차는 있다.

왜국에서 활약한 백제계 이주민은 1단계의 기술자에 이어 6세기 초·중반에 오경박사 등의 지식인, 문자행정이나 장부 정리 등에 익숙한 전문가가 파견되었다. 왜국의 요청에 따라 천문 관측 방법과 역법을 전해 주기도 하였다. 6세기 후반 위덕왕대에는 불교 승려와 사찰 조영 기술자들이 집중적으로 이주하였다. 7세기 초에 들어서는 불상 제작자의 활약이 컸으며, 무왕 때의 승려 관륵은 역법·천문·지리·방술에 관한 책을 전해 주기도 했다. 승려들은 비단 불교만이 아니라 유교, 도교 등 다방면의 전문가였다. 그러나 멸망 이전의 이주민은 멸망 이후와 비교할 때 비지속적이고, 일시적이라 할 수 있다.[147] 실제로 백제의 전문 지식인이 본격적으로 일본의 관제官制에 편입되어 활동을 하게 된 것은 백제 멸망 뒤의 이주지식인에서 시작된다.

---

147 田中俊明, 1999, 〈백제인의 일본 이주사 (백제계 도래인사) 개요〉, 《일본소재 백제 문화재 조사보고서 I - 근기지방- 》, 국립공주박물관, 167~169쪽.

제3장 7세기 후반 이후 백제 유민 지식인의 활동

중국 대륙에서 통일국가 수와 당이 등장함에 따라 한반도 삼국 사이에도 새로운 국제질서에 대응하기 위한 외교경쟁이 치열해지고, 왜국 또한 650년대 후반까지 자국의 이익을 추구하기 위한 외교정책을 추진하였다. 그러나 660년 신라와 당의 연합군에 의해 마침내 백제가 멸망하였다.

백제 멸망 후 660년 9월 의자왕을 비롯한 왕족과 신료, 백성 등 2,000~13,000명이 전쟁 포로가 되어 당으로 끌려간 이래 총 4차에 걸쳐 백제 유민의 중국 이주가 있었다.[1] 이들도 '이주민'으로 통칭될 수 있지만, 백제라는 국가체가 소멸한 것을 배경으로 등장한 집단이므로 '망국의 백성'이라는 의미의 '유민遺民'이라는 용어도 함께 사용하고자 한다. 최근 당에서 활약한 백제 유민 묘지명 자료가 많이 발견되었지만, 이들이 당 사회에 미친 영향이 크지 않고, 또 이들 유민과 후손의 활약은 8세기 중엽 이후 보이지 않는다.[2] 지식인을 자신이 몸 담고 있는 사회의 변화에 기여한 자라고 한다면, 당으로 들어간 백제 유민의 영향은 미미했다.

---

1 김영관, 2012b, 〈백제 유민들의 당 이주와 활동〉, 《한국사연구》 158, 233~238쪽.
2 정병준, 2007, 〈당에서 활동한 백제 유민〉, 《백제 유민들의 활동》, 충남역사문화연구원, 304~305쪽. 현재까지 확인된 백제 유민 묘지명은 총 11점이다. 이 가운데 가장 늦은 묘지명은 750년에 작성된 〈예인수 묘지명〉이므로 백제 멸망 뒤 3세대 정도가 지난 750년 전후가 하한이 될 것이다.

이에 견주어 왜국으로 이주한 백제 유민은 다른 양상을 보인다. 백제 멸망 후 왜국은 663년 백강전투에 지원군을 보냈으나, 백강전투의 패배로 왜국 조정의 위기의식이 고조되었다. 이후 왜국은 백제 유민을 대거 받아들임으로써, 고구려 멸망과 나당전쟁이라는 국제정세의 변화 속에서 국내 방위체제를 강화하는 등 국가 기반을 재차 다지게 되었다. 따라서 3단계는 백제가 멸망한 660년 이후 당과 왜국으로 백제 유민이 이동하게 된 시기를 대상으로 한다. 특히 왜국에 정착한 백제 유민들은 율령국가 건설에 적극 참여하여 자신들의 지식과 기술을 바탕으로 일본의 관인이 되어 다양한 직무를 수행한 사례가 많이 남아 있다. 백제 유민들의 후손은 점차 일본인화해 가는데, 이들이 일본인으로서의 정체성을 온전히 갖기 전까지를 고찰의 하한으로 삼아 검토하기로 하겠다.

1. 당으로 간 백제 유민

백제 유민들이 당에 들어간 시기는 660년 멸망 직후, 663년 8월부터 664년 3월 사이 주류성이 함락되고 부흥운동이 실패로 돌아간 이후, 668년 고구려 멸망 이후, 웅진도독부가 철폐된 671~676년 사이 등 네 차례이다. 1, 2, 3차는 전쟁포로로 끌려간 경우라고 한다면, 웅진도독부 해체 이후 도독부 체제 아래에서 활동했던 백제계 관료와 이를 따르던 사람들은 자발적으로 이주한 경우이다. 또한 대부분의 백제 유민이 서주徐州, 연주兗州 등 여러 지방 주에 안치된 것과 달리, 왕족이나 귀족 관료는 우선 당의 수도 낙양洛陽과 장안長安에 머물렀다.[3] 왕족과 귀족 등의 유력자들은 바로 거주지가 정해지고 당의 호적에 편입되었다. 흑치상지黑齒常之 가문처럼 유력한 왕족이나 귀족세력 중에는 무장으로 활약하고 고위직으로 영화를 누린 경우도 있다. 그런데 당의 백제 유민들은 1세대가 모두 사망한 뒤에도 한동안 백제인이라는 의식 속에서 살아갔다.[4] 따라서 검토의 범위는 2~3세대까지 포함된다.

1) 왕족 부여씨扶餘氏

왕족 부여씨의 백제 멸망 후 행적을 알 수 있는 자료는 〈부여융扶餘隆 묘지명〉과 〈태비太妃 부여씨 묘지명〉〈조인본趙因本, 부여씨 부부 묘지명〉 등이다. 부여융에 관한 자료는 《삼국사기》《구당서》《신당서》《자치통감》 등에 비교적 풍부하게 남아 있는 편이므로 상호 비교를 통해 백제 멸망 이후의 행적을 살펴보도록 하겠다.

부여융은 멸망 후 의자왕과 함께 당나라 수도 낙양으로 끌려가 당 고종에게 포로로 바쳐졌으나, 663년 당군과 함께 백제로 돌아와 백제부흥군 진압에 참여하였고, 임존성에서 저항하던 흑치상지와 사타상여沙吒相如의 투항을 유도하였다. 664년 2월부터는 웅진도독부 일에 관여하였다. 공훈이 자주 드러나 정3품 태상경太常卿으로 벼슬을 옮기고 대방군왕에 봉해졌으며, 682년 68세의 나이로 사망하여 보국대장군輔國大將軍으로 추증되었다.[5] 부여융은 문사文詞를 아주 좋아하고 경적經籍을 더욱 탐독하였다고 하므로 당나라에 들어와 무장으로서 출세한 여타 유민과

---

3 拜根興, 2012, 《唐代高麗百濟移民研究 － 以西安洛陽出土墓誌爲中心 －》, 中國社會科學出版社, 111~112쪽; 김영관, 2012b, 앞의 논문, 242~245쪽.

4 정병준, 2007, 앞의 논문, 305쪽.

5 김영관, 2012c, 〈백제 멸망 후 부여융의 행적과 활동에 대한 재고찰〉, 《백제학보》 7, 80~106쪽: 2017, 〈〈부여융 묘지명〉의 새로운 판독과 번역〉, 《한국고대사탐구》 25, 31쪽.

달리 왕족으로서 인문학적 소양을 충분히 갖춘 것으로 보인다.

부여융에게는 문사文思와 문선文宣, 덕장德璋의 세 아들이 있었다. 문사는 신라와 당의 연합군이 사비성을 공격할 때 제일 먼저 투항했는데, 백제 멸망 이후의 행적을 알 수 있는 자료가 남아 있지 않다. 부여융의 아들인 문선은 황태자(중종) 휘하의 장군으로서 사타충의沙吒忠義와 함께 출전하고 있어 왕족들은 특별한 대우를 받았음을 알 수 있다. 부여덕장은 종5품관 조청대부朝請大夫로 현재의 감숙성甘肅省 평량현平涼縣에 해당하는 위주渭州의 자사刺史를 지냈기 때문에 당의 서쪽 변경의 지방관을 역임했다고 할 수 있다. 덕장의 후손 또한 당에서 황족과 혼인하는 등 특별한 대우를 받았다. 부여융의 손녀이자 부여덕장의 장녀인 태비太妃 부여씨扶餘氏는 690년에 태어나 711년 당 고종의 증손인 사괵왕嗣虢王 이옹李邕과 혼인하였다. 이옹의 두 번째 부인이 되어 718년 사괵왕비로 책봉되었고, 731년에는 사괵왕 태비로 책봉되었다.[6]

묘지명에는 보이지 않지만 《구당서》와 《신당서》 토번 열전에 보이는 부여준扶餘準 또한 왕족인 부여씨 인물이다. 부여준은 삭방군朔方郡의 대장군으로 토번과의 전투에 기병을 이끌고 참여했다가 평량平涼에서 포로가 되었다. 포로가 된 지 30년 만에 장안으로 귀환하여 풍왕부灃王府의 사마司馬가 되었지만 연로하여 더 이상의 활동은 하지 못했다. 《신당서》 토번 열전에 '동명인東明人'으로 기록되어 있는데, 백제 고토에 설치되었던 동명도독부 또는 웅진도독부의 동명주를 내세우고 있어 백제 왕족들이 8세기 말 9세기 초까지도 백제인으로서의 정체성을 상실하지 않고 있었다고 보기도 한다.[7]

---

6 〈太妃 扶餘氏 墓誌銘〉(국사편찬위원회 한국사데이터베이스의 명칭은 〈扶餘氏夫人 墓地銘〉이다.)

7 김영관, 2012b, 앞의 논문, 250~251쪽.

최근 당나라에 남은 백제 유민의 행적을 보여 주는 자료가 발견되어 주목된다. 섬서성 서안시 장안구 소릉원少陵原에서 출토된 부여풍扶餘豐의 딸(647~729)과 그 남편인 조인본(趙因本, 628~690)의 합장 묘지명을 통해 부인의 선대와 입당과정, 혼인 이후의 삶을 알 수 있다. 특히 668년 고구려의 멸망으로 당의 포로가 되어 영남으로 유배된 이후 행적을 알 수 없었던 부여풍과 그 후손에 대한 정보를 제공한다. 조인본의 부인인 부여씨 부인의 사위가 현종대의 재상인 원건요源乾曜였고, 외손자 원청源淸이 현종의 딸인 진양공주眞陽公主와 혼인한 사실도 주목된다. 조인본이 690년에 죽고 40년 동안 부여씨 부인이 홀로 가문을 이끈 것처럼 표현되어 있어 후손의 혼인에 부여씨의 영향력이 크게 작용한 것으로 보인다.[8] 당으로 건너간 유민 일족이 당 황실의 종친이나 유력 가문과의 혼인을 비롯한 인적 관계를 정치적 지위를 유지, 상승시키는 데 활용했음을 알 수 있다.[9]

이처럼 의자왕은 당에 도착한 뒤 바로 세상을 떠났으나, 부여융과 그 직계 왕족들은 웅진도독부와 당으로 들어온 백제 유민들을 안무하는 일을 담당하였다. 일부는 전쟁에 참여하여 공을 세웠다. 또한 당 황실의 종친이나 유력 가문과의 혼인을 통하여 입지를 다지기도 하였는데, 당으로 건너온 뒤에도 백제 왕족 출신이라는 점이 일정한 영향을 미친 것으로 보인다.

8 장병진, 2022, 〈백제 부여풍 후손의 행적에 관한 새 자료 – 조인본, 부여씨 부부의 묘지명〉, 《역사와 현실》 123, 257쪽.
9 김영관, 2020, 〈在唐 백제 유민의 활동과 출세 배경〉, 《한국고대사탐구》 35, 104~109쪽.

2) 귀족세력

(1) 흑치씨黑齒氏

흑치상지, 흑치준黑齒俊 등의 흑치씨가 있다. 〈흑치상지묘지명〉〈흑치준묘지명〉과 함께 《구당서》《신당서》《삼국사기》 흑치상지 열전 등을 토대로 흑치씨의 활동을 살펴볼 수 있다. 흑치상지는 630년(무왕 31)에 태어나 달솔 관등을 소지하고 풍달군장風達郡將을 역임하였다.[10] 660년 의자왕이 신라와 당나라 연합군에게 항복할 때 함께 항복하였다. 이후 부하들을 거느리고 백제 부흥운동을 벌이다가 주류성이 함락된 663년 9월 전후 사타상여沙吒相如와 함께 당나라 군대에 투항하였다. 당나라 군대의 선봉에 서서 임존성을 함락시키는 데 중요한 역할을 하고, 부흥운동이 종식된 뒤 부여융과 함께 당으로 들어가 장안의 만년현萬年縣에 편적되었다. 664년 부여융이 웅진도독에 임명되자 흑치상지도 함께 백제로 돌아와 664~665년 절충도위折衝都尉에 임명되었다.

흑치상지는 675년 웅진도독부가 한반도에서 소멸되면서 다시 당으로 들어갔다. 여러 차례 승진하여 좌영군원외장군左領軍員外將軍 양주자사洋州刺史에 임명되었다.[11] 고종 의봉儀鳳 3년(678) 9월까지 토번吐蕃과의 전쟁 등에서 세운 공으로 토번의 공격을 선봉에서 막는 군단의 부사령관이 되었다.[12] 686년 당의 변경을 위협하던 동돌궐이 침공했을 때는 무측천의 명을 받아 좌응양위대장군으로서 군대를 이끌고 가서 돌궐의

---

10 흑치상지에 대한 기술은 송기호 역주, 1992, 〈흑치준 묘지명〉, 《역주 한국고대금석문》 I, 한국고대사회연구소 편 참조.
11 《新唐書》 권110 흑치상지 열전.
12 《舊唐書》 권109 흑치상지 열전.

대군을 물리쳤다. 687년 돌궐의 재차 침입 때도 제군을 거느리고 토벌하러 갔으나 공을 세우지 못했고, 2년 뒤인 689년 9월 주흥周興 등의 무고로 감옥에 갇혀 고통을 받다가 10월 스스로 목숨을 끊었다. 9년 뒤인 698년 장남 흑치준黑齒俊에 의해 신원伸冤이 이루어졌다. 무측천은 흑치상지를 좌옥검위대장군左玉鈐衛大將軍에 추증하고 699년 개장을 허락하여 흑치상지는 낙양 북망산北邙山에 이장되었다.

흑치준은 흑치상지의 장남으로 676년에 태어나 706년(당 중종 神龍 2년) 사망하였다.[13] 일찍부터 병법과 무예를 익혀서 20세에는 이민족과의 전쟁에 종군하여 공을 세웠으며 이진충의 반란 진압 시 출전하였을 것으로 추정된다. 고위 군장의 전속 비서인 별주別奏를 맡아 세운 공으로 고위 관품을 받았으며, 얼마 뒤 우금오위익부중랑장右金吾衛翊府中郎將 상주국上柱國으로 승진하였다. 부친인 흑치상지의 신원운동을 벌였다. 흑치준의 인척으로 '순장군珣將軍'이라고 하는 물부순勿部珣이 있는데, 그의 부인이 흑치상지의 중녀이다. 706~708년 사이에 부인과 함께 산서성山西省 태원太原의 천룡산天龍山에 석굴을 조성하였다. 석굴 조성 당시 우금오위장군右金吾衛將軍 상주국上柱國 준화군遵化郡 개국공開國公의 지위에 있었다. 순장군도 흑치상지에 필적할 만한 전공을 세워 3품 이상의 지위에 오른 것이 아닌가 한다.

흑치상지 가문은 백제 멸망과 부흥군 진압 시 당에 협조했던 가문으로서 낙양과 장안 등지에 자리를 잡고 웅진도독부에 관리로 임명되어 백제 유민 안무에 동원되기도 하였다. 또한 백제에서 무장으로 활약한 경험을 살려 돌궐, 토번 등과의 전쟁에 나서 무장으로 이름을 날리기도

---

13 송기호 역주, 1992, 〈흑치준 묘지명〉, 《역주 한국고대금석문》 I, 한국고대사회연구소 편, 575쪽.

했다. 흑치상지는 백제와 당에서 장군으로 활약했지만 어려서부터 책을 섭렵한 기본 소양을 갖춘 지식인이었다. 부여융과 마찬가지로 백제 유민 안무에 동원된 이유도 이들이 갖춘 소양이 바탕이 되었을 것이다.

(2) 사씨沙氏

백제의 대성팔족大姓八族 가운데 하나인 사씨로서 활동한 사람들이 많다. 사택 또는 사타씨는 사씨를 복성의 형태로 표기한 것으로 웅진천도 이후 본격적으로 중앙정치에 참여하였으며, 사타천복沙吒千福 외에도 사택기루沙宅己婁, 사택지적沙宅智積 등이 대좌평을 역임할 정도로 백제 멸망 때까지도 핵심적인 정치세력이었다.

사타천복沙吒千福은 《삼국사기》 태종무열왕 7년조에는 대좌평천복, 《일본서기》 제명 5년 7월조에는 대좌평사택천복, 〈당평백제국비唐平百濟國碑〉에는 사타천복으로 나온다. 《삼국사기》 태종무열왕 7년조에 따르면, 백제가 신라와 당나라 연합군의 침공을 받아 660년 7월 13일 사비도성이 함락될 때 대좌평이었던 사택천복은 의자왕의 아들 융隆과 함께 성을 나와 항복하였다. 〈당평백제국비〉에도 당나라가 백제를 평정한 뒤 의자왕과 태자 융, 외왕 효孝를 포로로 잡아갈 때 대수령 대좌평 사타천복과 국변성도 모두 당에 연행된 것으로 기록되어 있다. 〈당평백제국비〉의 '대수령大首領'이라는 표현에서도 알 수 있듯이 사타천복은 660년 7월 사비도성이 함락될 때 왕과 함께 나와서 항복한 대표적인 귀족관료로서 660년 9월 3일 사비를 떠나 당으로 돌아가는 당나라 군대를 따라 낙양으로 끌려가서 11월 1일에 황제에게 바쳐진 것으로 보인다. 이후 당에서의 행적은 확인되지 않으나, 사타충의가 당에서 활약하는 데 영향을 미쳤을 것으로 추정된다.

사타상여沙吒相如는 백제 부흥운동의 본거지였던 주류성이 함락된 663년 9월을 전후로 별부장別部將으로서 흑치상지와 함께 부하들을 이끌고 당에 항복하였다. 항복 이후 흑치상지와 함께 당군의 선봉에 서서 임존성을 함락시키는 데 역할을 했다. 흑치상지가 당에서 활약한 것으로 보아 사타상여 또한 활약했을 가능성은 있으나, 행적은 추적되지 않는다. 사타상여의 후손으로 사타충의沙吒忠義와 사타리沙吒利가 있다.

사타충의沙吒忠義는 언제 어떠한 과정을 거쳐 당으로 들어갔는지 알 수 없다. 그러나 7세기 말에서 8세기 초에 당군의 요직에 있으면서 중요한 전투에 참여한 것으로 보아 10대나 20대 초에 백제 멸망을 직접 경험한 뒤 당으로 들어간 것이 아닌가 한다.[14] 당에서 무장으로 성공하게 된 데는 개인적인 역량은 물론 웅진도독부 이래 당의 시책에 협조적이었던 사택씨 가문에 대한 배려도 작용했을 것이다.[15] 694년 돌궐의 묵철가한黙啜可汗이 당을 공격하자 출전하였고, 697년 6월에 우무위위대장군右武威衛大將軍 청변도清邊道 전군총관前軍總管으로 임명되어 거란군을 대파하였다. 698년에 돌궐의 묵철이 다시 당을 공격하자 천병서도총관이 되어 부여융의 아들 문선과 함께 묵철에 맞섰으나 패배하였다. 706년 12월 묵철이 영주의 명사현을 공격해 오자 분전했으나 패배하였고, 그에 따라 면직되었다. 그러나 곧 복위되어 궁성을 호위하는 우림군의 장군이 되었다. 707년 2월 중종의 비인 위황후와 측천무후의 조카인 무삼사, 무숭훈 등을 제거하려 정변을 일으켰으나 실패하여 피살되었다.[16]

마지막 번장蕃將으로 불린 사타리沙吒利는 현종대와 숙종대인 8세기

---

14 정병준, 2007, 앞의 논문, 294~298쪽.
15 이도학, 1996, 《백제 흑치상지 평전》, 주류성, 261쪽.
16 김영관, 2012b, 앞의 논문, 259~260쪽.

중반의 인물로서 안사의 난(755~763)을 평정하는 데 공을 세웠다. 사타리는 백제 유민들이 많이 살던 산동성의 치주淄州와 청주靑州지역의 관리가 되어 백제 유민들을 위무하는 일을 수행했을 가능성이 있다.[17] 백제 유민 2~3세대로서 대종이 즉위할 때 공을 세워 황제의 각별한 총애를 받은 것으로 추측된다. 백제 멸망 후 100년이 지난 시점에도 여전히 이민족 출신의 '번장'으로 기록되었다는 것은, 사타리가 한족 사회에 동화되지 않고 여전히 백제인으로서의 속성을 지니고 있음을 보여준다.[18]

이처럼 사타충의나 사타리와 같은 인물은 무장으로 활약했을 뿐만 아니라 당 황실 내부의 정쟁政爭에도 깊숙이 개입하였다. 당에서 주류 사회에 편입되어 활약한 백제 유민은 백제에서 왕족이나 귀족이었음을 알 수 있다.

사택손등沙宅孫登 또한 660년 백제 멸망 후 의자왕을 비롯한 여러 고관들과 함께 당으로 압송되었다. 그 뒤 백제 땅으로 돌아와 당군이 주관하는 웅진도독부에서 요직을 맡았다. 웅진도독부가 신라군에 의해 붕괴되자 당나라의 곽무종郭務悰이 인솔하는 60여 명과 손등 자신이 거느린 1,400여 명을 이끌고 47척의 배에 나누어 타고 비지도比知島에 일시 정박했다가 일본으로 망명했다. 백제 – 당 – 일본으로 옮겨가면서 정착한 사례이다.

17 김영관, 2012b, 앞의 논문, 260쪽.
18 정병준, 2007, 앞의 논문, 319~320쪽.

(3) 예씨禰氏

예군禰軍과 예식진禰寔進, 예소사禰素士, 예인수禰仁秀 등 3대에 걸친 4명의 가족 묘지명이 발견되었다. 이는 예씨가 백제 유민으로서 당나라에서 기틀을 잡고 활발히 활동했음을 대변한다.[19] 네 개의 묘지명 가운데 〈예소사묘지명〉이 가장 상세하고, 슬하에 인수仁秀, 인휘仁徽, 인걸仁傑, 인언仁彦, 인준仁俊 등 다섯 아들을 둔 것으로 나오기 때문에 예소사 당대에 크게 번성한 것으로 보인다.

〈그림 2-17〉 예식진 묘지명 탁본
(이우태 편저, 2014, 《한국금석문집성》 3, 한국국학진흥원)

---

19 예씨에 관한 내용은 김영심, 2013a, 〈묘지명과 문헌자료를 통해 본 백제멸망 전후 예씨의 활동〉, 《역사학연구》 52, 208~223쪽을 토대로 정리하였다.

예씨의 출자와 백제 유입 시점은 각 묘지명마다 다르게 기록되어 있다.[20] 백제 멸망 과정에서 당에 협력한 인물 예군, 예식진이 당인唐人으로서의 정체성을 갖고자 했기 때문에 중국과의 관련성을 강조한 것일 뿐 실제로는 백제 웅진熊津 출신으로 보아야 한다는 의견이 있다.[21] 그러나 중국계로서 410~420년대에 중국의 혼란을 피해 백제에 들어와 웅천(熊川; 熊津)에 정착했을 가능성을 배제할 수 없다.

예군과 예식진이 7세기 초, 중반 단계에 좌평이나 웅진방령熊津方領으로 활약을 했다면 예씨 일족은 7세기 초보다 이른 시기부터 중앙 정계

---

20 김영심, 2013a, 위의 논문, 212쪽의 〈표 1〉禰氏 일가 묘지명 일람

묘지명	제작 시기	묘주의 출신	묘주의 최종관작	시조	백제 이주 시기	선주의 이름 및 관작
禰軍 (613~678)	678년	熊津 嵎夷人	右威衛將軍 上柱國	중국과 同祖	永嘉 末 (4세기 초)	증조 福(좌평) 조부 譽(좌평) 부 善(좌평)
禰寔進 (615~672)	672년	熊川人	左威衛大將軍 來遠縣開國子柱國			조부 譽多(좌평) 부 思善(좌평)
禰素士 (?~708)	708년	楚國 琅邪人	運麾將軍 左武衛將軍 上柱國 來遠郡開國公		拓拔氏와 宋公의 전란기 (5세기 초, 중엽) 7대조 禰嵩이 淮泗에서 이주〔熊川人〕	증조 眞 (帶方州刺史) 조부 善 (萊州刺史) 부 寔進 (歸德將軍, 東明州刺史, 左威衛大將軍)
禰仁秀 (675~727)	750년		虢州金門府折衝	後漢 平原處士 (禰衡)	수나라 말기 (7세기 초) 증조 禰善이 萊州에서 이주	증조 善 (萊州刺史) 조부 寔進 (左威衛大將軍, 來遠郡開國公) 부士(左武衛將軍)

21 최상기, 2013, 〈禰軍 墓誌 -한·중·일 학계의 관심사항을 중심으로-〉,《백제 문자 자료의 재검토》발표문, 성균관대 동아시아학술원 인문한국연구소, 46~47쪽.

〈그림 2-18〉 예군 묘지명 탁본(김영관 제공)

에 진출해서 활약하여 고위직까지 차지했다고 생각된다. 660년 7월 나
당연합군의 공격을 받은 백제 의자왕은 7월 13일 밤 사비도성을 떠나
북방성인 웅진성으로 달아났다가 7월 18일 웅진성에서 돌아와 항복하는
데, 왕과 태자를 데리고 와서 항복하게 한 자가 대장 예식禰植이었다.[22]
《구당서》나 《신당서》에 의자왕을 거느리고 온 주체로 되어 있는 '대장
예식', 곧 예식진이 의자왕의 항복에 결정적 역할을 한 것이다.

백제에 들어와 왕도에 자리를 잡고, 국가의 운영에 적극적으로 참여

---

[22] "其大將禰植 又將義慈來降 太子隆并與諸城主 皆同送款"(《舊唐書》 권83 열전 제33 蘇
定方);"其將禰植與義慈降"(《新唐書》 권111 열전 제36 蘇定方)

했던 고씨高氏나 왕씨王氏의 예와는 달리 예씨는 상대적으로 늦게 백제에 정착하기도 했고, 왜와의 관계보다는 여전히 중국과의 관계에 중심을 두고 활동한 부류였다. 그런 이유로 백제 멸망 후에도 중국으로 돌아가 성공적으로 정착할 수 있었을 것으로 생각된다. 백제에 정착하기는 했지만, 여전히 중국인으로서의 정체성도 잃지 않는 '이중성'을 띠고 있었던 존재인 듯하다.

예군은 664년 4월 무렵 곽무종郭務悰과 함께 왜에 다녀왔고, 665년 7월에 유덕고劉德高와 함께 또다시 왜에 다녀왔다.[23] 665년 일본 사행 이후 어느 시점엔가 예군은 웅진도독부 사마司馬로 임명되어 도독부의 핵심적인 업무를 담당하였다. 웅진도독부 사마로 복무하던 예군은 문무왕 10년(670) 7월에 신라에 갔다가 스파이 행위 혐의로 2년 동안 억류되어 있었으며, 672년 9월 신라 및 당나라 관리들과 함께 당의 장안성으로 귀환하였다.[24] 예군은 672년 당의 우위위장군右威衛將軍에 임명되었다가 678년 사망하였다. 따라서 예군과 예식진 형제는 백제 멸망 후 곧바로 당으로 가서 백제 멸망에 적극적인 공을 세운 대가로 당 왕조에서도 일정한 대우를 받았다고 하겠다.

예소사는 당에서 부친인 예식진의 음덕蔭德으로 처음 관직에 올랐는데, 15세에 유격장군遊擊將軍에 제수되었으며, 이후 각지 절충부의 과의果毅와 중앙 각 위衛의 무관직을 역임하였다. 특히 705년에는 좌무위장군左武衛將軍에 제수되었으며, 708년 6월에 서주徐州·연주兗州 등 49개 주州에 나가 지방을 위무하였다. 예소사의 아들 예인수는 조부와 부친의 공적과 관직을 배경으로 무관으로 출사했다. 명위장군明威將軍 우효

---

23 《일본서기》 권27 天智天皇 3년 허5월조; 《善隣國寶記》 卷上 天智天皇 3년 4월조; 《일본서기》 권27 天智天皇 4년 9월조.
24 《삼국사기》 권7 신라본기 제7 문무왕 12년조.

위右驍衛 낭장郎將으로 근무하다가 원수元帥의 일에 연좌連坐되어 진주秦州 삼도부三度府의 과의도위果毅都尉로 좌천되었다

중국계 이주민인 예씨 일족은 백제 멸망기에 예식진이 웅진방령, 예군이 웅진도독부 사마를 역임한 것을 볼 때 외교와 군사, 그중에서도 군사적으로 더 두각을 나타냈다.[25] 당에 들어가서도 백제를 멸망시킨 공으로 대우를 받아 웅진도독부의 관리로 임명되었다. 2, 3세인 예소사와 예인수는 부친이나 조부의 공적으로 출세한 면이 있다.

3) 기타

법총法聰은 웅진도독부에서 활동하다 672년 예군과 함께 당 장안성으로 갔으나, 당에서의 행적은 알 수 없다. 다만 667년 11월 웅진도독부를 거쳐 돌아가는 왜국의 견당사를 송환하는 일을 맡은 바 있다.[26] 법총은 672년 예군과 함께 신라에 억류되어 있다가 웅진도독부가 기능을 상실함에 따라 당으로 들어간 것으로 보인다.

난원경(難元慶, 663~723)의 출생지와 입당 시기에 대해서는 논란이 있다. 난원경은 663년에 태어났는데, 난원경의 조부 난한難汗과 부친 난무難武가 언제 입당했느냐에 따라 난원경의 출생지가 달라지기 때문이다. 백제 멸망 후 백제 유민은 대체로 두 차례에 걸쳐 당에 들어가게 되는데, 멸망 직후와 백제 부흥운동이 실패로 돌아간 이후이다. 난원경의 조부와 부친이 입당한 시기는 의자왕이 왕족, 신료, 백성들과 전쟁포로로 끌려간 660년 9월 즈음, 백제 부흥군이 완전히 진압된 664년 3월에

---

25 박초롱, 2019, 〈禰氏 一族의 백제 이주와 성장〉, 《목간과 문자》 23, 144~145쪽.
26 《일본서기》 권27 제명 6년 10월조 分注.

서 당군이 백제에서 완전히 철수한 671년 사이 두 가지를 상정할 수 있다.

그런데 묘지명에 따르면, 조부 난한은 입당한 후 웅진도독부의 장사長史에 임명되었다고 한다. 백제 멸망 후 당으로 들어갔다가 웅진도독부로 돌아와 활동했는데, 663년은 백제부흥운동이 막바지로 치닫는 시기였기 때문에 조부와 부친은 웅진도독부가 아닌 당에 머물러 있었을 가능성이 더 높다.[27] 이렇게 보면 난원경이 태어난 곳은 백제 고지가 아닌 당이 된다. 이와 달리 조부와 부친의 입당 시기를 664년 3월 이후로 보면, 난원경은 663년 백제에서 출생하여 유소년기를 당에서 보낸 것이 된다. 그러나 난씨 일족은 백제부흥운동에 참여한 적이 없기 때문에 백제 멸망 직후인 660년 9월 입당했고, 난원경은 663년 당에서 태어난 것으로 생각된다.

난원경의 증조가 달솔까지 오른 것으로 보아 난원경은 멸망 직후 당에 끌려간 백제 유력 귀족가문의 후예이며, 유민 2세대가 되는 셈이다.[28] 난원경 일족은 웅진도독부를 중심으로 한 백제고지 지배에 상당 기간 협력하였으며, 당으로부터 대우도 받았다. 부친 난무 또한 사지절使持節 지심주제군사支瀋州諸軍事 수지심주자사守支瀋州刺史를 지냈고, 웅진도독부가 해체된 이후 충무장군忠武將軍·행우위익부중랑장行右衛翊府中郎將의 무관직을 역임했다.

난원경은 종5품하의 무산계인 유격장군游擊將軍을 받고 중서성中書省에서 임시로 직무를 맡아보는 직관直官이 되어, 이민족에게 보내는 문서의 번역과 통역, 군사 관련 직무를 수행했다.[29] 이어 곧바로 '중서성 내

---

27 이문기, 2000, 〈백제유민 난원경 묘지의 소개〉, 《경북사학》 23, 508쪽.

28 난원경 일가의 행적에 대해서는 이문기, 2000, 위의 논문, 504~512쪽; 정병준, 2007, 앞의 논문, 307~311쪽 참조.

공봉內供奉'에 임명되어 황제의 근신으로서 실제 전투에 참여하여 자신의 군사적 재능을 발휘할 수 있었던 것으로 추정된다. 721년 강융羌戎과 하서호河西胡의 반란 진압에 공을 세워 종4품상의 무산관武散官인 선위장군宣威將軍으로 승진했으나, 얼마 후 61세의 나이로 사망하였다. 난원경은 묘지명에서도 "무관으로 활동하였지만. 언제나 문사文辭를 갈고 닦았다"[30]고 하던, 문무겸비의 백제 유민의 후예였다.

백제에서 당으로 간 유민 가운데 그 정보가 남아 있는 경우는 대부분 왕족이나 고위 귀족이며, 그들은 당에서 주로 무관으로서 활약하였다. 당에서는 계속되는 대외 원정으로 번장과 번병의 중요성이 강조되고, 군사력의 중요한 기반이 되었기 때문에 고구려와 백제의 유민들도 당에서 번장蕃將으로 기용되어 군공을 쌓을 수 있었다.[31] 음서蔭敍에 의해 관직에 나간 경우도 많아 일본에서 활약한 백제 유민과는 그 성격이 많이 다르다. 당과 같이 통치 체제를 온전히 갖춘 국가에서 백제 유민들이 활약할 기회는 거의 없으며, 병법·전쟁 같은 경우를 제외하고는 전문 지식이나 기술을 가지고 활약하는 것이 거의 제한되어 있었다고 보아도 좋을 것이다. 난원경의 경우 군사 방면에서 이론과 실전에 모두 능했고, 중서성에서 문인으로도 활약하였으므로 명실상부한 지식인의 범주에 들어갈 수 있을 것이다. 흑치상지의 둘째 딸-중녀의 남편인 순장군珣將軍의 두 아들 또한 문인으로 활약한 것을 보면, 점차 중국사회에 적응하면서 자신들의 진로를 선택할 수 있었던 것이 아닌가 한다.

그런데 여기에서 흥미로운 자료가 있다. 《일본서기》 제명기 7년(661)

---

29 권덕영, 2021, 《재당 한인 묘지명 연구》, 한국학중앙연구원출판부, 627~628쪽.
30 〈難元慶 墓誌〉 "雖司雄衛 恒理文軒"
31 김수진, 2017, 〈唐京 고구려 유민 연구〉, 서울대대학원 박사학위논문, 156쪽.

11월 무술의 분주에 《일본세기日本世記》를 인용, "11월에 복신福信이 사로잡은 당나라 사람 속수언續守言 등이 축자에 이르렀다"는 기사이다. 동시에 다른 책을 인용하여 신유년(661)에 백제 좌평 복신이 바친 당나라 포로 106명을 오미국近江國에 거주하며 논을 개간하도록 하였다고 하고, 경신년에 이미 복신이 당나라 포로를 바쳤다고 기술하였다.³² 그런데 음박사音博士 속수언과 살홍각薩弘恪 2인은 지통 3년(689) 반포된 비조정어원령飛鳥淨御原令 편찬에 참여하였으며, 살홍각은 《대보령》 편찬에도 참여하였다. 지통 5년(691) 9월 4일에는 속수언, 살홍각 2인과 함께 서박사書博士인 백제인 말사선신末士善信에게 은을 하사했다고 한다.³³ 백제의 좌평이 당의 포로를 왜국에 보내고 있어 백제를 매개로 중국계가 왜국에서 활약하는 경우도 있었음을 알 수 있다. 중국계 인물은 교육기관, 율령 편찬 등 문자문화와 관련된 업무에 종사하였다.

2. 백제 유민의 이주와 왜국의 정황

제3단계 백제이주민의 활약은 일본에서 많이 찾아볼 수 있다. 7세기 후반 백제의 멸망에 따라 왜국으로 건너간 이주민은 백제 유민으로 표현된다. 백제 유민에는 왕족·귀족·고위 관료는 물론 승려, 기술자, 농민 등 다양한 계층이 포함되었다. 천지 2년(663) 9월 백강전투 패배 이후 백제로부터 대대적인 이주가 이루어진다. 백제 기술자의 도움으로 미즈

---

32 《일본서기》 권26 제명 7년 11월 임진삭무술조의 분주.
33 《일본서기》 권30 지통 5년 9월 기사삭임신조.

키水城, 오노성大野城, 기이성基肆城 등 세토나이카이瀨戶內海 연안에서 오미近江까지 각지에 '조선식(백제식) 산성' 같은 군사 거점을 구축하여 국내 방어체제를 강화한다.

663년(천지 2) 좌평 여자신余自信, 달솔達率 목소귀자木素貴子, 곡나진수谷那晋首, 억례복류憶禮福留와 백성들이 왜국으로 향한 기록을 시작으로 665년 봄 2월 백제 남녀 400여 인을 오미국의 가무사키군神前郡에 살게 하였다. 666년 2천이 넘는 백제 유민의 동국東國 거주, 669년(천지 8) 좌평 여자신과 귀실집사鬼室集斯 등 남녀 700여 인의 오미국 가모군蒲生郡 사민 기록을 통해 백제왕족, 귀족, 일반 백성이 포함된 대규모의 백제 유민이 왜에 정착했음을 알 수 있다.[34] 백제 유민 중에는 2품 달솔 이상의 백제 고위 관료 60여 명이 포함되어 있다.

백제 귀족층 중에는 병법과 문예, 의학, 음양관계 지식과 기술을 두루 보유한 존재가 많았다. 백제 왕족의 대표자인 선광善光은 나니와難波에,[35] 좌평 여자신과 귀실집사는 오미近江에 거주한 것으로 보아 당시 왜 정권에서 활약한 백제 지식인 가운데 상당수는 정권의 중심세력이 집거하고 있는 나니와와 오미 등 긴키지역에, 일반민은 동국東國 등 기외畿外지역에 안치되었을 가능성이 높다.[36] 선광을 대표로 하는 백제왕씨는 8~9세기를 통해 귀족의 반열에 들어갔다고 할 수 있는 5위 이상

---

34 665, 666년에 걸쳐 망명한 백제인을 이용하여 새로운 도읍지 오미국을 개발하기 위한 조치를 취하였고, 667년 3월에는 천도를 단행하였으며, 천지 8년에는 좌평 여자신과 귀실집사 등 남녀 700여 인을 오미국 蒲生郡에 거주하게끔 하였다. 포생군에는 백제인들이 세운 이시도우지石塔寺와 하쿠사이지百濟寺가 있다.

35 《일본서기》 권29 천지 3년(664) 3월 "以百濟王善光王等, 居于難波."

36 왜국에서 백제인을 긴키 이외 지역에 거주하도록 한 것은 7세기 후반 천무조 이후이다. 천무조에는 684년 백제인 僧俗 23인을 무사시국武藏國으로 옮겨 살게 했고, 지통조에는 687년 백제 경수덕나리敬須德那利를 가이국甲斐國에 옮겨 살게 했다.

의 관위를 받아 중앙과 지방의 고위관료를 다수 배출하는 등 명문가로
서 확고한 지위를 구축하였다.[37] 천지조에 일본의 관위를 받고, 또 관직
을 맡았던 학직두 귀실집사, 법관대보 사택소명, 대박사 허솔모, 국가
방비에 역할을 한 목소귀자 등도 당시 오츠궁大津宮이 소재하던 오미국
에 거주했을 가능성이 있다. 오미지역의 사례는 백제계 이주민의 정착
과정은 물론 이주지식인의 활동을 이해하는 데 매우 중요하다.

제3단계의 상한은 백제 멸망 시점인 7세기 중·후반이라고 한다면 하
한은 언제까지로 설정할 수 있을까? 7세기 후반부터 8세기까지를 주로
다루되, 그 하한은 《신찬성씨록新撰姓氏錄》[38]의 편찬 때까지이다. 8세기
를 통해 율령국가의 '외번外蕃' '화외化外' 의식이 확대되고, 757년(천평
보자 원년)에는 고구려와 백제, 신라 유민에 대한 전면적 사성賜姓이 이
루어져[39] 법제적으로도 대부분의 백제 유민이 일본인화해 갔기 때문이
다. 8세기 중반 또는 9세기 전반에는 제번諸蕃이 존재하지 않고, 《신찬
성씨록》 이후 다시 씨족 계보가 만들어진 적이 없기 때문에[40] 이 이후

---

37 연민수, 2009, 앞의 논문, 270~271쪽.
38 《신찬성씨록》은 헤이안경平安京과 山城, 大和, 攝津, 河內, 和泉 등 기내지역에 거주
   하는 1182씨의 씨족 계보를 천황을 시조로 한 皇別씨족, 신들의 자손이라고 하는 神
   別씨족, 중국인·조선인을 시조로 한 諸蕃씨족의 셋으로 구분하여 기록한 천황제 율령
   국가의 칙찬 계보서로 환무천황대에 편찬이 시작되어 815년(弘仁 6)에 완성되었다.
   《신찬성씨록》이 편찬된 것은 씨성의 혼란을 바로잡기 위해서였다고 하지만, 씨성대장
   을 작성했다는 것 자체가 諸蕃의 씨족을 강하게 의식하고 있었음을 말해 준다. 혼란
   을 시정하는 것이 도래계 씨족의 사람들을 배제하는 방향으로 진행되었다는 점에서
   도(井上滿郎, 1994, 《渡來人 –日本古代と渡來人–》, リブロポート, 100~101쪽), 《신
   찬성씨록》의 편찬을 검토의 획기로 삼는 뒷받침이 된다.
39 《속일본기》 권20 효겸 천평보자 원년 4월 辛巳 "其高麗·百濟·新羅人等 久慕聖化 來
   附我俗 志願給姓 悉聽許之 其戶籍記 无姓及族字 於理不穩 宜爲改正"
40 丸山裕美子, 2014, 앞의 논문, 109~110쪽.

는 일본인화했다고 보는 것이 타당하지 않을까 한다. 8세기 중반 이후가 귀화인의 역할이나 위상이 변화하는 중요한 계기인 것이다. 따라서 백제계 이주민으로서 다룰 수 있는 범위는 8세기 중반, 길어야 《신찬성씨록》이 간행된 9세기 초이다.[41]

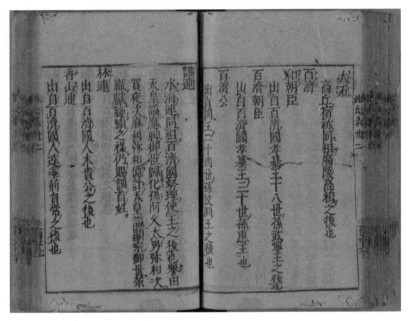

〈그림 2-19〉《신찬성씨록》

제3단계의 일본사회는 천황호가 성립되는 등 천황제 율령국가의 기반이 형성된 시기이다. 천황호는 680년대인 천무(天武; 덴무)천황대에 성립되고, 689년 반포된 비조정어원령에서 제도화된 것으로 보는 것이 일반적이다. 율령체제 아래에서 최고의 지배자로서 위치짓기 위해 '천황'이라는 칭호를 사용했다는 것이다.[42]

또한 3단계는 학문과 기술의 재생산을 위한 공적 관사가 설치되는 시기이다. 천무·지통(持統; 지토)조에 많은 궁과 사원을 건축하는 데 필요한 건축 재료나 일상생활에 필요한 다양한 물품을 생산하기 위해 아스카이케飛鳥池유적 같은 공방이 만들어진다. 이주민 출신의 공인은 정권 중추의 유력 수장 아래에서 전업공방에 속했다. 7세기 후반 즈음부터 천황 또는 사원 직속 공방이 나오고, 나중에 관영공방으로 변모하게 된 바탕에는 천지·천무·지통조를 거치며 활동했던 백제 귀족 출신의 유민과 이들이 보유한 지식과 기술이 있었다.[43] 백제계 이주지식인이 가진 지식과 기술을 기반으로 관사를 설치하여 학문과 기술을 재생산하는 기반을 확보하게 되었다고 할 수 있다. 이는 단순한 문물의 수용이 아니라 일본 스스로가 자신의 문화적 기반을 다지고 국가의 체제를 정비해 가기 위한 장치를 마련했음을 의미한다. 선진적인 기술과 학문의 재생산 기반을 확보했다는 사실은 국가 발전 단계에서 중요하다고 하겠다.

백제 유민의 활동 또한 일본 정치사의 전개와 밀접한 관련을 갖고 있기 때문에 변화무쌍하였던 7세기 후반의 상황을 감안하여 천지조

---

42 井上滿郎, 1994, 앞의 책, 75~76쪽.

43 수공업 공인은 왕권 측에 手人(手部), 才伎 등으로 불리며 장악되고, 令制 아래에서는 雜工戶, 伴部로서 금은동철을 주조하는 大藏省(鍛戶), 典鑄司, 철기를 鍛造하는 궁내성 鍛冶司나 병부성 兵司에 속하는 사람으로 편성되었다(鈴木靖民, 2016, 앞의 논문, 222쪽).

(661~671), 천무(673~686)·지통조(686~697)로 구분하여 살펴보고자 한다. 천지조에는 신라와 당 연합군의 침공 가능성에 대비하는 한편 개신改新을 추진하고자 했기 때문에 이미 기득권을 가진 이들보다는 새로운 인물을 기용하여 자신의 지지기반을 삼으려 했다. 천지와 중신련겸족中臣連鎌足은 기내지역 씨족들과의 갈등을 피하고 새로운 지배체제를 구축하고자 오미近江 천도를 단행하였다. 6세기 초반부터 이 지역에 이주한 백제계 이주민들의 경제력과 정치력을 고려하고, 또 새로운 세력으로 백제 유민을 포섭하고자 한 것이다. 그러나 오미 천도를 단행한 정책은 일본의 국내씨족뿐 아니라 기존 백제계 씨족의 불만을 샀다.[44] 천지천황 집권 아래에서 백제계 이주민은 천지를 지지하는 세력과 대해내황자(大海內皇子; 뒤의 천무천황)의 지지세력으로 나뉘게 되었다.[45]

672년 임신의 난으로 수도는 다시 아스카飛鳥로 옮겨졌고, 천무조에는 백제 유민들의 활약이 크게 위축된 것으로 언급되어 왔다. 천무가 황족을 등용하고 천황 중심의 정치를 행했는데, 천지조에 활동하던 백제 유민이 전혀 나타나지 않고 의자왕의 후손인 백제왕씨百濟王氏들과 승려들이 대부분이었다는 것이다.[46] 그러나 천무조에도 681년(천무 10) 8월 처음 이주한 백제인에게 과역을 면제하고, 685년(천무 14) 백제인에게 작위를 수여하였으며, 686년(주조朱鳥 원년) 9월 천무 사망 시 나니와에 있던 선광善光을 대신해서 그 손자인 양우良虞가 조문인 뇌주를

---

44 박재용, 2011, 〈고대 일본 藤原氏와 백제계 도래인〉, 《백제연구》 54, 180쪽.
45 백제 멸망 이전에 이주한 백제계와 백제 멸망 후 건너온 백제 유민도 분명히 차이가 있었을 것으로 보인다. 선진문물의 전수자로서 건너와서 정착한 전자는 분명히 자신들을 후자와 구별하려고 했고, 이미 일본사회에서 어느 정도 자리를 잡으면서 자신들의 신분을 공고히 하고자 했을 것이다. 정착과정에서 발생하는 이주민 사이의 갈등은 일본의 정책에서 비롯된 면도 있었을 것이다.
46 박윤선, 1995, 앞의 논문, 48쪽.

올리고 있어 천무조에 백제왕 후손의 입지가 견고해졌음을 알 수 있다.47 또한 천무조부터 국가적인 제의가 된 오하라이[大祓]의 주사呪詞를 주상하는 것을 백제계 도래씨족인 후미씨文氏가 오랫동안 담당하였다. 천무천황은 천문·둔갑과 같은 기예에도 관심이 높았기 때문에 법장法藏과 같은 승려가 크게 활약할 수 있었던 것이 아닌가 한다.

물론 백제 유민들의 활동이 다시 활발해진 것은 지통조(687~696)이다. 8세기 헤이조쿄平城京 시대에는 백제 유민 후손들이 일본의 씨성을 칭하여 율령제 아래 실무적 관직을 맡았다. 이 시기 일본 조정의 실권은 중신련겸족中臣連鎌足의 아들인 등원불비등(藤原不比等: 후지와라노후히토)이 차지하고 있었는데, 새로운 백제계 씨족의 직무는 율령제도 속 명경·명법·문장·역산·천문·음양·주금·의술·병법·축성·조불·야금 등 각 분야에 걸쳐 있었다. 7세기 후반부터 8세기 초에 걸쳐 설치된 관인양성 기관인 전약료典藥寮에서는 의생醫生·침생針生·안마생按摩生·주금생呪禁生·약원생藥園生을 양성하였다.

이처럼 7세기 후반부터 8세기 중반에 걸쳐 활동한 백제 유민 출신의 이주지식인은 왜의 관위를 제수받았던 인물, 귀족 및 황실과 밀접한 관계를 가지면서 활약한 인물, 또한 당시 사회에서 필요한 기술을 가지고 활동했던 부류들이다. 671년(천지 10) 왜 조정에서는 백제 유민들에게 백제에서의 관직을 감안하고 학식과 재능에 따라 왜의 관위를 제수하였다. 여자신餘自信, 사택소명沙宅昭明, 귀실집사鬼室集斯 같은 백제 중신과 경학, 약학, 음양학, 병법 등에 뛰어난 백제 달솔達率 출신의 관료들이 그 재능을 인정받고, 대산하大山下나 소산하小山下의 관위를 받았다.48

---

47 박재용, 2011, 앞의 논문, 181쪽.
48 《일본서기》 권27 천지 10년 춘정월 是月조.

이러한 조치 등을 통해 당시 일본사회에서 필요했던 것이 병법 등 전문지식에 정통한 사람들이었음을 알 수 있다. 천평 2년(730) 태정관太政官에서 올린 상주문49 또한 음양, 의술, 천문, 역법 등 일본 고대국가의 필수 학문이 모두 천지조의 백제 유민들이 닦아 놓은 기반 위에서 계승, 발전했음을 말해 준다.

3. 일본 고대 율령국가 형성과 백제 유민 지식인

1) 선광善光과 백제왕씨

먼저 백제왕 선광(621~687)과 백제왕씨百濟王氏이다.50 지식인은 전문 지식 및 기술의 개발과 공급자라는 기준에서 볼 때 왕족을 지식인으로 넣을 수 있을지 고민할 필요가 있다. 왕족은 출신 성분일 뿐 그들이 실제로 자신의 지식과 기술을 발휘하여 어떤 역할을 담당했는지가 분명하지 않은 경우가 많기 때문에 일률적으로 포함 여부를 결정할 수는 없다. 그러나 백제왕족의 대표자라 할 수 있는 선광은 나니와難波에

---

49 《속일본기》 천평 2년 3월조.

50 大坪秀敏은 백제왕씨의 성립부터 환무조까지 백제왕씨의 동향을 구체적으로 분석해서 백제왕씨의 정치적 역할과 영향력을 검토해서 그 활동상을 살펴보는 데 큰 도움이 된다(大坪秀敏, 2008, 《百濟王氏と古代日本》, 雄山閣). 백제왕씨는 백제왕족의 자손이기 때문에 다른 백제계 씨족과는 다른 독특한 움직임을 보일 가능성과 다른 이주계 씨족과 같은 동향과 특성, 곧 畿內의 개척, 문필이나 기술에 종사한 점, 교육과 불교사업에 종사한 점, 군사씨족으로서의 성격을 보이는 것을 동시에 고려해서 고찰할 필요가 있다.

거주한 중심인물로서 백제계 이주민을 결집, 정착시키고, 왜국에서 담당할 역할-업무를 조정에 보고하는 역할을 담당했다는 점에서 충분히 검토할 여지가 있다.

백제왕 선광의 행적을 알 수 있는 자료는《속일본기》이다.《속일본기》천평신호 2년 6월조 백제왕 경복百濟王敬福의 훙전薨傳에 따르면,[51] 백제왕 선광은 의자왕의 아들로 형인 풍장(豊璋; 부여풍)과 함께 서명조 (舒明朝, 629~641)에 왜국에 건너갔다. 풍장의 왜국 이주 시기에 대해서는《일본서기》서명 3년 3월 경신삭조의 "백제왕 의자가 아들 풍장을 보내 질質로 삼았다"는 기사를 근거로 631년으로 보기도 한다. 그러나 선광이 왜국에 갈 때 어린 아들 창성昌成도 함께 갔다고 하는데, 의자왕의 태자 책봉 시기 및 즉위 시기, 부여융의 출생 시기 등을 고려하면 631년에 아들까지 있었다고 보기는 어렵다. 황극 원년(642)과 2년조에 왜에 파견된 것으로 나오는 왕자 교기翹岐가 풍장과 동일인일 가능성이 높아[52] 풍장의 도착 시기를 황극천황이 즉위한 642년으로 보는 견해가 많다.[53] 이에 따르면 백제왕 선광의 왜국 이주 시기도 642년이 된다. 선광과 그 일족은 백제 멸망 이전부터 왜국에 체재했던 것이다.

660년 백제가 신라와 당나라의 연합군에게 패하여 사비도성이 함락되자 왜국에 와 있던 선광은 귀국하지 않고 왜국에 체류했다.[54] 풍장은 의자왕 이하 왕족, 관인 1만여 명이 당으로 끌려가자 백제부흥운동을

---

51 《속일본기》권27 天平神護 2년 6월 임자조.

52 西本昌弘, 1985, 〈豊璋と翹岐〉,《ヒストリア》107, 大阪歷史學會, 11~14쪽.

53 연민수, 2007, 〈왜로 이주한 백제인과 그 활동〉,《백제 유민들의 활동》, 충남역사문화연구원, 63쪽; 김은숙, 2007a, 〈일본 율령국가의 백제왕씨〉,《백제 유민들의 활동》, 79쪽.

54 선광이 귀국하지 않고 일본에 계속 체재한 것은 일본에서 풍장의 부흥운동을 지원하거나 백제 왕족의 혈통을 보존하기 위해서였다고 추정하기도 한다(崔恩永, 2017, 〈百濟王氏の成立と動向に関する研究〉, 滋賀縣立大學大學院 博士學位論文, 38쪽).

위해 왜국의 지원을 받아 백제로 돌아갔으나, 부흥운동이 실패함에 따라 고구려로 도망하였다. 이에 반해 선광은 왜국에 그대로 정착하여 '백제왕百濟王'을 성姓으로 하는 새로운 가문을 탄생시켰다.[55]

풍장과 선광이 처음 자리잡은 곳은 백제 대정(百濟 大井: 현재의 오사카부 河內長野市 太井)이었으나, 664년 3월 백제왕 선광왕 등을 나니와難波로 이주시켰다.[56] 백강전투 패배 이후 천지천황의 대내외 정책을 추진해 가는 데 백제계 이주민을 결집시킬 필요가 있었기 때문이다. 나니와는 일찍부터 대외교류의 관문으로서 영빈관 등 외교와 교역을 위한 시설이 설치되어 있었고, 야마토가와大和川 수계를 통해 아스카飛鳥, 야마토大和지역과 연결되는 곳이었다. 백제계 이주민이 많이 살면서 효덕 연간인 649년 무렵에는 백제평(百濟評: 대보령 이후 百濟郡)이 설치되었다.[57] 백제왕족을 비롯한 백제인의 거주지라는 의미였을 것이다. 나니와에는 백제 멸망 이전 백제계 이주민에 의해 구다라지百濟寺와 구다라니지百濟尼寺가 세워져 구심점 역할을 하고 있었는데,[58] 이를 백제왕씨의 씨사氏寺로[59] 재편하였다. 백제왕계라는 혈통적 우위를 갖고 백제계 사람들을

---

55 연민수, 2007, 앞의 논문, 61~62쪽.

56 《일본서기》 권27 천지천황 3년 "三月 以百濟王善光王等, 居于難波"

57 김은숙, 2007a, 앞의 논문, 85쪽.

58 이병호, 2013a, 〈일본의 도래계 사원과 백제 유민의 동향 - 大阪·大津·東國·吉備의 고고학 성과를 중심으로-〉, 《한국사학보》 53, 180~181쪽.

59 나니와궁難波宮 주변의 오사카시 사이쿠타니細工谷유적에서는 "百濟尼" "百尼寺" 등의 묵서가 적힌 토기와 인명, 천자문 등의 목간이 발견되어 구다라니하이지百濟尼廢寺라는 고대 사원의 존재가 밝혀졌다. 百濟王氏 씨사인 百濟寺와 함께 百濟尼寺가 있었던 것이다. 오사카의 중심지인 나니와궁 일대에는 백제식 벽주건물지도 발견되어 이주민들이 5세기 이후 지속적으로 거주하며 궁전, 사원 건축 등에 종사했음을 알 수 있다(박천수, 2012, 앞의 책, 96~100쪽). 5세기 이래의 기반 위에서 백제왕씨의 집단 거주지로 자리 잡은 것으로 보인다.

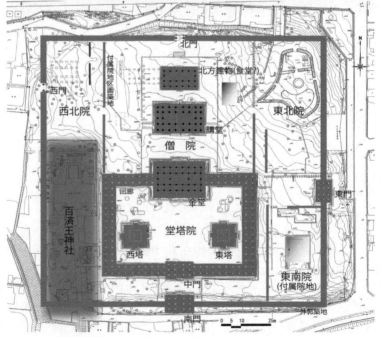

〈그림 2-20〉 구다라지百濟寺 사적 항공사진과 가람배치

(충청남도·충남역사문화연구원, 2017, 《일본 속의 백제 - 긴키지역 - 》 II, 350쪽)

〈그림 2-21〉 오사카 사이쿠다니細工谷유적 출토 묵서 토기(필자 촬영)

포괄하는 종가宗家로서의 입지를 굳히고, 씨사를 씨족의 단합과 백제계의 번영을 기원하는 장소로 활용하였다.

　천지 조정에서 선광은 백제에서 건너온 사람들을 왜국에 정착시키는 역할을 한 것으로 보인다. 그들이 백제에서 가졌던 지위나 능력을 조정에 보고하여 왜국의 관위를 수여받게 하고, 농경에 종사하던 백제 유민은 오미국 등지의 새로운 땅을 개척하게 하였으며, 축성 기술자는 나가토국長門國이나 쓰쿠시국筑紫國 등에서 축성을 하게 하였다. 665년 9월에는 당이 왜국에 사신을 보내는데 선광과 교섭하기 위해 백제 유민 출신의 당나라 관인인 '백제예군百濟禰軍'을 파견한 것으로 보아,60 선광이 천지 조정에서 대내외적으로 백제계 이주민을 대표하는 매우 중요한

---

60 《일본서기》 권27 천지 4년 9월조 "九月庚午朔壬辰 唐國遣朝散大夫 沂州司馬 上柱國 劉德高等〔等謂右戎衛郎將上柱國百濟禰軍 朝散大夫柱國郭務悰 凡二百五十四人 七月卄 八日 至于對馬 九月卄日 至于筑紫 卄二日 進表函焉〕"이 기사에 나오는 백제 禰軍의 묘지명이 2011년 소개되었다(〈그림 2 - 17〉).

역할을 담당하였다고 할 수 있다. 천지 조정이 오미로 옮겨 간 뒤에도 백제왕 선광은 계속 나니와에 거주하였다.[61] 생전 관위는 종3위 정광사 正廣肆에 이르렀고, 693년(지통 7) 1월에는 지통천황으로부터 정3위 정 광삼正廣參 관위와 조위품을 받았다.

지통조(687-696)에 백제왕족은 특별한 가바네(姓)를 하사받았다. '백 제왕의 씨성화'가 갖는 의미에 대해서는 다양한 평가가 있다. 천지 3년 이미 '백제왕 선광왕'이라는 표기가 보이므로 천지조정에서 선광을 백제 왕, 곧 망명 정권의 대표로 인정한 것이라거나,[62] 왜의 국가체제 안에 편입시키지 못한 상태에서 과거의 출신을 근거로 예우하는 차원에서 백 제왕이라 한 것으로 보는 견해가 있다.[63] 대체로는 귀화인 또는 제번諸 蕃으로서 왜왕권에 포섭된 징표로 본다.[64] 백제왕족에 대한 특별 배려였 지만, '고려왕'이라는 칭호와 마찬가지로 일본 지배층의 중화의식의 상 징이자 천황권의 권위 확립이라는 정치적 의도에서 나온 조치였다는 주 장에 대해서는 일본 율령국가의 이데올로기에만 초점을 맞춘 것이라는 지적도 있는 것을 보면,[65] 어느 한 측면으로만 해석할 수는 없을 듯하다.

---

61 이를 두고 천지조에 백제 귀족, 관인층은 일본의 정치조직에 편성하고 역량을 흡수 시키려 한 반면, 백제 왕족인 선광 일족은 백제에서 이주한 귀족, 관인층의 결절점이 자 상징적인 존재이기 때문에 정치조직에 편성하는 것을 회피하고자 했던 것으로 해 석하기도 했다. 결과적으로 백제 왕족의 지위를 온존시켰다는 것이다(大坪秀敏, 2008, 앞의 책, 14~15쪽).

62 김은숙, 1985, 〈일본 고대의 '귀화'의 개념 -《일본서기》의 '귀화' 용례를 중심으로 -〉, 《변태섭박사화갑기념사학논총》, 삼영사, 92쪽; 김은숙, 2007a, 앞의 논문, 84쪽.

63 박윤선, 1995, 앞의 논문, 50쪽.

64 윤선태, 2003, 앞의 논문, 106쪽; 연민수, 2007, 68쪽. 표현에는 약간의 차이가 있으 나, 같은 입장으로 정리할 수 있다. 이에 대해서는 제4장 2절에서 좀 더 자세히 언급 하도록 하겠다.

65 김은숙, 2007c, 〈일본 율령국가의 고구려계 씨족〉, 《동북아역사논총》 15, 420쪽.

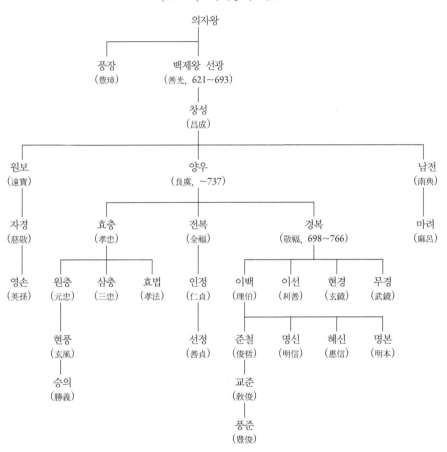

* 《百濟王三松氏系圖》; 김은숙, 2007a, 93쪽 〈표 1〉; 최은영, 2017, 87쪽 〈圖 2〉를 수정·보완.

백제왕 선광의 후손으로는 맏아들 창성昌成이 있으나, 선광보다 먼저 사망하였다. 천무천황 때 소자(小紫; 종3위 상당)위를 추증받았다. 선광의 손자이자 창성의 아들인 낭우(郞虞; 양우良虞)는 703년 종5위상으로 이예수伊豫守에 임명되어 백제계 사람들의 기술을 동원하여 제철·제련 사업에 힘을 기울였으며, 704년에는 대학두大學頭가 되어 대학의 부흥에 진력하였다. 원명(元明; 겐메이) 천황대에도 계속 활약하다가 737년(천평 9) 7월 종4위하로 사망하였다. 백제왕 경복敬福은 선광의 증손이자 낭우의 셋째 아들로서 성무(聖武; 쇼무) 천황대에 활약하였다. 나라 지방에 도다이지東大寺 건립 때 기여하여 백제왕성을 사여받고, 경복이 태수로 있는 교야(交野; 가타노)에 구다라지百濟寺와 함께 경복의 선조인 선광 - 창성 - 낭우를 모시는 구다라오신사百濟王神社를 건립할 수 있었다.

백제왕 선광의 후손과 관련하여서는 법륭사 소재 조상기 동판인 〈갑오년명법륭사금동관음조상기동판명문甲午年銘法隆寺金銅觀音造像記銅版銘文〉도 참고할 수 있다. 동판이 693년(지통 7)에 죽은 선광의 공양을 위해 갑오년인 694년(지통 8)에 만들어진 것이라면, 표면에 기록된 각대사鵤大寺의 덕총법사德聰法師, 편강왕사片岡王寺의 영변법사令辨法師, 비조사의 변총법사辨聰法師 등 세 승려는 선광의 자식일 가능성이 있다. 명문의 이면을 보면 "[표면에 나오는 세 승려가] 대원大原 박사와 같은 씨족인데, 백제에서는 [백제]왕의 신분이었고, 이 땅에서는 왕성이다."라고 기록되어 있다.[66] '백제왕'이 성인 것을 인정하면서 한편으로 본래는 백제 유일의 '왕'이었다고 하는 의식이 드러나 있다.

이 금동관음조상의 명문은 지통 5년 이후 선광의 직계 왕족의 집단적 호칭인 '백제왕'이 성으로 변화하여 더 광범위한 사람들을 대상을 하는 씨족 명칭으로 변화했음을 보여 주는 상징적인 사례로 언급된다. '백제왕'은 단순한 성, 곧 씨족 명칭에 지나지 않으며, 실질적인 권력을 가지는 칭호는 아니라는 것이다.[67] 동판이 제작된 지통 8년 단계에 '백

---

66 〈표면〉 甲午年 三月十八日 鵤大寺德聰法師片岡王寺令辨法師 飛鳥寺辨聰法師三僧 所生父母恩敬 奉觀世音菩薩像 依此小善根 令得無生法忍 乃至六道四生衆生 俱成正覺 〈이면〉 族大原博士 百濟在王 此土王姓
67 송완범, 2006, 〈동아시아세계 속의 〈백제왕씨〉의 성립과 전개〉, 《백제연구》 44,

제왕'과 백제 유민은 이미 왜국에 포섭되었기 때문에 이때부터 이미 왜국 왕의 신하라 할 수 있느냐, 아니면 이는 내민화內民化 과정에 불과하며 757년(천평보자 원년) 단계를 백제 유민 대부분이 일본인화한 시기로 볼 것이냐를 둘러싸고 여전히 논란이 되고 있다. 그러나 694년 단계는 선광 후손들의 자의식이 드러난 씨족 명칭이므로 757년 고구려, 백제 유민에 대한 본격적인 사성이 이루어질 때의 '백제왕씨'와는 차이가 있다고 보아야 할 것이다.

명문을 통해 선광의 후손이 일본에서 승려와 같은 식자층으로 활약했음을 알 수 있다. 백제왕씨는 국정상 중요한 위치에 있는 중무성中務省, 식부성式部省, 민부성民部省 등의 장·차관보다는 계산하는 재능이나 학식을 필요로 하는 중무성의 대감물大監物·도서조圖書助, 식부성의 대학소윤大學小允, 민부성의 주계두主計頭 등의 관직에 많이 진출하고 있다.[68] 전문적인 지식을 필요로 하는 실무관료였던 것이다. 백제왕씨가 일본 율령국가에서 5위 이상의 관위에 오르는 귀족으로 우대받으면서 중앙관과 지방관으로 활약하고, 백제의 유민이 학예를 가지고 조정에 출사하는 일이 많았던 현실을 감안하면, 백제의 왕족으로서 백제왕씨가 학문에 능했던 것은 당연하다 할 것이다.

나라시대가 되면 백제왕씨는 백제왕 경복敬福, 곧 백제왕씨의 시조인 선광의 증손을 중심으로 도다이지 대불 조영 때 필요한 금을 일본 최초로 산출하고 공진하였다.[69] 경복이 무츠국陸奧國 오다小田군에서 백제계 유민 출신의 기술자를 이끌고 사금광을 찾아서 사금을 채취하고 야금을 하는 일련의 공정을 지휘한 결과였다. 이러한 공로로 종5위상에서

248~250쪽.

68 송완범, 2006, 위의 논문, 255~256쪽.

69 大坪秀敏, 2008, 앞의 책, 77~81쪽.

종3위로 특진하여 요직에 해당하는 가와치노가미河內守로 임명되었다.

백제 왕족들은 8세기 중엽에는 본거지였던 나니와에서 동북쪽으로 약 20킬로미터 떨어진, 현재의 히라카타시枚方市를 포함하고 있는 가와치의 가타노군交野郡으로 집단이주하였다. 750년쯤 당시의 실력자 백제왕 경복을 중심으로 한 선광의 자손들이 백제 사람들이 많이 사는 현재의 히라가타시로 터전을 옮긴 것이다.

2) 백제 귀족 및 관료 출신 지식인

(1) 좌평 여자신餘自信

여자신은 여자진餘子進이라고도 한다. 백제 멸망 후 복신과 함께 웅진성에서 부흥운동을 일으켰으며, 663년 왜국으로 망명하여 669년(천지 8) 오미近江로 이주하였다. 오미국 가모군蒲生郡으로 이주할 때에는 선광왕과 함께 백제 유민의 지도자 역할을 하였다.

천지조에 망명한 백제 관인 가운데 관위가 가장 높았다. 671년(천지 10) 대금하大錦下의 관위를 받았는데, 아마도 백제에서 수행했던 역할과 관등을 기준으로 정식으로 왜국의 관위를 받고 활동했을 가능성이 높다. 백제에서 '좌평佐平'이라는 최고 관직이자 관등을 가졌던 왕족으로 백제 부흥운동을 하다가 일본으로 가서 고야조(高野造; 다카노 미야쓰코)라는 가문의 선조가 되었다.[70] 오사카 서쪽에 있는 오카야마현岡山縣 쓰야마시津山市 다카노高野지역에 정착하였기 때문에 이곳에 여자신을 모신 다카노 신사가 있다.

---

70 《신찬성씨록》 우경제번하 〈高野造〉조 "百濟國人佐平余自信之後也"

여자신 이후 백제 왕족인 부여씨 일족의 계보가 이어지고, 뒤에 고야조高野造라는 일본의 씨성으로 개성되었다고 할 수 있다. 고야高野라는 씨명은 야마토국 소에시모군添下郡 다카노高野라는 지명에서 유래한다.[71] 고야라는 씨성의 사성 시기는 알 수 없으나, 《속일본기》 양로 5년(721) 정월 갑술조에 여진승餘秦勝과 여진인餘眞人 등 여자신의 후손으로 보이는 인물이 나오기 때문에 고야조씨의 사성은 양로 5년 이후에 이루어졌다고 할 수 있다. 《속일본기》 천평보자 5년(761) 3월조에는 백제인 여민선녀余民善女 등 4인에게 백제공百濟公 성을 내렸다고 하는데, 여민선녀 또한 백제 왕족인 부여씨의 후손이 아닐까 하며, 백제 왕족인 부여씨에 대한 예우로 백제공 성을 내린 것으로 보인다. 적어도 이 시기까지는 백제의 여씨餘氏로서의 정체성을 가지고 있었던 것이다.

(2) 귀실집사鬼室集斯

귀실복신의 아들인 귀실집사가 왜국에 건너온 시기는 정확히 알 수 없다. 그러나 귀실집사는 665년(천지 4) 백제에서의 관위에 상응하는 관위를 수여할 때 좌평 복신의 공적에 의해 소금하小錦下를 수여받았다. 또한 665년 백제인 400여 명을 오미의 가무사키군神前郡으로 이주시킨 바 있고, 667년에는 아스카飛鳥에서 오미近江로 천도했으며, 669년(천지 8) 귀실집사가 좌평 여자신 등 남녀 700여 인과 함께 오미의 가모군(蒲生郡; 佐久良川유역)으로 이주했다고 하므로 663년 왜국으로 망명한 여자신과 비슷한 시기에 왜국에 건너왔을 가능성이 높다.

귀실집사의 아버지인 귀실복신은 무왕의 조카로서, 왕실이나 국가제

---

71 박재용, 2019, 〈고대 일본의 망명백제관인과 그 후예씨족〉, 《한일관계사연구》 64, 176쪽.

사를 담당하는 제관祭官의 후손이었다. 제관은 음양오행이나 점성술, 불교의 생사관 등 미래를 예측할 수 있는 예지력은 물론 중국의 고전과 불교사상에 능통한 지적 소유자여야 했다. 복신이 견당사로서 외교관의 업무를 수행하고, 백제 멸망 후 부흥운동을 주도할 수 있었던 것은 이러한 능력과 경험을 갖추었기 때문으로 생각된다.[72] 고대국가 체제를 갖추는 데 국가적인 의례를 담당하는 사람의 역할이 중요해지는데, 지식인층이 아니고서는 담당할 수 없는 임무였다고 할 수 있다. 종래 제의를 담당한 지식인에 주목하지 않았으나, 고대국가에서 제의가 가지는 중요성을 고려하면 이 부분에 주목할 필요가 있다. 천무조부터 국가적인 제의가 된 오하라이(大祓)의 주사呪詞를 주상奏上하는 일은 백제계 이주민인 후미씨文氏가 담당한 것에서도 볼 수 있듯이[73] 국가적인 제사에서 지식인층의 역할이 컸다.

국가적 의례나 외교 업무를 담당할 만한 능력을 갖춘 아버지를 두고 있었기 때문에 귀실집사 또한 이미 학문적인 소양을 갖춘 상태에서 왜로 건너왔을 것이다. 당시 왜국의 상황은 중대형황자中大兄皇子가 667년 오미로 천도하고 이듬해에 천지천황으로 즉위한 뒤, 내정 수습을 위해 근강령近江令을 제정하고 호적인 경오년적庚午年籍을 작성하는 등 대화개신 이래 추진해 온, 왕을 정점으로 한 율령국가를 확립하기 위해 제도 정비를 추진하고 있었다. 따라서 백제 유민의 지식과 기술을 최대한 활용하기 위해 새로운 수도에 유민들을 이주시켰는데, 귀실집사도 여기에 포함되어 오미로 옮겨 간 것으로 보인다.

---

72 연민수, 2016, 〈百濟 鬼室氏와 日本의 후예씨족〉, 《백제학보》 17, 61~62쪽.
73 김영심, 2017, 〈고대 일본의 도교문화와 백제〉, 《백제문화》 57, 14쪽. 2단계에 백제에 온 講禮博士의 경우도 제의에 관한 자문을 하고 의례 담당자로서 역할을 했을 가능성이 있다.

귀실집사는 671년 관인 교육을 담당하는 장관인 학직두學職頭에 임명되어 학문과 학교행정을 총괄하게 된다. 학직두는 근강조의 교학정책의 중심이라고도 할 학교행정의 요직이었다.[74] 백제에 교육기관이 있었기 때문에 이러한 임무를 맡는 것이 가능했을 것으로 보인다. 학문과 학교행정을 총괄하는 책임자를 백제인에게 맡겼다는 것은, 왜국 조정이 백제의 선진지식과 교육제도를 이입시키고자 했음을 의미한다. 당시 왜국에서 절실히 필요로 한 것이 선진 지식과 교육기관, 곧 학문과 기술의 전수 및 재생산을 위한 장치였고, 그를 세우기 위한 토대를 백제에서 온 이주지식인으로부터 마련하려 했음을 알 수 있다.

귀실집사와 귀실집신鬼室集信 등 귀실집사의 적통으로 이어지는 귀실씨 후예씨족은 천평보자 3년(759) '백제공百濟公'이라는 성을 받았다.[75] 먼저 백제군百濟君 성을 받았다가 백제공百濟公 성으로 개성된 것으로 보이는데, 귀실씨가 백제군으로 바뀌게 된 것은 경운 연간(704~707)인 8세기 초이다. 귀실씨가 백제군이나 백제공이라는 성을 사성받은 것은 귀실씨가 원래 백제왕의 인척姻戚이었기 때문이 아닐까 한다.[76] 이러한 조치는 귀실집사 가문에 대한 일본 조정의 특별 예우였다. 현재까지 백제공으로 개성한 자는 백제 왕족인 부여씨의 경우가 많은데, 귀실씨가 백제공의 씨성을 받게 된 것은 여러 가지 가능성을 열어두고 검토할 필요가 있다. 아마도 백제 왕족과 혼인으로 연결된 관계였기 때문에 백제공의 씨성을 받은 것이 아닌가 한다.

---

74 胡口靖夫, 1996, 《近江朝と渡來人 -百濟鬼室氏を中心として-》, 雄山閣出版, 148쪽.

75 《신찬성씨록》 제24권 우경 제번 하 "百濟公 因鬼神感和之義 命氏爲鬼室 廢帝天平寶字三年 改賜百濟公姓"; 《속일본기》 천평보자 3년(759) 10월 신축조 "天下諸姓著君字換以公字"

76 佐伯有淸, 1983, 《新撰姓氏錄の硏究》 考證篇 第5, 吉川弘文館, 221~228쪽.

〈그림 2-22〉 기시츠鬼室신사와 귀실집사비(필자 촬영)

　귀실집사 가문에서는 지방장관 등 5위 이상의 고위관료가 배출되었다. 귀실집사의 3세대에 해당하는 백제공화마려(百濟公和麻呂; 구다라노기미 야마토마로)는 720년대에 정6위상 단마수但馬守로서 《회풍조懷風藻》에 3개의 시문을 남긴 문장가이자 지식인이었다.[77] 백제공화마려는 767년에 관위는 종5위하, 관직은 음양대속陰陽大屬이었다가 769년 음양료의 음양윤陰陽允에 임명되었다. 귀실씨는 경전을 필사하는 국가사업에도 종사하였다. 《대일본고문서大日本古文書》의 8세기 사경문서인 정창원문서에는 귀실소동인鬼室小東人, 귀실석차鬼室石次, 귀실충만려鬼室虫万呂, 귀실호인鬼室乎人 등 4명의 귀실씨가 나온다.[78] 사경소에서 경전을 필사하는 경사經師들은 문필에 능한 당대의 지식인 계급이라고 할 수 있다. 귀실씨 본가는 백제에서는 단절되었지만, 귀실집사를 시조로 하는 일족은 교육과 학교행정을 총괄했던 시조의 영향을 받아 지식인 계층으로서 전문성

77　연민수, 2016, 앞의 논문, 69~71쪽.
78　연민수, 2016, 앞의 논문, 72~78쪽.

을 가진 직무를 수행했던 것이다.

귀실씨 후손은 신사와 사찰 등의 조영을 통해 씨족적 결속력을 유지하면서 근대까지 이어진 것으로 보인다. 특히 시가현 가모군蒲生郡에 위치한 기시츠鬼室신사는 귀실씨의 씨사氏社, 곧 귀실씨족의 세력기반이 되는 신사로서 경내에는 귀실집사의 묘가 있다. 더욱이 가모군지역은 백제인들의 집단 거주지로서 동류의식이 강하게 형성되어 있었기 때문에 귀실씨와 같은 지식인층이 중앙의 조정에 출사하는 데 큰 도움이 되었다. 따라서 귀실씨의 경우는 그 정착지나 일본에서의 활동 내역, 또 활동을 뒷받침하는 백제에서의 역할, 후예, 결집의 기반이 되는 씨사, 여기에 더하여 일본조정의 특별 예우가 함께 어우러져 이주지식인의 면모를 생생하게 보여 주는 사례의 하나가 아닐까 한다.

(3) 사택소명沙宅昭明

사택소명沙宅紹明은 좌평으로서 660년 왜로 건너갔다. 671년(천지 10) 여자신과 함께 최고의 관등인 대금하大錦下의 관위와 법관대보法官大輔의 관직을 수여받았다. 법관대보는 천지 조정의 인사 전반을 실질적으로 담당한 관직이었다. 《등씨가전藤氏家傳》 겸족전鎌足傳에 따르면 사택소명은 재주와 생각이 뛰어나고 문장이 당대에 으뜸이어서 당시 최고 권력자였던 등원겸족(藤原鎌足; 후지와라노 가마타리, 614~669)의 비문을 작성하였다고 한다.[79] 등원겸족의 생전 성명은 중신련겸족中臣連鎌足으로 중대형황자(中大兄皇子; 뒤의 천지천황)과 함께 소아씨를 타도한 을사의

---

79 《藤氏家傳》 上卷 鎌足傳 "… 百濟人 小紫沙吒昭明 才思穎拔 文章冠世 傷令名不傳 賢德空沒 仍製碑文 …"

변을 일으켰다. 등원씨藤原氏는 8세기 초에 씨명이 등장하지만, 실질적인 권력기반은 7세기 후반 중신련겸족으로 칭해질 때부터 확립된다. 중신련겸족의 스승은 중국에서 유학하고 돌아온 백제계 승려 민旻이었다.[80] 중신련겸족의 두 아들은 653년 학문승으로서 견당사로 파견된 학문승 정혜定慧와 대보율령 찬정에서 중심 역할을 한 등원불비등藤原不比等이다.

뛰어난 재능과 문장가로 인정을 받은 사택소명은 달솔 길대상吉大尙, 답발춘초答㶱春初, 허솔모許率母와 함께 학사學士로서 천지의 후계자인 대우황자(大友皇子; 오토모노오지)의 빈객賓客이 되었다. 천지 정권과 긴밀한 관계에 있었던 것이다. 천지의 장자長子 대우황자는 "박학하고 다방면으로 능통하여 문예, 무예의 재주가 있었다."고 한다.[81]

사택소명은 당대 최고의 석학으로 허솔모와 함께 근강령近江令의 편찬에 관여하였다. 《대보령》의 규정에 따르면 법관대보는 후대의 식부성式部省의 차관에 해당하는 업무를 담당한 관직이므로 율령 편찬에도 관여한 것으로 보인다. 또한 그가 가진 재능과 등원겸족 및 등원씨와의 밀접한 관계도 작용했을 것이다. 《일본서기》 천무 2년(673)조에 그의 죽음에 대한 기록이 남아 있는 것도 그가 백제의 대표적인 성씨인 사씨 출신으로서 왜국에 와서도 자신의 능력을 크게 발휘하고 최고 권력자와 밀접한 관계를 가졌기 때문이 아닌가 한다. 그는 사람됨과 학식을 높이 평가 받아 수재秀才라 칭해지고 외소자外小紫의 관위까지 추증받았다.[82] 《양로령養老令》에 따르면 외소자위는 정5위하의 관위에 상당한다.

---

80 박재용, 2011, 〈고대 일본 藤原氏와 백제계 도래인〉, 《백제연구》 54, 176쪽.

81 《懷風藻》 淡海朝大友皇子조 "博學多通 有文武材幹"

82 《일본서기》 권29 천무 2년 "閏六月乙酉朔庚寅 大錦下百濟沙宅昭明卒 爲人聰明叡智 時稱秀才 於是 天皇驚之 降恩以贈外小紫位 重賜本國大佐平位"

(4) 대박사 허솔모

671년(천지 10) 정월에 오경五經에 밝다고 하여 소산상小山上의 관위를 받았고, 677년(천무 6) 5월에 대박사大博士로서 대산하大山下의 관위를 받았다.[83] 671년 소산하를 받은 지 6년 만에 대산하의 관위를 받았다고 할 수 있다. 허솔모를 정확하게 '백제인'으로 표기하고 있으므로 백제 유민으로서 유교경전에 밝아 대박사의 관직을 가지게 되었고, 박사라는 관직으로 보아 관인교육에서 중요한 역할을 담당했음을 알 수 있다. 허솔모 또한 오경의 학사로서 사택소명 등과 함께 대우황자의 빈객이 되었다.

(5) 길대상吉大尙과 길의吉宜

달솔 관등의 길대상吉大尙은 아우 길소상吉少尙과 함께 왜국으로 건너와서 자손 대대로 의술醫術을 전수하고 문예文藝에 정통했다. 671년(천지 10)에는 왜국 관위를 받고 좌평 사택소명과 함께 대우황자의 빈객이 되었다. 아들로는 길의吉宜와 길지수吉智首가 있다. 길전련吉田連의 시조인 길의, 곧 길전련의吉田連宜는 백제에서 도래한 승려 혜준惠俊으로, 700년 칙령에 의해 환속하여 길의라는 성명과 종7위하에 해당하는 무광사務廣肆 관위를 받았다. 721년 학업이 뛰어나고 의술醫術에서 스승이 될 만하다 하여 상을 받았다. 이후 724년(신구神龜 원년) 길전련吉田連이란 성을 받았고 730년에는 의도醫道를 제자에게 교수하였으며 738년에 전약두典藥頭에 임명되어 일본 의학교육체계를 정립하는 데 중요한 역할

---

83 《일본서기》 권29 천무 6년 5월 "甲子 勅大博士百濟人奉母 授大山下位 因以封卅戶 …"

을 했다.[84] 또한 도서두圖書頭를 겸임하는 등 의술은 물론 문예와 유교 등 다방면에 걸쳐 재능을 발휘하였다.[85] 길의의 아들 길전련고마려吉田連古麻呂와 그 아들은 모두 내약정內藥正으로서 일본왕의 시의侍醫로 활약하였다.

길전련吉田連 가문은 망명 백제관인의 후예씨족으로서 8세기~9세기 초 중요한 의관醫官을 독점하고 일본 의학계를 이끌었다. 《신찬성씨록》에 황별씨족으로 기재된 것은 출자 개변의 산물이며,[86] 백제 멸망 때 왜국에 망명해 온 길씨吉氏의 후예라고 할 것이다. 백제에서는 상급의 귀족이고, 중국의 뛰어난 의학서를 충분히 읽을 수 있었기 때문에 이 가문이 일본에서 최고의 의관이 되었던 것이다. 9세기 초에 편찬되었다고 하는 《대동유취방大同類聚方》에는 길의를 비롯하여 백제 유민으로서 의관이 된 길전련 집안의 처방이 14건이나 들어 있다.[87] 길의 및 길전련 가문은 백제 멸망 후 왜국으로 건너간 백제인들이 특정한 기술이나 기능을 세습하면서 활동한 과정을 가장 잘 보여 주는 이주지식인이라 할 수 있다.

---

84 沖森卓也·佐藤 信·矢嶋 泉, 1999, 《藤氏家傳(鎌足·貞慧·武智麻呂傳) −注釋と硏究》, 吉川弘文館, 377쪽.

85 加藤謙吉, 2017, 앞의 책, 286쪽.

86 서보경, 2017b, 〈《신찬성씨록》의 吉田連氏 출자와 氏姓 標題에 관하여〉, 《한일관계사연구》 58; 박재용, 2019, 앞의 논문, 176쪽.

87 808년에 편찬된 《大同類聚方》은 진위 여부가 논란이 되고 있으나(이현숙, 2015, 〈한국고대의 본초 −고조선·백제·신라를 중심으로−〉, 《신라사학보》 33, 294쪽; 박준형·여인석, 2015, 〈《大同類聚方》典藥寮本과 고대 한반도 관련 처방〉, 《목간과 문자》 15, 238~248쪽), 박준형은 최근의 논문에서 진본일 가능성을 재차 언급하였다(박준형, 2021, 〈한국 고대 의약기술 교류〉, 《한국고대사연구》 102, 159쪽). 진본임이 판명되면 백제 이주지식인의 의학 분야에서의 활약을 엿볼 수 있다.

(6) 목소귀자木素貴子

국가 방비에 역할을 한 목소귀자木素貴子는 663년 백강전투 패배 뒤 좌평 여자신 등과 함께 왜로 건너왔다. 백강전투 패배 뒤 다수의 백제 유민이 북부 규슈지역에 유입하였는데, 달솔 답발춘초畓㶱春初, 억례복류 憶禮福留와 사비복부四比福夫 등의 기술 지도를 받으면서 오노성大野城, 기이성基肄城 등 이른바 조선식(백제식) 산성을88 축조하였다. 미즈키水城 는 부엽공법 같은 백제의 토목기술○ㅣ 반이 되었으며, 쓰시마의 가네 다성金田城이나 나라 다카야쓰███安城도 백제계 기술이 이용되었다.89 백강전투 패배 ▁▁▁▁▁▁▁ 방비의 중요성을 절실히 인식하고 1차 적으로 필요 ▁▁▁▁ ▁▁▁ 설을 축조한 것이다. 660년대라는 상황 에서 방▁▁ ▁▁ 인식이 절실했음을 알 수 있다.

▁▁지 10)에는 달솔 곡나진수谷那晉首 등과 함께 병법兵法에 능 ▁▁ 하여 대산하大山下의 관위를 받았으며, 대우황자大友皇子의 빈객 ▁ 되었다. 목소木素씨는 목씨木氏의 복성으로서 동족으로는 《일본서기》 지통 5년(691) 11월조에 나오는 목소정무木素丁武가 있다. 후예씨족으로 는 임련씨林連氏 이외에 우경右京의 임씨林氏와 대석림大石林씨, 셋쓰국攝 津國 제번諸蕃의 임사씨林史氏가 있다.

---

88 서일본의 고대산성 가운데 명칭이나 축조 시기가 나와 있는 산성을 '조선식 산성'이 라 지칭했으나, 백제에서 건너간 귀족들에 의해 축조된 것이 분명하므로 '백제식 산 성'으로 부르는 것이 타당하다고 한다(서정석, 2013, 〈백제산성이 일본 '조선식산성' 에 끼친 영향 –대야성을 중심으로–〉, 《역사와 담론》 67, 152~154쪽).

89 연민수, 2018b, 〈백제와 큐슈지역의 교류〉, 《일본 속의 백제 –큐슈지역–》, 충남역 사문화연구원, 26쪽.

3) 승려 지식인

7세기 전반 관륵의 활동 이후 백제 멸망 때까지 백제계 이주민 출신 승려의 활동은 그다지 확인되지 않는다. 백제 멸망 전후 왜국에 건너간 승려의 정확한 이주 시기도 알 수 없다. 멸망 이후 왜국에 건너가 활동한 백제 승려 중에는 관동지역으로 배치된 승려도 있었다.[90] 그러나 기록상에 구체적인 이름이 드러나지 않아 주로 긴키지역에서 활동한 승려를 중심으로 살펴보겠다.

(1) 도장道藏

도장은 백제 말기의 승려로 백제 멸망 후 일본으로 건너가 활약하였다. 백제 불교계에서도 양나라와 마찬가지로 성실열반학成實涅槃學이 주로 연구되었는데, 도장은《성실론소成實論疏》16권을 지어 일본 성실종의 개조가 되었다. 도장이 참고한 문헌들은 도장이 백제에서 가지고 왔으며, 나라시대 사경 사업이 시작되면서 필사 대상이 되었을 것으로 추정된다.[91] 일본에서도 백제불교계의 성실열반학 전통을 계승하여 성덕태자의 저술에서 성실열반학의 영향이 강하게 나타난다.[92] 일본의 불교이해에 백제 승려의 영향이 중요했다고 할 수 있다.

《속일본기》721년(양로 5)조에 따르면, 도장은 일본 조정으로부터 당

---

90 《일본서기》권29 천무 13년 "五月辛亥朔甲子 化來百濟僧尼及俗 男女并廿三人 皆安置 于武藏國"

91 김천학, 2016, 〈백제 道藏이 일본 불교에 미친 영향에 대한 기초적 고찰〉, 《한국불교사연구》9, 95쪽.

92 최연식, 2011b, 앞의 논문, 201~203쪽.

대 일본 불교의 중심이 되는 인물로 인정을 받았고, 일본 조정에서는 도장이 입적할 때까지 그의 친족들에게도 부역을 면제하라는 조칙을 내렸다.[93] 당시 나이가 80세가 넘었는데 90세에 입적했다고 하므로 730년에 입적하였다. 일본으로 건너간 것은 백봉 연간(7세기 후반~710)이라고 하나, 정확한 시점은 알 수 없다.[94] 다만 《일본서기》 683년조와 688년조에 가뭄이 들어 도장이 비를 청했더니 비가 내렸다는 기사가 나오므로[95] 천무조에 이미 조정의 신임을 받고 있음을 알 수 있다.

(2) 법장法藏

법장이 언제 백제에서 건너왔는지는 알 수 없다. 천무 14년(686) 10월 천황이 중병에 걸리자 천황의 연명을 위해 미농(美濃; 미노)에 부임해서 백출白朮을 구해 달여서 헌상하고, 천황을 위해 초혼招魂을 했다.[96] 《일본서기》 지통 6년(692) 2월조에는 '음양박사사문법장陰陽博士沙門法藏'으로 기록되어 있어 법장이 사문으로서 음양박사를 맡았음을 알 수 있다. 지통 초기에는 아직 음양 관계의 기예나 사상의 전수가 주로 승려들에 의해 담당되고 전문의 기예부분으로서 분립하고 있지 않았다는 시각에서 해석하기도 한다.[97] 그러나 당시 사회에서 승려들이 관여하는

---

93 《속일본기》 권8 양로 5년 6월 무술조 "又百濟沙門道藏 寔惟法門領袖 釋道棟梁 年逾
   八十 氣力衰耄 非有束帛之施 豈稱養老之情哉 宜仰所司四時施物 絁五疋 綿十屯 布廿端
   又老師所生同籍親族 給復終僧身焉"
94 김천학, 2008, 〈백제 道藏의 《成實論疏》 逸文에 대하여〉, 《불교학 리뷰》 4, 142쪽.
95 《일본서기》 권29 천무 12년 8월조 및 권30 지통 2년 7월조.
96 《일본서기》 권29 천무 하 14년 "冬十月 庚辰 遣百濟僧法藏·優婆塞益田直金鍾於美濃
   令煎白朮 因以賜絁綿布"
97 增尾伸一郎, 2001, 〈日本古代の宗教文化と道教〉, 《アジア諸地域と道教》 講座道教 第6

범위가 여러 분야에 걸쳐 있었으며, 특히 백제 출신 승려는 다양한 분야의 전문 지식을 가진 지식인으로서 천황과 밀접한 관계를 가지면서 활동하였음을 알 수 있는 중요한 사례이다.

(3) 의각義覺, 각종覺從, 홍제弘濟

백제가 멸망할 무렵인 제명조(655~661)에 내조해서 나니와의 구다라지百濟寺에 거주하였다.[98] 또다른 기록에는 663년 백강전투의 패배 이후 병사들을 따라왔다고 되어 있다. 이를 근거로 주유성 함락으로 백제 유민들이 대규모로 왜국으로 갈 때 홀로 건너간 것으로 보기도 한다.[99] 의각은 660~661년 사이에 건너와서 나니와에 머문 것으로 생각된다. 백제에서 새로 도래한 사람들이 일시적으로 나니와에 체재하면서 왜국 생활에 대한 준비를 했다고 하나,[100] 의각이 나니와지역의 구다라지에 머물렀던 것은 왜의 백제 유민 안치정책과는 큰 관련이 없다.

의각이 내조하기 이전인 대화 원년(645) 효덕천황이 여러 승려들을 가르치고 이끌며, 부처님의 가르침을 수행할 수 있는 10사師 가운데 한 명인 백제 승려 혜묘법사惠妙法師를 구다라지의 사주寺主로 임명한 바 있기 때문이다.[101] 따라서 셋쓰국攝津國 구다라군百濟郡에 있는 구다라지의 창건 시기는 대화 원년 또는 그 이전으로 소급된다.

卷, 雄山閣, 259쪽.

98 《日本靈異記》卷上〈僧憶持心經得現報示奇事緣〉(第14) "釋義覺者 本百濟人也 其國破時 當後岡本宮御宇天皇之代 入我聖朝 住難波百濟寺矣"
99 이윤옥, 2020, 《일본 불교를 세운 고대 한국 승려들》, 운주사, 136~137쪽.
100 김은숙, 2007a, 앞의 논문, 85쪽.
101 《일본서기》 권25 효덕 大和 원년 8월 계묘조.

백제 멸망기에 의각처럼 홀로 도일한 승려에 사미각종沙彌覺從과 홍제선사弘濟禪師가 있다. 사미, 곧 수행승 각종은 660년(제명 6) 9월 백제의 달솔과 함께 파견된 것으로 나온다.[102] 각종은 아마도 달솔 관등을 가진 자의 도움을 받아 왜국에 갈 수 있었을 것이다.[103] 승려 홍제는 부흥운동이 실패로 돌아간 663년 9월~664년 3월 사이 좀 더 많은 백제 승려들이 이동해 올 때 들어온 것으로 보인다.

(4) 도소道昭

도소(道昭, 629~700)는 백제 유민이 아니라 백제계 씨족으로서 7세기 후반 천지·천무조에 활약한 대표적인 승려이다. 가와치국河內國 다지히군丹比郡 사람으로 왕진이 후예인 선련혜석船連惠釋의 아들, 곧 백제계 씨족인 선씨船氏 출신(속성은 선련船連)이다. 백치白雉 4년(653) 25세에 견당사를 따라 당나라에 건너갈 때 중신겸족中臣鎌足의 장자인 정혜定惠와 같은 배를 이용하였다. 법상종法相宗의 학승으로서 장안에서 현장玄奘을 사사하여 총애를 받았다. 661년(제명 7년) 귀국할 때 현장이 가지고 있던 사리, 경론經論을 받았고 신라를 경유하여 귀국하였다.

662년 귀국 후 다카이치군高市郡 아스카무라明日香村에 있는 아스카데라飛鳥寺의 동남 모퉁이에 선원을 세우고 천하의 승려들에게 선禪을 가르쳤다. 법상종을 최초로 일본에 전한 인물로서 법상종 제1전이며, 본격적인 선관禪觀을 일본에 전했다.[104] 이후 여러 국國을 돌아다니며 지방

---

102 《일본서기》 권26 제명 6년 9월조 "九月己亥朔癸卯 百濟遣達率〔闕名〕沙彌覺從等 來奏曰〔或本云 逃來告難〕"

103 백미선, 2012, 〈백제 멸망기 渡倭 승려들의 활동과 사상〉, 《한일관계사연구》 41, 9쪽.

104 中井眞孝, 1993, 〈道昭〉, 《日本史大事典》 제5권, 平凡社, 70쪽; 미노와 겐료蓑輪顯量

의 씨사氏寺에서 포교활동을 벌이고, 승려를 육성하는 것은 물론 길가에 우물을 파고, 나루터에 배를 마련하고, 다리를 만드는 등 사회사업을 하였다. 야마시로국山背國의 우지바시宇治橋는 도소가 만든 것이라고도 한다. 약 10여 년 뒤 천황의 칙으로 다시 선원에 돌아와서 문무 4년 (700) 72세로 좌선한 채 죽음을 맞이하였다.[105] 유언에 따라 화장火葬을 하였는데, 일본에서 화장은 이때부터 시작되었다고 한다.

이처럼 도소는 백제계 씨족 출신으로서 견당사를 따라 당에 건너갔다가 9년 정도 현장 문하에서 사사 받은 뒤, 신라를 경유하여 귀국한 승려로서 출신 배경과 활동 내용에서 당시 동아시아 세계의 지식인의 모습을 종합적으로 보여 준다. 사신이 왕래할 때 유학생이나 유학승들이 따라가서 선진 학문과 사상을 배워 왔으며, 귀국 뒤의 활동에서도 포교 및 승려 양성, 사회사업 등 지식인의 핵심적인 역할을 수행하였다. 일본에서는 승려들이 우물을 파거나 저수지·제방 등의 수리관개시설을 축조하는 등 사회기반시설 구축에 적극적으로 참여한다. 도소와 행기行基의 집이 근접해 있었기 때문에 어려서부터 선원을 자주 찾았던 행기도 도소의 영향을 받았을 것으로 추정된다.[106] 한국 측 자료에는 이러한 기록이 거의 확인되지 않으나, 지식인으로서 사회의 변혁과 발전에 크게 기여한 부분으로서 주목할 필요가 있다.

지음·김천학 옮김, 2017, 《일본불교사》, 동국대학교출판부, 38~39쪽.

105 이병호, 2013b, 〈일본의 도래계 사원과 백제 유민의 동향 －飛鳥·기타 지역의 고고학 성과를 중심으로－〉, 《선사와 고대》 39, 198쪽.

106 박해현, 2016, 〈일본 고대 불교 발전에 기여한 백제 渡來人 －行基를 중심으로－〉, 《한국고대사연구》 83, 349쪽.

(5) 행기行基

행기(668~749)의 속성은 고지高志이다. 아버지는 고지재지(高志才智; 고시노사이치), 어머니는 봉전고이비매峰田古爾比賣다. 고지씨高志氏는 백제계 이주민인 서[문](書[文]; 후미)씨의 분파, 넓게는 왕인의 후예라고 할 수 있다. 모계 또한 백제계 이주민으로서 행기는 같은 백제계 이주민 씨족인 봉전씨(峰田氏; 미네다씨)와 고지씨(高志氏; 고시씨) 집안의 혼인의 산물인 셈이다. 행기는 하내국河內國 대조군大鳥郡의 외가에서 태어나 682년(천무 11) 15세의 나이에 출가했는데 아마도 아스카데라의 도소道昭를 스승으로 삼았던 것이 아닌가 한다. 불교와 관련이 있는 왕인王仁 씨족으로서 백제계 이주민 출신 승려 도소와의 만남, 천무천황의 숭불정책 등의 영향을 받아 출가한 것으로 보인다.

행기는 입당한 적은 없지만 스승인 도소의 가르침을 받아 당이나 인도의 불교에 관심을 가지고, 전도傳道와 사회사업을 결합시켰다.[107] 행기가 741년(천평 13)까지 가와치국河內國, 이즈미국和泉國, 셋쓰국攝津國, 야마시로국山背國 등에 세운 저수지·제방 등의 수리관개시설, 도로, 항구 등의 시설에 관한 기록이 남아 있다.

《행기연보行基年譜》에는 행기가 745년 무렵까지 기나이畿內에 열었던 49원院의 위치와 건립연대가 기록되어 있는데, 서민 신자들의 기진寄進과 협력에 의해 세워진 이들 사찰도 사회사업시설과 결합되어 있다. 협산지원狹山池院은 협산지(狹山池; 사야마이케)와 결합되어 있는 것이다. 49원 가운데 가장 먼저 세워진 것은 현재의 사카이시에 있는 고장사(高

---

107 행기의 활동에 대해서는 大隅和雄, 1993, 〈行基〉,《日本史大事典》제2권, 平凡社, 786~787쪽; 박해현, 2016, 앞의 논문, 342~367쪽; 薗田香融, 2016,《日本古代佛教の傳來と受容》, 塙書房. 97~105쪽 참조.

藏寺; 고조지)이다. 5세기부터 한반도에서 이주한 이주민들, 특히 백제계 이주민이 새로운 경질 스에키 토기들을 생산했던 대표적인 유적인 도읍 요적군陶邑窯跡群 근처에 있다. 아마도 '백제인' 의식이 일찍 형성되어 있었던 곳이 아닐까 한다.

행기는 민중 구제와 같은 사회 활동에 스승 도소보다 훨씬 적극적이었다. 행기의 구제 활동에 백제계 이주민을 중심으로 한 재지 호족 세력들이 재정적인 부담을 하였고, 행기는 저수지와 도랑을 만들고 경작지를 개간하는 데 노동력을 동원하는 역할을 하였다. 행기가 많은 구제 시설을 만들어 '행기보살'로 추앙되는 등 구심점이 되자, 등원불비등藤原不比等은 717년 승니령을 내려 행기를 억압했고, 722년에도 재차 제어하려 했으나 실패하자 731년 마침내 행기의 활동을 공인할 수밖에 없었다. 행기가 율령정부와 맞서려 하지 않고, 중생 구제 활동에 집중했기 때문에 가능한 일이었다. 행기의 사회사업은 단순한 사회사업이 아니라 언제나 종교활동의 일환, 포교의 수단으로서 행해졌다.

732년 개수된 사야마이케狹山池는 행기의 토목 기술과 농민을 조직적으로 동원하는 역량을 보여 주는 좋은 예이다. 백제에서 유입된 고도의 토목기술인 부엽공법을 이용하였다. 성무천황 집권기인 745년의 도다이지東大寺 대불 조영사업에서는 행기의 역량이 더욱 발휘되었다. 735년, 737년 천연두와 같은 각종 질병이 유행하였고 기근까지 빈번히 발생한 혼란의 시기였기 때문에 성무천황은 대불을 조성하여 위기를 벗어나고자 했다. 이주민들의 구심점인 행기를 대승정大僧正에 임명하여 이주민들의 도움을 얻었다. 대불 조영을 맡은 조불장관 국중련공마려(國中連公麻呂; 구니나카노무라지기미마로)의 조부는 백제 멸망 당시 일본에 건너왔던 백제인이고,[108] 대불 조성에 막대한 경제적 지원을 한 경복 또한 백제의 왕손이었다.

행기는 백제계 이주민의 후손으로 태어나 활동했지만, 사야마이케 개수 사업을 통해 백제계 이주민으로서의 의식을 가지고 있었다. 8세기 중엽까지 행기가 이주민의 후예뿐 아니라 망명 백제인들의 구심점으로서 역할을 하면서 율령정부가 추진하는 대규모 경작지 확보사업에도 적극적으로 참여하여 일본사회에서 이주민들이 뿌리내리는 데 기여했음을 알 수 있다.

이상에서 백제가 멸망한 660년 이후 당과 왜국으로 이주한 백제 유민 1세대와 그 후예들의 활약상을 살펴보았다. 멸망 직후 의자왕을 비롯한 백제 왕족 및 고위관료와 무장은 당의 수도인 장안과 낙양으로 강제로 이주한 경우이고, 웅진도독부 해체 이후는 자발적 이주가 많다. 백제에서 당으로 간 왕족이나 고위 귀족은 대부분 무관으로서 활약하였다. 흑치상지와 그 아들인 흑치준이 대표적인 지배층 출신의 백제 유민 지식인이며, 사비시기 핵심적 정치세력이었던 사씨는 당과 왜국에서 모두 활약하였다.

7세기 후반 이후는 일본에서 학문과 기술의 재생산을 위한 공적 관사가 설치되는 시기였다. 백제 멸망 후 백제의 고위 관료를 지낸 인물들이 왜국으로 많이 건너가 자신들이 가진 전문 지식을 발휘하였다. 국가방위시스템(병법)을 갖추고, 제약과 의술 분야에서 활약이 컸다. 이때 일본은 지식인들을 활용하여 새로운 국가운용에 필요한 사상, 예제, 율령 등을 만드는 것이 중요했기 때문에 교육기관을 설치하여 다양한 분

---

108 조부는 國骨富로서 백제의 제4관등인 德率을 가지고 있었다. 그가 백제에서 어떠한 일에 종사했는지는 알 수 없으나, 국중련마려의 활약이나 도다이지 대불 조영에 백제계 공인이 활용된 사실로 볼 때 불상 조성에 관여한 것으로 추정하기도 한다(이다운, 2013, 〈고대일본의 백제불교 전개와 정치변동〉, 《원불교사상과 종교문화》 56, 261쪽).

야의 학문을 개설함으로써 국가가 필요로 하는 인재를 양성하였다. 이러한 교육기관에서 백제계 이주지식인과 그 후예의 활약이 컸다.

백제왕 선광은 천지 조정에서 백제에서 건너온 사람들을 왜국에 정착시키는 역할, 대내외적으로 백제계 이주민을 대표하는 중요한 역할을 하였으며, 여자신, 귀실집사, 사택소명 등 고위관료와 도장, 법장 등 승려들의 활약이 두드러졌다. 도소, 행기는 백제 유민이 아니라 백제계 이주민의 후예로서 포교와 사회사업을 접목시켜 사회발전에 기여하는 지식인의 핵심적인 역할을 수행하였다. 따라서 백제의 전문 지식인이 본격적으로 일본의 관제에 편입되어 활동을 하게 된 것은 백제 멸망 후의 이주지식인에서 시작되었다고 할 수 있다.

제3부

백제계 이주지식인과

일본 고대국가

제1장 일본의 국가체제 확립과 백제계 이주지식인의 주요 활동

백제의 이주지식인이 각 단계별로 활동한 양상에 대한 검토를 통해 동아시아 각국이 성장과정에서 필요한 전문적인 통치 지식과 기술을 어떠한 방법으로 갖추게 되었는지를 대체적으로 파악할 수 있었다. 새로운 기술과 문화의 창출국이 아닌 경우 국가의 운영에 필요한 통치제도나 문서행정 등의 지식과 기술의 많은 부분을 이주지식인으로부터 조달하는 경향이 있었다. 백제에서 중국계 이주민, 왜국에서는 백제계 이주민의 역할이 컸다.

이주한 사회에서 큰 자취를 남긴 부류는 일본으로 건너간 백제계 이주지식인이었다. 백제계 이주지식인의 활동은 국가를 운영하는 데 필요한 제반 분야에 걸쳐 있었지만, 그 활동이 특히 두드러졌던 분야는 지식의 도입 및 전수를 가능케 하는 문자문화의 전개, 교육기관의 성립, 율령제의 정비, 사상체계의 형성과 관련된 것이었다. 백제문화는 일본의 고대문화가 형성되는 데 영향을 미친 요소 가운데 하나일 뿐이었다.[1] 그렇지만 이주지식인의 활동이 고대국가를 운영해 가는 데 핵심이 되는 분야에서 이루어지고 있었기 때문에 국가운영과 관련된 여러 가지 제도와 문물, 사상이 일본의 것으로 자리 잡는 과정에서 백제계 이주지식인의 역할이 컸다. 이들 분야는 최근 비교 연구의 자료가 축적되어 좀 더

---

1 김영심, 2015, 〈일본 속 백제유물의 범위와 의미〉, 《백제문화》 53, 97쪽.

심층적인 검토도 가능해졌다. 따라서 주요 부문에서 백제계 이주지식인이 자신의 지식과 기술을 바탕으로 이주한 사회에서 어떠한 역할을 담당하고, 어느 정도의 성과를 거두었는지를 일본사회의 전개과정에서 파악하는 것은 의미가 있다.

이러한 작업은, 이주지식인 사례 분석이 개별적이고 일회적인 데 반해, 문자문화 등의 전개과정에서 이주민의 역할을 시계열時系列로 정리할 수 있고 전체적인 흐름을 파악할 수 있다는 장점이 있다. 이를 통해 일본 고대국가의 체제정비와 변화·발전과정에서 백제계 이주지식인이 수행한 역할과 영향력이 드러난다면, 이주한 사회에서 이주지식인의 활동을 평가하고 위상을 자리매김하는 데 도움이 될 것이다.

1. 일본 문자문화의 전개와 백제계 이주지식인의 활약

1) 5세기 외교문서 및 철검 명문의 작성과 이주지식인

《수서隋書》동이전 왜국조를 보면 백제로부터 불교를 수용한 것이 일본에서 문자가 시작된 계기로 기록되어 있다.[2] 그러나 백제에서 일본에 전해 준 칠지도 명문은 왜왕 측에 읽을 사람이 있다는 것을 전제로 작성되었음이 분명하므로, 일본에 한자가 전래된 것은 그보다 이른 시기였을 것이다. 문자문화의 수용은 일본이 국가를 형성하고 통치체제의 근간을 마련해 가는 과정에서 중요한 문제였다.

---

2 《隋書》권81 열전 제46 왜국조. "無文字 唯刻木結繩 敬佛法 於百濟求得佛經 始有文字"

제2부에서 살펴본 것처럼 왜국으로 건너온 백제계 이주민은 4세기부터 찾아볼 수 있지만, 이주지식인의 자취는 5세기 단계에 본격적으로 드러나기 시작한다. 일본에서 문자를 사용해서 문장을 작성하기 시작했음을 알려 주는 자료는 5세기의 철검명과 외교문서이다. 더욱이 명문이 있는 철검은 고대사회의 발전 정도를 알 수 있는 '기술'과 '지식' 두 가지가 동시에 구현된 사례이다. 또한 도검이 가지는 영험이나 주술성을 정치적인 의례와 결부시켜 이해하면서 외교만이 아니라 국내정치에서 문자가 사용되었음을 보여 주는 사례로 주목되기도 했다.[3]

철검 명문의 작성은 이주지식인이 담당한 것으로 추정되어 왔다. 명문을 쓴 자가 표기된 경우는 명문도검 가운데 에다후나야마고분江田船山古墳 출토 치천하명대도治天下銘大刀의 "書者張安也(서자장안야)"가 유일한 사례이다. 일본의 금석문에서 '서자書者'가 보이는 또 다른 사례는 〈원흥사노반명元興寺露盤銘〉에 보이는 "書人百加博士 陽古博士(서인백가박사 양고박사)" 정도이다. 작성자가 명기된 것에 대해서는 중국계가 아닌 한반도계 도래인이나 왜인의 경우 표기상 배려가 필요했기 때문이라고 보는 견해가 있다.[4] 이에 따르면 '서자 장안'은 백제를 출자로 하는 이주민이었을 가능성이 높다. '장張'이라는 성은 백제의 대중외교에서 사신의 성으로도 등장한다.[5] '장'성은 본래 중국식의 단성單姓이었지만, 백제에 들어와서 활약을 했고, 장안도 같은 계보상에 있는 인물로 생각된다. 따라서 '서자 장안'은 도검의 명문이 백제와 관계 있는 이주민에 의해 작성되고 있었으며, 한자문화에 익숙한 중국계 식자층이 백제를 경유하여

---

3 三上喜孝, 2013, 《日本古代の文字と地方社會》, 吉川弘文館, 9~15쪽.

4 東野治之, 2004, 《日本古代金石文の硏究》, 岩波書店, 105쪽.

5 백제에서 활약한 장씨는 구이신왕대의 장사 장위張威와 개로왕대의 사마 장무張茂, 동성왕대의 참군 장새張塞가 있다.

왜국 조정에서 활약하고 있었음을 구체적으로 보여 주는 사례로 볼 수 있을 것이다.

이나리야마고분稻荷山古墳 출토 신해명철검辛亥銘鐵劍의 명문 또한 고유명사를 한자로 표기할 때 고한음계古韓音系의 가나가 많이 사용되고, 한반도풍의 문체 때문에 백제 경유의 도래인이 관여했을 가능성이 높다고 한다.6 치천하명대도에 보이는 '전조인典曹人'이라는 표현에서도 5세기 후반의 왜국에 왕권을 중심으로 한자·한문을 습득한 문필 집단이 꽤 널리 성립되어 있었음을 알 수 있다.

외교문서에서도 이주지식인의 활약을 엿볼 수 있다. 중국이나 한반도로부터 선진문물을 수입하기 위해서는 외교관계가 필요했고, 외교가 지속되기 위해서는 문필을 담당한 전문직이 필요했기 때문에 중국 또는 한반도계의 이주민을 채용하였다.7 425년 송에 파견된 왜왕 찬讚의 사신 사마司馬 조달曹達의 경우처럼 왜국 조정에서 사신이나 외교 문서 담당자는 대개 한반도나 중국에서 건너간 이주민 집단 출신이었다. 한반도계의 이주민들이 기술을 가지고 집단으로 건너간 것과 달리, 조달 같은 중국계 지식인은 소규모로 열도 안에 거점을 가지고, 왜국 왕의 직속 측근으로서 권력자와 정치적으로 연결됨으로써 자신들의 위상을 확보하고자 했다.8 중국계 인물을 대중외교에 활용한 백제와 왜국의 두 왕권이 외교문서 작성에도 중국계 부관층府官層으로 하여금 업무를 담당하게 한 것으로 보인다. 외교문서에 해당하는 상표문은 고도의 정격 한문으로서 병려문騈儷文의 형식을 따르고 한적漢籍을 인용하여 구사하기 때문에 중국계 지식인의 역할이 필요했다.

6 鈴木靖民, 2016, 앞의 책, 勉誠出版, 222쪽.
7 薗田香融, 1995, 〈古代の知識人〉, 《岩波講座 日本通史》 5 古代4, 岩波書店, 157쪽.
8 河內春人, 2018, 앞의 책, 70~72쪽.

왜국의 대표적인 외교문서 가운데 하나인 478년 송에 보낸 상표문은 백제에서 활약한 중국계 이주지식인이 작성했을 가능성도 제기되고 있다. 472년 백제가 북위에 보낸 상표문과 478년 왜국이 송에 보낸 상표문이 적어도 5세기 중반까지는 완성되었을 원原《진서晉書》9의 용어를 많이 활용하고 있고, 두 외교문서의 구성이나 어구가 유사하다고 보았다. 따라서 472년 북위에 보내는 상표문을 기초한 백제 관인이 475년 한성 함락 후 왜국에 망명하여 왜왕 무武에게 기용되어 478년 왜국의 상표문을 기초하였다는 것이다.10 작성 주체는 유학승이나 중국계 망명인 출신으로 추정되기도 하는데, 이는 자료의 축적이 더 이루어져야 해명이 가능한 부분으로 생각된다. 그러나 동아시아 공통의 기반이 이주지식인에 의해 구축되기 시작했음을 보여 주는 사례임은 분명하다.

두 표문에 인용된 고사의 출처는 《사기史記》《한서漢書》《삼국지三國志》 등의 사서는 물론 《예기禮記》《춘추좌전春秋左傳》《모시毛詩》《장자莊子》《주례周禮》《상서尙書》에 이르기까지 매우 다양하다. 이는 당시 서적의 유통, 중국의 학술에 대한 보급이 어느 정도 이루어졌는지를 보여 주는 사례라 하겠다. 아직은 왜국이 자체적으로 상표문은 작성할 수 없었지만, 5세기에 왜국이 학술 수용이라는 면에서 일정 수준에 달했음을 알 수 있다.11

5세기에 이것이 가능했던 것은 《일본서기》 응신천황대에 보이는 왕인王仁 또는 화이길사(和邇吉師; 와니키시)의 파견과 관련이 있지 않나

---

9 현재 전하는 《晉書》는 당 태종 정관 연간(644~646)에 편찬되었지만, 원래의 《晉書》나 복수의 진대에 관한 사서류가 5세기 중반까지는 완성·유포되었을 것으로 보고 있다(內田淸, 1996, 앞의 논문, 94~95쪽).

10 內田淸, 1996, 위의 논문, 93~119쪽.

11 河內春人, 2013, 앞의 논문, 151쪽.

한다. 백제에서 중국 고전에 정통한 왕인 또는 화이길사를 파견했다고 나오고 있어, 5세기 즈음에 여러 경전에 통달한 중국계 왕씨 성을 가진 사람들이 백제를 경유하여 건너와서 왜왕 무의 상표문 작성 때 중국 고전을 참조했던 것으로 설명할 수 있다.[12] 외교문서의 작성 및 해독 같은 외교 관계의 일은 국내의 지식인과 이주지식인의 공동작업일 가능성이 높다.

왕인에 관한 기사는 '만들어진 왕인' 신화라 하여 비판적으로 언급된다. 앞에서도 지적했던 것처럼 왕인은 서문씨西文氏의 도래전승과 관련된 가공의 인물이라거나, 6세기대 왕진이의 활동을 왕인에 가탁하여 조작했다는 것이다. 그러나 이 기사가 내포하는 의미는 분명히 검토해야 할 부분이 있다. 일본의 아스카飛鳥·후지와라藤原, 나라奈良 등지에서는 7~8세기대의 《논어》와 《천자문》 목간이 다수 출토되었다. 29점의 논어 목간이 출토되었는데, "何晏集解子曰"이나 "論語書何晏集解"라는 문구를 보면 하안주 《논어집해》 10권이 유통되고 있었다.[13] 이에 대해서는 현재 일본에서 발견된 《논어》와 《천자문》 목간은 대부분 7~8세기 전반의 자료라서 4~5세기에 왕인의 《논어》와 《천자문》 전수가 이루어졌음을 말해 주는 것은 아니라는 견해가 많다.

그러나 왕인에 의한 《논어》와 《천자문》의 전래는 역사적 사실이라기보다 학문의 전래를 상징하는 것이다. 712년 《고사기古事記》에 왕인의 전승이 등장한 배경은 일본의 문자문화가 중국이 아닌 한반도에서 직접 전래된 것이며, 특히 백제의 문자문화로부터 직접적인 영향을 받았다는 당시의 인식이 반영된 결과로 보면 좋을 것이다.[14] 철검명이나 《송서》

---

12 田中史生, 2019, 앞의 논문, 411쪽.
13 미카미 요시다카三上喜孝, 2012, 〈일본 고대 지방사회의 《논어》 수용〉, 《地下의 논어, 紙上의 논어》, 성균관대출판부, 228~230쪽.

왜국전에 나오는 상표문 외에 〈우전팔번신사 인물화상경隅田八幡神社人物畵像鏡〉에 나오는 개중비직開中費直과 예인금주리穢人今州利라는 거울을 만든 두 명의 인물에 대해서도 백제계 도래인으로 보는 견해가 있으나,[15] 검증하기는 쉽지 않다.

5세기는 일본의 문자문화와 관련하여 왜인들이 문자를 사용해서 스스로의 관계를 표현하기 시작함과 동시에 역일曆日을 기록하고, 그 사회나 역사를 문자로서 기록하기 시작한 중요한 시기이다. 한자가 외교만이 아니라 내정에서 사용되는 등 문자가 정치적으로 이용되기 시작한 시기라고 할 수 있다.[16] 각 지역의 지배층에게 도검이나 경을 하사함으로써 자신의 지배력을 드러내고, 각 지역에 문자가 전파되는 부수적인 결과도 초래하게 되었던 것이 아닐까 한다.

또한 5세기 단계의 문자문화는 일본 자체의 문자문화의 발달에 따른 것이라기보다는 전수傳授된 것에 기반한 측면이 강하다. 철검명문 작성자, 상표문의 작성자가 이를 말해 준다. 《논어》나 《천자문》의 전수 자체는 여전히 논란이 되고 있으나, 문자문화가 한반도를 통해 전래되었다는 인식이 일본사회에 퍼진 근거는 분명히 있을 것이다.

---

14 三上喜孝, 2013, 앞의 책, 44쪽.

15 연민수, 2009, 〈일본 고대국가 형성과 백제〉, 《한국사시민강좌》 44, 258쪽.

16 平川 南, 2004, 〈總說 文字による支配〉, 《文字と古代日本 1 －支配と文字－》, 吉川弘文館, 2쪽. 山尾幸久는 야마토 정권은 지방수장의 자제를 중앙에서 근무시키고, 근무연한이 끝난 뒤 고향에서 권위를 인정하는 방식으로 집권력을 강화해 갔다고 보았다. 지방수장은 젊은 시절에 고향에서 올라와 야마토 '大王'의 궁에서 근무한 뒤에 '대왕'으로부터 위신재 등 하사품을 통해 그 권위를 인정받았다는 것이다(山尾幸久, 1989, 《古代の日朝關係》, 塙書房, 307~308쪽).

2) 6세기 ~ 7세기 중반 문자문화의 성숙과 문서행정의 도입

2단계 왜국의 문자문화 전개에 중요한 영향을 미친 외적 요인은 오경박사와 승려의 도래이다. 왜국의 한자문화는 6세기 전반 백제로부터 오경박사가 파견되고, 불교가 전해짐에 따라 변화하기 시작한다. 513년 오경박사의 파견에 대해서는 논란이 있지만, 앞에서 살펴본 것처럼 백제의 한자문화나 유교에 대한 이해를 보면 그 가능성은 충분히 인정할 수 있다. 이주지식인의 대표적인 존재라 할 수 있는 박사와 승려는 학술과 문화를 전하는 데 유교 서적이나 불교 경론 등 관련 서적을 함께 가지고 왔다는 점에서 왜국의 문자문화 전개에 중요한 역할을 수행하였다. 오경박사와 승려는 지배층의 자문에 응하게 되었고, 이를 통해 왜국의 지배층이 한자문화에 대한 이해를 한층 심화시킬 수 있었다. 우마야도廐戸왕이 고구려의 승려인 혜자慧慈에게 불교를 배우고[17] 백제의 각가覺哿에게서 유교를 배운 데서[18] 이를 알 수 있다.

특히 불사佛寺와 승니僧尼는 아직 관인 양성기관을 갖지 못한 왜국의 한자문화 전수 시스템에 큰 변화의 계기가 되었다. 승니에 의해 사제관계에 기반한 한자문화의 전습傳習, 지식·기능의 전수가 가능해지면서 한자문화의 담당자가 이른바 이주민에서 비이주민으로 전환할 수 있었다. 또한 불교의 전개를 계기로 사제관계의 기능 전습에서 서적도 중요한 기능을 했다.[19] 승려와 함께 들어온 서적은 지식의 보급 및 전수를 가능하게 하는 매개체가 된다는 점에서 큰 의미가 있다. 또한 오경박사나

---

17 《일본서기》 추고 원년 4월 기묘조.
18 《일본서기》 추고 3년 5월 정묘조.
19 田中史生, 2016, 앞의 논문, 26~27쪽.

역박사, 의박사 등 학술에 관한 인재가 6세기 후반~7세기 초 무렵에 도래하면서 양나라 때의 서적이 많이 유입되었다.[20] 박사와 승니, 그들이 가지고 온 서적이 지식 전수의 매개체이자 보급 확대의 수단이 되면서 선진 지식과 문물을 재생산할 수 있는 구조를 마련한 것이다.

왜국의 국가체제가 확립되어 가는 과정에서 유교에 기반한 박사와 불교에 기반한 승려의 유입이 어떠한 변화를 초래했는지 구체적인 사례를 통해 확인해 보기로 하자. 6세기 왜국의 사회 운영 시스템과 관련한 이주지식인의 활동으로서 주목되는 것이 호적 및 정적丁籍 작성과 같은, 문서행정에서의 역할이다. 《일본서기》 흠명 연간의 기록을 보면 540년(흠명 원년) 우선 이주민들을 호적에 올리는 조치를 취하고, 569년(흠명 30)에는 전부田部의 정적을 검정하는 조치를 취한다.

흠명 원년조의 기록은[21] 진씨의 씨족사료에 기초한 기사로서 표현에서는 《일본서기》 편찬 단계의 윤색이 인정되지만, 흠명천황대에 진인秦人·한인漢人 등 이주민 계통의 편호編戶·조적造籍이 이루어지고, 진인의 호수가 구체적으로 기록되고 있는 점은 주목된다. 호적 작성에는 문자가 필요한데, 6세기에 일본열도에 불교가 전래되면서 문자로 기록된 경전이 함께 전래되고, 사회가 안정되면서 문자의 사용이 확대되었기 때

---

20 6세기 후반~7세기 초 이후에도 백제와의 통교가 계속되었기 때문에 백제로부터 서적이 왔을 가능성은 충분하다. 7세기 후반 백제 멸망 후 적지 않은 관료, 지식인들이 일본에 망명해 올 때 양나라 때의 서적이 들어왔을 가능성을 배제할 수 없지만, 주된 유입 시기는 6세기 후반~7세기 초였다(榎本淳一, 2013, 〈《日本國見在書目錄》に見える梁代の書籍について〉, 《古代中国·日本における学術と支配》, 同成社, 146~147쪽).

21 《일본서기》 권19 흠명 원년(540) 8월 "召集秦人·漢人等 諸蕃投化者 安置國郡 編貫戶籍 秦人戶數 總七千五十三戶 以大藏掾 爲秦伴造(秦人·漢人 등 諸蕃으로부터 투화해 온 자를 불러 모아 國郡에 안치하고 호적을 작성하였다. 진인의 호수는 모두 7,053호로 오호쿠라노후비토大藏掾를 하다노도모노이먀쓰코秦伴造로 임명하였다)."

문에 가능했던 것이 아닌가 한다.[22]

569년 춘정월에는 담진膽津을 보내 전부의 정적을 검정하게 했는데, 4월에 담진이 백저전부白猪田部의 정丁을 검열하고 조에 따라서 적을 만들고, 전호田戶를 편성했다.[23] 담진이 검정한 '정적'은 과역을 부담하는 성인 남자만을 기재한 것이지만, '정丁'의 이름만을 죽 써서 늘어놓은 장부는 아니다. 노동력 징발의 기본단위인 '호戶'는 노동력을 재생산하는 단위이기 때문에 새롭게 과역 연령인 '정'에 이르는 연령층도 포함하는 것이 필요했고, 호 편성을 목적으로 '정적'을 작성하게 된 것이다. 따라서 정적은 모든 인민을 대상으로 하는 율령제의 호적과는 다르지만, 6세기 중반 흠명 연간 우선 백저둔창(白猪屯倉; 시라이노미야케)과 같은 이주민집단을 호적에 의해 지배하고자 했음을 알 수 있다. 제2부 제2장에서 살펴보았듯이 백저사의 성을 받은 담진은 왕진이계의 후손이다.

이와 관련하여 부여 능산리 299호 목간과 307호 목간을 살펴볼 필요가 있다. 백제에서 호적이 작성된 시기는 《삼국사기》 도미열전의 '편호소민編戶小民'이나 무령왕대의 '절관絶貫된 지 3~4세가 된 자에 대한 추쇄' 등의 표현을 통해 5세기 중·후반 개로왕대가 주목되어 왔다. 6세기에는 호구를 파악하여 수취의 기본이 되는 호적을 작성하는 부서인 점구부點口部가 두어졌는데,[24] 이러한 업무를 수행하는 과정에서 목간이 사용되었을 가능성이 높다. 부여 능산리 출토 목간은 554년부터 능사가 건립된 567년 이후 주로 제작·사용·폐기되었고, 일부는 6세기 후반에 제작·사용되다가 폐기되었을 것으로 추정된다.[25] 299호 '삼귀三貴' 목간

---

22 大阪府立近つ飛鳥博物館, 2011, 《倭人と文字の出会い》, 平成23年度 春季特別展 圖錄, 66쪽.

23 《일본서기》 권19 흠명 30년(569)春正月 신묘삭 및 하4월조.

24 김영심, 2005, 〈백제 5방제 하의 수취체제〉, 《역사학보》 185, 12~21쪽.

은 능산리지역과 관련된 사람들을 파악하기 위한 행정처리 과정에서 작성되었다.[26] 삼귀 목간에서는 담진의 '정적' 작성 기술과도 연결되는 장부의 작성기술을 엿볼 수 있다. 307호 목간에서도 '자정資丁'이 확인되므로 6세기 백제에서 '정'의 편성·관리가 행해졌을 가능성이 높다.

나주 복암리 2호 목간에서 확인되는 '문정文丁'은 특정한 직역을 담당한 '정'으로서 주목된다. 일반적인 정과 달리 문한文翰 관련 임무를 담당하였다.[27] 특정 직무와 정이 결합하여 특정한 직역을 담당한 정을 지칭한 사례는 중국이나 일본 등에서 확인되지 않는다.[28] 따라서 나주 복암리 목간은 백제에서 '정'의 관리가 상당히 체계적으로 이루어졌음을 말해 주며, 백제의 지방이었던 나주에서 610년대에 작성된 목간에 문한을 담당하는 '문정'이 등장할 정도로 백제의 문서행정이 발달했음을 말해 준다 할 것이다. 《수서》 백제전에서 '행정 실무에 능숙하였다(能吏事)'가 특별히 강조된 것도 백제에서 관인이 반드시 알아야 할 문서행정 등이 이루어지고 있었음을 시사한다.

흠명 연간의 기록에서 알 수 있는 것은, 6세기 중·후반 단계에 이르면 왜국에서도 호적이나 정적 작성의 필요성이 생기게 되었다는 것이다. 4세기 단계에 들어오기 시작한 이주민에 이어 5세기 중·후반부터 6세기 초에 걸쳐 백제를 비롯한 한반도에서 들어오는 이주민이 늘어남에 따라 이를 관리할 필요성이 생기게 되었고, 이를 관리할 수 있는 실무 담당자와 문서행정 시스템이 갖춰져야 했다. 호적 작성과 같은 문서행

25 이병호, 2008, 〈부여 능산리 출토 목간의 성격〉, 《목간과 문자》 창간호, 86쪽.
26 국립부여박물관, 2002, 《백제의 문자》, 99쪽.
27 김성범, 2010, 〈나주 복암리 목간의 판독과 석독〉, 《목간과 문자》 5, 157쪽.
28 홍승우, 2015, 〈목간 자료로 본 백제의 적장 문서와 수취제도〉, 《한국고대사연구》 80, 140쪽.

정을 담당한 사람은 6세기 중·후반의 후히토〔史〕 조직과 백제계 이주지 식인이 아니었나 한다.

6세기 중·후반 왜국에서 호적, 정적 등이 작성될 수 있었던 것은, 5 세기 후반, 늦어도 6세기 전반에 백제에서 호적 작성과 같은 문서행정 이 이루어지고 있었기 때문이다. 비록 왜국 전체 차원은 아니지만, 한 반도에서 건너온 이주민을 대상으로 편호·조적하고, 정적도 작성해서 관 리하고자 했음을 알 수 있다. 백제에서의 경험을 바탕으로 이주민들이 정착한 곳에서 선진적으로 호적 작성과 같은 문서행정이 도입된 것이 아닐까 한다. 외교문서만이 아니라 6세기 중·후반에 이르면 국가 운영 에 필요한 문서행정을 원활히 추진해 갈 수 있는, 문자에 익숙한 전문 기술자가 필요했던 것이다.

율령제 성립 이전 문필 관련 업무를 담당한 사람은 후히토〔史〕였다. 67이나 69씨의 후히토가 있으나, 실제로 가바네〔姓〕로 사여된 기록은 적 고, 후히토를 가바네로 사용한 씨족은 야마토와 가와치지역에 집중적으 로 분포한다고 한다.[29] 후히토를 부여한 시기에 대해서도 다양한 의견 이 있다. 후히토 사성 시기에 대해서는 5세기, 5세기 후반, 6세기 말 등 여러 견해가 있는데, 천무·지통조의 율령제 직계職階 구분 때 후히 토가 가바네로 사성되기 시작한 것이므로 7세기 중엽까지의 사성 기록 은 믿을 수 없다는 입장도 있다.[30] 그러나 문필 관련 업무를 담당한 후 히토 집단의 사성 시기에 대해서는 신중히 접근할 필요가 있다.

사료상 동서사부東西史部, 동서제부東西諸部라고 하는 집단은 문필에

---

29 서보경, 2017a, 〈고대 일본의 문필실무직과 한국계〈渡來〉씨족〉, 《사림》 59, 295쪽.
30 《일본서기》에 기재된 왕진이계 씨족의 후히토 사성이나 왕진이 관계 전승에 등장하 는 '東西諸史(=東西史部)'도 《일본서기》 편찬 단계의 가필임이 분명하다는 것이다(서 보경, 2017a, 위의 논문, 307~308쪽).

뛰어나 야마토 조정에서 문필을 담당하는 실무관료로 활약하였다. 동서사부는 동한씨東漢氏를 구성하는 유력 지족인 동문직東文直〔동서직東書直〕씨와 박사 왕인의 후예를 칭하는 서문수西文首〔서서직西書直〕씨 등 60여 씨를 포함하는 동사부東史部와 서사부西史部로 이루어진 이른바 이주계의 유식자로 구성되었다. 이들 사, 사부(史, 史部; 후히토) 조직이 문필·기록의 임무를 담당하며 외교·내정의 폭넓은 분야에서 활동하였다.[31] 서문씨西文氏가 동문씨東文氏와 함께 삼장(三藏; 齋藏·內藏·大藏)의 장부를 교감해서 기록했다.[32] 한자가 국자화國字化된 것을 사부의 성립으로 보고, 사부가 설치될 무렵 처음으로 한자문명에 접촉한 것으로 보는 견해가 있을 정도로,[33] 그만큼 사부의 성립은 일본의 문자문화의 전개뿐만 아니라 일본이 문명시스템을 구축해 가는 데 중요한 일이었다.

2단계에 문필 방면에서 활약한 대표적인 이주지식인은 왕진이이다. 왕진이는 《일본서기》 흠명 14년(553)조에 선장으로서 각지에서 운반된 물자를 항구에 집적하여 기록하고 보관, 관리하는 임무를 맡은 것으로 처음 등장하기 때문에 흠명 14년(553)에서 멀지 않은 어느 시기에 이주해 온 이주 1세대로 볼 수 있다. 왕진이가 왜국에 파견된 시점은 백제 성왕이 고구려에게 빼앗긴 한강유역을 되찾기 위해 신라와 제휴하기도 하고, 배반을 당하기도 하면서 전력을 쏟아부은 시기였다. 따라서 왕진이와 그 일족의 활약상을 적극적으로 해석할 수도 있을 것이다. 이들은 정주를 전제로 한 이주로, 백제 왕권은 왕진이에게 외교 현안의 해결도 기대했을 것으로 추정된다.

---

31 가토 겐키치加藤謙吉, 2017, 〈가와치지역의 백제계 씨족〉, 《일본 속의 백제 – 긴키지역–》 II, 충청남도·충남역사문화연구원, 61~62쪽.
32 나행주, 2015, 앞의 논문, 39쪽.
33 薗田香融, 1995, 앞의 논문, 164쪽.

《일본서기》 민달 원년(572) 5월 병진조에 보이듯이 고구려가 일본열도에 사신을 보낼 때 보낸 외교문서를 동서제사(東西諸史: 동한씨나 서문씨)가 판독할 수 없었는데 왕진이가 읽었다는 것은, 이 시기에 한문의 서체나 문체에 큰 변화가 있었음을 말해 준다.[34] 최신의 독해능력을 익히고 있었던 왕진이가 이 문서를 읽을 수 있었고, 이러한 의미에서 왕진이를 '금래今來의 후미히토'라고 평가할 수 있다는 것이다. 왕진이가 최신의 독해능력을 익힐 수 있었던 배경은 무엇일까?

아마도 왕진이가 이전부터 건너와 있던 많은 백제계 이주민이나 야마토大和지역의 유력 이주계 씨족인 동한씨東漢氏와의 사이에서 그 지위를 유지·향상시키기 위해서 백제와의 관계를 계속 유지하고 있었기 때문에 새로운 학문에 대한 정보를 수집할 수 있었던 것이 아닌가 한다. 문필을 담당한 씨족은 계속 상황의 변화에 대응하여 현안 문제를 해결해야 했기 때문에 새로운 학문이나 지식에 관한 정보 수집이 그만큼 중요했다. 왕진이는 백제에서 파견되는 박사를 통해 새로운 학문이나 지식을 지속적으로 습득하기 위해 노력했으며, 더 적극적으로는 친족 중심의 인재들을 고국에 요구했을 가능성도 있다.[35] 이주지식인들은 이주한 나라의 세력자와의 관계 유지만이 아니라 모국과도 계속 관계를 유지하면서 끊임없이 재충전을 해야 할 필요가 있었던 것이다.

사이린지西琳寺가 위치했던 현재의 후루이치古市고분군 주변에 6세기에 새롭게 백제로부터 이주한 왕진이의 후예씨족이 왕인 후손들과 인접하여 살았다. 선사船史, 백저사白猪史, 진사津史의 3사史는 동서사부를 이끈 서문씨와 밀접한 관계를 가지고 동족처럼 활동하였다. 이들은 가와치

---

34 吉村武彦, 2020, 앞의 논문, 44쪽.
35 박재용, 2012, 앞의 논문, 231쪽.

河內에 거주하면서 후나船, 츠津라는 직명職名에 기반을 둔 씨氏의 명칭에 나타나듯이 각지의 공납물이나 교역품의 수송에 동반한 관리 업무를 담당하였다. 668년에 제작된 왕진이의 후손인 선씨왕후船氏王後의 묘지명에는 왕진이 이하 3대가 '수首'의 성을 가진 것으로 나오지만, 묘지명의 '수'는 가바네가 아니라 존칭이고, 왕진이는 《일본서기》의 기록처럼 처음부터 '사(史; 후히토)'성을 받은 것으로 보는 것이 타당하다.[36] 왕진이계의 3사만이 옛날부터 '사史'성을 칭했고, 이들 3사를 제외하면 모두 7세기이므로 '사'의 성립은 6세기 말 즈음까지 내려간다. 왕진이계 씨족이 문필 방면에서 두각을 나타내면서 후히토를 대변하는 입장에 선 것으로 보인다. 왕진이의 활동은 왕진이라는 개인 자체에 한정되는 것이 아니라 문필집단 전체 시스템 속에서 조명되어야 할 것이다.

'사'성을 받은 사람은 거의 모두가 이주민이고, 왕권이 이주민들을 후히토로서 조직한 것이므로 문자문화에 능한 지식인은 6세기부터 본격적으로 이주한 것으로 생각되며, 이는 고대국가 성립과정의 하나의 획기라고 할 수 있다. '사'성을 가진 자의 본관은 기나이畿內와 오미近江에 압도적으로 많은데, 하급관인의 본관지가 기나이와 오미에 집중된 것과 일치한다.[37] 후히토로서의 직능을 계승한 이른바 '도래계' 씨족이 활동한 범위와 그들의 기술이 사용된 곳은 왕궁 주변이나 일부의 선진적인 미야케(屯倉; 조정의 직할령)에 그쳤다.[38] 문서실무를 담당한 지식인은 중앙정부 근처에 정착해서 활동할 수밖에 없었을 것이다.

---

36 연민수, 2018a, 〈왕진이 일족의 문서행정과 시조전승〉, 《동북아역사논총》 62, 216~219쪽.

37 諸田正幸, 1988, 앞의 논문, 21쪽.

38 田中史生, 2016, 〈漢字文化と渡來人 – 倭國の漢字文化の担い手を探る〉, 《古代東アジアと文字文化》, 同成社, 24쪽.

6세기 중반 야마토 정권에서는 행정기구의 정비에 따라 필연적으로 문필·기록에 기반한 문서행정으로의 전환이 과제로 대두되었다. 관인이 갖춰야 할 중요한 능력은 문서행정과 관련된 것이었다. 6세기 중반 이후 이주민들은 서기書記나 계산計算에 전형적인 기술, 지식, 문화적 특성을 발휘해서 외교나 지역의 거점 경영을 위해 특정의 역할을 수행했다. 왕권의 지배나 정치를 지원하는 강력한 실무 수행 집단이었고, 왕권 측도 유력 호족을 매개로 이들에 의존하였다.[39] 왕진이도 대신 소아도목(蘇我稻目; 소가노이나메)과의 결합을 통해 백제와 왜국의 우호적 관계 형성에서 역할을 하며, 왜국의 문서행정 체계에 새로운 변화를 가져온 이주지식인이었다고 할 수 있다.

6세기 후반쯤에는 지배를 담당한 제 계층이 한자문화를 습득하게 되면서 국가운영에 문자가 적극적으로 투입되었다. 백제·신라에서 문자기술을 가지고 이주한 사람들이 왜국 한자문화의 중심 담당자가 되었다. 핵심적인 지식과 기술은 운송장부 작성에 필요한 문자에 대한 지식과 문서행정이었다. 식자층이 담당하는 업무의 기본은 문필, 서기·계산 등의 기록이었고, 이를 바탕으로 공납물과 교역품의 수송에 기여하였다. 이와 함께 중국 남북조가 통일되어 가는 국제정세에 대응하기 위해 새로운 외교를 추진하는 것도 반드시 필요한 일이었다.[40] 문필 집단인 '사史'가 담당해야 할 업무는 문서행정만이 아니라 외교의 측면까지 확장되어 가야 했다.

왕진이와 왕진이 후예의 활동이 일본 문자문화의 전개, 문서행정의 측면에서 중요한 역할을 했다고 한다면, 602년 왜국에 파견된 관륵의

---

39 鈴木靖民, 2016, 앞의 책, 222~223쪽.
40 가토 겐키치加藤謙吉, 2017, 앞의 논문, 601쪽.

활동은 이와는 차이가 있다. 관륵은 서적의 유통을 통해 지식 전수체계의 기반을 다졌다는 측면에서 왕진이 단계와는 구분해 볼 필요가 있다.

6세기 전반부터 백제에서 오경박사가 파견되고, 6세기 후반부터 유학자만이 아니라 불교, 역학·역학, 의학 등 다양한 부문의 인재들이 들어왔다. 그렇지만 학술과 문화가 전래되어 어떤 집단이나 사회에서 비교적 광범위하게 보급되기 위해서는 인간의 이주만으로는 한계가 있고 서적의 보급과 유통이 필요하다. 관륵은 역본曆本, 천문天文·지리서地理書, 둔갑遁甲·방술서方術書 등 다양한 분야의 서적을 많이 가져 왔는데, 불교 전래를 계기로 사제관계의 기능 전습에서는 서적도 중요한 역할을 수행한다는 것을 관륵이 보여 준다. 관륵이 서적을 활용하여 지식을 전수한 사례는 제2절에서 다루고자 한다.

역曆을 도입한 왜국은 생산과 유통의 관리에 이를 적극적으로 활용하였다. 법륭사 석가삼존상 대좌명은 문짝 판자[扉板]로 추정되는 건축부재에 묵서墨書된 것이 불상의 대좌 재료로 전용되었는데, 창고의 포포布의 출납·관리에 관한 기록이었다. 나니와궁적難波宮跡의 간지년 목간에도 생산·유통과 관련된 것이 많다. 왕권의 생산·유통 거점으로서 열도 각지에 설치된 미야케屯倉에서도 역이 이용되었을 가능성이 높다. 따라서 역과 관련된 지식과 기술이 각지로 확대되어 왜국의 경제적 기반을 강화하는 데 도움이 되었을 것으로 보인다.

서적의 도입은 견수사遣隋使나 견당사遣唐使의 중요한 역할의 하나였다. 백제에서 불교가 전래되고, 오경박사가 도래하는 시기에 서책이 함께 들어왔다. 더욱이 왜국에서 점차 유학생을 보내게 된 7세기에 시작된 견수사와 견당사는 서책을 청해서 들여오는 것을 중요한 목적으로 했기 때문에 9세기 말 일본의 한적漢籍 목록인 《일본국견재서목록日本國見在書目錄》[41]도 작성된 것이 아닌가 한다. 왜국에서 이 단계부터 서책을 매개로

한 학습에 의해 한자문화 이해가 크게 심화하기 시작했음을 의미한다.

7세기 전반에는 100여 점 정도의 초기 목간도 확인된다. 7세기 전반 중앙의 궁도宮都나 불교 사원을 중심으로 한자문화를 사용하는 사람들이 확대됨에 따라 초기의 목간도 확인되는 것이다.[42] 목간은 천무조인 7세기 말부터 8세기 말, 곧 784년 나가오카경長岡京으로 천도할 때까지 집중적으로 사용되어 일본열도에서 문서행정이 본격적으로 시작되고, 율령국가로 진입하였음을 알 수 있다. 아스카飛鳥, 후지와라藤原, 헤이조平城경 등 왕경만이 아니라 니시가와라西河原유적과 같은 긴키지역의 지방에서도 목간이 제작·사용되었다. 그러나 왜국에서 7세기부터 목간이 출토되고 이후 목간의 시대를 여는 토대의 하나가 된 것은 서적을 매개로 한 학습이다. 7세기부터 서적의 도입이 본격적으로 이루어지면서 일본의 문자문화의 전개에 큰 변화가 일어났다고 할 수 있다.

3) 7세기 후반 이후 지식전수체계의 구축과 문서행정의 확대

7세기 후반 이후의 두 가지 큰 특징은 지식전수체계를 구축하고, 지방사회까지 문서행정이 확대되었다는 점이다. 7세기 후반 사무 관료가 대량으로 필요한 사회로 들어서게 되는데, 백제 멸망 후 건너온 유민들 가운데 사무 관료를 배출하는 교육기관에서 지식 전수를 담당하는 경우가 많아짐에 따라 지식전수체계를 구축할 수 있었다. 아울러 지방사회에서도 목간이 작성되어 지방사회까지 문서행정이 이루어졌음을 확인할

---

41 宇多천황 寬平 연간(889~898) 藤原佐世가 칙을 받들어 편찬한 책으로 당시까지 일본에 전해진 漢籍 약 1600부 17000여 권을 經·史·子·集部 등으로 분류해 놓고 있다.
42 이치 히로키市大樹 지음·이병호 옮김, 2014,《아스카의 목간 - 일본 고대사의 새로운 해명-》, 주류성, 66~67쪽.

수 있다. 이러한 배경에는 물론 수·당과의 직접적 교섭으로 초래된 변화도 어느 정도 작용했으리라 생각된다. 교육기관 자체는 제2절에서 중국, 백제, 일본을 비교하는 차원에서 언급하도록 하겠다.

645년 대화개신을 거쳐 천지조에는 일본사회가 유교와 한자문화를 몸에 익힌 사무관료를 대량으로 필요로 하는 시대로 들어갔다. 여러 관료들은 음양오행설, 점성술, 불교의 생사관 등 미래를 예측할 수 있는 예지력과 중국의 고전과 불교사상에 능통한 지적 소유자여야 했다.[43] 671년(천지 10) 무렵 백제 유민에 의해 대학료大學寮의 전신에 해당하는 기관이 생기는 등 한자문화의 담당자를 넓히는 기관이 정비되었다.[44] 사택소명과 허솔모, 귀실집사 등이 대표적인 백제 유민이다.

사택소명은 좌평으로서 660년 왜로 건너갔는데, 문장이 뛰어나 허솔모許率母와 함께 대우황자大友皇子의 빈객이 되었다. 귀실집사는 귀실복신의 아들로서 학직두學職頭라는 관직에 임명되었다. 학직두는 율령제 아래에서 식부성式部省 산하의 대학료의 장관에 해당한다. 도리강사刀利康嗣는 705년에 대학료에서 공자 및 공자의 제자 10인의 상을 걸고 제사 지내는 의식인 석전釋奠의 문장을 쓰고,[45] 뒤에 대학박사大學博士에 취임했다. 학문과 학교행정을 총괄하는 책임자를 백제인에게 맡겼다는 것은, 왜왕권이 백제의 선진지식과 교육제도를 이입시키고자 했음을 의미한다.[46]

---

43 연민수, 2016, 〈백제 鬼室氏와 일본의 후예씨족〉, 《백제학보》 17, 62쪽.

44 서보경, 2014, 〈고대 일본의 신지식 전수방식의 변화와 특징〉, 《일본학》 38, 174~179쪽.

45 《藤氏家傳》 下卷 武智麻呂傳 "至慶雲二年仲春釋奠 公謂宿儒刀利康嗣曰 傳聞 三年不 爲禮 禮必廢 三年不爲樂 樂必亡 今釋奠日逼 願作文 祭先師之靈 垂後生之則 於是康嗣 作釋奠文"

46 연민수, 2016, 앞의 논문, 65쪽.

지방에도 한자문화의 담당자와 문서행정이 확대된 점을 두 번째의 특징으로 들 수 있다. 현재의 시가현滋賀縣 야스시野洲市 니시가와라西河原유적과 같은 지방 관아유적에서 7세기 후반의 목간이 출토되었다. 또한 수도에서 멀리 떨어진 군마현에서 7세기 말~8세기 초의 고즈케산피上野三碑가 제작되고,[47] 7세기 후반 이래 도쿠시마현德島縣 간논지觀音寺유적이나 동국東國 시나노(科野; 信濃) 국조國造의 본거지 등 지방사회에서 《논어》 목간이 발견되었다. 이는 각 지방호족들도 한자문화를 적극적으로 수용하고 있었음을 말해 준다.

백제지역에서 출토되는 목간과 7세기 후반 이후 제작된 일본 목간을 비교해 보면, 공통점이 많이 발견되어 일본의 문자문화나 문서행정 시스템에 백제가 일정한 영향을 미쳤음을 알 수 있다. 일본의 고유 문자로 언급되어 왔던 '畠'(はたけ, 밭)이 나주 복암리 출토 목간에서도 확인되고, 창고(倉, 쿠라)라는 의미의 '경椋'이라는 글자도 일본과 한국의 출토문자 자료에 공통하는, 특이한 사용법으로 주목된다.[48] '경'은 중국에서는 창고의 의미는 아니며, 오랫동안 일본의 국자國字로 생각해 왔으나, 한국에서 '창고'를 의미하는 '경椋'자가 사용된 문자자료가 여럿 발견되어 한반도에서 전해진 글자로 보게 되었다.[49] 덕흥리 벽화고분(408

---

47 前澤和之, 2016, 〈上野三碑〉, 《日本史の硏究》 253, 28~33쪽.

48 김영심, 2020, 〈문자문화의 상징 – 시가목간과 서간 목간〉, 《목간으로 백제를 읽다》, 사회평론아카데미, 233~235쪽.

49 이에 대해서는 이견도 있다. '椋'자의 가장 빠른 용례가 華北의 동란으로 고구려에 이주해서 살다가 408년쯤 사망한 중국계 유주자사 鎭의 묘지에서 확인된다. 이 묘지는 중국의 고전이나 길상구의 영향이 강하게 남아 있기 때문에 椋=倉도 고구려에 유입한 중국계 사람들이 고구려에서 만든 글자이지만, 원래 화북의 일부 지역에서 이러한 용례가 있었을 가능성을 제기했다. 화북의 지역적인 한자문화가 중국계 사람들의 이동과 함께 고구려, 백제를 경유해서 왜국에 들어왔다는 것이다(田中史生, 2019, 앞의 책, 83~87쪽).

년)에서는 묘주의 묘지명 마지막 부분에 나오는 "단사염고식일경旦食塩鼓食一椋"에서 '경椋'자가 확인된다. 경주 황남동유적에서 '하경下椋' '중경仲椋' 등이 쓰여진 8세기 전반 무렵의 목간이 나오고, 신라의 왕궁에 인접한 안압지에서도 벼루에 '경사椋司'라 묵서된 것이 발견되었다.

일본 고대 목간 중에도 '경椋'자를 사용한 예가 보인다. 후쿠오카현 이노우에야쿠시도井上藥師堂유적 출토 목간에서 "ㅁ寅年白日椋稻遺人(ㅁ 인년백일경도유인)", 효고현 야마가키山垣유적 출토목간에서 "合百九十六束椋ㅁ稻二百四束(합백구십육속경ㅁ도이백사속)"이라는 문구가 확인되었다. 이들 목간은 7세기 후반~8세기 전반의 것이고, 8세기 이후 지방관아의 목간에서는 '경椋'자 대신 '창倉' 등의 글자를 사용하고 있기 때문에 7세기부터 8세기 초에 걸쳐 일본에서도 '경椋'자가 사용되었음을 알 수 있다. 최근에는 부여 쌍북리에서 백제 22부 관서의 하나인 '외경부外椋部' 목간이 출토되었다. 따라서 '경椋'자가 고구려에서 유래하여 백제와 신라에도 수용되고, 그것이 일본에도 도입된 것이 아닌가 한다.

'部(부)'라는 글자의 표기가 'ㅁ'로, 다시 'ㄱ'로 더욱 간략화해 가는 과정도 백제의 '部/ㅁ' 표기에서 유추할 수 있는 바가 많다. 미묘한 차이가 발견되는 구구단 목간의 표기도 동아시아의 문자문화 속에서 언급할 필요가 있다. 2011년 부여 쌍북리유적에서 발견된 목간이 구구단 목간으로 판명됨에 따라 한반도에서도 구구단 목간이 사용되었고, 구구단역시 중국에서 한반도를 거쳐 일본으로 건너갔음이 밝혀졌다. 중국에서는 기원전 3세기 무렵에 만들어진 진대秦代의 구구표(단) 목간이 출토되었고, 일본에서도 7세기 후반의 구구단 목간이 출토된 바 있었는데 백제에서 6세기 후반 또는 7세기 전반의 목간이 발견되었기 때문이다.[50]

---

50 김영관, 2020, 〈곱하기와 나누기를 배운 흔적〉, 《목간으로 백제를 읽다》, 사회평론아

따라서 이들 문자자료는 일본 고대의 문자문화가 정착하는 과정에서 백제의 영향, 백제의 이주지식인의 역할이 상당히 중요한 영향을 미쳤음을 보여 주는 구체적인 증거라고 할 수 있다. 일본의 문자문화에 남아 있는 한반도의 영향 문제를 정확히 파악하기 위해서는 백제만이 아니라 고구려, 신라로부터의 이주민의 활약도 있었기 때문에,[51] 고구려, 신라와의 관계도 종합적으로 살펴보아야 함은 물론이다. 이는 추후의 과제로 남겨두도록 하겠다.

또한 8세기 당시 지식인층의 사경寫經 작업도 주목해 볼 수 있다. 나라시대에 천황이나 황후의 발원에 의해 일체 경전을 서사書寫하는 작업에 전변사田邊史·하원사河原史·양후사陽侯史·고향사高向史 등의 '사史'성 이주지식인만이 아니라 새로 들어온 유민들이 참여했다. 이전부터 문자, 문장에 관한 일을 담당했던 옛 이주민만이 아니라 백제·고구려 유민이 참여하였기 때문에[52] 사경 작업에도 백제계 이주지식인이 적극적으로 관여하였음을 알 수 있다.

7세기 후반 이후 일본의 문자문화 전개에는 수·당과의 직접 교섭이 미친 영향도 컸다. 견수사나 견당사에 의한 기능 전습과 서책의 이입이 활발해졌기 때문이다. 학식을 중시하는 당 제도를 근거로 하고 있는 일본의 유학생·유학승들은 다양한 분야의 관련 서적을 가져왔다. 외국에 파견하는 사절에게는 고도의 국제적 지식과 문화적 능력이 필요했기 때문에 문화적 소양을 갖춘 이주계 씨족 출신자가 많았다.

717년의 견당사에는 길비진비吉備眞備·현방玄昉·아배중마려阿倍仲麻呂 등

카데미, 242~246쪽.

51 사토 마코토佐藤信, 2011, 〈일본 한자문화의 수용과 전개〉, 《고대 동아시아의 문자교류와 소통》, 동북아역사재단, 164쪽.

52 환산유미자, 2014, 앞의 논문, 117~118쪽.

이 유학생으로서 동행했다. 길비진비는 오카야마 지방 수장의 자제로 중앙의 대학료에서 배우고, 하급관인으로서 시작한 율령관인이었다. 재주와 학문을 인정받아 입당유학생이 되어 20년 가까이 많은 스승 아래에서 다양한 분야를 배운 뒤 귀국하여 대학료의 차관과 동궁학사東宮學士로 임명되고, 최후는 정2위 우대신右大臣까지 올라갔다. 길비진비와 현방은 당에서 함께 학문에 힘써 길비진비는 경서·천문역서 등 다수의 한적을, 현방은 일체경一切經을 가지고 735년 귀국하였다. 2인은 함께 다치바나노모로에橘諸兄 정권에서 중용되어 정치에서 힘을 떨쳤다. 대화 개신까지는 이주지식인에 의존하는 바가 많았지만, 견당사의 파견이 거듭되는 가운데 직접 당의 문물이나 서적이 수입되고, 또 유학해서 당의 선진적인 문화를 배우는 일본인도 생겼던 것이다.[53] 시간이 지남에 따라 일본 율령국가의 운영에서 당문화가 끼치는 영향은 더욱 커졌을 것이다.

이상에서 살펴본 바와 같이 5세기 도검 명문에서 시작된 왜국의 문자문화는 6세기에 들어 백제로부터 오경박사가 파견되고, 불교가 전해짐에 따라 변화하기 시작한다. 계체조에 백제에서 오경박사가 교대로 파견되고, 흠명조에 불교가 전래된 것을 전후하여 한적漢籍이나 유교 경전도 전해졌을 것이므로 불교와 한자·유교는 거의 병행해서 수용되었다고 할 수 있다. 백제와 왜국 사이에 박사 교대제와 승려 교대제가 막을 내린 6세기 후반이 되면, 왜국은 백제만이 아니라 한반도 여러 나라와의 교섭을 통해 신지식과 문물에 대한 수요를 충당하였다. 추고조부터는 중국 유학을 마치고 돌아온 학문승과 학생들의 활약이 컸다. 7세기 후반 천지조에는 유교와 한자문화를 익힌 사무 관료들을 대거 기용함으

---

53 末木文美士, 2020, 《日本思想史》, 岩波新書, 33쪽.

로써, 백제에서 관료를 지냈던 유민 지식인이 문관의 인사를 담당하는 관서와 문관을 배출하는 교육기관에 많이 자리 잡았다.

일본의 이러한 문자문화의 전개과정에서 주도적인 역할을 하고, 고대 국가 체제 유지의 근간인 문서행정을 담당한 것이 이주민 집단이었다. 후미히토, 후히토라 칭해지는 사부史部 집단은 왕인의 후예 씨족과 아직기의 후예 씨족, 이보다 늦은 6세기에 최신의 문자문화를 가지고 건너온 왕진이와 그 일족이 더해짐으로써 좀 더 조직적이고 체계적으로 정비되었다. 그 구성과 운영에서 백제계 이주민이 중심이 되었음은 물론이다. 백제계 이주지식인이 한자의 도입 및 보급, 외교문서의 작성, 문서행정의 확립, 문자문화의 확산에 핵심 역할을 했다.

2. 교육기관의 성립·발전

1) 중국 - 백제 - 일본의 연결고리 '박사'

교육기관은 지식의 창출과 전수를 담당한 기관이다. 따라서 교육기관의 성립은 지식의 전수가 가능한 체계가 제도적으로 자리 잡았음을 의미한다. 백제에서 파견된 박사博士에 의존하는 것이 아니라 지식의 전수와 관료의 양성이 가능한 교육기관을 자체적으로 둘 수 있었다는 것은 일본의 국가발전 과정에서 매우 중요한 의미를 가진다. 이는 외교문서 작성에서 문서행정의 정착 및 확대, 관료의 양성과 인사를 담당하는 교육기관의 성립으로 이어지는 일련의 체계가 확립되어 가는 과정으로 볼 수 있다.

일본의 교육기관의 성립과 관련하여서는 백제 유민이 인사와 교육, 유교경전과 음양오행설 등 당시의 관리에게 필요한 교육을 주관하였으며, 관리의 인사까지 관장하는 등 고대 일본의 인재 교육과 관리 임용 제도를 만드는 데 중심적인 역할을 담당했다고 보는 데에[54] 별다른 이견이 없다. 물론 일본의 교육기관은 한, 동진, 양의 교육기관의 영향을 받아 설치된 백제의 교육기관 태학太學과 교수자인 박사의 영향 속에서 성립되었다.

《일본서기》 기록에 따르면 계체조에는 백제가 왜국에 오경박사五經博士를 교대로 파견하였다. 그러나 흠명조가 되면 오경박사를 비롯한 의박사, 역력曆박사, 역易박사 등 다양한 지식인 집단의 파견과 서적 및 약재에 이르기까지 일본에서 요청하는 신지식, 신문물의 범위가 확대되었다. 이를 통해 백제에 이미 다양한 분야의 전문 지식인이 형성되어 있었으며, 전문 지식인이 없을 경우에는 필요에 따라 양나라에 요청하기도 했을 것이라 추정할 수 있다. 백제에서 왜국의 요청에 응해 오경박사를 비롯한 제 분야의 박사를 파견했듯이, 백제가 양에 모시박사毛詩博士, 강례박사講禮博士 등을 요청하자 양에서 파견한 사례가 확인된다. 이것은 백제가 양과 왜국을 연결하는 '박사네트워크'를 연결하는 구심점 역할을 수행했음을 의미한다.[55]

그동안 자료가 거의 없었던 백제의 교육기관을 살필 수 있는 단서들이 발견되면서 중국과 백제, 왜국의 교육기관을 비교해 볼 수 있는 여지가 생겼다. 백제의 국가적 교육기관, 곧 관학官學의 명칭에 대해서는 동진의 태학제도나 고구려의 태학이라는 명칭에 의거하여 막연히 '태학'

---

54 정효운, 2017, 〈백제 멸망과 백제 유민 – 정착과정과 정체성 문제를 중심으로〉, 《동북아문화연구》 53, 389쪽.
55 서보경, 2014, 〈고대 일본의 신지식 전수방식의 변화와 특징〉, 《일본학》 38, 164쪽.

이 아니었을까 추정된 바 있으나, 〈진법자 묘지명〉을 통해 '태학'의 존재가 입증되었다고 할 수 있다. 다만 태학의 설치 시점은 여전히 명확하지 않다. 관료의 양성을 목표로 한 태학의 설립은 관료체제 운영의 새로운 기준이 마련되어 갔음을 의미한다. 따라서 태학의 설치를 언제로 보느냐는 한 나라의 국가 발전과정을 살피는 데에서도 중요하다. 중국의 교육제도를 백제에서는 어떻게 수용하였고, 이를 자국의 실정에 맞게 어떻게 변용하였는지, 또 왜국에서는 백제로부터 인적 자원을 지원받아 어떻게 자신들의 교육기관을 마련하고 지식 전수체계를 갖춰나갔는지를 삼국의 교육기관에 대한 비교 검토를 통해 밝혀 보고자 한다. 먼저 중국의 제도 변화를 간단히 살펴본 뒤 백제의 교육기관의 성립 시기를 다양한 각도에서 검토해 보도록 하겠다.

전국시대에 시작된 박사제는 처음에는 왕의 자문 역할을 하였으나, 한대漢代 이래 점차 특정 경전을 전문으로 하면서 국가 교육기관에서 관인 양성을 담당하는 교수직으로 역할이 바뀌었다. 종래 오경박사는 한 무제 때 동중서董仲舒의 건의에 따라 오경을 가지고 교육을 담당하게 한 데서 연원한다고 보아 왔다.[56] 유교를 국교로 정하면서 기원전 136년 오경박사를 두고 대학을 설립했다는 것이다. 오경박사제도는 서서히 형성되었기 때문에 구체적인 출발점을 정하는 것이 불가능하다는 지적이[57] 있음에도, 오경박사의 연원은 전한 무제로 언급되고 있다.

오경의 경전에 대한 해석이 분화되면서 원제 때는 14박사로까지 늘어났으나, 4~5세기 위진시대에 유교가 쇠퇴하고 오경박사제도가 동요

---

56 《職官分紀》 권21 國子博士·太學博士·五經博士·四門博士; 日中民族科學研究所 編, 1980, 《中國歷代職官辭典》, 國書刊行會, 307쪽.

57 福井重雅, 1995, 〈秦漢時代における博士制度の展開 －五經博士の設置をめぐる疑義再論〉, 《東洋史研究》 54－1, 28~29쪽.

하기 시작하면서 동진東晉 말 이후에는 오경의 분장이라는 관념이 없어지고 태학박사太學博士라 불렸다. 송宋과 남제南齊에서는 오경박사제도가 없어졌다가 505년(천감 4) 양 무제武帝가 다시 오관五館을 두고, 오경박사가 이를 관장하도록 함에 따라 오경박사제도가 부활했다고 보고 있다.[58] 양 무제대에 오경박사제도가 부활한 것에 주목해서 백제와 왜국에서 보이는 오경박사를 이해하는 경향이 있다.

백제에서 무령왕·성왕대에 박사제도가 활발하게 운용되고 있었음은 513년(무령왕 13) 왜국에 오경박사 단양이를 파견한 것이나, 성왕대에 강례박사, 모시박사를 양나라에 요청한 데서 알 수 있다. 양 무제대에 오경박사제도가 부활하여 백제가 양과의 외교를 통해서 오경박사제를 접했기 때문에 백제에 오경박사제가 성립될 수 있는 시기는 505년 이후가 된다는 것이다.[59] 그런데 백제에서는 한성시기부터 '박사'라는 관직이 등장한다. 《삼국사기》 근초고왕조에 나오는 '박사 고흥'과 《일본서기》 응신 15년조에 나오는 '박사 왕인'이 그것이다. 근초고왕대부터 보이는 박사의 성격을 어떻게 볼 것인지, 백제의 교육기관은 언제부터 있었는지, 박사제도는 어떠한 변화를 보였는지에 대한 입장의 차이는 크다.

그간의 연구를 범주화하면 근초고왕대에 이미 백제에 교육기관이 존재했을 것으로 보는 견해와 무령왕대에 와서야 교육기관의 존재를 상정하는 것으로 대별할 수 있다. 근초고왕으로 본다고 하더라도 그 교육기관의 명칭에 대해서는 태학이냐, 아니냐로 의견이 갈린다.[60] 근초고왕대 교육기관의 존재 자체는 인정하나, 태학이라는 교육기관과 오경박사라

---

58 河內春人, 2013, 앞의 논문, 154쪽.
59 이근우, 2010, 〈《일본서기》에 보이는 오경박사와 吳音〉, 《일본역사연구》 31, 8~10쪽.
60 김영심, 2022, 〈갱위강국을 만든 무령왕의 통치전략과 체제 정비〉, 《백제문화》 67, 87~89쪽.

는 교수직은 무령왕대에 설치된 것으로 보는 견해[61]부터 시작하여 세부적인 입장의 차이가 있다.

박사가 국가적 교육기관의 교수가 아니라고 보는 입장에서는 근초고왕대의 박사는 한군현계(중국계) 지식인을 등용하기 위한 특수한 성격의 관직[62] 또는 중국에서도 교육제도로서의 박사제도가 생기기 이전, 곧 통치자의 박학한 고문역 따위로 활동한 박사의 형태와 유사하다고 보았다.[63] 근초고왕대의 박사는 한학과 유학을 교육시키는 교육기관은 아니었으나, 무령왕대부터 오경박사의 설치와 함께 교육기관이 설치되었다는 것이다. 무령왕대에는 근초고왕대에 설치한 박사관을 정비하여 오경박사제도를 채용했으며, 성왕대·위덕왕대는 박사의 기능 확대에 따라 국학의 기능이 전문기술 분야로까지 확대되어 유학만이 아니라 의학, 역학易學, 역학曆學 같은 실무 전문 기술자 집단까지 가르치는 교육기관으로 발전하였다고 보았다.[64] 또한 태학의 교수관일 가능성이 높은 오경박사가 사료상 처음 등장하는 무령왕대를 태학의 설치 시기라고 특정하기도 했다.[65] 6세기에 들어 여러 전문 분야로 분화되는 과정에서 국가교육기관의 교수직으로 정착했다는 것이다.

이러한 주장은, 문자의 사용 등과 달리 유학이 백제에서 정치이념으로 활용되는 것은 5세기 후반 웅진천도 이후라고 상정하고 있다. 더욱이 근초고왕대 동진의 영향을 받아 태학이 갖춰질 만큼 당시 양국의

61 노중국, 1998, 〈신라와 고구려·백제의 인재양성과 선발〉, 《신라문화제학술발표회논문집》 19, 58~59쪽: 2018, 《백제정치사》, 일조각, 346쪽.

62 양기석, 2013, 〈백제 박사제도의 운용과 변천〉, 《백제문화》 49, 133쪽.

63 정동준, 2013, 앞의 책, 89~90쪽.

64 양기석, 2013, 앞의 논문, 131~143쪽.

65 정동준, 2014, 〈〈진법자묘지명〉의 검토와 백제 관제〉, 《한국고대사연구》 74, 191쪽.

관계가 긴밀하지 않았다는 주장을 하고 있는데,[66] 백제의 제도는 진한대의 제도를 전범으로 하여 기본틀을 마련하였을 가능성이 있으므로 동진과의 관계에만 한정할 필요는 없다고 본다.

이와 달리 근초고왕대 교육기관 태학의 설치 가능성을 상정하는 입장이 있다. 근초고왕대에 태학을 설립하고 교수관으로서 박사를 두어 인재를 양성할 수 있는 관학 시스템을 마련하였고, 무령왕대에는 개별 경전에 대한 지식과 교육적 기능을 가진 오경박사를 태학에 두었으며, 사비시기에 태학은 사도부司徒部 소속의 관사로서 유학 교육과 관료의 선발 및 양성을 담당한 것으로 보았다.[67] 태학의 성립은 근초고왕대이고 교수관은 박사였으며, 오경박사의 등장은 무령왕대로 본 것으로 정리할 수 있다. 남조와의 교류로 태학 및 박사제도가 발전하여, 무령왕대에 개별 경전에 대한 높은 지식과 교육적 기능을 갖는 오경박사가 등장한 것으로 본 것이다.

실제 명칭을 알 수 없었던 백제의 관학의 명칭을 확인시켜 준 것은 백제 유민 〈진법자 묘지명〉의 '태학정太學正'이라는 관직명이었다. 증조부가 '태학정'이라는 관직을 역임했다고 기록되어[68] 태학과 그 관서의 관직인 태학정이 존재했음을 알 수 있게 되었다. 태학정이라는 관직이 백제 고유의 관직명인지, 또 언제부터 설치되었는지는 더 규명해 보아야 할 문제이나, 백제의 국가적 교육기관의 명칭이 '태학'일 가능성은

---

66 372년 이후 동진과의 교섭 진전되지 못하고, 고구려와는 계속 적대적인 관계를 유지하고 있는 상태였다고 보았다(양기석, 2013, 앞의 논문, 134~135쪽; 정동준, 2014, 앞의 논문, 191쪽).

67 박현숙, 2014, 〈백제 태학의 설립과 정비과정〉, 《역사교육》 132, 114~120쪽; 배재훈, 2015, 〈백제의 태학〉, 《한국고대사탐구》 19, 12~39쪽.

68 〈진법자묘지명〉 "曾祖春 本邦太學正 恩率"

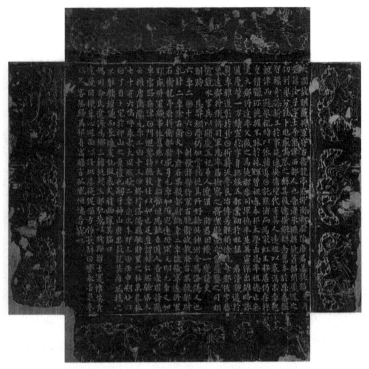

〈그림 3-1〉 진법자 묘지명 탁본

(胡戟·榮新江主編, 2012, 《大唐西市博物館藏墓誌》上, 北京大學出版社, 270쪽)

한층 높아졌다고 할 수 있다. 또 교육기관이 설치된 시점부터 '태학'이 있는지는 단언할 수 없으나, 동진의 태학제도나 372년 설립된 고구려의 태학을 모델로 근초고왕대에 관학이 설치되었을 가능성이 높다. 설치 당시의 명칭이 태학이었고, 관학의 학관은 박사였으며, 오경박사제도 또한 양나라와의 교섭 이전에 도입되었을 가능성이 제기된 바 있다.[69] 근초고왕대부터 시작된 교육기관에 무령왕, 성왕 단계에는 더욱 전문화된

69 김영심, 2007b, 〈관료의 양성과 선발〉, 《백제의 정치제도와 군사》, 충남역사문화연구
   원, 112~117쪽.

박사들이 등장하면서 유교경전에 대한 이해의 수준을 높였던 것이다.

태학의 설치 시기에 대한 입장의 차이는 박사의 성격에 대한 해석 차이에서 기인한다. 근초고왕대 고흥과 같은 박사를 교육담당자냐, 단지 왕의 자문관이자 문자기록 또는 문서행정의 담당자로 보느냐에 따라 견해 차이가 발생한다. 관학의 설립이라는 것은 유교의 이념을 국가적인 차원에서 가르치기 시작했다는 것이므로, 국가적으로 유학 교육을 받은 인재를 양성할 필요가 있었고, 그것을 뒷받침할 수 있는 교육기관의 설립으로 가시화되었음을 의미한다.[70] 백제에서 이러한 교육기관의 설립의 필요성이 현실화했을 가능성이 높은 시기로는 중앙집권적 정치체제가 형성되어 가는 근초고왕대가 주목된다.

태학의 교수직인 학관學官은 근초고왕대 당시에는 박사였다. 초기의 박사는 유교적 소양을 갖춘 자에 한정되었을 가능성이 높다. 박식하고 여러 가지 재주가 있으며 문장에도 뛰어난 사람들이었다. 그러나 근초고왕대의 '박사'라고 하는 것이 단지 한군현계 지식인을 등용하기 위한 관직에 그치는 것은 아니었다. 백제에서도 한나라 관제의 영향을 받아 박사가 설치된 것으로 보이며, 이들 박사는 아마도 국가적 교육기관의 교수직이었을 것이다.

고흥高興에 대한 기록을 보면, 박사의 출현에 의해 '서기書記'가 성립한다는 설명구조를 가진다. 동아시아에서 박사가 반드시 지식인을 의미하는 것은 아니지만, 문서외교와 박사를 결부짓는 것이 가능하다면 '박사 고흥'에게는 단순히 읽고 쓰기만이 아니라 경서經書의 지식을 정치적으로 활용하는 역할이 기대되었다.[71] 당시(372년) 백제가 동진과 처음

---

70 고구려에서도 관리의 양성을 목표로 한 태학의 설립은 관료체제 운영의 새로운 기준이 마련되어 갔음을 뜻한다(임기환, 2000b, 〈4~7세기 고구려 관등제의 전개와 운영〉, 《한국 고대의 신분제와 관등제》, 아카넷, 200쪽).

으로 통교하였기 때문에 외교문서의 작성과 같은 외교상의 역할도 중요하였다. 박사가 문자의 기록을 담당했고, 경서에 대한 지식을 가지고 있었기 때문에 교육자로서 역할을 했다. 전수도 가능하다는 측면에서 보면 동아시아 지식체계 성립의 단초를 이룬 것이 아닐까 한다.

근초고왕대를 전후한 시기에 유교적 소양을 갖춘 이들 중국계 지식층을 활용하여 중국의 문물·제도를 수용함으로써, 유교적인 통치체제를 정비해 나갈 수 있는 내적·외적 여건이 갖추어졌다. 이를 바탕으로 괄목할 만한 체제의 정비를 이룰 수 있었다. 최근 백제지역에서 출토되는 여러 가지 문자자료와 칠지도, 개로왕대 북위北魏에 보낸 문서 등은 식자층이 국가 운영과정에서 지속적으로 역할을 담당했으며, 문한의 역할을 담당할 수 있는 계층을 양성할 수 있는 제도가 갖춰져 있었을 가능성을 시사한다.

이후 근초고왕대 설치된 박사관을 정비하여 오경박사 등이 갖춰지면서 유학을 교수하는 박사도 점차 전문화되어 가고, 특정 분야의 기술을 가진 전문적인 박사도 등장하게 된 것으로 보인다. 백제에서 오경박사의 등장은 대체로 무령왕대부터로 보고 있는데, 이보다 소급될 가능성이 검토되어야 할 것이다. 무령왕대 태학 설치설의 근거가 되기도 했던 오경박사의 존재에 대해 살펴보기로 하자.

513년 단양이가 오경박사로서 최초로 왜국에 파견되었기 때문에 백제의 오경박사 설치시기는 512년이며, 무령왕대에 오경박사가 등장하는 것은 양 무제의 국학을 통한 오경박사 부흥책과 관련된 것으로 파악하는 경향이 있다.[72] 그런데 과연 512년에 오경박사를 설치하여 513년에

---

71 河內春人, 2013, 앞의 논문, 155쪽.
72 양기석, 2013, 앞의 논문, 136~137쪽.

왜국에 파견하는 것이 가능했을까? 백제는 단지 양의 박사를 파견받아서 왜국에 전해 준 매개 역할을 한 것으로만 볼 수는 없다. 6세기 초반에 이미 왜국에 박사를 파견할 정도로 성장한 백제 내의 문한·교육 기구의 역량을 평가해 줄 필요가 있다.[73] 또 6세기 초에야 교육기관이 설치되었다면 그 이전의 관료 양성과 등용은 어떤 방법으로 이루어졌을지 의문이 든다. 오경박사가 사료상에 등장하는 시기를 태학의 설립 시기로 단정할 수 없다면, 백제의 유학 보급 및 관료 양성을 담당한 교육기관의 설치 시기 추정은 백제 내의 문한·교육 역량에 대한 합당한 평가를 거친 이후에 가능할 것이다.

오경박사가 오경의 교육에서 비롯되었지만, 양나라의 오경박사가 일반적인 오경이 아니라 오례五禮에 정통한 오례박사, 강례박사와 같은 의미라고 한다면,[74] 양나라에서 오경박사제도가 부활했다고 보는 것에는 신중을 기해야 한다. 513년(무령왕 13)과 516년(무령왕 16) 단계에 이미 오경박사 단양이段楊爾, 고안무高安茂를 왜에 파견할 수 있었다는 것은 양나라와 교섭하기 전에 백제에 일반적인 오경박사제도가 도입되었을 가능성을 높여 준다. 또 사비천도 이후인 성왕 19년(541)에는 양나라에 모시박사, 강례박사까지 요청하여 허가를 받고 있다. 백제의 국가체제가 정비되고, 유학 수준이 발전함에 따라 더욱더 전문화된 유학 교육을 담당할 전문가에 대한 수요가 증가했음을 시사한다.

이처럼 무령왕과 성왕대는 일본에 3년 임기의 박사를 교대로 파견할 정도였다는 점에서 국가교육기관제도가 확실하게 자리 잡았다고 할 수 있다. 더 나아가 성왕대·위덕왕대는 의학, 역학易學, 역학曆學 같은 전문

---

73 김영심, 2014c, 〈遺民墓誌로 본 고구려, 백제의 官制〉, 《한국고대사연구》 75, 197~199쪽.
74 신종원, 2002, 〈삼국불교와 중국의 남조문화〉, 《강좌 한국고대사》 9, 가락국사적개발연구원, 108~109쪽.

기술 분야까지 가르치는 교육기관으로 발전하였다. 박사가 국가의 성장 과정에서 담당할 역할이 세분화되고 확대되어 간다는 의미로도 볼 수 있다.[75] 박사직이 점차 전문화되어 감과 동시에 학반學班에 따라 교수되는 과목도 달랐을 것이다. 6품 나솔 이상의 관등을 소지하게 될 귀족을 대상으로는 오경박사나 모시·강례박사 등을 통해 유교경전에 대한 교육이 전문적으로 이루어지고, 하급귀족 출신자를 대상으로는 전문적인 기술과 행정실무 교육이 행해졌을 가능성이 있다.

태학이라는 유교 교육기관의 교수직은 박사라고 할 수 있지만, 진법자의 증조 진춘陳春이 역임한 태학정이라는 관직은 태학의 최고 책임자일 가능성이 높다. 태학의 설립 시점부터 그 장관으로서 태학정이 있었다고 하기는 힘들고, 성왕대 양나라의 예학 전문가 육후陸珝를 통해 예를 강조하고 주례주의적 이념을 받아들여 중앙 관제와 제사체계를 정비할 때 태학정을 최고 책임자로 한 관직체계로 정비했을 가능성도 있다. 이어서 백제에서 파견된 박사와 교육기관 태학의 영향 속에서 성립된 일본 교육기관의 성립과정을 살펴보도록 하겠다.

2) 공식적인 교육기관 성립 이전 왜국의 지식 전수

왜왕 무武의 상표문에는 《장자莊子》도 인용되고 있기 때문에 5세기 후반~6세기 초 이른바 '도래인'의 이주가 정점에 달했을 때 이주민을 통한 지식의 확산이 이루어졌을 가능성이 있다. 확실한 것은, 6세기(513)에 왜의 요청으로 백제에서 오경박사가 판견되었다는 사실이다. 단양이

---

75 6세기 백제의 제 박사는 그 직능이 다양하기 때문에 교육기관에 종사하는 교관의 성격보다는 일본 율령제의 대학료·음양료 등에 속해 있는 박사의 성격에 가깝다고 보는 견해도 있다(김선민, 2000, 〈고대의 〈박사〉〉, 《일본역사연구》 12, 10쪽).

-고안무, 마정안-왕류귀의 순서로 왜국에 파견된 오경박사는 단양이와 고안무의 교체 사례를 볼 때 대체로 3년 동안 체재하다가 귀국했다. 6세기 전반의 제박사諸博士와 승려의 교대 파견은 군사원조에 대한 반대 급부로서, 백제와 왜국 두 나라의 필요성에 기인한 것이다. 오경박사와 여러 분야의 박사가 지식인이자 기능 보유자이기 때문에 6세기 전반 백제사회에서 제반 분야에 대한 지식의 축적이 이루어졌다는 것을 말해 주기에는 충분하다고 할 수 있다.

앞에서도 언급했듯이 505년 양에서 오경박사가 부활하였고, 541년에 모시박사가 백제에 초청되었으며, 541년 이후 강례박사가 백제에 초청되었는데, 513년에 백제에서 왜국에 오경박사가 파견된 것은 지나치게 빠르다는 부정론도 만만치 않다. 백제에서 양에 사신을 파견한 것은 512, 521, 524년이라서 백제가 541년 이전에 오경박사를 수용했을 가능성은 있지만, 백제에서 513년에 왜국에 오경박사를 보내 주었다는 것은 신뢰하기 어렵다는 것이다.[76] 백제가 왜국의 군사적 지원에 대한 보답으로 오경박사를 제공했을 가능성은 있지만, 항상적으로 이러한 인력이 파견된 것은 아니므로 왜국이 학술적 지식을 획득할 수 있는 환경은 불안정했다. 그러나 적어도 박사의 파견을 통해 양 → 백제 → 왜국이라는 학술의 유통 과정은 확실히 알 수 있다. 양과 왜국 사이의 실체적인 외교관계는 없지만 공통의 학술문화를 토대로 하는 네트워크, 곧 남조문화권의 존재는 인정할 수 있다.

6세기 전반기 왜국은 새로운 지식을 백제에 의존하고 있는 상태였기 때문에 왜국 내에서 자체적으로 학문이나 지식의 재생산 기반을 구축하려는 움직임은 찾기 어렵다.[77] 다만 557년 양이 멸망한 뒤 6세기 후

---

76 河內春人, 2013, 앞의 논문, 159쪽.

반~7세기 초에 걸쳐 양나라의 서적이 많이 유입된 정황은 9세기 말에 성립된 《일본국견재서목록日本國見在書目錄》에서 어느 정도 파악할 수 있다. 양나라 때의 서적은 경부經部·자부子部가 중심을 이루는데 당시 오경박사나 역박사, 의박사 등이 도래한 시기의 상황에 부합하기 때문이다.[78] 따라서 6세기부터 7세기 초반에 걸쳐 오경박사가 도래하여 3년마다 교체되는 것이 정례화되고, 서적이 유입되면서 6세기 중반 무렵 일본사회의 지식전수체계에 어느 정도의 변화가 초래되었다고 생각한다.

602년(추고 10) 백제승 관륵이 역법, 천문·지리, 둔갑·방술서 등 여러 부문의 책을 가져왔을 때 일본 조정 차원에서 서생을 선발하여 수학하게 한 것을 보면 교육기관의 시원은 앞당겨 볼 여지가 있다. 양호사陽胡史의 선조인 옥진玉陳은 역법을 배우고, 대우촌주고총大友村主高聰은 천문과 둔갑을 배웠으며, 산배신일립山背臣日立은 방술을 배워 학업을 모두 이루었다. 선발된 3인의 서생 가운데 산배신일립을 제외한 양호사 옥진, 대우촌주고총 등은 모두 이주계 씨족이다. 관륵이 보유한 기예를 쉽게 전수받기 위해 학습 능력이 뛰어나고 언어적 장벽이 적은 이주민을 학습대상으로 선발한 것으로 보인다. 이들이 학술을 전수받은 이유는, 아직 왜국의 식자층이 학술을 전수받을 만큼 실력을 갖추지 못했기 때문은 아닐까 한다. 학술의 계승에 이주지식인이 역할을 했던 것이다. 따라서 7세기 전반까지는 아직 본격적인 교육기관의 체계는 갖추지 못했지만, 다양한 신지식을 전수하려는 움직임이 있었고, 왜국 내에서 자체적으로 수용한 신지식을 재생산하기 위한 체계를 만들어 가기 시작했다고 할 수 있다.[79]

77 서보경, 2014, 〈고대 일본의 신지식 전수방식의 변화와 특징〉, 《일본학》 38, 164~165쪽.
78 榎本淳一, 2013, 앞의 논문, 143~147쪽.
79 서보경, 2014, 앞의 논문, 168쪽.

또한 추고조부터는 중국 유학을 마치고 돌아온 학문승과 학생들이 자신이 습득한 신지식을 사숙私塾을 세워 가르치기 시작했다. 교육기관이 제도화한 것은 아니지만, 6세기 후반~7세기 초라는 시점에 신지식을 외부에 의존하던 구조에서 탈피하여 학문과 기예를 확대 재생산하기 위한 기반을 마련하기 시작한 것이다. 학문승과 학생의 파견 목적은 불교 및 유교 수학, 경전이나 서적의 입수 등에 1차적인 목적이 있었겠지만, 궁극적인 목적은 선진 문물과 제도·사상 등을 체득하고 활용하는 데 있었다.[80] 이들 유학생과 유학승들이 '박사'로서 활동한 경우가 있으므로 일본에서 박사라는 용어가 어떠한 변화과정을 거쳤는지, 교관으로서의 박사는 언제부터 나타나는지를 살펴보는 것도 교육기관의 성립 시기와 관련하여 흥미로운 주제 가운데 하나이다.

지식의 재생산 기반을 마련하기 시작했음에도 왜국에서는 대화개신 이전에는 박사제가 확립되어 있지 않았다. 숭준 원년(586) 백제 위덕왕이 왜국에 불사 조영에 필요한 지식과 기술을 보유한 여러 분야의 박사를 보낸다. 박사의 경우 대화개신 이전은 모두 백제에서 파견된 오경박사를 비롯한 다양한 분야의 지식과 기술을 지닌 박사를 가리키며, 왜국에서 임명된 박사는 아니었다. 이는 대화개신 이전에는 일본사회에 박사제 자체가 확립되어 있지 않았음을 의미한다. 을사의 변 이후 황극천황의 동생인 효덕천황이 즉위하고, 정변을 성공시킨 인물 가운데 하나인 중신겸족(中臣鎌足; 나카토미노가마타리)도 대왕의 측근으로서 정권에 참가하였다. 이때 고향현리高向玄理나 승려 민旻 같은 중국 유학생과 유학승이 그 지식을 길러서 국박사國博士로서 정권의 고문역이 되었다.[81]

---

80 나행주, 2021, 〈7세기 일본 견수 학문승의 활동과 역할〉, 《한일관계사연구》 71, 49쪽.
81 田中史生, 2019, 앞의 책, 195쪽.

그러나 이들은 국제國制의 개혁과 외교에 관한 업무를 담당한 인물에게 붙여진 호칭이고, 학생들을 가르치는 교관을 의미하는 박사는 아니었다.[82] 대학료 소속의 학생이 생기기 전의 학생 또한 중국으로 건너간 유학생을 의미했다.

3) 교육기관의 성립과 백제 유민 지식인의 활약

6세기 후반~7세기 전반에도 교육기관의 단초를 찾을 수 있지만, 교육기관이 제도화된 것은 천지조에 대학大學과 대학료大學寮가 성립되면서이다. 《회풍조懷風藻》에서는 천지조에 학교[庠序]를 세워 수재를 모으고 오례와 여러 가지 법도를 정했다고 하고, 천지의 후계자 대우황자大友皇子에 대해서도 그가 주류성 함락 직후 망명한 사택소명, 답발춘초, 길대상, 허솔모, 목소귀자 등을 불러 빈객으로 삼았다고 언급하였다.[83] 《일본서기》 천지 10년(671) 정월조에는 대학료가 대보, 양로령제로 연결되는 학제로 정비되어 가는 과정이 수록되어 있다. 백제 유민의 지도자 역할을 한 여자신, 법관대보를 맡은 사택소명과 함께 귀실집사가 등장하는데, 귀실집사는 소금하의 관위로 학직두學職頭에 임명되었다. 학직두는 율령제 아래 대학료의 전신인 학직의 장관이므로 백제 유민인 귀실집사가 대학료의 초대 장관에 임명되었다고 볼 수 있다. 이러한 배

---

82 이치 히로키 지음·이병호 옮김, 2014, 앞의 책, 271쪽; 서보경, 2014, 앞의 논문, 158~159쪽.

83 《懷風藻》序 "及至淡海先帝之受命也 … 調風化俗 莫尚於文 潤德光身 孰先於學 爰則建庠序 徵茂才 定五禮 興百度 憲章法則 規模弘遠 蔔古以來 未之有也 於是三階平煥 四海殷昌 旒纊無為 巖廊多暇 旋招文學之士 時開置醴之遊 當此之際 宸瀚垂文 賢臣獻頌"; 《懷風藻》淡海朝大友皇子〉조 "年二十三 立爲皇太子 廣延學士 沙宅紹明·塔本春初·吉太尚·許率母·木素貴子等 以爲賓客 …"

경에는 천지조의 지식인 우대 분위기가 자리 잡고 있다. 대우황자는 천지 사후의 황위 계승권 싸움에서 숙부인 대해인황자(뒤의 천무천황)에게 패해 자결하게 되었지만, 그는 생전에 백제 유민 출신 지식인과의 교유를 통해 새로운 지식을 접할 수 있었다.

대학료는 중앙의 관인 양성을 위한 관서로서 식부성式部省에 두어졌다. 두頭·조助·윤允·속屬의 4등 관제를 취한 사무관청과 박사博士·조교助敎 등 교관이 소속 학생을 교육하는 관인양성기관으로서의 대학으로 구성되었다.[84] 학생은 음박사音博士로부터 먼저 한문의 음독을 배우고, 그 다음에 박사나 조교의 강의를 듣는 것이 가능했다. 관인 양성을 위한 대학과 같은 교육기관이 만들어진 배경의 하나로 천지조에 일본 최초의 호적인 경오년적庚午年籍의 작성이 이루어진 것을 들 수 있다. 호적 작성 작업은 '문서주의'에 기반을 둔 것으로 일본사회가 유교와 한자문화를 몸에 익힌 사무관료를 대량으로 필요로 하는 시대에 접어들었음을 의미한다. 중앙은 물론 지방에 이르기까지 문서행정을 처리할 관인이 필요했기 때문에 학교 설립이 추진된 것으로도 볼 수 있다.[85] 더 나아가 율령제 아래에서는 국가를 지탱하는 인재를 육성하고자 했기 때문에, 당에 파견된 유학자들이 다양한 분야의 관련 서적을 가지고 와서 교육에 활용하여 높은 학식을 갖춘 실무관인을 안정적으로 공급하고 재생산하는 것을 목표로 하였다.

그렇다면 누가 대학료의 장관과 교관이 되었을까? 대학료의 전신인

---

84 《養老令》式部省 大學寮조에 따르면 박사 1인, 조교 2인과 音博士·書博士·算博士 각 2인이 400인의 학생을 지도한다고 한다. 박사와 조교는 明經과 業術을 가르치는 핵심 교관이다. 음박사는 외국어의 발음을 가르치고, 서박사는 한자의 서체를 가르치며, 산박사는 산술을 가르치는 교양과정에 해당한다.

85 서보경, 2014, 앞의 논문, 171~172쪽.

학직두에 임명되었던 귀실집사 외에 허솔모가 오경에 능통하여 671년(천지 10) 소산상小山上의 관위를 받았다고 하므로 학직에 소속되어 학생들에게 오경을 가르친 것으로 보인다. 677년(천무 6)에는 대박사大博士로서 대산하大山下의 관위를 받게 되는데, 유교경전에 밝아 대박사의 관직을 가지고 관인교육에서 중요한 역할을 담당한 것으로 추정된다.

지통, 문무, 원정조에도 박사를 역임한 자에 백제계 이주민과 그 후손이 다수 보인다. 691년(지통 5) 4월조에 대학박사大學博士 상촌주백제(上村主百濟; 우헤노스구리쿠다라)가 보이는데, 상촌주는 7세기 이전 도래한 서한씨西漢氏 계통의 씨족이다. 691년(지통 5) 9월조의 서박사書博士 말사선신末士善信은 백제 멸망 전후에 들어온 망명 귀족이었다. 693년(지통 7) 3월조의 대학박사 근광이勤廣貳 상촌주백제上村主百濟는 유학에 뛰어났다. 705년(경운 2) 대학료에서 석전의 문장을 쓴 바 있던 도리강사刀利康嗣는 뒤에 대학박사에 취임했다. 망명 2세대로서는 663년 망명한 승려 영詠의 아들 낙랑하내樂浪河內가 한문학, 역사 문장에 권위가 있었고 721년 학예學藝의 능력을 인정받아 동궁에서 근무하고 뒤에 대학두大學頭가 되었다.[86]

이상에서 볼 때 천지, 천무, 지통조 등 초창기 대학의 교관인 박사는 백제계 이주민의 비중이 컸다. 백제 유민이나 백제 후예의 유학의 수준이 뛰어났기 때문에 당시 경학 분야에서 최고 능력자인 백제계 이주민을 대학의 박사로 삼아 학생들에게 경학 등 유학 중심의 학문과 지식을 전수하게 했던 것이다. 백제의 선진지식과 교육제도를 도입하려는 목적이 있었으며, 일본에서는 이들의 유학 수준을 활용하여 유교적인 통치제도를 마련해 갔을 것으로 추측된다. 백제계 후예들이 유학적 소

---

86 《속일본기》 권8 원정 양로 5년(721) 정월 갑술조.

양을 바탕으로 일본사회에서 크게 활약하였고, 일본의 제도 문물이 정착되는 데 이들의 영향을 간과할 수 없다. 백제계의 활약에 대해서는 이미 일본 자체 내에서도 응신천황대의 왕인에 의해 유풍儒風이 크게 열리고, 문교文敎가 일어난 것으로 평가하고 있을 정도였다.[87]

교육기관이 성립된 이후 다양한 분야의 박사가 등장한 것도 큰 변화 가운데 하나이다. 백제 박사제도의 영향을 받아 일본에서도 각 분야의 전문가 집단을 '박사'로 임명한 것이다. 백제 유민이나 그 후손인 경우도 있고, 일본인 가운데 임명되기도 했으며, 당나라 출신을 박사로 임명하기도 했다. 중국이나 백제의 제도를 토대로 일본의 상황에 맞게 정비된 관인양성체제가 백제 멸망 후 새로 유입된 유민 지식인층을 중심으로 한 이주민들의 활약에 힘입은 바 컸다. 대학박사, 음音박사, 서書박사, 산算박사, 의醫박사, 주금呪禁박사, 음양陰陽박사, 명경明經박사 등 일본에서는 백제보다 훨씬 다양한 직능의 박사가 있었다. 중국에서 백제, 일본으로 가면서 박사제도가 확대된 것으로 볼 수 있지 않을까 한다.

대학에 입학하는 사람 또한 특정의 이주 씨족을 받아들이기 위한 틀이 만들어졌다. 《양로령養老令》 학령學令 대학생조에 따르면 학생의 채용은 "5위 이상의 자손 및 동서 사부의 자子를 기본으로 한다."고 되어 있다.[88] 동서의 사부는 야마토(大和; 東)나 가와치(河內; 西) 등을 거점

---

87 《속일본기》 권40 환무 연력 9년(790) 추7월 신사 "그 뒤 輕嶋豊明朝御宇 應神天皇은 上毛野氏의 먼 조상인 荒田別을 백제에 사신으로 보내어 학식이 있는 사람을 찾아 모셔오게 하였습니다. 그 나라의 임금인 貴湏王은 공경하게 사신의 뜻을 받들고 종족 가운데 택하여 그 손자인 辰孫王(일명 智宗王)을 보내어 사신을 따라 입조하게 하였습니다. … 천황은 가상히 여겨 특별히 총애를 더하고 황태자의 스승으로 삼았습니다. … 이에서 비로소 서적이 전해지고 儒風이 크게 열렸으니, 文敎의 일어남이 진실로 여기에 있었습니다."

88 《養老令》 學令 제2 大學生조 "凡大學生 取五位以上子孫 及東西史部子爲之"

으로 한자문화의 지식을 가지고 벼슬한 '사史'성의 이주계 씨족으로, 대학에 들어간 학생의 대부분은 동서 사부의 후손이었다. 5위 이상 관인의 자·손에게는 음위陰位 등이 있어서 좀 더 용이하게 벼슬할 수 있는 코스가 준비되어 있었다. 따라서 일본의 대학은 백제·고구려 멸망 후에 새로 건너온 지식인을 중심으로 한 교관군敎官群을 갖추고 학생들 또한 이주민 출신인 동서 사부의 자손들이 중심을 이루고 있기 때문에 한자문화를 세습하는 실무관인을 양성하려는 구상이 있었다고 할 수 있다.[89] 대학과 대학료의 설치는 이주민 출신이 일본사회의 관인으로 양성되는 계기가 되면서 이주계 씨족이 점차 '귀화'로 전환하게 되는 수순을 밟았던 것이 아닌가 한다.

대학에서 이루어지는 교육에 대해서는 학령에 상세히 규정되어 있다. 교수된 내용은 《주역》《상서尙書》《주례》《의례》《예기》《모시毛詩》《춘추좌씨전》《효경》《논어》 등 유교에서 정통적으로 된 경서經書가 중심이 되었다. 일본에서도 삼례三禮가 매우 중시되었는데,[90] 이는 백제가 성왕 때 이를 강할 수 있는 최영은崔靈恩의 제자 육후陸詡를 요청해서 제도를 정비한 것과 유사한 맥락이다. 지방에는 국학國學이 두어져 군사郡司의 자제를 교육하였다.

율령국가 시기 지방의 관인 양성을 담당한 국학이 설치된 것은 702년 시행된 《대보령》 반포 때이다. 《양로령》 직원령職員令에 따르면 국학에는 박사·학생·의사醫師·의생醫生이 소속되어 있었다. 그러나 지방에서도 7세기 중·후반의 목간이 출토되므로 관인 사이에는 문서에 의한 행정이 그전부터 시작되었을 가능성이 있다. 한반도에서 출토된 목간과

89 田中史生, 2019, 앞의 책, 244~245쪽.
90 末木文美士, 2020, 《日本思想史》, 岩波新書, 33~34쪽.

유사한 면이 있어 이주민 출신 문필 담당자의 역할을 상정할 수 있다. 율령국가의 군〔평〕郡〔評〕의 기초가 된 미야케屯倉에는 7세기 중반 이후 한반도를 출자로 하는 이른바 '도래계 문자기술자'들이 배치되었기 때문이다.[91] 백제 멸망 후 지방 수장이 이주 기술자나 지식층을 직접 수용하는 사례가 있었다. 지방지배에 문자를 적극적으로 활용하는 시대를 맞이하여 문자문화가 재지수장층에도 확대되고, 지방에서는 문자에 대한 이해가 있는 이주민 출신 후히토들이 문서행정의 핵심 역할을 담당하게 되었던 것이다.

대학료 이외에도 음양료陰陽寮와 전약료典藥寮에는 박사와 학생을 두었기 때문에 교육기관으로서의 역할을 담당했다. 천무조에는 병법, 음양, 의학 등에 능통한 백제계 유민을 인적 기반으로 삼아 음양료와 내외약료를 각기 관사로서 정립시켰다.[92] 8세기 전반에 의술로 이름을 떨친 길의吉宜는 전약두典藥頭 내약정內藥正을 역임하고 도서두圖書頭를 겸임할 정도였다.[93] 천지조에 대학과 대학료가 성립되고, 천무조에 음양료, 내외약료가 성립되면서 경학을 비롯한 음양, 의약학 등의 신지식과 기술의 재생산 구조를 확립했다.[94] 이는 일본에서 잡학雜學이 국가체제 운영과 관련되어 관사체계 내에서 운영되는 사례이며, 음양료는 백제 22

---

91 田中史生, 2019, 〈屯倉과 한국목간 – 왜국사에서의 한국목간의 가능성〉, 《목간과 문자》 22, 138쪽.

92 천무천황은 임신의 난을 통해 천문, 둔갑, 식점 등을 비롯한 음양료계 학문과 기술의 중요성을 절감하고, 음양사상과 관련된 사상을 통제하기 위해 직접 관사를 지배하는 방식으로 陰陽寮를 설치했다(서보경, 2014, 앞의 논문, 178~179쪽). 위정자 입장에서는 卜占을 중심으로 한 음양료계 지식과 기술이 지배권을 좌우할 수 있는 기술로 인식되었던 것이다.

93 加藤謙吉, 2017, 앞의 책, 286쪽.

94 서보경, 2014, 앞의 논문, 181쪽.

부사제 아래의 '일관부日官部', 내외약료는 '약부藥部'의 기능과 연결시켜 볼 수 있는 것이 아닌가 한다.

7세기 말의 지통조부터 8세기 초의 원명조에 걸쳐서는 칙명에 의해 승니를 환속시켰다.[95] 지통 3년(689) 비조정어원령, 대보 원년(701)《대보령》을 제정하여 음양료와 전약료를 설치해서 승니 신분과의 분리를 꾀하기도 했다.[96] 이는 교육의 기능을 강조하면서 음양, 천문, 의약, 역학 등의 기술을 가진 자를 관료제의 틀 속에서 활약하게 하려는 조치였다.[97] 율령국가가 이들 기술을 독점하는 한편 전문 관인으로서 다음 세대에 계승시키고자 한 이 조치를 통해 당시 일본 교육기관의 교육의 범위가 어느 정도였는지를 짐작할 수 있다.

이처럼 백제 유민은 인사와 교육, 유교경전과 음양오행설 등 당시의 관리에게 필요한 교육을 주관하였고, 관리의 인사까지 관장하는 등 고대 일본의 인재 교육과 관리 임용제도를 만드는 데 중심적인 역할을 담당하였다.[98] 백제 유민들이 문관의 인사를 담당하는 관서와 문관을 배출하는 교육기관에 많이 자리 잡았다는 것은, 신라와 당 연합군의 침공 가능성에 대비하는 한편 지배체제를 정비하여 율령제 운용의 중추적인 역할을 담당할 문관의 양성에 주력하고자 했음을 의미한다.[99] 실제

---

95 《속일본기》에 따르면 문무 4년(700) 8월에는 승려 通德과 惠俊을 칙명에 의해 환속시키고 이들에게 俗名과 위계를 주어 이들이 가진 '藝(기술, 기량, 재주)'를 이용하기 시작했다. 대보 3년(703) 10월에는 예술과 算曆을 아는 승려 隆觀을 환속시켰으며, 和銅 7년(714) 점술을 이용하기 위해 사문 義法을 환속시켰다.

96 增尾伸一郎, 2001, 〈日本古代の宗敎文化と道敎〉,《アジア諸地域と道敎》講座道敎 第6卷, 雄山閣, 260쪽.

97 김영심, 2017, 〈고대 일본의 도교문화와 백제〉,《백제문화》 57, 15쪽.

98 정효운, 2017, 〈백제 멸망과 백제 유민 – 정착과정과 정체성 문제를 중심으로〉,《동북아문화연구》 53, 389쪽.

99 이근우, 2001, 〈일본열도의 백제 유민에 대하여〉,《한국고대사연구》 23, 33~34쪽.

로 율령을 편찬하는 과정에도 백제 유민이 활약하였는데, 이에 대해서는 3절에서 살펴보기로 하겠다.

3. 율령의 편찬

율령의 법체계를 만들고, 새로운 지배양식을 확립하기 위해서는 지도자의 식견과 능력을 가진 관료가 필요했다. 대륙의 동향과 자국의 정세를 충분히 파악하여 새로운 질서를 형성하고자 한 지도자와 그 밑에서 중국의 언어나 고전·역사를 알고 최신의 정보도 익혀서 정확한 문장으로 표현할 수 있는 관료가 뒷받침되어야 했다. 중국 문명은 문자와 문서의 문화였기 때문에 이를 담당할 만한 인재가 없었던 일본에서는 한반도로부터의 이주민에 크게 의존했다. 대화개신까지는 이주민에 의존하는 바가 많았지만, 견당사가 파견되면서 당의 문물이나 서적이 수입되고, 또 유학해서 당의 선진적인 문화를 배우는 일본인도 생기게 되었다.[100]

일본 고대 율령국가는 중국대륙 및 한반도의 선진적인 문화나 제도를 도입해서 이를 모본으로 하여 형성되어 갔다. 호적이나 정적丁籍 작성의 경험이 있던 백제계 이주민의 역할이 컸음은 담진膽津의 사례에서 언급한 바 있다. 선진적인 둔창屯倉 관리를 목표로 정적을 작성하고, 전호를 편성하는 데 수치 계산에 소상한 백제계 이주민을 활용했다. 담진 일족은 둔창의 관리를 맡은 백저사白猪史, 선박으로 운송하는 세금〔船運〕의 세에 관계한 선사船史, 항구의 관리에 종사한 진사津史로 나뉘는데,

---

100 末木文美士, 2020, 《日本思想史》, 岩波新書, 32~34쪽.

모두 사史의 성(姓; 가바네)을 가지고 소아씨 아래에서 부部의 설치나 둔창의 관리 등 국가 경영에 필요한 중요한 업무를 나눠 맡았다고 할 수 있다.

율령제의 형성과 관련하여 그동안 일본학계에서는 7세기 중반부터 후반에 걸쳐 중국적인 율령제를 지향해서, 8세기의 각종 제도로 연결되는 요소나 성문법이 편찬되었다는 인식이 공유되었다. 그러나 최근 고고학 발굴조사를 통해 7세기 중반~후반 백제나 신라의 영향을 받고 있었음이 밝혀지면서 과연 7세기 중반부터 중국 수·당의 율령제를 목표로 한 방향성이 있었는지 의문이 제기되었다.[101] 천지천황 주도로 왜국이 당과 신라에 방어 태세를 취하게 되었는데, 천지 사후 후계를 둘러싼 투쟁에서 이겨 즉위한 천무천황은 신라와도 외교관계를 맺어 매년 외교사절이 왕래하고, 학문승이 신라에 유학하기도 했기 때문이다. 견당사의 공백기인 702년까지 왜국은 신라와의 외교관계를 통해 많은 것을 흡수했던 것이다.

율령법의 제정 및 시행 과정[102]에도 이주민 법률전문가의 활약이 확인된다. 체계적인 법전이냐 아니냐의 논란이 있지만 668년(천지 7) 근강령近江令이 제정되었고, 천황 칭호가 도입된 천무조에는 법전을 체계적으로 정비하고자 노력하여 682년(천무 10)에 비조정어원령飛鳥淨御原令을 편찬·완성하고, 689년(지통 3) 반포함으로써 결실을 맺었다.[103] 천지·

---

101 카네가에 히로유키鐘江宏之, 2009, 〈고대 한일 교류사와 출토 문자자료 – 일본에 있어서 율령제의 형성과 신라·백제〉, 《역사교육논집》 42, 406~407쪽.

102 율령법의 제정 및 시행 과정에 대해서는 大津透, 2020, 《律令國家と隋唐文明》, 岩波新書, 42~74쪽; 田中史生, 2019, 앞의 책, 205쪽 참조.

103 근강령에 대해서는 천지 7년(668) 부분적으로 시행되고, 천무조에 수정이 이루어져 정어원령이 편집되었다는 설, 근강령은 천지조에 起草, 천무조에 원안 수정, 지통 3년 시행되었다는 설, 체계적인 근강령의 시행은 없었다는 설 등 다양한 의견이 있다

천무·지통조 일본사회의 가장 중요한 시대적 과제는 율령의 제정이었다고 할 수 있다. 율령제의 제정을 통한 율령국가로의 지향을 시가현 야스시野洲市 니시가와라西河原유적에서 나온 일련의 목간을 통해 확인할 수 있다.

이어 8세기 초부터는 한반도에서 배운 양식에서 동시대 중국의 양식으로 바꾸는 가치관의 전환이 있었다. 율령제에서도 문무조文武朝인 701년(대보 원년) '대보大寶'라는 독자 연호와 함께 영令만이 아니라 율律도 갖춘 대보율령을 완성하고, 702년 전면 시행함으로써 명실상부한 율령국가체제를 갖추었다. 양로율령은 718년(양로 2) 제정되었지만 등원불비등(藤原不比等; 후지와라노 후비토)의 죽음으로 시행되지 않다가, 757년(천평보자 원년)에 등원중마려(藤原仲麻呂; 후지와라노 나카마로)가 조상의 현창을 위해 일부 수정을 가한 양로율령을 시행하였다.

일본의 율령은 중국 율령의 틀을 그대로 모방·계승하고 있는데, 중국에서는 율律이 먼저 발달했으나 일본에서는 영令이 먼저 편찬되어 기본법전으로 중시되었다. 영이 먼저 편찬된 것은 백제·고구려의 멸망으로 이어지는 동아시아의 격동기를 거치며 일본의 지배층이 중앙집권적 국가체제를 확립할 필요를 절감했고, 강력한 국가기구를 만드는 데 전력하여 국가기구의 기본을 규정한 영을 편찬했기 때문이 아닌가 한다.[104] 따라서 율과는 달리 영에는 일본의 실정에 맞춰 수정된 부분이 많다. 앞에서도 언급하였듯이 《양로령養老令》 학령學令 2조에 대학의 학생 채용조건을 5위 이상의 자손 및 동서사부東西史部의 자子로 규정하고 있는데, 이는 일본 독자의 규정으로서 한자문화를 세습하고 있는 사성史姓의

(大津透, 2020, 앞의 책, 43쪽).

104 이정희, 1990, 〈6, 7세기 일본사에서 율령수용의 과정과 의미〉, 《한국고대사연구》 4, 27쪽.

이주민에 의존할 수밖에 없는 상황에서 나온 것이라 할 수 있다.

율령의 편찬에는 이주지식인이 다수 참여하였다. 근강령의 편찬에 사택소명과 허솔모가 관여했을 것이다.[105] 정어원령 편찬에는 나당연합군이 백제를 공격할 때 포로가 되어 왜국으로 건너간 중국인인 음박사音博士 속수언續守言과[106] 살홍각薩弘恪이[107] 참여하였지만, 백제계 이주지식인으로 참여한 사람은 알 수 없다. 《속일본기》 문무 4년(700) 대보율령 편찬 공로자에 대한 보장報奬 조치[108] 등을 참조하여 율령 편찬자에 대한 표를 만들어 보면 다음과 같다.

〈표 3-1〉 이주계 출신 율령 편찬 참여자

율령	관위	인명	출신 및 활동
대보 율령	直廣肆	伊岐連博得 (伊吉連博德)	당인唐人의 후예, 견당사·견신라사(《신찬성씨록》 좌경제번)
	勤大壹	薩弘恪	당인. 이주 1세
	務大壹	白猪史骨	백제계 씨족. 견당사
	追大壹	黃文連備	고구려계 씨족(《신찬성씨록》 山城國 제번)
	進大貳	田邊史百枝	백제계 씨족(《신찬성씨록》 좌경황별 하)
		田邊史首名	백제계 씨족(《신찬성씨록》 좌경황별 하)
		山口伊美伎 (忌寸)大麻呂	동한씨계(《신찬성씨록》 우경제번 상)
	直廣肆	調伊美伎(忌 寸)老人	동한씨계
	勤廣參	(土部宿禰甥)	당 유학생(吉村: 이주계 vs. 丸山: 비이주계)
		(道君首名)	견신라사(吉村: 이주계 vs. 丸山: 비이주계)

---

105 《藤氏家傳》 상권에 중신겸족이 함께 논의한 당시의 현인 4인, 즉 高向玄理, 僧旻, 沙宅紹明, 許率母 등이 근강령의 편찬자로 거론되고 있다(연민수, 2020, 앞의 논문, 75쪽).

106 《일본서기》 권26 제명 7년 11월 무술조 分注 소인 《日本世記》 "十一月 福信所獲唐 人續守言等 至于築紫"

107 살홍각은 대보율령 편찬에도 참여하였다.

108 《속일본기》 권1 문무 4년 6월 갑오조.

	비이주계	刑部親王, 藤原朝臣不比等, 粟田朝臣眞人, 下毛野朝臣古麻呂, 伊余部連馬養, 坂合部宿禰唐, 狹井宿禰尺麻呂, 鍛造大角, 額田部連臨
양로 율령	陽胡史(陽侯史)眞身	수 양제의 후예(《신찬성씨록》 좌경제번, 백제 달솔 양공) 아료왕의 후예(《신찬성씨록》 和泉國 제번)
	大倭忌寸小東人	한(《신찬성씨록》 大倭國 신별)
	百濟人成	백제계 씨족
	비이주계	藤原朝臣不比等, 矢集宿禰虫麻呂, 塩屋連吉麻呂

* 《속일본기》 권1 문무 4년(700) 6월 갑오조 및 권9 원정 양로 6년(720) 2월 무술조에 의거, 《신찬성씨록》으로 보완.
* 吉村武彦·吉川眞司·川尻秋生 編, 2020, 76쪽의 표 및 丸山裕美子, 2014, 117쪽 표 참조.

대보율령 편찬 작업에는 19명이 참여하였는데, 이주계가 다수를 차지한다. 등원불비등藤原不比等은 대보율령의 찬정사업을 영도하고, 백저사골(白猪史骨; 시라이노후이토노호비)과 전변사백지(田邊史百枝; 다나베노후히토노모모에다), 전변사수명(田邊史首名; 다나베노후히토노오비토나) 등 백제계 이주 씨족 출신 지식인이 참여하였다. 백저사골은 왕진이의 후예 씨족이다. 전변사수명과 전변사백지 두 사람은 등원불비등 아래에서 이 사업에 참여하였다. 전변사씨田辺史氏 집안에서 율령 편찬 공로자가 2명이나 선발된 것은, 전변사田邊史씨에게 양육된 등원불비등이 대보율령 편찬 작업의 중심 인물이었던 점도 일정 부분 영향을 미쳤다.[109] 유민들에 의해 선진문물이 전해지는 상황에서 후히토계가 율령제에 대한 지식이나 문장 능력을 갖췄기 때문이 아닐까 한다. 양로 6년(722)에는 백제계 후예 백제인성百濟人成이 율령 편찬에 공이 있어 토지를 받았다.[110] 인

---

109 박재용, 2011, 〈고대 일본 藤原氏와 백제계 도래인〉, 《백제연구》 54, 182쪽; 서보경, 2017, 〈고대 일본의 문필실무직과 한국계 〈渡來〉씨족〉, 《사림》 59, 312쪽.

성은 저명한 명법가明法家로서 새로 편찬된 양로령을 강서하는 강서박사講書博士로 활약하였다.[111] 백제의 율령이 좀 더 밝혀진다면 실제의 규정 속에서 관련성을 도출할 수 있을 것이다.

한편 《일본서기》의 찬술에도 백제계 이주지식인과 그 후예가 참여하였다. 선사혜척船史惠尺은 소아씨의 주도 아래 추고 28년(620) 《천황기天皇記》와 《국기國記》의 편찬에 관여했는데, 을사의 변으로 소아하이(蘇我蝦夷; 소가노에미시)의 저택에 화재가 났을 때 선사혜척이 《국기國記》만을 화재로부터 구해내 뒤에 천지천황이 된 중대형황자中大兄皇子에게 헌상했다.[112] 《일본서기》를 편찬하기 전의 일이지만 《국기》가 《일본서기》 편찬 때 주요 자료가 되었다는 점에서 일련의 과정으로서 설명할 수 있다. 《일본서기》에 인용된 백제삼서는 663년 백강 전투 패전 이후 많은 백제인 망명자가 일본으로 건너와 일본의 관인이 되면서 이들이 가져온 기록을 근거로 백제계 이주지식인이 편찬한 것이다. 《일본서기》 권14 웅략기부터 권19 흠명기에는 백제계 사료가 많이 들어 있는데, 선사씨(船史氏; 683년 船連氏)와 같은 백제계 사관이 《백제본기》 등을 이용하여 계체, 흠명기 작성 작업에 참여했을 가능성이 크다.[113] 선사씨와 백저사씨白猪史氏 등 왕진이의 후예 씨족이 《일본서기》 찬술에 참여했을

---

110 《속일본기》 권9 원정천황 양로 6년(722) 2월 무술 "… 正八位下百濟人成四町 並以撰律令功也 …"

111 백제인성은 뒤에 山田連白金으로 이름을 바꿨는데, 758년(천평보자 2) 7월 정6위상에서 외종5위하로 승진하고, 759년 12월에는 連姓을 사성받았다. 현재 《令集解》 속에서 법령 조문에 대한 해설로 인용되고 있는 大和山田說의 山田이 산전련백금, 곧 백제인성을 지칭한다고 한다(박재용, 2011, 앞의 논문, 186쪽).

112 연민수 외 6인, 2013, 〈해제〉, 《역주 일본서기》 I, 28쪽.

113 김은숙, 2002, 〈《고사기》·《일본서기》의 편찬과정〉 《강좌 한국고대사》 5, 가락국사적개발연구원, 374쪽; 박재용, 2009, 〈《일본서기》의 편찬과 백제 관련 문헌 연구〉, 한국교원대학교 대학원 박사논문, 111쪽.

것으로 추정된다.

이처럼 율령과 역사서의 편찬에는 선사씨와 백저사씨, 전변사씨로 대표되는 가와치 남부의 백제계 후히토 여러 씨족이 참여하였다. 이들은 정권의 중추인 소아씨나 등원씨의 참모가 되어 정책 입안에도 관여하고, 정책을 실시하는 데 적극 참여하기도 했다. 6·7세기에서 8세기에 걸친 고대 통일국가 성립기에 실무담당자로서 중요한 위치를 차지했던 것이다.

4. 불교 등 사상 분야의 정비

1) 일본 고대 불교의 전개와 백제의 역할

성덕태자(聖德太子; 쇼토쿠태자, 574~622) 시기 불교가 공식적으로 수용된 가장 큰 이유는 새로운 종교문화를 통해 새로운 국가 체제를 정비하기 위해서였다. 천황 중심의 중앙집권국가체제가 확립되면서 불교는 국가에 의해 보호 육성되고 국가행사에 채택되는 한편 국가의 통제를 받게 되므로 일본이 율령제국가를 확립해 가는 데 불교가 수행한 역할이 컸다.

백제가 왜국에 불교를 전해 준 이래 백제계 이주지식인의 활동에서 두드러지는 것이 불교와 관련된 것이다. 백제에서 건너간 승려들과 사찰 조영 및 불상 제작 기술자들의 활동이 일본 불교사의 전개에서 어떤 역할을 담당하였는지 살펴보도록 하겠다. 백제는 중국 동진으로부터 불교를 받아들였고, 성왕대에 일본에 전해 주게 된다. 불교가 전래되는 과정과 일본에서 종파가 성립되는 과정은 중국 - 백제 - 일본으로 이어지는 동아시아 불교 교학의 흐름을 잘 보여 준다.

중국에서는 남북조시대에 불교가 크게 발전하여 수·당대까지 불교가 큰 힘을 가졌다. 《삼국사기》 백제본기 기사에 따르면, 4세기 후반 침류왕대 중국 동진으로부터 불교를 받아들였던 백제에서도 한산漢山에 불사佛寺를 세웠고, 아신왕대에는 불법을 믿어 복을 빌 정도로 불교가 발달하였다. 성왕대에는 중국 양나라에 《열반경涅槃經》 등의 주석서를 요청하기도 했다. 성왕은 541년(성왕 19) 양에 사신을 보내 모시박사毛詩博士만이 아니라 《열반경》 등의 주석서를 받아오게 되었고, 공장工匠이나 화사畫師도 백제에 파견되었다. 성왕이 '황제보살'로 칭해지는 양나라 무제가 《열반경》을 강설講說하는 자리에 사신을 보내 참가하게 했던 것은, 무제의 숭불崇佛 동향을 정확히 파악하여 불교를 매개로 양과 우호적인 관계를 돈독히 하고자 하는 목적도 있었다.[114] 양 무제의 숭불이 주변국에 미친 영향이 크고, 당시 백제의 불교 이해의 정도나 남조계 기술의 도입 사실을 알 수 있다.

또한 성왕대에는 계율을 강화하려는 정책을 펴서, 겸익謙益이 무령왕 말년에서 성왕 초 직접 인도에까지 가서 계율을 공부하고, 율부를 가지고 돌아와서 역경 작업을 할 정도였다.[115] 〈미륵불광사적彌勒佛光寺事蹟〉

---

114 河上麻由子, 2019, 《古代日中關係史 －倭の五王から遣唐使以降まで－》, 中公新書, 59~61쪽.
115 〈彌勒佛光寺事蹟〉에 전하는 겸익의 入竺求律 기사는 李能和의 《朝鮮佛敎通史》에 수록된 내용이라 사료로서의 가치가 떨어지는 면이 있지만, 사적의 신빙성 자체는 많이 보강되었다(조경철, 2000, 〈백제 성왕대 유불정치이념 －육후와 겸익을 중심으로 －〉, 《한국사상사학》 15, 18~19쪽). 겸익 관련 내용에 대한 정리는 김영심, 2006b, 〈백제 사비시기 체제정비의 사상적 기반〉, 《백제 사비시기 문화의 재조명》, 춘추각, 44~45쪽 참조.

의 백제 겸익 기사에 따르면, 사문 겸익이 율을 구하기 위하여 중인도의 상가야대율사常伽倻大律寺에 이르러 5년 동안 범문梵文을 배워 율부를 깊이 공부한 뒤, 526년(성왕 4) 승려 신달다삼장信達多三藏과 함께 더불어 범본梵本의 아비담장阿毘曇藏과 오부율문五部律文을 가지고 돌아왔다. 백제왕이 그를 맞이하여 흥륜사에 안주하게 하고, 국내의 고승 28인을 불러 겸익과 함께 율부 72권을 번역하게 하였다. 중국에 이미 번역된 한역율전이 있음에도 불구하고 율의 원전을 직접 인도에서 구해와서 왕의 지원 아래 흥륜사興輪寺에서 번역작업까지 할 정도로 백제에서 계율을 중시했다는 것을 알 수 있다. 백제불교가 계율에 정통했기 때문에 위덕왕대에 율사律師도 보내고, 일본에서 선신니善信尼 등이 와서 3년 동안 머물면서 계율을 배워가기도 했다.

일본에 불교가 전래된 시기를 보는 입장은《원흥사가람연기병유기자재장元興寺伽藍縁起并流記資財帳》에 근거한 538년설과《일본서기》흠명 13년조에 근거한 552년 공전설로 나뉘다가 538년설이 힘을 얻게 되었다. 그러나 최근에는《일본서기》에 나오는 여타 불교 관련 내용을 검토하여 세분화된 견해가 나오고 있다.《일본서기》흠명 15년(554) 2월조를 보면 백제에서 파견되었던 승려가 새로운 승려로 교체되었다.[116] 오경박사 등이 3년 만에 교체된 것에서 미루어 보면 552년보다 전에 승려가 파견되었을 것이라는 점, 흠명 6년(545) 9월조에 백제가 장육의 불상을 보내고 원문願文을 지어 천황의 복을 빌었다는 점 등에서 545년 전후가 불교의 전래연대라는 주장도 있다.[117] 또 흠명 15년(554)에 교대

---

116 《일본서기》권19 흠명 15년 2월 "二月 百濟遣下部杆率將軍三貴·上部奈率物部烏等 乞救兵 仍貢德率東城子莫古 代前番奈率東城子言 五經博士王柳貴 代固德馬丁安 僧曇慧 等九人 代僧道深等七人"

117 薗田香融, 2016, 《日本古代佛教の傳來と受容》, 塙書房, 42~46쪽.

된 승려가 백제에 파견된 것은 적어도 547년 이전이므로 왜국에서 백제로부터 불교를 도입한 것은 540년대 양 무제의 치세라고 보기도 했다.[118] 적어도 540년대에는 백제로부터 왜국에 불교가 전해졌으나, 공식적으로는 552년에 전해진 것으로 기록되었고, 불교 수용을 둘러싸고 지배층 사이에 갈등이 있다가 마침내 587년 불교가 공식적으로 수용된 것으로 정리할 수 있다.

그렇다면 일본에 전해진 백제 불교는 어떤 성격의 것이었을까? 성왕대에 중국 양나라와 적극적인 교류를 추진하였기 때문에 양나라 불교 교학의 주된 흐름인 성실열반학成實涅槃學이 기본 바탕이 되었을 것이다. 그러나 백제는 위덕왕대에는 남조 진 및 북제·북주와도 교류하면서 법화삼매행법法華三昧行法이나 지론학地論學도 수용하고, 통일국가 수와 당이 등장하면서는 수·당과도 관계를 맺으면서 당시 중국 불교계의 주요 흐름이었던 섭론학攝論學과 삼론학三論學을 수용하였다.[119] 백제가 중국 불교 교학을 받아들이는 데 백제 유학승의 역할도 적지 않았다.

백제의 대표적인 유학 승려는 양나라에 유학한 발정發正과 진나라에 유학한 현광玄光이다. 제2부 제2장에서 살펴본 것처럼 발정은 512년(천감 11) 유학승으로서 양에 30여 년 머물면서 관음신앙을 포함하여 양나라 불교학의 많은 것을 배워 왔다. 백제 불교계에서 양과 마찬가지로 성실열반학이 주로 연구된 데서도 이를 알 수 있다. 성왕은 유학승 발정의 사상을 적극적으로 활용하여 선정禪定을 강조하였는데, 이는 577년

---

118 河上麻由子, 2019, 앞의 책, 64 - 65쪽. 河上麻由子는 曇惠 등 9인의 승려가 새로 파견된 道深 등 7인의 승려에게 교대된 것으로 해석했으나, 주117)의 《일본서기》 기록을 보면 새로 파견된 담혜 등 9인의 승려가 전에 파견된 도심 등 7인의 승려를 교대해 준 것으로 보는 것이 타당하다.

119 최연식, 2011b, 앞의 논문, 219쪽.

위덕왕이 왜에 선사禪師를 파견한 것과 이어질 수 있다.[120] 중국－백제
－왜로 이어지는 문화 전수를 잘 보여 준다.

남조의 진陳에 유학하여 혜사慧思 문하에서 수학했던 현광 또한 15년
동안의 중국 거주 이후 백제에 돌아와 백제 불교계에 법화삼매행법을
전파하였다. 현광의 법화삼매행법은 진을 통한 것이기는 하지만, 북조의
선법禪法 수행을 전파한 계기가 되었다. 북조에 직접 유학한 승려는 찾
아지지 않으나, 정림사 도용이나 사면석굴 등에서 북조의 직접적인 영
향도 제기되고 있다.[121] 또한 중국 남북조의 불상 양식을 보면 남조와
북조가 뚜렷하게 구분되지 않을 정도로 혼재되어 나타나기도 하므로[122]
중국불교문화 또한 북조의 영향을 받아 문화접변이 이루어진 형태가 재
차 백제로 전파되었을 가능성도 상정할 수 있다. 따라서 북조 불교의
교학이나 수행법, 문화가 전해지는 데 유학승과 같은 지식인의 역할이
컸음을 알 수 있다.

삼론학은 6세기 말 무렵부터 백제에 알려졌고, 삼론학이 수나라 불교
계의 주요한 흐름으로 자리잡은 7세기 이후에는 더욱 본격적으로 수용

---

120 발정과 현광에 대한 비교 검토는 길기태, 2010, 앞의 논문, 146쪽 참조.
121 고동안 백제와 북위의 관계에 대해서는 472년 개로왕이 북위에 보낸 국서 이외에
   는 뚜렷한 기록을 찾을 수 없지만, 문화적 측면에서는 북위를 중심으로 한 북조의
   영향이 많이 언급되었다. 부여 정림사지 출토 소조상에 대해서는 소조인물상의 제작
   기법이나 형태가 북위 후기부터 東魏 초반의 도용, 낙양 영녕사 출토 소조상과의 유
   사성 때문에 북조 계통으로 자주 언급되어 왔다(이병호, 2006, 〈부여 정림사지 출토
   소조상의 제작시기와 계통〉, 《미술자료》 74, 53쪽). 또한 북조의 석굴제작이나 마애불
   을 포함한 석상 제작 전통은 백제의 사면석불이나 마애불 조성에 영향을 미쳤다(소
   현숙, 2018, 〈백제 불상에 나타난 중국 불교예술의 영향－마애불을 중심으로〉, 《충청
   남도의 백제유적》, 충청남도·충남역사문화연구원, 317쪽).
122 박지현, 2020, 〈사비기 백제의 對中관계와 문화교류 －도교·불교를 중심으로－〉,
   《목간과 문자》 24, 29~30쪽.

되있다.[123] 《속고승전》에 입전된 유일한 백제 승려인 무왕대의 법화승 혜현慧顯도 학문적으로는 삼론학을 수학하였고, 중국에 유학하였던 백제 승려들이 길장吉藏의 저술들을 수집하여 귀국하였다. 7세기 이후 일본에서 활동한 백제 출신 승려들 대부분은 삼론학의 대가로 전해지고 있다. 백제에서 발달했던 불교 교학은 성실열반학, 법화삼매경(선법), 삼론학이었는데, 538~552년 사이 백제에서 불교가 전해진 이후 이러한 불교 교학이 일본 불교계에도 영향을 미친 것으로 보인다.[124]

일본에서 불교가 본격적으로 연구되기 시작한 것은 성덕태자 때부터이다. 595년(추고 3) 파견된 고구려승 혜자慧慈와 백제승 혜총惠聰이 한반도의 불교학을 전했으며, 이후 파견된 일본 불교의 초대 승정 백제승 관륵이나 2대 승정 고구려승 혜관慧灌 등도 불교 진흥에 역할이 컸다. 한반도와 수·당에 학문승을 보내고, 국내에서 법회를 개최하면서 불교 신앙층이 넓어지고, 종파가 성립된 것이다.

일본 고대에는 삼론, 성실, 법상法相, 구사俱舍, 계율戒律, 화엄華嚴 등 제 종파가 흥기했다.[125] 종宗은 본래 불교에서 교리·신앙을 달리하고 독립된 집단을 갖는 조직이지만, 일본 고대의 종은 특정의 경전·사상을 연구하는 학문 그룹 정도이고, 또 당시 불교는 교의에 얽매이지 않았다.

---

123 최연식, 2011b, 앞의 논문, 216~217쪽.

124 종래 일본 학계에서는 일본 불교의 시작을 752년 중국 승려 鑑眞의 渡日부터로 보는 경향이 있었다. 그러나 백제로부터 불교 전래, 6세기 말 건립된 아스카데라를 비롯한 사찰의 조영, 승려의 왕래 등을 볼 때 일본 불교는 백제를 비롯한 한반도 고대 삼국의 영향을 크게 받았다.

125 6종 이외에도 修多羅宗, 攝論宗, 別三論宗이 있었다고 한다. 718년(양로 2) 5종의 명칭은 보이나, 도다이지에서 749년 이후 화엄종이 성립된 뒤에 도다이지를 중심으로 6종 제도가 정비된 것을 '南都六宗'으로 칭하게 되었다고 한다(김천학, 2012, 〈고대 한국불교와 남도육종의 전개〉, 《東方學》 23, 189~192쪽).

따라서 고대의 대사원은 복수의 종을 겸하는 것이 일반적이었다. 고대의 승니는 반드시 자신의 사원에 안주하지 않고 각지의 사원에 가서 법회를 연다든가, 학장學匠의 가르침을 받기도 했다.[126] 아스카·나라 시대의 불교교학을 대표하는 것은 삼론종과 법상종이었지만, 이른바 '남도南都 6종'을 중심으로 한 불교교학을 소개해 보면 다음과 같다.

삼론종은 추고조(593~628)에 고구려승 혜자와 백제승 관륵에 의해 일본에 전해졌으나, 크게 선양되지 못하다가 효덕조(645~654)에 고구려승 혜관에 의해 선양되었다.[127] 혜관은 궁중에서 삼론을 강하여 일본 삼론종의 제1조가 되었으며, 혜관의 여러 문하생 가운데 지장智藏과 도자道慈는 입당하여 삼론의 종의宗義를 전하였다. 혜자와 혜총은 둘 다 삼론과 성실에 능했다. 삼론과 성실의 겸학 전통이 있었던 것이다. 삼론종은 법상종과 함께 아스카·나라시대의 불교교학을 대표하였다.

성실종은 삼론종에 부수하여 전해져서 삼론종의 부종附宗으로 일컬어지다가 천무 때 백제승 도장道藏이《성실론소成實論疏》16권을 지어 성실종의 개조가 되었다. 그 뒤 문무조에 입당한 도자道慈가 전해 받아 유지한 6종 가운데 성실종이 있으나, 독립하여 선양되지는 못했다고 한다.

법상종은 제명조에 도소道昭가 입당하여 현장에게 유식학을 배우고 귀국한 것이 제1전이다. 이후 지통智通·지달智達 등이 입당하여 재차 법상종을 전래하고, 문무조에 지봉智鳳·지란智鸞·지웅智雄 등이 입당하여 지

126 吉川眞司, 2019, 〈古代寺院の生態〉,《古代寺院 −新たに見えてきた生活と文化−》, 岩波書店, 41~43쪽.

127 이하 일본 고대의 불교 교학과 종파에 대해서는 김태흡, 1927, 〈동양불교의 개설 −일본의 불교−〉,《불교》제41호, 8~11쪽; 김천학, 2012, 앞의 논문, 193~205쪽을 중심으로 정리하고, 스에키 후미코末木文美士 지음·이시준 옮김, 2005,《일본불교사 − 사상사로서의 접근−》, 뿌리와 이파리, 46~54쪽; 미노와 겐료蓑輪顯量 지음·김천학 옮김, 2017,《일본불교사》, 동국대학교출판부, 42~45쪽으로 보충.

주(智周, 668~723)에게 배운 뒤 3차 전래하였으며, 성무조에 현방玄昉이 입당하여 4차 전래하였다. 1, 2전을 합하여 '남사南寺의 전' 또는 '원흥사의 전'이라 하고, 제3, 4전을 합하여 '북사北寺의 전' 또는 '흥복사興福寺의 전'이라 한다. 남사전에는 행기行基, 승우勝虞가 있으며, 북사전에는 의연義淵, 선주善珠가 있었다. 나라시대의 법상종은 의연 이후에 크게 떨쳤다. 구사종은 법상종에서 겸학하여 부수적으로 전래하였다.

계율종은 추고조에 율사가 중국에서 왔다고 하나 선양되지 못하였다. 일본에 사분율四分律은 전후 3회에 걸쳐 전래되었다. 천무조에 도광道光이 입당하여 전래한 것이 제1전이고, 성무조에 당나라 승려 도예道睿가 도래하여 전한 것이 제2전이다. 제3전은 성무조에 당나라 승려 감진鑑眞이 도래하여 전한 것이다. 감진은 754년(효덕 6) 제자 35인과 함께 와서 이듬해 도다이지東大寺 대불전 서쪽에 계단원戒壇院을 세우고 수계 법식을 시작했다. 감진은 뒤에 도쇼다이지唐招提寺를 건립하고 오래 거주하여 율학을 선양하였다. 감진이 일본 율종의 초조初祖이지만, 그의 입적 뒤 종풍이 부진했다.

화엄종은 당나라의 법장(法藏, 643~712)에 의해 대성된 사상을 따르고 있기 때문에 전래가 늦다. 성무조에 당승 도선道璿 등이 화엄경장소華嚴經章疏를 가지고 왔으나 선양되지 못하다가 740년(성무 12) 신라승 심상審祥이 도다이지 법화당에서 화엄경을 강설하면서 성립했고, 심상이 일본 화엄종의 시조가 되었다. 양변(良弁; 로벤, 687~771)이 별당직別當職에 취임하면서부터 화엄종이 크게 선양되었다. 양변은 의연義淵의 제자였기 때문에 일본의 화엄종은 법상종과 사상적 친연성이 있을 것으로 추정된다. 양변 문하에서 실충實忠 - 등정等定, 정진正進 등이 상속하여 전했으나, 헤이안시대에 점차 쇠퇴하였다. 정진으로부터 2전한 도웅道雄은 공해(空海; 구카이)의 문하에 귀의하여 밀교를 받았으며, 공해가 도다이지의 별당이 된 다음부터 도응 등은 모두 밀교를 겸하였다.

이처럼 일본 고대 불교의 성립과 전개에는 백제 등 한반도에서 이주한 승려 지식인의 역할이 컸다. 일본 불교 자체는 고도의 이론이나 사상체계라기보다는 현세의 이익이 중시되고, 교리나 교단보다는 부처에 대한 숭배가 중심이 되었다.[128] 헤이안시대의 최징(最澄; 사이초)과 공해 또한 히에이잔比叡山이나 고야산高野山이라는 산악수행의 장에서 산악불교를 재편하며, 일본이라는 곳에서 토착화해 가는 불교의 방향을 제시하고, 자신들의 특징적인 불교를 만들어 갔다고 할 수 있다.[129]

신앙의 공간으로서의 사원과 숭배의 대상이 된 불상의 조영에 힘을 쓴 것도 일본 불교의 특징이 아닐까 생각된다. 《일본서기》에 따르면 추

〈그림 3-2〉아스카데라飛鳥寺(필자 촬영)

---

128 스에키 후미코末木文美士 지음·이시준 옮김, 2005, 앞의 책, 16~18쪽.
129 末木文美士, 2006, 앞의 책, 59~60쪽.

〈그림 3-3〉 아스카대불飛鳥大佛(필자 촬영)

고 31년(624) 전국에 46개소이던 사원이 지통 6년(692) 545개소가 될 정도였다. 율령국가 성립기에 중앙정권의 의향에 따른 불교정책이 각지 씨족의 사원 건립을 촉진하는 계기가 되었던 것이다.[130] 예불과 설법의 공간, 집단생활과 수학修學의 공간, 실무와 사무의 공간은 고대 사원에서 필수적인 공간이었고,[131] 그 공간의 조영에는 기술을 가진 이주민, 이주계 씨족이 적극 참여하였다.

위덕왕대에는 577년(민달 6), 588년(숭준 원년) 일본에 불교 승려, 사찰 조영과 관련된 기술자와 서적을 보내 주었다. 《원흥사가람연기병유기자재장元興寺伽藍緣起并流記資財帳》에도 백제왕 창, 곧 위덕왕이 소아마자의 아스카데라飛鳥寺 창건에 즈음하여 불사리나 승려, 사찰 조영 기술

---

130 大阪府立近つ飛鳥博物館, 2007, 《河內古代寺院巡禮》, 平成19年度春季特別展圖錄, 8쪽.
131 吉川眞司, 2019, 앞의 논문, 30~40쪽.

자를 보내 주었다고 기록되어 있다. 이주지식인으로서의 승려와 함께 불경과 불상 등이 전해지고, 불교 관련 기술자들이 파견되면서 일본에 사찰이 조영되고 불상이 제작되었다. 아스카데라, 시텐노지四天王寺, 호류지法隆寺뿐만 아니라 히노쿠마데라檜隈寺·사이린지西琳寺 등이 대표적인 백제계 사찰이다.[132]

2) 선진문물 수용, 체제 정비와 승려 지식인

불교가 지식의 보급, 선진 문물의 보급에 중요한 의미가 있다고 한다면, 그 중심에는 지식인으로서의 승려가 자리 잡고 있다. 승려가 교육기관 또는 지식 전수자로서 역할을 한 셈이다. 특히 유학승의 경우 활동 범위가 넓고 다양한 경험을 축적하여, 중국-백제-일본으로 이어지는 네트워크 형성에 기여한 바가 크다.

왜국이 해외에 보낸 최초의 유학생은 588년(숭준 원년) 백제에 유학한 선신니善信尼와 제자 선장니禪藏尼, 혜선니惠善尼 등 3인의 니승이다. 선신니 등을 백제에서 온 사신 은솔 수신首信에게 딸려 보내서 학문을 배우도록 했다.[133] 니승 또한 백제에 유학할 수 있을 정도로 백제와 왜국 사이의 승려의 왕래가 공식적인 차원에서 활발하게 이루어진 것이 아닐까 한다.

백제 유학 뒤 돌아온 선신니가 소아씨와 관련 있는 사찰에 머물게 된 것에서 볼 때 선신니의 유학에도 소아씨가 관여하였을 소지가 크다.

---

132 이병호, 2013a, 〈일본의 도래계 사원과 백제 유민의 동향 -大阪·大津·東國·吉備의 고고학 성과를 중심으로-〉, 《한국사학보》 53; 2013b, 〈일본의 도래계 사원과 백제 유민의 동향 (2) -飛鳥·기타 지역의 고고학 성과를 중심으로-〉, 《선사와 고대》 39.
133 《일본서기》 권21 숭준 원년 시세조.

선신니의 부친은 동한씨東漢氏에 속한 안부촌주사마달등鞍部村主司馬達等으로 소아마자蘇我馬子의 불교신앙을 뒷받침한 인물이기 때문이다. 선신니와 그 제자는 모두 이주민 씨족 출신으로서 불교의 가르침과 소양을 익힌 것으로 보인다. 이주민 씨족은 의제적인 관계까지 포함한 혈연적 유대를 바탕으로 기능을 전습하는 조직이 되었다고 할 수 있다. 《부상략기扶桑略記》 추고 원년(593) 정월조에는 소아마자와 그 종자從者 100인 이상이 백제복을 입고 불사리를 심초에 봉납하는 의식을 거행했다고 하므로, 의식이 백제식으로 치러졌을 가능성이 있다. 승려의 활동과 불교의 융성에 유력 씨족인 소아씨의 역할이 컸다.

승려의 이동은 불교만이 아니라 학술의 유통 전체에 영향을 미친다. 6세기 후반부터 7세기 전반에 일본에 들어온 많은 승려는 불교에 관련된 지식·기술만이 아니라 오경이나 여타 분야의 지식 등도 가져온다. 602년(추고 10) 관륵이 역법과 함께 천문지리, 둔갑방술 등의 지식을 가져온 것은 그러한 사례의 하나로서, 역을 다루기 위한 지식을 체계적으로 전달했음을 의미한다. 왜국 조정은 관륵에게 학생을 붙여서 이들 기술을 배우게 하여 왜국의 역曆을 만드는 체제를 정비하고자 했다.[134] 승려가 교육기관 또는 지식의 전수자로서의 역할과 함께 사상체계의 형성에 기여하는 이중적인 역할을 수행했음을 알 수 있다. 또한 관륵은 624년(추고 32) 일본 최초로 '승정僧正'에 임명되어 승강제 확립에 기여하는데, 이때의 '승정' '승도僧都'라는 승관의 명칭은 동진·송·양·진 등의 남조 계통을 잇고 있는 점이 주목된다.[135] 백제로부터 불교가 전해진

---

134 田中史生, 2019, 앞의 책, 169쪽.
135 북위·동위·북제 등의 북조 계통에서는 '사문통沙門統'을 칭하였는데, 수의 승관도 북위·북조 계통을 잇고, 당의 승관도 북조계가 비교적 농후한 것과는 구분된다(田村圓澄, 1982, 앞의 책, 22쪽).

것과 관련이 있는 것은 아닌지 더 검토해 볼 문제이다.

추고조에는 수나 한반도 여러 나라와 외교 관계를 맺으면서 관위제 등 체제 정비를 위해 불교 교리와 유교, 그중에서도 예적禮的 질서를 수용하고자 했다. 왜에 건너온 백제승 혜총이나 고구려승 혜자를 비롯한 많은 승려들이 아스카데라 등 아스카나 가와치의 여러 사찰에 머물면서 불교 및 제반 학문의 전수와 기술·기능의 계승이 원만하게 이루어지도록 뒷받침했다. 관륵 또한 불교만이 아니라 기술, 유교 문화, 법률체제 등의 신지식을 전달하는 매개체 역할을 수행하였다. 따라서 승려들이 자신들이 가진 지식을 바탕으로 국경을 넘나들며 정치, 외교적인 역할을 담당했다고 할 수 있다.

이처럼 6세기 후반이 되면 새로운 지식의 수용이 일상생활, 국가체제 정비와 관련된 기술에서 불교와 관련된 것으로 중심이 바뀌었다. 또한 일본이 백제뿐만 아니라 고구려, 신라와도 여러 차례 교섭하여 백제대사(百濟大寺; 아스카데라) 건립에도 고구려 승려 혜자慧慈가 참여하였다. 또한 579년(민달 8), 623년(추고 31)에는 신라에서 일본에 불상 등 불교 관계 신문물을 보내고 있다.[136] 백제만이 아니라 삼국 모두와 관계를 가질 정도로 이미 일본이 문화적 자신감과 포부가 커진 것이 아닌가 한다. 불교와 관련된 인적, 물적 자원의 필요성이 급증했다는 것은 단지 새로운 지식을 수용하기 위한 차원만은 아니었을 것이다. 신지식 확보의 차원이라면 국가체제를 운영해 갈 정치적인 목적이 더 강했을 것이나, 일본사회의 정신적 구심점과 그를 뒷받침하는 물적 표지가 필요해지는 상황이라는 측면에서 검토할 필요가 있다.

일본사회는 6세기 후반, 7세기 초가 되면 백제 일변도의 교류가 아니

---

136 《일본서기》 권20 민달 8년 동10월조 및 권22 추고 31년 추7월조.

라, 고구려, 신라는 물론 중국과의 교섭을 통해 신지식과 문물에 관한 수요를 충당했다. 신지식이나 문물을 공급받는 곳이 다변화되고, 7세기 초가 되면 중국과의 직접 교섭도 가능해졌음이 600년(추고 8) 견수사의 파견에서 입증된다. 그러나 600년의 견수사는 실패로 돌아간다.[137]《일본서기》기록에 따르면 소야신매자(小野臣妹子; 오노노오미이모코)가 607년 수에 파견되었다가 608년 수나라 사신 배세청裵世淸을 대동하고 귀국하였다고 한다.[138] 이것이《수서》왜국전에 따르면 제2차 견수사라고 할 수 있는데, 이때부터 왜국이 보낸 견수사에 학문승이 동행한 것이 확인된다. 사문沙門 수십인을 보내서 불법을 배우게 한 것이다.[139] 607년의 유학승 파견은 일본의 문화 수준을 높이고, 국내개혁을 추진하려는 목적이 있었겠지만, 수에서 이를 받아들임에 따라 왜국은 정식의 교섭 루트를 통해서 유학승을 파견할 수 있게 되었다고 할 수 있다.[140]

608년(추고 16) 9월 파견된 제3차 견수사 명단에는 학생과 학문승 각 4인이 명확히 기재되어 있다. 대사大使 소야매자小野妹子, 소사小使 길사웅성吉士雄成, 통사通事 안작복리鞍作福利, 학생學生 왜한직복인倭漢直福因·나라역어혜명奈羅譯語惠明·고향한인현리高向漢人玄理·신한인대국新漢人大圀, 학문승 신한인일문新漢人日文·남연한인청안南淵漢人請安·지하한인혜은志賀漢人

---

137 《隋書》권81 열전 제46 왜국전에는 開皇 20년(600)에 왜왕이 사신을 보냈다는 기사가 나오나,《일본서기》에는 기사가 나오지 않고 귀국 시점도 알 수 없다.

138 《일본서기》권22 추고 15년 추7월조 및 16년 하4월조.《일본서기》의 기록에는 소야신매자가 大唐에 파견되었고, 배세청도 大唐 사신으로 나오나,《수서》왜국전에 大業 4년(608)에 文林郎 裵淸을 왜국에 보냈다는 기사가 나오므로 수나라 사신으로 보아야 한다.

139 《隋書》권81 열전 제46 왜국전 "大業三年 其王多利思比孤 遣使朝貢 使者日 聞海西菩薩天子重興佛法 故遺朝拜 兼沙門數十人來學佛法"

140 河上麻由子, 2019, 앞의 책, 92~93쪽.

慧隱·신한인광제新漢人広濟 등의 명단에서 이주지식인의 후예의 활약을 엿볼 수 있다. 대사인 소야매자를 제외하면 모두 이주 씨족 출신자이고, 유학길에 나선 학생과 학문승은 8명 전원이 이주민 계통이다. 왜한, 한인, 신한인 등 모두 한인을 표방하여 그 계통을 특정지을 수는 없지만, 중국계만이 아니라 백제계를 포함한 한반도 계통이 다수 포함되었을 것이다.

중국 왕조가 618년 수에서 당으로 교체된 뒤 왜국에서도 629년 서명천황이 즉위한다. 630년(서명 2) 제1차 견당사를 파견했는데, 이때의 견당사 또한 당의 정치문화를 배우기 위한 정치문화사절의 성격을 띤다. 653년(효덕 백봉 4)의 제2차 견당사에는 학문승과 학생의 규모가 커진다. 이들 유학생들은 대체로 20~30년 동안 장기간 체재하면서 불교교학만이 아니라 선진 사상과 학술, 새로운 문물과 문화, 최신의 기술과 정보 수용에 목적을 둔 정치문화사절로서의 역할 등도 담당하였다.[141] 견당사에 동행한 학문승과 학생의 활약이 645년의 대화개신이나 이후 천지, 천무, 지통 연간의 율령국가 수립에도 기여했을 것이다.

이상에서 살펴본 바와 같이 불교의 전래 이후 이주민 출신 승려의 활약이 많았으며, 또 이주계 씨족의 후예들은 유학생과 유학승으로서 자신들의 역량을 키우고 발휘할 수 있는 기회를 가졌다. 6세기 말부터 본격적으로 왜국에 건너간 백제계 승려 지식인은 국가에서 파견된 경우가 많았다. 588년 파견된 혜총惠聰은 성덕태자의 스승으로서 대신인 소아마자에게 수계를 행하였으며, 관륵과 같은 경우는 다양한 분야의 서적을 가지고 와서 학문의 전수자로서 역할을 하고, 왜국에 머물면서 일

---

141 泉敬史, 2012, 〈「古代日本」の留學者たち〉, 《東アジアの漢籍遺産 —奈良を中心として—》, 勉誠出版, 134~146쪽; 나행주, 2021, 앞의 논문, 48~54쪽.

본의 승강제를 마련하는 데 기여를 했다. 6세기 후반 이주한 승려들과 달리 멸망 뒤 이주한 의각義覺, 홍제弘濟 등은 수행에 집중하고 교화에 주력했다. 도장道藏이나 법장法藏의 예에서 볼 수 있듯이 백제 승려들은 의학에도 뛰어나서 불교 의학과도 관련이 있다. 백제계 씨족 출신인 도소道昭와 행기行基는 사회사업을 통한 교화에 집중했다.

《속일본기》에 졸전卒傳 기사가 있는 6인의 승려 가운데 도소道昭는 선련씨船連氏 백제계 씨족 출신이고, 행기行基도 가와치河內·이즈미국和泉國 제번諸蕃의 고지씨高志氏일 가능성이 높으며, 도자道慈도 야마토국大和國 제번의 액전씨額田氏일 가능성이 크다.[142] 도자는 702년(대보 2) 제8차 견당사로 파견되어 15년 동안 체재하면서 삼론에 통달하였다. 당 불교계에서 계율의 실천·연구의 제1인자였던 감진鑑眞을 초빙하고자 양주揚州 대명사大明寺를 방문한 일본 승려 요에이榮叡·후쇼普照 등 4명의 승려 가운데 후쇼普照는 부계 씨족은 알 수 없지만, 어머니는 백저여려지녀白猪与呂志女로서 백제계 씨족 출신이다.[143]

백제와 일본과의 관계에서 등장하는 승려는 국경을 넘나들며 정치, 외교적인 역할을 수행했음은 물론, 불교만이 아니라 기술, 유교 문화, 법률체제 등의 새로운 지식을 전달하는 매개체였다. 승려 계층은 동아시아에 한자를 매개로 한 광범위한 지식사회가 형성되어 있어 문화를 공유할 수 있었기 때문에 어디든 자유롭게 갈 수 있었으며 활동 범위도 넓었다. 승려 지식인이 가진 개방성과 이동성이 문화 전달자로서의 지식인, 노마드로서의 역할을 제고시킨 것으로 생각된다.

---

142 吉村武彦, 2020, 앞의 논문, 73쪽.
143 田中史生, 2019, 앞의 책, 253쪽.

3) 불교 이외의 사상

불교 이외에도 백제로부터 의박사醫博士, 채약사採藥師, 역박사易博士, 주금사呪禁師 등이 들어오기 시작한 6세기 중·후반부터 8세기 전반까지는 도교적 요소가 일본사회에 상당한 영향을 미쳤다.[144] 577년(민달 6)에는 백제에서 경전과 함께 전문 분야의 승려, 기술직 6명을 일본에 보냈는데 그 안에 주금사呪禁師가 포함되어 있다. 주금사는 도교계의 방술사인데 승려가 이를 겸하였다. 일본에서는 7세기 후반부터 8세기 초에 걸쳐 설치된 관인양성 기관인 전약료典藥寮에서 의생醫生·침생針生·안마생·주금생·약원생藥園生을 양성했다고 하므로, 백제에서 전래된 주금사 관련 업무가 불교 관계의 주금도, 전약료 관계의 주금도의 두 방면으로 전개된 것으로 보인다.

602년 왜에 파견되어 624년 승정에 오른 관륵의 사례에서 보듯이 불교·유교뿐 아니라 방술·점술·의약 등 잡학 분야도 일본이라는 국가체제를 정비하는 과정에서 중요한 역할을 했다. 일본에서는 도교의 공식적인 수입 기록이 없어 관륵과 같은 승려들이 가지고 온 점술·방술서나 의약서 등을 통해 도교가 널리 전파된 것으로 생각된다. 천무조부터 국가적인 제의가 된 오하라이大祓의 주사呪詞는 모두 도교의 신이라든가 신선을 대상으로 한 것으로서, 그 주상奏上은 백제계 도래씨족인 문씨文氏가 오랫동안 담당하였다. 천무는 천문·둔갑과 같은 기예에도 관심이 높았다.

671년(천지 10) 왜 조정에서는 백제 유민들에게 백제에서의 관직을

---

144 일본의 도교문화와 관련해서는 김영심, 2017, 〈고대 일본의 도교문화와 백제〉,《백제문화》 57, 12~16쪽 참조.

감안하고 학식과 재능에 따라 왜의 관위를 제수하였는데, 일본에 건너간 대규모의 백제 유민 가운데 '해약解藥'의 재능을 가진 4명이 중용되었다. 아울러 외약료外藥寮라는 기구를 설치하여 백제 유민 출신의 전문가를 이곳에 소속시켰다. 천무 14년(685) 천황의 연명을 위해 백출白朮을 구해 달여서 헌상한 법장法藏처럼 본초학本草學에 통달한 백제 유민 출신 의약전문가들이 외약료에 소속되어 활약하면서 선약仙藥의 제조와 복용법에 관여하였다.145 의학·음양학에 뛰어난 새로운 귀화인들은 724년(神龜 원년) 새로운 씨성을 하사받았다. 의술에 정통했던 백제 승려로는 관륵, 법장, 나라 초기의 길의吉宜 등이 있다. 길의가 쓴 《대동유취방大同類聚方》에는 왕인王仁에 대한 처방 2건이 남아 있다.146 백제 멸망 후 유민 가운데 주금술에 능통했던 주금사는 일본의 율령제도의 관료조직에 흡수되기도 했다.

이처럼 7세기대의 사상이나 문화는 고유신앙이나 불교, 유교만으로는 파악할 수 없는 것이 많고, 특히 천무천황의 행적은 단지 신기神祇 제도나 불교만으로 설명할 수 없는 부분이 많다. 729년(천평 1) 장옥왕(長屋王; 나가야오)의 변變 이후 율령국가체제에서 도교를 배척하는 정책이 취해지면서 점차 위축되어 갔지만, 8세기대까지도 좌도左道147 또는 소도小道로서 영향력이 남아 있었던 것이 아닌가 한다.

한편 고대국가 체제를 갖추는 데 제의祭儀, 국가적인 의례를 담당하는 사람의 역할이 중요해졌다. 제의는 지식인층이 아니고서는 담당할

---

145 장인성, 2009, 〈고대 일본에 전파된 백제 도교〉, 《한국고대사연구》 55, 316~322쪽.
146 박준형, 2015, 앞의 논문, 242쪽.
147 左道란 바르지 않은 道, 邪道·呪禁을 포함한 도술을 자의로 구사해서 함부로 취급한다는가, 符를 사용해서 여러 가지 道術符金을 행하는 것을 의미한다(新川登龜男, 1997, 〈日本古代における仏教と道教〉, 《選集 道教と日本》 2, 雄山閣, 71~77쪽).

수 없는 임무였다고 할 수 있다. 종래 제의를 담당한 지식인에 주목하지 않았으나 제의는 국가를 운영해 가는 데 매우 중요한 업무였다. 6세기 전반 백제에 온 강례박사(講禮博士)는 이러한 역할을 담당했을 것이다.

귀실집사의 아버지인 귀실복신은 왕실이나 국가제사를 담당하는 제관(祭官)의 후손이었다. 제관은 음양오행이나 점성술, 불교의 생사관 등 미래를 예측할 수 있는 예지력은 물론 중국의 고전과 불교사상에 능통한 지적 소유자여야 했다. 귀실복신이 견당사로서 외교관의 업무를 수행하고, 백제 멸망 후 부흥운동을 주도할 수 있었던 것은 이러한 능력과 경험을 갖추었기 때문으로 생각된다.[148]

백제 멸망 후 왜로 건너갔던 백제 유민은 일본사회의 체제정비, 이른바 '신국가' 건설에 적극 참여하였다.[149] 전란과 재해, 역병을 극복하고 새로운 국가운영의 기틀을 마련하기 위해 국가방위[병법]와 제약·의술 전문가가 필요했다. 또 지식인들을 활용하여 국가 운영에 필요한 사상, 예제, 율령 등을 만들고자 교육기관을 설치하여, 다양한 분야의 학문을 전수하였다. 천평 2년(730) 태정관(太政官)에서 올린 상주문을 보면 음양, 의술, 천문, 역법이 일본 고대국가의 필수 학문으로서 중요했음을 알 수 있다. 천지조의 백제 유민들이 닦아 놓은 기반을 일본사회가 계승, 발전시켜 국가가 필요로 하는 인재를 양성하고, 그를 바탕으로 한 단계 진전된 새로운 국가 체제를 수립해 나간 것이다.

---

148 연민수, 2016, 앞의 논문, 61~62쪽.
149 연민수, 2020, 앞의 논문, 76쪽.

제2장 일본의 이주지식인 수용·정착 조치

1. 이주지식인의 정착과 활동의 배경

한 나라가 새로운 지배양식을 확립하기 위해서는 지도적인 위치에 있는 지도자가 국제정세와 자국의 정세를 충분히 파악하고, 각 시기에 필요한 조치를 취할 수 있는 식견을 가져야 했다. 지도자 밑에는 능력을 가진 관료가 필요했다. 동아시아사회의 관료는 한자는 물론 중국의 고전, 역사에 대해 이해하고 최신의 정보도 알아야 했다. 한반도와 왜국의 경우 문자와 문서에 기반한 중국의 문물을 수용, 활용하는 데 이주지식인에 의존하는 바 컸다. 관료들이 이런 능력을 함양케 하기 위한 제도적 장치를 마련하고 조치를 취하는 것 또한 정치 지도자의 몫이었다.[1]

이주지식인들이 이주한 사회에서 정착하고 활동할 수 있었던 배경에는 이주한 사회에서 이들의 정착과 활동을 돕는 각종 조치가 있었다. 이주민들을 활용해서 국가체제를 확립할 필요가 있었기 때문이다. 백제의 경우도 이주해 온 중국계 이주민을 정착시키려는 조치가 취해졌다. 화성 기안리에 제철 기술자를 유치한 것이나 하남 감일동의 52기의 집단 석실묘에서 볼 수 있듯이 왕도 가까이에 귀족세력의 집단 거주지를 마련해 주었다. 청자 계수호, 호수호, 가랑비녀 등 중국 동진계 유물은

---

1 일본에서 이런 역할을 한 정치가로 추고조의 聖德太子, 천지조의 藤原鎌足, 율령체제 확립기의 藤原不比等 등을 거론하기도 한다(末木文美士, 2020, 《日本思想史》, 岩波新書, 32~33쪽).

이들의 삶을 보여 주는 생생한 자료이다.

일본사회에서도 백제계 이주민을 정착시키기 위해 적극적인 조치를 취하였다. 기존 연구에서는 백제계 이주민이 어디에 정착했고, 백제 유민들에게 사성賜姓이나 관위 수여의 조치가 어떻게 취해졌는지에 초점이 맞춰져 있었다면, 이러한 조치들이 가지는 의미를 천착하는 단계까지 진전시키고자 한다. 이주민들을 받아들이기 위해 이주민을 수용한 사회가 취했던 조치를 살펴보면, 이주민이 담당했던 역할을 추정할 수 있다. 이주민들이 지식인으로서 이주한 사회에서 담당한 역할이 단지 문화 전달자의 역할에서 그치는 것이 아니라 사회변화의 중요한 계기를 마련한 경우가 많기 때문이다. 또한 수용국의 역량도 아울러 평가할 수 있기 때문이다.

백제계 이주민이나 이주지식인에게 취해진 왜의 적극적인 조치로는 집거 조치와 사민徙民정책, 면세 조치, 관위 수여, 사성賜姓 등이 있다. 집거 조치와 사민정책, 면세 조치가 정착을 돕기 위한 조치라고 한다면, 관위 수여 및 사성 등의 조치는 일본인화해 가는 조치가 아니었나 한다. 더욱이 관위 수여 및 사성은 비단 이주민에게만 적용되는 조치가 아니라 일본사회 내의 구성원에 대한 통제를 위해서도 이용되는 조치였다.

이와 더불어 이주민을 보낸 본국의 지속적인 뒷받침도 이주지식인이 활동할 수 있는 중요한 배경이 되었다. 5세기에 들어 왜국이 가와치지역의 대규모 개발에 필요한 선진적 토목기술을 백제에 요청하였고, 왜국의 요청에 대해 백제는 왜국과의 동맹관계를 관리하는 차원에서 백제인의 이주를 단행하였다.[2] 백제는 왕족을 파견하여 왜국 조정 내부에 인적 네트워크를 형성하기도 하고, 왜국의 대송 교섭을 연결하기도 했

---

2 서보경, 2009, 앞의 논문, 21쪽.

다. 곤지는 처음부터 이주한 백제인을 관리하게 하기 위한 목적에서 파견된 것은 아니지만, 결과적으로 관리의 역할을 하게 되었기 때문에 백제에서 이주한 백제인들에 대한 사후 관리 및 새로운 기술과 지식의 보급에도 힘을 써 이들이 정착하게 했다.

또한 의학, 음양학 등의 과학기술은 항상 최신의 것이 추구되기 때문에 옛 이주민의 지식보다 새로운 이주민이 가져오는 지식이 중시되었다.[3] 따라서 이주민을 보낸 사회도, 특히 국가적 차원에서 지식과 기술을 갖춘 이주민을 보낸 경우에는 지속적으로 새로운 문물을 수용하면서 스스로 발전해야 할 필요성이 있었다. 본국의 성쇠가 이주지식인들이 이주한 사회에서 새로운 지식과 기술에 기반하여 활동할 수 있는 여건을 조성하는 데 영향을 미치기 때문이다. 4세기 이후 5~6세기까지 다원화된 국제질서 속에서 백제가 양에 지속적으로 새로운 지식을 요구하고 그에 관한 전문가를 요청한 것은 자국의 통치질서를 정비하고 발전을 도모하는 과정이기도 했다. 동시에 이주지식인이 새로운 지식과 기술을 얻는 원천이었다. 6세기 중반에 들어 백제가 남조만이 아니라 북제와 북주에도 사신을 파견하고, 6세기 말 수가 통일국가를 이루어 다시 일원화된 국제질서로 나가고자 할 때 고구려와 수 사이에서 백제가 자국의 생존 방안을 모색한 것도 백제계 이주지식인이 왜국에서 활동하는 데 중요한 영향을 미친 요소였다.

---

3 丸山裕美子, 2014, 앞의 논문, 119쪽.

2. 백제계 이주민에 대한 일본의 주요 조치

1) 집거 조치와 사민정책, 호적 편입

백제 멸망 전인 5~6세기 단계에는 국가적 차원에서 왜국에 파견된 경우가 많았는데, 이때 들어오기 시작한 백제의 이주민에게도 집단 거주 조치가 취해졌다. 백제에서 건너온 이주민은 5세기 이래 가와치河內에 정착하여 지역 개발에 참여하였다. 하내 평야의 개발에 필요한 선진 토목 기술자와 수리 관개 기술자들이 가와치지역에 대대적으로 이주하여 이곳이 백제계 이주민의 집단 거주지가 되었다. 가와치지역의 개발에 따른 농업생산력의 발달이 왜국의 경제적 기반을 이루었기 때문이다. 중부 가와치지역의 다지히丹比·후루이치古市·시키志紀·아스카安宿·다카야쓰高安·오가타大縣 등에 이주계 씨족이 집중되었고, 5세기 무렵부터 후루이치지역을 중심으로 많은 이주민들이 거주하였다. 사이린지西琳寺가 위치했던 현재의 후루이치고분군古市古墳群 주변, 곧 다카이치군高市郡과 후루이치군古市郡지역에 왕인 후손인 서문씨西文氏, 무생씨武生氏, 장씨藏氏들이 거주하였다.

6세기 단계에 백제 사절은 난파관(難波館; 나니와노무로츠미)에서 숙박하였다. 나니와難波지역은 앞서 자리 잡은 백제계 이주민이 있었고, 물류의 이동과 집산이 이루어져 생활자원도 풍부하게 갖춰진 지역이었기 때문이다. 6세기 전반 백제에서 건너온 왕진이王辰爾와 그 후예들은 난파진(難波津; 나니와츠)을 활동 거점으로 삼았고,[4] 백저사씨白猪史氏, 선사씨船史氏, 진사씨津史氏 등 왕진이 후예씨족은 왕인의 후예가 거주한 지역

---

4 연민수, 2020, 〈왜왕권의 백제 유민 관리와 인재등용책〉, 《백제문화》 71, 61~62쪽.

에 인접해 살았다. 5~6세기에 건너온 백제계 이주민이 오랫동안 공동체를 유지하며, 백제인으로서의 정체성을 유지할 수 있었던 것은 집단 거주와 구심점이 되는 씨사氏寺를 조성할 수 있었기 때문이 아닐까 한다.

왜국의 입장에서는 가와치지역의 개발과 경영이 절실히 필요했다. 이를 통해 선진 문물을 입수하는 창구를 일원화하려는 목적도 있었다. 백제계 이주민의 거주를 말해 주는 대표적인 자료는 한식계 토기, U자형 토제 아궁이 테가 출토되고, 벽주건물(대벽건물)이 확인되며, 주변에 백제와 관련된 고분을 가진 취락유적일 것이다. 벽주건물은 나라·오사카·교토·시가 등지에 많이 분포하고 있는데, 가와치지역에 해당하는 대표적인 취락유적은 가와치의 북부에 해당하는 오사카부의 시토미야기타蔀屋北유적과 가와치 중부中河內에 해당하는 나가하라長原유적 등이다. 이주민이 집단적으로 거주하는 지역적 기반 위에서 이주지식인의 활동도 활발히 이루어졌을 것으로 보인다.

5~6세기 단계부터 나니와지역에 백제계 이주민의 집단 거주지가 형성되었다고 한다면 백제 멸망 후 건너온 백제 유민에 대해서는 왜 왕권이 어떠한 조치를 내리고 관리했을까? 백제계 이주민이 거주한 지역으로서 백제 멸망 전과 멸망 후 모두 나니와지역이 중요했다. 나니와진은 이미 해외에서 오는 사절의 관사와 같은 숙박시설이 조영되고, 외교 의례를 행할 수 있는 국가 시설물이 설치되어 있었기 때문에 천지 조정은 천지 3년(664) 3월 '백제왕선광百濟王善光' 등을 나니와에 거주시켰다.[5] 선광이 거주한 나니와지역에는 구다라군百濟郡을 설치하였다. 구다라군에는 구다라지百濟寺와 구다라니지百濟尼寺가 존재하여 백제 유민들의 구심점이 되었다. 따라서 나니와지역에 백제 유민들의 집단 거주지

---

5 《일본서기》 권27 천지 3년 3월 "以百濟王善光王等居于難波"

가 형성되었고, 나니와 거주의 핵심 인물은 백제 왕족의 대표자라 할 수 있는 선광善光이었다.

　백제 유민을 나니와에 상륙시킨 지 2년째 되는 663년(천지 2)부터 왜국 조정은 사민정책을 추진하였다. 665년 2월 백제인 400여 인을 오미국近江國 신젠군神前郡에 살게 했고,[6] 666년(천지 5) 겨울 백제인 2천여 인을 동국東國에 살게 했으며,[7] 669년(천지 8) 백제인 700여 인을 오미국 가모군蒲生郡에 옮겨 살게 하였다.[8] 그 밖에도 685년(천무 13) 5월 무사시국武藏國,[9] 688년(지통 2) 가비국甲斐國[10] 등에 백제 유민을 안치하였다. 2차에 걸쳐 백제 유민들을 오미국으로 사민한 것은 667년(천지 6)의 오미 천도와 관련이 있으며,[11] 천지가 추진하려는 새로운 국가를 건설하려는 계획에 백제인들의 지식과 기술을 활용하기 위해서였다.

　천지가 새로운 국가건설을 위해 백제 유민을 오미에 사민하는 정책을 추진한 결과 좌평 여자신余自信과 귀실집사鬼室集斯는 오미에 거주하게 되었다. 나니와 거주의 중심 인물이 백제왕족의 대표자라 할 선광이라 한다면, 오미에 거주한 사람들 중에는 좌평 여자신과 좌평 귀실집사

---

6 《일본서기》 권27 천지 4년 춘2월 是月조 "復以百濟百姓男女四百餘人 居于近江國神前郡"

7 《일본서기》 권27 천지 5년(666) 是冬조 "以百濟男女二千餘人 居于東國"

8 《일본서기》 권27 천지 8년 시세조 "又以佐平餘自信 佐平鬼室集斯等 男女七百餘人 遷居近江國蒲生郡"

9 《일본서기》 권29 천무 13년 "五月辛亥朔甲子 化來百濟僧尼及俗 男女并卅三人 皆安置于武藏國"

10 《일본서기》 권30 지통 2년 "五月戊午朔乙丑 以百濟敬須德那利 利甲斐國"

11 오츠궁大津宮이 건설된 시가군滋賀郡지역에는 대우씨(大友氏; 오토모씨), 혈태씨(穴太氏; 아노씨), 지하씨(志賀氏; 시가씨), 삼진씨(三津씨; 미쯔씨), 백제씨(百濟氏; 구다라씨), 금부씨(錦部氏; 니시코리씨), 대우단파씨(大友但波氏; 오토모노단바씨) 등 '백제계의 도래계 씨족'이 압도적으로 많았다(井上滿郎, 2003(1995), 《古代の日本と渡來人 -古代史にみる國際關係-》, 明石書店, 85~89쪽).

가 대표적이었다. 이들 백제계 이주지식인의 중요한 역할은 근강령近江
슈을 제정하고, 호적인 경오년적을 작성하는 등 율령국가 확립을 위해
제도적 정비를 추진하는 것이었다.

666년(천지 5) 백제 유민 남녀 2천여 명을 동국東國으로 이주시킨 것
은 북방의 이민족 대책의 일환으로 백강전투에 경험 있는 백제인들을
배치시키고, 동시에 미간척지에 새로운 농법을 이식시켜 개발과 증산을
도모하기 위해서였다.[12] 모국인 백제가 멸망함에 따라 백제 유민 또한
왜국으로 건너와 왜국의 국가체제 아래에 편입될 수밖에 없었다. 그러
나 왜국 조정도 유민들이 가진 경험과 지식을 충분히 인지하고, 이들을
정착시키기 위해 집단 거주와 이주라는 정책을 취한 것이 아닌가 한다.
집단 거주와 집단 이주 등 '집단성'을 강조한 것이 유민들에 대한 조치
에서 보이는 특징적인 요소라 하겠다.

후대의 기록이긴 하지만 《일본후기日本後紀》 연력 18년(799)에는 가이
국甲斐國 사람인 지미약충止彌若虫, 구신이응장久信耳鷹長 등 190인이 자신
들의 선조는 백제인인데, 일본을 흠모해서 귀화했고, 조정의 칙명으로 셋
쓰攝津에 거주하다가 천지 5년(666)에 가이국으로 옮겼다는 기록이 나
온다.[13] '조정의 칙명으로'라는 표현에서 국가적으로 사민 조치가 취해
졌음을 알 수 있다. 또한 8세기 말의 시점에서도 천황으로부터 성을 받
는 사성의 당사자들이 자신의 출신을 적확하게 기억할 정도로 집단 거
주와 집단 이주가 옛 기억을 보존하는 데 영향을 미쳤을 것이다. 외교
와 교통의 요충지를 담당하는 셋쓰시키攝津職[14]에 백제 유민들을 안치하

---

12 연민수, 2020, 앞의 논문, 66~67쪽.

13 《日本後紀》 권8 환무 연력 18년(799) 12월 갑술조.

14 셋쓰시키攝津職는 일반적인 지방관의 임무인 인구의 관리, 산업의 장려, 징세 업무만
   이 아니라 배와 수로 관리, 외국 사신 접대 업무까지 맡아 645년 다이카 전대의 나

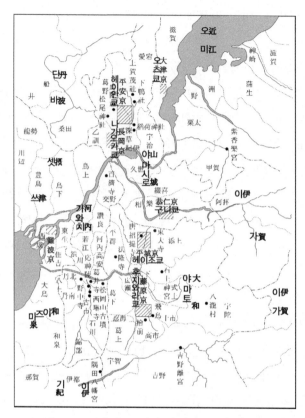

〈그림 3-4〉 기나이畿內지역 고대 주요 유적 분포도

(연민수 외, 2013, 《역주 일본서기》 2, 545쪽)

는 업무를 맡긴 것을 볼 때 당시의 나니와는 백제 유민들을 통할하며 여러 지역으로 내보내고 있었던 센터 구실을 하고 있었다.[15]

집단 거주 및 이주 조치와 함께 호적 편입 조치가 행해졌다. 호적 편입 전에는 5세기 후반 백제를 비롯하여 한반도에서 이주한 기술자집

니와진難波津의 업무를 계승한 기관이라고 한다.

15 송완범, 2009, 〈일본율령국가의 백제군·고려군·신라군에 보이는 교류와 공존〉, 《사총》 68, 42~43쪽.

단인 '금래한인今來漢人'을 왕권 아래의 부部로 조직한 바 있다. 재기가 있는 사람=기술자를 왕권 아래에 편제하는 것이 국가 체제를 정비해 가는 데 중요했기 때문이다. 이주민을 호적에 편입하여 지배하는 조치는 540년(흠명 원년) 8월 진인秦人·한인漢人 등 제번諸蕃으로부터 투화해 온 자를 불러 모아 국군國郡에 안치하고 호적에 편제〔編貫〕한 것에서부터 시작되었다.

569年(흠명 30)에는 기비吉備의 백저둔창白猪屯倉에서 10세 가까이 되었는데도 적에서 누락된 자가 많다는 조직에 따라 담진膽津을 보내서 전부田部의 정적丁籍을 검정하게 하고 전호田戶를 편성했다. 574년(민달 3) 10월에는 대신 소아마자를 기비에 보내서 백저둔창과 전부를 증익하게 했다. 전부의 명적名籍은 이주계 집단이나 둔창屯倉의 전부 등의 호적이고, 모든 인민을 대상으로 하는 율령제의 호적과는 다르다. 정적의 작성이나 전호의 편성 업무에 백제계 이주민을 활용해서 선진적으로 둔창을 관리하고자 했다.

율령에 의한 인민 파악을 위해 만들어진 호적은 경오년적庚午年籍과 경인년적庚寅年籍이다. 경오년적은 670년에 만들어진 전국 규모의 호적으로서 율령제적인 호적제의 출발점이다. 전국의 인민에게 씨성氏姓과 이름을 붙여 주는 역할을 수행했다.[16] 경인년적은 비조정어원령飛鳥淨御原令의 호령戶令에 기초하여 690년 전국적으로 작성되었다. 고대에는 호적이 일반적으로 6년마다 작성되어, 30년을 경과하면 폐기되는 것이 원칙인데, 영구보존된 사례라고 할 수 있을 것이다. 따라서 이러한 율령제적인 호적과는 다르지만, 정적의 작성 등을 통해 이주민을 우선적으로 호적에 편입하는 조치는 6세기 중반부터 시작되었다고 할 수 있다.

---

16 大津 透, 2020, 앞의 책, 45쪽.

2) 면세 조치

집단 거주는 1단계부터, 호적 작성은 2단계부터 행해졌다고 한다면, 면세 조치는 언제부터 시행되었을까? 기록에 따르면 백제 멸망 후인 3단계부터 시행되었다. 아마도 1, 2단계에는 이주민들이 대규모가 아니었고, 또 왜국의 국가체제가 온전히 갖춰지지 않아 체계적인 조치를 취할 수 있는 상황이 아니었기 때문일 가능성이 높다.

면세조치에 대한 사료를 먼저 검토해 보자. 천무 10년(681) 8월조에는 삼한三韓에서 온 사람들에 대한 급복給復, 곧 면세 조치가 기록되어 있다.

> C - 병자(10일)에 삼한의 여러 사람에게 조를 내려 "앞서 10년 동안 조세를 면제한 것은 이미 끝났다. 이에 더하여 귀화한 첫해에 같이 온 자손은 과역을 모두 면제한다."고 하였다.[17]

'先日復十年調稅旣訖'에 대한 해석은 논란이 되었다. 종래 "앞서 10년 동안 조세를 면제한다는 것은 이미 결정하였다."로 해석하여 급복給復을 선일 개시했다는 의미라고 보아 왔다. 그러나 급복을 선일 개시했다고 본다면 급복의 도입부터 천무 10년 8월의 조까지 단기간에 새롭게 과역 연령에 달한 자가 극히 한정되므로 "선일 10년의 급복 기간이 끝났다."는 의미로 이해하는 것이 타당하다는 견해가 제기되었다.[18] 10년 전은 정확히 경오년적 작성 직후에 해당한다. 경오년적에서 호적에 올려

---

17 《日本書紀》 권29, 천무 10년 "八月丙子 詔三韓諸人曰 先日復十年調稅旣訖 且加以歸化年俱來之子孫 並課役悉免焉"
18 田中史生, 2019, 앞의 책, 217쪽.

진 이주민에게 복復이 적용되었다고 한다면 그 종료가 천무 9년이 되기 때문에 천무 10년의 조는 이 시점에 나온 것이다. 경오년적이 작성된 670년 단계에도 급복 조치가 행해졌던 것이며, 호적 작성과 세금 면제 조치가 함께 행해졌다고 할 수 있다. 따라서 681년의 이 조칙은 고구려·백제 멸망 후 왜국으로 이주한 유민 1세대의 급복給復 기간이 끝났다는 내용과 부모와 함께 이주한 자식들이 과정課丁의 연령에 달하니 이들의 과역을 면제한다는 내용을 담았다고 하겠다.

면세 조치는 백제 유민이 고대 일본사회에 정착하는 데 실질적인 도움을 주고, 일본사회에 적응하도록 장려하는 정책이었다.[19] 법령대로라면 경오년적(670)에 올라간 백제 유민들은 그때부터 10년 동안 면세의 혜택을 받았고, 그 뒤에는 왜국의 일반백성과 같이 세금을 바쳐야 했는데, 새롭게 과역 연령에 달한 자에게도 '급복'의 은전을 미친다는 조치를 취한 것이다. 따라서 이 조치는 신래자新來者의 부담을 경감함과 동시에 '삼한 제인諸人'의 귀화를 대량으로 유도하려는 의도가 있었을 가능성도 배제할 수는 없다.[20] 율령제적인 고대국가를 지향하던 왜국에서 백제·고구려 멸망 뒤의 유민들을 이주민으로 받아들이는 과정에서 이들을 정착시키는 데 가장 필수적인 면세 조치를 취한 것으로 보인다.[21]

선진지식을 갖고 있는 백제 유민과 고구려 유민에 대한 특전 부여는 율령 세제로도 자리 잡게 되었다. 717년(양로 원년) 11월 본국 멸망을

---

19 박윤선, 2012, 〈도일 백제 유민의 정체성 변화 고찰〉, 《역사와 현실》 83, 104쪽.

20 田中史生, 2019, 위의 책, 217~218쪽.

21 당에서도 원칙적으로 이주 1세대에 한해 10년 동안 세금을 면제하는 "給復十年" 규정이 행해지고, 2세대 이후부터는 당인과 동일하게 취급하여 세금 면제가 없어졌다고 한다. "給復十年" 규정은 고구려나 백제 유민들이 당에서 안정적으로 정착하는 데 중요한 요소였을 것이다(김수진, 2017, 앞의 논문, 143~144쪽).

계기로 성화聖化에 투신한 고려·백제 2국의 사졸士卒에 대해서 종신의 급복이 약속되었다는 규정이 나온다.[22] 이는 고구려·백제 멸망 때 이주한 사람들에 대해 급복 기간과 대상을 점차 확대한 것으로 보인다. 《양로령養老令》〈부역령賦役令〉몰락외번沒落外蕃조에는 외번인으로서 투화한 자에게는 과역을 10년 동안 면제하도록 규정하였는데,[23] 681년(천무 10)의 조치에 따르면 유민과 함께 건너온 자손 중에서도 세제상의 혜택을 받는 경우가 있었을 것이다. 처음에는 유민 1세대에 한해 10년 동안 면제하다가, 다시 1.5세대까지도 세금을 면제하게 된 것이라 할 수 있다.

이 면세 조치에 대해서는 백제 유민이 고대 일본사회에 정착하는 데 실질적인 도움을 주고 일본사회에 적응하도록 장려하는 정책이었다는 해석이 일반적이다.[24] 일본사회가 체제를 정비하는 과정에서 외부로부터 온 지식인들이 자신의 실력을 발휘할 수 있는 여건을 마련하는 데 적극적이었음을 말해 주며, 일본사회가 고대국가로서 획기적인 발전을 할 수 있었던 여러 요인 가운데 중요한 하나가 아닌가 한다. 백제, 고구려의 제 민족이 귀화에 의해 일본에 포섭되었다는 것을 내부적으로 각인시킴으로써 천황권의 권위를 확립하기 위한 조치였다는 견해도 있지만,[25] 이

---

22 《속일본기》 권7 元正 양로 원년(717) 11월 甲辰 "高麗百濟二國士卒 遭本國亂 投於 聖化 朝庭憐其絶域 給復終身"

23 《養老令》 賦役令 제15 沒落外蕃條 "凡沒落外蕃得還者 一年以上 復三年 二年以上 復 四年 三年以上 復五年 外蕃之人投化者 復十年 其家人奴 被放附戶貫者 復三年";《養老 令》 戶令 제16 "凡沒落外蕃得還及化外人歸化者 所在國郡 給衣粮 具狀發飛驛申奏 化外 人 於寬國附貫安置 沒落人依舊貫 無舊貫 任於近親附貫 並給粮遞送 使達前所";《令集 解》 沒落外蕃條 古記所引 靈龜 3年(養老元年) 太政官符 "外蕃免課役事 高麗百濟 敗事 投化至于終身課役役俱免 自餘依令施"

24 이근우, 2001, 〈일본열도의 백제 유민에 대하여〉, 《한국고대사연구》 23, 37~38쪽; 박윤선, 2012, 〈도일 백제 유민의 정체성 변화 고찰〉, 《역사와 현실》 83, 104쪽.

25 윤선태, 2003, 앞의 논문, 106쪽.

는 일본 율령국가의 이데올로기라는 측면에만 초점을 맞춘 면이 있다.

당령唐令의 부역령賦役令에서 "外蕃人投化者 復十年"과 "夷狄新招慰 附戶貫者 復三年"이라 하여[26] 한화漢化의 정도 차를 기준으로 외번인과 이적을 구별하여 조세부역을 면제하는 급복 조치를 취한 것을 전범으로 삼아, 일본에서도 율령 속에 이러한 조치를 명문화했을 것으로 보인다. 외번인은 한화한 이민족을 의미한다.[27] 일본에서 백제, 고구려 유민에 대해 이러한 표현을 썼다는 것은, 일본사회가 이들을 일본의 덕치를 흠모하여 귀화한 '귀화인'으로 삼아 자국 중심의 질서를 구축하고자 하는 의도가 개재되어 있었을 가능성을 말해 준다. 그러나 701년 대보율령, 718년 양로율령에서 화외인, 귀화, 내투와 관련한 당의 율령을 모방하여 일본의 율령을 갖춰가는 과정의 조항 자체에서 이러한 성격을 전면에 추출하기는 쉽지 않을 것이다. 《일본서기》에서 다양하게 사용되던 용어가 《속일본기》에서는 '귀화'로만 표현되고 덕화德化와 관련된 수식이 더해지게 되는데,[28] 이 단계에 들어가서야 일본의 중화적 질서를 추출하는 것이 가능하지 않을까 한다.

일본이 제국적 질서를 구축하기 위해 백제계 이주민을 이용한 면이 있음을 도외시할 수는 없지만, 국가가 멸망한 뒤 다른 나라에 정착한 유민으로서는 면세 조치와 같은 귀화인에 대한 특전이, 이주한 사회에 정착해서 자신의 실력을 발휘할 수 있는 여건으로 작용했음이 분명하다. 이주민과 이주민을 받아들인 사회의 입장은 다를 수 있기 때문이다.

---

26 이 밖에도 唐令 戶令에서는 '化外人歸朝者'(이민족으로서 귀화한 자) 규정을 두고 있다(仁井田陞, 1933, 《唐令拾遺》, 東京大學出版會刊, 238쪽).
27 전해종, 1972, 〈「歸化」에 대한 小考 −동양고대사에 있어서의 그 의의−〉, 《백산학보》 13, 5쪽.
28 전해종, 1972, 앞의 논문, 23쪽.

일본의 입장에서 보면 고대국가로서 획기적인 발전을 할 수 있었던 동력의 하나가 되기도 했다.

3) 관위 수여

관위 수여는 왜국에서 백제계 이주민에 대해 취해진 조치만은 아니다. 백제에서도 백제에 머물던 왜계 관료들에게 관등을 수여한 사례가 보인다.《일본서기》흠명 2년(541) 추7월조에 나오는 전부 나솔 비리막고·나솔 선문, 중부 나솔 목협매순·기신나솔 미마사 등이다.[29] 백제에서 왜계 백제관료에 대해 나솔 관등을 수여했음을 알 수 있는 자료이다. 이들 가운데 일부는 543년 덕솔 관등까지 소지하였다.

왜국에서 백제계 이주민에 대해 관위를 수여한 것은 대체로 3단계에 들어서이다. 백제 멸망 전 왕진이가 '사史'성을 수여받은 것이나 관륵이 승정에 오른 두 사례는 관위로 보기는 어렵다. 관위 수여가 대규모로 이루어진 것은 백제가 멸망한 이후이다. 천지 10년(671) 왜 조정에서는 백제 유민들에게 백제에서의 관직을 감안하고 학식과 재능에 따라 왜의 관위를 제수하였다. 좌평 여자신·사택소명은 대금하大錦下의 관위와 법관대보의 관직, 귀실집사는 소금하小錦下의 관위와 학직두의 관직을 받고, 달솔 곡나진수 이하 12인은 병법 4명, 해약 6명, 오경 1명, 음양 1명 등 그 재능에 따라 대산하大山下나 소산하小山下의 관위를 받았다.[30]

---

29 《일본서기》권19 흠명 2년 추7월조 "百濟聞安羅日本府與新羅通計 遣前部奈率鼻利莫古·奈率宣文·中部奈率木劦眯淳·紀臣奈率彌麻沙等〔紀臣奈率者 蓋是紀臣娶韓婦所生 因留百濟 爲奈率者也 未詳其父 他皆效此也〕使于安羅 召到新羅任那執事 謨建任那"

30 《일본서기》권27 천지 10년 춘정월조 "是月 以大錦下 授佐平余自信 沙宅紹明〔法官大輔〕以小錦下 授鬼室集斯〔學職頭〕以大山下 授達率谷那晋首〔閑兵法〕木素貴子〔閑兵法〕

인 명	백제 관위	직무직능	천지 10년 관위	기타 관련 기록	비고
여자신 餘自信	좌평		大錦下	《일본서기》 천지 8년 시세조	
사택소명 沙宅紹明	좌평	법관대보 法官大輔	大錦下	《일본서기》 천무 2년(673) 윤6월조 《회풍조》 대우황자전 《등씨가전》(상) 겸족전	外小紫位 추증 (673)
귀실집사 鬼室集斯	달솔(665) 좌평(669)	학직두學職頭	小錦下	《일본서기》 천지 4년(665) 2월 시월조, 천지 8년 시세조	좌평 귀실복신 의 아들. 小錦下 (665)
곡나진수 谷那晉首	달솔	병법을 잘 앎 〔閑兵法〕	大山下		
목소귀자 木素貴子	달솔	병법을 잘 앎	大山下	《회풍조》 학사學士	
억례복류 憶禮福留	달솔	병법을 잘 앎	大山下	《일본서기》 천지 4년 추8월조	오노성大野城, 기성椽城 축조
답본춘초 答体春初	달솔	병법을 잘 앎	大山下	《일본서기》 천지 4년 추8월조 《회풍조》 학사	나가토국長門國 에 축성
귀실집신 鬼室集信	달솔	의약에 통달〔解藥〕	大山下		
덕정상 德頂上	달솔	의약에 통달	小山上		
길대상 吉大尙	달솔	의약에 통달	小山上	《회풍조》 학사 《속일본후기》 승화 4년(837) 6월조	
허솔모 許率母	달솔	오경에 밝음〔明五經〕	小山上	《회풍조》 학사 《일본서기》 천무 6년(677)	大山下로 승진 (677)
각복모 角福牟	달솔	음양을 잘 앎〔閑於陰陽〕	小山上		
50여 인	달솔 등		小山下		

백제의 좌평 및 달솔 관위를 가진 65명을 왜 왕권의 관인으로 등용한 것은 신라와 당 연합군의 침공 가능성에 대비하고, 지배체제의 정비

憶禮福留〔閑兵法〕 答体春初〔閑兵法〕 体日比子 贊波羅 金羅金須〔解藥〕 鬼室集信〔解藥〕
以小山上 授達率德頂上〔解藥〕 吉大尙〔解藥〕 許率母〔明五經〕 角福牟〔閑於陰陽〕 以小山下
授餘達率等五十餘人"

를 담당할 수 있는 문관의 양성을 도모하기 위해서였다.[31] 오미近江로 천도하여 새로운 국가를 만들고자 했던 천지천황이 백제에서 고위 관료로서 활약하였던 유민들의 전문성을 살려 관위를 수여함으로써 체제 정비를 담당할 관료로서 활용하고자 했다.

특히 귀실집사가 받은 학직두라는 관직은 천지조에 학문장려책으로 신설한 것으로서 왜왕권의 정치개혁에 많은 조언과 역할을 할 수 있는 직책이었다. 귀실집사는 초대 학직두로서 백제인들이 집단 거주지였던 오미국 가모군蒲生郡에 거주하면서 교육과 학교행정의 중책을 맡아 왜왕권의 교육정책을 주도했다는 점에서 일본사회에서 백제계 이주지식인의 역할을 극대화시켰다고 할 수 있다.

천무 6년(678) 5월에는 대박사 백제인 허솔모에게 대산하의 관위를 주고 봉호 30호를 내렸다.[32] 이 밖에도 천무 14년에는 당, 백제, 고구려 출신 147인에게 작위를 수여했다.[33] 백제, 고구려, 유민만이 아니라 당에서 망명해 온 인물에게도 작위를 수여한 것으로 보인다. 백제왕으로부터 관위를 받고 있던 망명백제인 등에 대해 천지조부터 천무조에 걸쳐 그 관위에 상응하는 왜국의 관위를 수여한 것은 백제왕권에서 형성되었던 정치질서를 왜왕권의 질서에 그대로 투영해 넣은 것이다.[34] 이에 견주어 백제왕선광百濟王善光은 664년부터 기록에 나오지만 691년에야 일본의 관위를 갖게 되었다.[35] 선광과 그 일족은 비교적 일찍 일본 관

---

31 이근우, 2001, 앞의 논문, 33~34쪽.
32 《일본서기》 권29 천무 6년 "(五月壬戌朔)甲子 勅大博士百濟人率母 授大山下位 因以封卅戶"
33 《일본서기》 권29 천무 14년 "二月丁丑朔庚辰 大唐人·百濟人·高麗人 幷百卅七人賜爵位"
34 田中史生, 2019, 앞의 책, 230쪽.
35 《일본서기》 권30 지통 5년(691) 정월 기묘 "優賜正廣肆百濟王余禪廣·直大肆遠寶·良虞與南典 各有差"

위를 수여받은 백제 관료층과는 다른 입장에 있었던 것이 아닌가 한다.

한편 특별한 기술을 가진 기술자가 받은 관위의 사례도 보인다. 기술자를 관료층과 구분하여 일반 출신의 백제계 인물로 분류하기도 하지만,[36] 지식인의 범주에 전문 지식만이 아니라 기술을 가진 경우도 포함한다면, 불사佛師인 국중공마려國中公麻呂도 유의해 볼 필요가 있다. 《속일본기》보귀宝龜 5년(774)조의 기록에 따르면 그의 조부는 천지 2년(663) 백제에서 이주해 온 덕솔 국골부国骨富이다. 국중공마려는 746년(천평 18, 성무 18) 11월 '조불장관造佛長官'이 되어 동대사 대불의 제작을 직접 지휘했다.[37] 조공鑄工 중에서도 재능이 뛰어났기 때문에 761년(천평보자 5) 10월 '조동대사사차관造東大寺司次官'에 임명되고, 최고 관위는 산위散位 종4위하였다. 758년(천평보자 2)에 거주지의 지명을 따서 '국중國中'이라는 씨를 받았다. 비록 그 지위는 높지 않았지만, 공마려 밑에 많은 백제계 기술자가 참가했기 때문에 공마려의 재능과 역할에 대한 대우를 해 준 것으로 보인다.

이러한 관위의 수여에 대해서도 해석의 차이가 있다. 671년 천지천황이 백제 유민에게 왜국의 관위를 사여함으로써 이들이 '백제 유민'의 신분이 아니라 '백제계 일본인'으로 제도권에 들어가게 됨과 동시에 정체성의 변화를 요구받아 야마토의 씨성제도에 흡수되었다고 보기도 한다.[38] 백제 유민이 가지고 있던 전문 지식과 기술이 고대 일본 율령국가의 기틀을 만드는 데 기여한 것은 분명하지만, 과연 671년 단계의 관

---

36 최은영, 2017, 앞의 논문, 27쪽.

37 《속일본기》宝龜 5년 동10월 을사조, 天平寶字 5년 동10월 임자삭조, 神護景雲 원년 2월 갑신조.

38 정효운, 2017, 〈백제 멸망과 백제 유민 – 정착과정과 정체성 문제를 중심으로〉, 《동북아문화연구》 53, 391~392쪽.

위 수여 자체를 백제계 일본인으로 변화하고 정체성이 변화하는 과정이라 할 수 있는지는 의문이다. 적어도 관위 수여로부터 몇 대가 흘러야 정체성의 변화가 가능하므로, 천지 연간부터가 아니라 8세기 중반부터 일본인화했다고 보는 것이 타당하다. 일본인화하는 과정에서 가장 핵심적인 조치가 '사성賜姓' 조치였기 때문이다. 사성 조치 이후에는 일본인으로서의 정체성이 자리잡는 것이므로 더 이상 백제의 관위를 칭하지 않았다.

한편 학문적으로 뛰어난 관인에게 특별히 내린 경제적 특전도 사료에 자주 보인다. 학업이 뛰어난 자에 대해 경제적 특혜를 제공한 것은 이주지식인이 정착해서 활약하는 데 직접적인 영향을 미친 조치였다. 691년(지통 5) 4월에는 대학박사大學博士 상촌주백제(上村主百濟; 우헤노스구리쿠다라)에게 학업을 권장하기 위해 전조田租 1천 속을 주었다.[39] 상촌주는 7세기 이전 이주한 서한씨西漢氏 계통의 씨족으로서 관인 교육을 맡고 있는 백제계 이주민의 후손이 학업을 증진시킬 수 있는 특별 대우를 받았음을 알 수 있다. 693년(지통 7) 3월에는 대학박사 근광이勤廣貳 상촌주백제上村主百濟가 유학에 뛰어났기 때문에 식봉 30호를 내렸다.[40] 691년(지통 5) 9월에는 음박사音博士인 당의 속수언續守言과 살홍각薩弘恪, 서박사書博士인 백제의 말사선신末士善信이 나온다. 말사선신은 백제 멸망 전후에 들어온 망명 귀족으로 보이는데, 은銀 20량을 받았다.[41] 망명 2세대인 낙랑하내樂浪河內는 721년 동궁에서 근무하고

---

39 《일본서기》 권30 지통 5년 하4월 辛丑朔 "賜大學博士上村主百濟大稅一千束 以勸其學業也"

40 《일본서기》 권30 지통 7년 3월 갑오 "賜大學博士勤廣貳上村主百濟 食封卅戶 以優儒道"

41 《일본서기》 권30 지통 5년 9월 己巳朔壬申 "賜音博士大唐續守言·薩弘恪 書博士百濟末士善信 銀人廿兩"

뒤에 대학두大學頭가 되었는데, 명주와 포 등을 받았다.[42] 율령 편찬에 참여한 백제계 후예 백제인성百濟人成도 그 공으로 토지를 받았다.[43] 대체로 교육기관에서 학업이 뛰어나거나 업무 수행에서 공을 세운 이주지식인과 그 후예들이 관직만이 아니라 별도로 전조田租와 식봉食封, 은이나 비단 등의 물품, 토지와 같은 경제적인 혜택을 받았다고 할 수 있다. 경제적으로 안정된 상황에서 이주이식인과 그 후예들이 가지고 있는 능력을 최대한 발휘할 수 있게 한 조치였다.

4) 사성賜姓

왜국에서 백제계 이주민에 대해 사성 조치를 취한 사례로 가장 먼저 확인되는 것은 왕진이 사례이다. 흠명 14년(553) 소아도목蘇我稻目에게 보내진 왕진이가 선부船賦를 헤아려 기록했기 때문에 그 공으로 선장船長이 되어, 선사船史의 성(姓; 가바네)[44]을 받았다는 기록이다.[45] 선(사)

---

42 《속일본기》 권8 원정 양로 5년(721) 정월 갑술조.
43 《속일본기》 권9 원정 양로 6년(722) 2월 무술조.
44 야마토 정권은 유력 호족들의 연합으로 성립된 정권이었는데, 점차 이들 호족세력들을 통제하기 위해 정비한 제도의 하나가 氏姓制이다. 우지氏는 동일의 인물을 시조로 받들고, 그 시조의 계보에 부계로 연결된 사람들에 의해 구성된 집단적인 동족조직, 곧 일종의 혈연 또는 씨족 집단을 의미한다. 그러나 본래 야마토 정권에 참여하고 있는 유력 호족의 왕권과 관계를 맺는 과정에서 성립한 擬制的인 동족 집단이기 때문에 혈연 이외의 다양한 요소를 고려해야 한다(加藤謙吉, 2002, 앞의 책, 102쪽). 가바네姓는 5세기 말에서 6세기 초에 걸쳐 우지의 지위나 정치적 서열을 나타내기 위해 유력한 씨족에게 부여한 칭호로서, 유력한 씨족에게 중앙과 지방의 호족에게 준 오미臣·무라지連와 지방 호족에게 준 기미君·와케別·아타에直·미야쓰코造, 한반도나 중국에서 온 이주민에게 준 오비토首·후히토史·스구리村主 등이 있었다. 임신의 난을 거쳐 즉위한 천무는 종래 상위의 성이었던 오미臣·무라지連 위에 眞人·朝臣·宿禰·忌寸·道師 등 8색 성을 두어 기존의 가바네 질서를 전면적으로 변화시켰다(이근우,

씨에 관한 기록은 오사카부 가시와라柏原시 마츠오카야마松岳山의 구릉에서 출토된, 일본에서 가장 오래된 동판제 묘지인 〈동제선씨왕후묘지銅製船氏王後墓誌〉에서도 확인된다. 이 묘지는 7세기 말부터 8세기 초쯤에 제작되었다고 보는 견해도 있는데,[46] 왕진이의 후손인 선船씨 왕후王後가 신축년(641)에 사망하여 668년에 사망한 처와 함께 묻혔다는 내용을 담고 있다. 왕진이가 '선사'의 성을 하사받고, 그 후손도 이를 이어 갔음을 보여 준다.

또한 《일본서기》 흠명 30년(569)조에는 담진에 대한 사성도 보인다. 담진은 정丁을 조사해서 적籍을 만들고, 전호田戶를 편성한 공로로 백저사白猪史의 성을 받았다. 이들 사례는 백제 멸망 이전의 사성의 사례라고 할 수 있으나, 수적으로 매우 제한되기 때문에 이주민을 정착시키는 데 체계적으로 취해진 조치라고 보기는 어렵다.

'사성'은 일본인화하는 과정에서 취해진 가장 핵심적인 조치이다. 하지만 왜가 백제왕족을 비롯한 백제 유민에 대해 취한 '사성'과 관련된 조치는 매우 단계적으로 이루어졌다. 천무조를 보면 '기정記定' 사업을 전후하여 씨족에 대한 새로운 정책이 나오고 사성이 대대로 이루어지고 있다. 681년 9월 각 씨족마다 그 수장에 해당하는 '씨상氏上'을 정하여

2019, 〈고대 일본의 씨성 개념과 《신찬성씨록》의 개성〉, 《한일관계사연구》 64, 46~47쪽).

고대 일본에서 改姓과 賜姓은 천황 고유의 권한으로 일본열도 안에 거주하는 이주자도 그 대상이 되었다. 개성은 有姓者를 대상으로 하고, 사성은 밖으로부터의 이주자와 無姓者를 대상으로 하지만, 사료에서는 혼용되고 있다(송완범, 2005, 〈일본 율령국가의 개사성정책에 대하여 —반도의 유민을 중심으로—〉, 《일본역사연구》 22, 22~23쪽).

45 《일본서기》 권19 흠명 14년 7월조.

46 東野治之, 2004, 《日本古代金石文の研究》, 岩波書店, 34~35쪽.

보고하도록 하였고,[47] 684년에는 씨족들의 사회적·정치적 등급을 확정한 8색色의 성(姓; 가바네)을 확정하여[48] 씨족들에게 새로운 성을 주었다. 따라서 백제 유민에 대한 사성 조치도 천무 연간 등 일본의 사성의 역사 속에서 검토할 필요가 있다.

왕권 아래에서 활약하고 있던 유력한 이주계 씨족인 동한[왜한]씨(東漢〔倭漢〕氏)나 진씨秦氏가 다른 유력씨족과 함께 685년(천무 14) 6월 '기촌忌寸'이라는 새로운 가바네姓를 받는다.[49] 동한[왜한]씨나 진씨의 출자에 대해서는 한반도로부터의 도래인이냐에 대해서 논란이 있기 때문에 685년조의 사성이 백제계 이주민에 해당되지 않는다고 보기도 한다. 그러나 천무 연간의 조치는 5~6세기 단계에 들어온 이주민에 대해서 가바네를 주어 왜국의 관인사회의 질서에 편입시키고자 했던 것이 아닌가한다. 귀실집사의 예에서도 볼 수 있듯이 백제·고구려 멸망 후 새로 건너온 자에게는 가바네 등을 주지 않고, 이주 시에 칭하고 있던 성을 그대로 일본에서의 성으로 했기 때문이다.

백제계 이주민을 포함한 한반도 출신의 이주민에게 새로운 성을 준것은 율령국가가 성립된 지 시간이 꽤 흐른 뒤였다. 신귀神龜 원년(724) 2월 성무천황이 즉위 시 내린 조칙에서 제 관사에서 벼슬하는 '한인부韓人部'의 12명에게 성명姓名을 준다고 하고 있다.[50] '한인부'에 속한 이주민에게 그 직장職掌에 어울리는 우지·가바네의 이름을 주고자 한 것이다. 이에 따라 3개월 뒤인 724년 5월 백제·고구려 멸망 후의 이주민을 중심으로 관인으로서 중앙에 벼슬하고 있던 자 24명에게 가바네를

---

47 《일본서기》 권29 천무 10년 9월조.
48 《일본서기》 권29 천무 13년 동10월 기묘삭조.
49 《일본서기》 권29 천무 14년 6월 을해삭갑오(2일)조.
50 《속일본기》 권9 神龜 원년(724) 2월 갑오조.

포함한 성이 주어졌다.[51] 당계唐系의 인물에게 기존旣寸 성을 주었고, 고구려계·백제계·신라계 23인에게 21개의 연連 성을 주었던 것이다. 백제·고구려 멸망 이후 이주하여 율령국가의 관인이 된 이주지식인이나 그 자손은 자신들이 본국에서 가졌던 지위나 경력, 전문 분야의 지식을 살려서 관인으로 출사했었는데, 724년 단계에 일부에 한해 사성을 명하는 조가 내려지고 일본적인 성으로 변화하기 시작했다고 할 수 있다.[52]

천평 연간(729~748)에도 한반도 출신 유민들의 후예들을 대상으로 한 소규모의 사성이 계속되다가[53] 757년(천평보자 원년)에는 백제와 고구려 유민에 대한 전면적 사성이 이루어졌다. 천평보자 원년(757)의 칙명에 따르면 "고려·백제·신라인 등 오래 성화聖化를 사모하여 우리에게 귀부해 와서 성을 주는 것을 지원하면 모두 들어주어라. 그 호적의 기록에 성姓 및 족族의 글자가 없는 것은 이치에 온당치 않다. 고쳐서 바르게 해라."[54]고 했다. 귀화는 이주지에서 호적에 붙여져 성화 범위 내의 양민, 곧 화내양민化內良民의 신분으로 편입되는 것인데, 화내양민이라면 성이 필요하고 호적에 붙여질 때에는 성의 등록도 필요하기 때문에 이러한 조치가 취해졌을 것이다.

757년의 칙명은 고려·백제·신라인의 경우 이주 1세에서 개改·사성賜姓의 대상이 된 당인唐人과 달리 대부분이 이주 2, 3세 단계에서 '번성蕃姓'의 개·사성이 행해졌음을 보여 주는 자료라고 보기도 한다.[55] 당에

---

51 《속일본기》 권9 神龜 원년(724) 5월 신미조.
52 伊藤千浪, 1985, 〈律令制下の渡來人賜姓〉, 《日本歷史》 442, 26쪽.
53 송완범, 2009, 〈일본율령국가의 백제군·고려군·신라군에 보이는 교류와 공존〉, 《사총》 68, 45~46쪽.
54 《속일본기》 권20 효겸 천평보자 원년 4월 辛巳 "其高麗·百濟·新羅人等 久慕聖化 來附我俗 志願給姓 悉聽許之 其戸籍記 无姓及族字 於理不穩 宜爲改正"
55 윤선태, 2003, 앞의 논문, 104~105쪽; 田中史生, 2019, 앞의 책, 227쪽.

서 건너온 이주민은 1세대가 처음부터 대부분 일본적인 성씨로 전환했던 반면, 한반도계 이주민은 757년 이후에야 점차 일본식 성씨로 변모하였다는 것이다. 당에서 건너온 귀화인과 한반도계 귀화인에 대한 일본의 대우의 차이를 지적하고자 한 것이지만, 이는 일본의 '중화적 세계관'의 연원과 관련하여서도 고민이 필요한 부분이므로, 백제왕족에 대한 '백제왕' 사성 조치에서 다시 언급하기로 한다.

757년 4월 '무제한 사성'의 칙이 내려진 뒤 천평보자 5년(761) 3월 백제 출신 131인, 고구려 출신 29인, 신라 출신 20인, 중국인 8인 등 188인에게 대규모 개·사성이 이루어졌다.[56] 사성의 본래 목적은 당대의 유력가였던 등원중마려가 이주민에 대한 대규모 사성을 통해 자신의 지지기반을 확대하고자 한 것과 관계가 깊다. 백제계 이주 씨족과 함께 고구려, 신라, 당으로부터 건너 온 사람들도 대규모 개·사성에 편승하고 이후에도 이주계 씨족들이 대부분 각 씨족들이 원하는 대로 개·사성되었다고 할 수 있다.[57] 757~761년까지 50여 씨 2000여 명의 이주민들이 새로운 씨성을 받았는데, 여기에 다수의 백제관인의 후손도 포함되었던 것이다. 천평보자 연간의 집단 사성 이후 조칙에 의한 형태의 이주민 사성 정책은 나오지 않는다.[58] 따라서 천평보자 연간의 대규모 개·사성은 여러 씨족들의 혼용을 발생시키는 단초가 되기도 했지만, 이를 계기로 법제적으로도 대부분의 백제 유민이 일본인화해 간 것으로 보는 것이 타당하지 않을까 한다.

이처럼 사성은 관위 수여와 마찬가지로 천황과의 인격적, 신분적 관

---

56 《속일본기》 권23 천평보자 5년 3월 경자(15일)조.

57 박재용, 2019, 〈고대 일본의 망명백제관인과 그 후예씨족〉, 《한일관계사연구》 64, 167~171쪽.

58 伊藤千浪, 1985, 앞의 논문, 29쪽.

계를 맺는 행위이며, '화외인化外人'이 '화내인化內民'으로 되기 위한, 왕민화王民化 과정에서 반드시 필요한 절차이다.59 일본 관인층에 대한 사성도 천평승보 3년(759)~연력 10년(791)까지 8세기 후반에만 100회 이상 이루어졌다. 정치적으로 불안정한 상황에서도 사성을 통해 인민들을 통제하기 위해 신분상승의 지표가 되는 사성정책을 추진하고 있었다. 사성은 관인층을 구성하는 씨족들과 충성과 봉사의 군신관계를 강화하여 지배질서를 확립하고자 했던 천황제 국가의 이념에서 시행되었다고 할 수 있다.

일본의 이주민에 대한 이러한 사성정책의 흐름과 별도로 '백제왕百濟王' 사성이 갖는 의미를 검토할 필요가 있다. 백제·고구려 멸망 후 건너온 유민과 그 자손은 신귀 원년(724)의 조와 천평보자 원년(757)의 칙에 의해 일본에서 새로운 성을 얻게 되었지만, 백제왕씨, 고려왕씨60 등과 같이 출신국의 왕의 혈통을 계승했다고 인정되는 사람은 일찍부터 특별히 가바네를 포함한 성을 받았기 때문이다.

백제왕씨는 의자왕의 아들 선광善光에서 시작되는데, 왜국에 질質로서 있었던 선광이 나니와難波로 옮겨와 거주하게 된 것은 앞에서도 살펴본 것처럼 664년이다.61 망명 백제인들을 통솔하기 위해서 나니와로 옮겨왔다고 하는데, 이때의 칭호는 '백제왕선광왕百濟王善光王'이었다. 이때의 '백제왕'은 '백제왕' 성이 사성되기 전의 칭호로, 지통조의 사성 전인 천지·천무조에도 '백제왕'으로 칭해졌음을 알 수 있다. 이에 대해서는 선광의 나니와 이주를 계기로 백제망명정권이 수립되고 선광을 정권의 수

59 정진아, 2008, 〈헤이안 전기의 도래계 관인의 사성〉, 《일본역사연구》 28, 6쪽.
60 《속일본기》 권3 문무 대보3년(703) 하4월 을미조 "從五位下高麗若光賜王姓"에서 알 수 있듯이 백제왕씨에 이어 고려왕씨가 등장한다.
61 《일본서기》 권27 천지 3년 "三月 以百濟王善光王等 居于難波"

장으로 삼아 백제가 재건된 것이기 때문에 선광이 망명정권의 왕, 곧
'백제왕'으로 인정된 것이라고 보기도 한다.[62] 그러나 백제망명정권이
실제로 존재했다고 보기는 어려울 듯하다. 선광이 공식적으로 책립册立
된 적도 없고, 백제 유신들에게 일본과 백제의 관위가 수여될 때도 선
광이 백제 위계의 수여 주체가 아니었기 때문이다.[63] 또한 망명정권이
라는 것은 독자적으로 무언가를 추진해 보려고 했을 때 가능한 표현이
다. 이들은 일본에 들어가서 정착하는 것이 1차적 목표였기 때문에 그
들의 색채를 분명히 드러내기보다는 일정한 역할을 하면서 그 사회에서
자리 잡기를 원했을 것이다. 따라서 지통조 이전에 칭해진 '백제왕'을
망명정권의 왕으로 이해하는 것은 타당하지 않다.

천지조에 이어 천무조에도 '백제왕'이란 표현은 자주 보인다. 674년
(천무 3)에는 백제 왕족 창성昌成이 죽자 소자위小紫位라는 관위를 추증
하였다.[64] 창성을 '百濟王昌成'으로 표기하고 있는 것을 볼 때 674년 즈
음 선광 일족을 '백제왕'으로 불렀음을 알 수 있다. 비록 실제의 관위는
아니지만, 관위를 추증하였다는 것은 왕족에 대한 대우에 변화가 시작
되었음을 의미한다. '백제왕'이라는 칭호는 675년(천무 4) '百濟王善光',[65]
686년(주조 원년)의 '百濟王良虞' '百濟王善光',[66] 691년(지통 5)의 '百濟

---

62 利光三津夫, 1967, 〈百濟亡命政權考〉, 《律令制とその周辺》, 慶應義塾大學法學研究會;
　　김은숙, 2007a, 앞의 논문, 84쪽.

63 箕敏生, 1989, 〈百濟王姓の成立と日本古代帝國〉, 《日本史研究》 317: 2002, 《古代王權
　　と律令國家》, 校倉書房, 31~33쪽.

64 《일본서기》 권29 천무 3년 "春正月辛亥朔庚申 百濟王昌成薨 贈小紫位"

65 《일본서기》 권29 천무 4년 "春正月丙午朔 大學寮諸學生·陰陽寮·外藥寮 及舍衛女·墮
　　羅女·百濟王善光·新羅仕丁等 捧藥及珍異等物進"

66 《일본서기》 권29 朱鳥元年 "(九月戊戌朔)丁卯 … 是日 百濟王良虞 代百濟王善光而
　　誄之 …"

王余禪廣'[67]과 '百濟王禪廣'[68], 693년(지통 7)의 '百濟王善光'[69] 등에서도 찾아진다. 그런데 '百濟王余禪廣'이라는 표기에서 볼 수 있듯이 691년(지통 5)의 시점에서도 백제 왕족의 성이었던 '여余'가 칭해지고 있다. 지통조 전반에는 백제 왕족이 여余·부여扶余 성을 계속 칭하고 있는 것이다. '百濟王余'가 선광만이 아니라 원보遠宝, 양우良虞를 가리키기도 하기 때문에 백제왕은 국왕을 가리키는 것도 아니고, 선광 한 사람만의 칭호도 아닌 집단적 호칭이다.[70] 693년(지통 7)의 '백제왕선광'의 '백제왕'은 씨성으로서 사여받은 것인지 여부를 확실히 알 수 없다.

'백제왕'에 대해서는 종래 본국의 성인 부여夫余 대신에 일본이 내려준 성씨로서 일본이 사성정책을 통해 의도적으로 백제왕권이라는 이미지를 부여한 것으로 보는 견해도 있다.[71] 그러나 지통조 이전과 이후의 '백제왕'의 성격은 구분해서 보아야 할 것이다. 지통조에 사성 받기 전의 '백제왕'은 씨성이 아니라 '백제왕족'이라는 의미의 단순한 칭호이다. 천지가 아직 사성賜姓을 통해 왜의 국가체제 안에 편입시키지 못한 상태에서 과거의 출신을 근거로 예우하는 차원에서 '백제왕'이라 칭했던 것으로 보는 것이[72] 타당하다. 백제 유민이 일시에 일본인으로서 자리 잡기보다는 서서히 시차를 두고 일본체제 속에 편입되었을 것이므로 '백제왕'이라는 칭호 자체도 그 의미 또는 성격이 달라질 수 있기 때문이다.

---

67 《일본서기》 권30 지통 5년 정월 기묘 "優賜正廣肆百濟王余禪廣·直大肆遠寶·良虞與南典 各有差."
68 《일본서기》 권30 지통 5년 정월 을유 "正廣肆百濟王禪廣百戶 通前二百戶"
69 《일본서기》 권30 지통 7년 "(春正月辛卯朔)乙巳 以正廣參 贈百濟王善光 并賜賻物"
70 箕敏生, 2002, 앞의 책, 36~37쪽.
71 윤선태, 2003, 앞의 논문, 107쪽.
72 박윤선, 1995, 앞의 논문, 50쪽.

백제 왕족에게는 지통조에 '백제왕' 칭호가 씨성으로서 사여되었다. '백제왕' 호칭이 성으로 전화된 것은 지통조의 정어원령淨御原令 시행(689)과 경인년적庚寅年籍의 작성(690)이 계기가 되었다. '백제왕' 칭호가 씨성으로서 사여된 시기와 관련하여 〈갑오년명법륭사금동관음조상기동판명문甲午年銘法隆寺金銅觀音造像記銅版銘文〉을 참고할 수 있다. 법륭사 소재 조상기 명문은 선광의 직계 왕족의 집단적 호칭인 '백제왕'이 성으로 변화하여 좀 더 광범위한 사람들을 대상을 하는 씨족 명칭으로 변화했음을 상징적으로 보여 주는 사례이다.[73] 동판은 694년(지통 8)에 전년에 죽은 선광을 공양하기 위해 선광의 자식들이 제작한 것으로 보이는데, 명문에서 세 승려는 백제에서는 '왕'의 신분이지만 왜에서는 '왕성王姓'이라고 기록되어 있다. 따라서 '百濟王余禪廣'이라는 표기가 보이는 지통 5년(691) 이후, 동판이 제작된 지통 8년 사이에 '백제왕'이 씨성으로서 사여되었을 가능성이 높다. 백제국왕인 의자왕의 직계혈통이었기 때문에 지통 연간에 '백제왕'성을 받고 백제 유민 가운데 최고의 지위를 누린 것으로 생각된다.

'구다라노고니키시〔백제왕〕' 사성, 곧 '백제왕'의 씨성화가 갖는 의미에 대해서는 그동안 여러 가지 견해가 있었다. 백제 왕권이 일본열도의 화내化內로 편입되어 외신外臣에서 내신內臣으로 전화된 것으로 보는 것이 일본학계의 일반적인 견해이다.[74] 가바네 '왕王'을 붙인 '백제왕'성을 망명 백제왕족에게 줌으로써 '백제왕'씨를 일본천황 아래에서 백제왕권의 대표자를 배출할 수 있는 씨족으로 위치짓고, 내신內臣으로 삼게 된 것이라고 좀 더 구체화시킬 수도 있겠다.[75] 선광의 형인 풍장豊璋을 '백제

---

73 송완범, 2006, 앞의 논문, 248쪽.

74 筧敏生, 2002, 앞의 책, 40쪽.

75 田中史生, 2019, 앞의 책, 230~231쪽.

왕'으로 책립하고, 망명백제인 등에 대해 백제에서의 관위에 대응하는 왜국의 관위冠位를 수여한 것도 백제왕권의 정치질서를 왜왕권의 질서에 투영해 넣는 과정이었다. 따라서 백제왕씨는 일본왕권이 백제왕권을 거두어들인 것을 상징하는 존재, 곧 백제가 일본에 내속하고 있다는 인식을 지탱해 준 근거가 된 특별한 이주계 씨족이었다는 것이다.

한국학계의 견해 또한 기본적으로 천황을 정점으로 하는 고대 율령국가 체제의 신하로 편성된 것으로 보는 일본학계의 인식에서 크게 벗어나지 않으나, 세부적인 견해차는 있다. 지통조(687~696)에 '백제왕'이라는 특별 가바네를 하사받은 것은 백제왕족에 대한 특별배려였지만, 백제왕족을 왜왕의 신하로 위치시키고 왜왕권의 질서하에 포섭한다는 정치적 의도에서 나온 조치였다거나,[76] 지통조에 들어가면 백제왕족은 성과 높은 관위를 수여받는 등 대우가 각별해지고 더 이상 백제의 관위를 칭하지 않으므로 백제인에서 일본인화해 가는 변화의 중간 단계로 보기도 한다.[77] 그러나 여기에서 더 나아가 번국蕃國 설정으로 이해하거나 귀화인이 제번으로 자리 잡은 극명한 예로서 일본의 중화적 세계관을 뒷받침해 주는 증거로까지 해석하기도 한다.[78] 씨성화를 일본고대사회 내의 편입으로 보는 것은 당연하나, 이를 번국 설정이나 제번으로 자리 잡은 것으로 보는 것은 지나친 해석이다.

여기에서 환무 연간의 백제인의 위상과 관련하여 환무왕권과 백제왕씨의 관계를 살펴볼 필요가 있다. 천지천황을 증조부로 하는 환무는 어머니도 비교적 낮은 위계의 씨족 출신자였다. 환무천황(桓武天皇, 737년 탄생. 781년 즉위)의 어머니 고야조신신립(高野朝臣新笠; 다카노노아소미

---

76 연민수, 2007, 앞의 논문, 68쪽.
77 박윤선, 1995, 앞의 논문, 52~53쪽.
78 윤선태, 2003, 앞의 논문, 106쪽.

니이가사)의 성은 화사和史로서 백제를 근본으로 하는 이주계 씨족이었다. 환무는 즉위 후 천황 혈통의 정통화에 부심하였는데, 백제왕씨가 중요한 역할을 하였다.[79] 수도 남쪽의 가와치국 가타노交野에 천단天壇을 세웠는데, 가타노는 8세기 중반 백제왕씨가 나니와에서 옮겨온 이래 백제왕씨의 본거지였다. 789년(연력 8) 즈음 어머니 쪽 씨족인 화씨和氏가 백제왕족에 연결된다고 주장하는 계보인 〈화씨보和氏譜〉를 완성하였다. 백제왕족 직계의 백제왕씨를 '외척'으로 부르는 것에 의해 어머니 쪽 씨족인 백제왕씨로서의 혈통을 보증하고자 한 것이다.

환무천황대 이주계 씨족, 특히 백제계 씨족의 약진 사례로서 백제왕씨의 사례를 들어보았다. 이주계 씨족은 대외교섭에 열심이었던 웅략천황의 총신寵臣으로서 그 임무를 수행하였고, 또 외국세력이 쳐들어오는 위기에 대처했던 천지천황의 지지기반이 되었다. 황후를 황족 이외에서 구해 새로운 시대를 만들어 낸 성무천황의 비호 아래 힘을 키워, 마침내 그 혈통을 이은 환무천황 때에 이주계 씨족은 지위를 비약적으로 높일 수 있었다. 이러한 분위기 속에서 환무 연간 이주민의 후예들이 좀 더 격이 높은 성을 받을 수 있게 해달라고 요청하는 다음과 같은 상표문도 올릴 수 있게 된 것으로 보인다.

D- 연력 4년(785) 6월 계유(10일) … 판상대기촌예전마려(坂上大忌寸苅田麻呂; 사카노우에노오오이미키 가리타마로) 등이 상표하여 아뢰기를 "신 등은 본

---

79 《속일본기》 연력 9년 2월 甲午 "詔曰 百濟王等者 朕之外戚也 今所以擢一兩人 加授 爵位也(백제왕씨들은 짐의 외척이다. 지금 그런 까닭에 한두 사람을 발탁해 작위를 내린다)". 어머니인 다카노노니이가사의 아버지 야마토노아토츠구가 백제 무령왕의 자손(순타태자)이라는 점을 강하게 의식했다고 한다(이노우에 미츠오井上滿郎, 2017, 〈교토부 고분유적〉, 《일본 속의 백제 – 긴키지역 – 》 II, 충청남도·충남역사문화연구원, 297쪽).

디 후한 영제의 증손 아지왕(아치 오우)의 후손입니다. … 신 예전마려 등은 선조의 왕족의 성을 잃고 하인의 낮은 성(卑姓)을 받았습니다. 바라옵건대 기촌忌寸의 성을 고쳐 숙녜宿禰의 성을 하사해 주십시오. 엎드려 바라옵건대 천은으로 궁휼히 여겨 살펴 주시옵소서. 혹여 성덕聖聽을 내려 주신다면, 소위 차가운 재가 다시 따뜻해지고 마른 나무가 다시 꽃이 필 것입니다. 신 예전마려 등은 지극한 바람을 주체할 수 없어 이에 상표문을 바치는 바이옵니다."라고 하였다. 조를 내려 이를 허락하였다. 판상坂上·내장內藏·평전平田·대장大藏·문文·조調·문부文部·곡谷·민民·좌태佐太·산구山口 등 기촌(忌寸; 이미키) 11성을 가진 16인에게 숙녜(宿禰; 스쿠네)의 성을 하사하였다.[80]

일본열도로 건너온 이주민이 자신들의 출자와 자신들이 건너오게 된 배경을 언급하고, 선조들이 신분에 견주어 낮은 성을 받았으니, 격이 높은 성을 사성받게 해달라는 상표문을 올리는 전형적인 유형이 785년 기록에 집대성되어 있다. 이들이 이주해 온 시기는 응신천황 무렵, 곧 4세기 말 5세기 초 한인漢人의 후예로서 대방지역에 가 있던 사람들이 다시 왜로 건너오게 된 시기일 가능성이 높다. 아울러 처음 이주했을 때 받은 성씨가 격이 낮을 경우 그 후손들이 성씨의 격이 높은 성을 하사해 달라고 하는 상표문을 올리기도 했음을 말해 준다. 선조들이 수행했던 역할과 함께 자신들이 이주한 사회에서 좀 더 활약할 수 있는 계기를 마련하기 위한 장치라고 할 수 있는데, 조정에서는 이를 판단해

---

80 《속일본기》 권38 今皇帝 환무 연력 4년(785) 6월조 "癸酉 … 右衛士督從三位兼下總守坂上大忌寸苅田麻呂等上表言 臣等本是後漢靈帝之曾孫阿智王之後也 … 臣苅田麻呂等失先祖之王族 蒙下人之卑姓 望請 改忌寸蒙賜宿禰姓 伏願 天恩矜察 儻垂聖聽 所謂寒灰更煖 枯樹復榮也 臣苅田麻呂等 不勝至望之誠 輒奉表以聞 詔許之 坂上·內藏·平田·大藏·文·調·文部·谷·民·佐太·山口等忌寸十一姓十六人 賜姓宿禰"

〈그림 3-5〉 사카노우에노다무라마로坂上田村麻呂 무덤
(충청남도·충남역사문화연구원, 2017, 《일본 속의 백제 − 긴키지역 −》 II, 303쪽)

서 사성을 할 수 있는 장치가 제도화되어 있다는 것도 알 수 있다. 또 한편으로는 이주민의 후예가 이미 일본사회의 구성원으로서 자리를 잡아 자신들의 지위나 정체성을 지켜나갈 수 있게 된 것으로 볼 수 있지 않을까 한다. 지위가 높아진다는 것은 그만큼 일본인화가 심화되어 간다는 이중적 의미를 가진다.

판상대기촌예전마려의 아들은 8세기 말부터 9세기 초에 걸쳐 활약한 무장인 판상전촌마려(坂上田村麻呂; 사카노우에노다무라마로)이다. 사카노우에씨의 전통인 군사를 담당하여 동북지방의 선주민인 에미시蝦夷와의 전쟁에 종사하여 일본 고대국가의 판도가 구축되는 데 기여한 역할이 크다. 동한씨東漢氏의 일족으로서 나라현 다카이치군高市郡 아스카무라明日香村를 거점으로 일본 각지에 세력이 넓게 퍼졌다.[81] 교토시 야마시나구山科區에 묘소가 있다.

---

81 이노우에 미츠오井上滿郎, 2017, 앞의 논문, 302쪽.

환무천황(781~806)대에 이주계 씨족을 새로운 신분질서 아래 재편할 수 있었고, 그 결과 815년에는 《신찬성씨록》을 편찬하게 되었던 것이 아닌가 한다. 《신찬성씨록》은 당시 수도였던 헤이안과 기나이畿內에 거주하는 1182씨족 가운데 미정잡성 117씨를 제외한 씨족의 계통을 황별皇別 335씨, 신별神別 404씨, 제번諸蕃 326씨의 호칭으로 구분하고 당시 정치세력의 우열, 천황과의 친소관계의 순서에 의해서 각 씨족을 배열한 것이다. 이를 통해 전체 씨족의 거의 30%에 이르는 '제번' 씨족이 황별, 신별과 함께 당시 일본고대사회에서 중요한 세 가지 정치세력군 가운데 하나로서 자리 잡게 되었다고 할 수 있다.

'제번'은 이른바 '도래계' 씨족을 그 출신에 따라 한(漢, 163)·백제(104)·고[구]려(41)·신라(9)·임나(9) 등으로 분류를 하였는데 한반도 출신 중에는 백제계가 가장 높은 비중을 차지한다. 《일본서기》에서 백제에서 도래하였다고 적고 있는 진씨秦氏나 아직기阿直岐 후예 씨족과 왕인王仁 후예 씨족 등이 백제계 씨족에서 분리되어 나가 '한漢'에 포함된 경우를 포함하면 그 비중은 더 높을 것이다. 중국계 씨족이라는 의식을 가지고 백제에서 살던 중국계 사람들은 5세기 무렵 백제에서 왜국으로 건너가 왜국조정에서 활약하다가, 8세기에 당의 율령국가를 모델로 일본 율령국가가 발전할 때 자신의 계보를 중국계라고 주장했을 것이다. 현실적 목적에서 내세운 것일 뿐 실제와는 거리가 있을 수 있다. 《신찬성씨록》은 조선祖先에 대한 표방은 있으나, 이미 일본의 국가체제 속에 완전히 편입된 상황을 보여 주는 것이 아닐까 한다. 체계를 갖추어 국가적인 사업의 일환으로 편찬된 사서史書에 수록한다는 것은 이미 일본이라는 고대국가의 정체성의 한 부문을 차지하는 것이다.

일본사회에서 이주지식인에게 취한 이러한 조치에 대해서는 어떠한 평가가 가능할까? 이주지식인이 일본사회에서 정착하는 데에는 선진적인 지식과 경험을 가진 백제와 고구려 지식인을 적극적으로 활용하기 위해 세제상의 특전까지 부여한 일본사회의 노력이 있었다. 일본사회가 체제를 정비하는 과정에서 외부로부터 온 지식인들이 자신의 실력을 발휘할 수 있는 여건을 마련해 준 것이다. 이는 일본사회가 고대국가로서 획기적인 발전을 할 수 있었던 동력動力 가운데 하나라고 평가할 수도 있다.

그러나 또 한편으로는 한반도 본국에서의 상하서열관계가 집단이주와 집단거주 생활 속에서 계속하여 유지되고 있었다는 것도 동시에 지적할 수 있다. 아마도 백제계 이주민의 유입으로 인해 일본사회 자체에 혼란을 초래하는 것은 지양했음을 의미하는 것이 아닐까 한다. 기존의 질서를 유지시키는 차원에서 일본사회에 편입시켰다고 할 수 있다. 이주민, 이주지식인이 이주한 사회에서 자유롭게 자신이 가진 역량을 발휘할 수 있을 만큼 '열린 사회'는 아니었다. 이는 고대사회의 한계이자 특징이라고 할 수 있다.

일본사회에서 중국이나 한반도, 특히 백제계 이주지식인을 정착시키기 위해 취한 조치를 보면, 백제에서 이주민의 정착을 위해 취했던 조치, 특히 낙랑·대방 쪽에서 이동해 온 주민을 백제에서 어떻게 받아들이고, 어떻게 대우하고, 활용하고 이용했는지를 파악하는 데 어느 정도 도움이 된다. 백제에 남아 있는 자료가 부족하기 때문에 왜국 조정에서 백제계 이주민, 이주지식인을 수용·정착시키기 위해 취했던 조치를 참고하여 추정하는 것이 가능하다. 이주지식인이 들어온 시기의 차이도 있고, 상황의 차이도 있기 때문에 비교연구에서는 사회의 상황, 발전단계의 차이를 고려해야 함은 물론이다.

백제에서도 하남 감일동고분, 화성 기안리유적, 공주 단지리유적 등을 통해 거주공간을 마련해 주는 집거 조치가 행해졌고, 면세 조치나

관인 등용, 관위 수여 등의 조치도 상정할 수 있다. 일본과 달리 사성賜
姓 조치는 없었던 것으로 생각된다. 사성 조치가 일본화하는 데 가장
효과적인 조치라고 생각되는데, 백제에서는 이주지식인을 백제인화하는
데 일본 만큼의 적극적인 조치는 취하지 않았던 것이 아닐까 한다. 이
는 백제의 성씨姓氏 문제와 관련하여 연구가 필요한 과제이다.

제3장 백제계 이주지식인의 정체성

1. 백제 멸망 이전

개인 정체성(personal identity)을 "어떤 사람을 한 사람의 개인이자 타자와 구별되는 존재로 만드는 고유한 속성 또는 어떤 사람이 스스로를 바라보거나 정의하는 방법"이라고 한다면,[82] 집단정체성은 '어떤 공동체'를 '다른 공동체'와 구별되도록 하는 것이다. 포괄적으로 정의한다면, 정체성은 "타자와의 관계에서 자기를 규정하는 것"이라 할 수 있다.

백제계 이주지식인의 정체성은 한 개인의 정체성 또는 귀속의식이 아니라 집단 전체의 중심되는 특성과 관련된 것이므로 이를 파악하는 것이 쉽지 않다. 백제계 이주지식인을 받아들인 일본사회의 타자규정과 백제계 이주지식인의 자기규정을 아울러서 살펴보아야 할 것이다. 전자는 일본사회에서 이들을 수용·정착시키기 위해 취한 조치에서 어느 정도 파악할 수 있지만, 후자, 곧 백제계 이주지식인이 자신들의 존재를 어떻게 규정하고 있는지, 그것이 시기별로 어떻게 변화하는지, 과연 '백제인'이라는 의식을 어느 정도 가지고 살았는지 파악하기 쉽지 않다.

다만 백제 멸망 이전에 이주한 백제계 이주지식인은 '백제'라는 국가가 존재하고 있었기 때문에 멸망 후의 인식에 차이가 있었을 것이고,

---

82 스탠포드 철학사전의 정의(E. T. Olson, 2002 "Personal Identity", in Edward N. Zalta (ed.), *The Stanford Encyclopedia of Philosophy*.)를 박윤선, 2012, 앞의 논문, 92쪽에서 재인용. 박윤선의 '정체성'에 대한 정의는 참고할 만하다.

이주지식인과 일반 이주민집단의 인식의 차이도 있었으리라는 것은 충분히 예상할 수 있다. 백제 멸망 전 선진문물의 전수자 또는 정치성을 띤 전문가로서 이주하여 정착한 경우, 일본사회에서 어느 정도 자리를 잡으면서 자신들의 신분을 공고히 하려고 했을 것이다. 그러나 백제 멸망 전이라도 1단계와 2단계는 차이가 있었을 것이다.

4세기부터 5세기 중·후반 단계는 기술 계통의 지식인으로서 자신의 판단 아래 온 경우가 많았다. 토기 제작이나 단야, 치수, 양잠, 직조 등 특정 분야의 기술을 가지고 이주한 이들 지식인은 일본열도에서 국가가 성립되어 가는 시점에 필요한 기술을 제공하면서 이주한 사회에서 정착하였다. 가와치지역에 정착하여 지역 개발에 참여하였으나, 왜국에서 이들을 수용할 만한 체계적인 조치는 취하지 못하였다. 따라서 선진 기술의 전수자인 이들은 '백제인'이라는 의식을 강하게 가지고 있었을 것으로 보인다.

이에 견주어 6세기, 7세기 전반의 이주지식인은 백제의 외교정책과 관련하여 국가 차원에서 파견된 전문가가 많았다. 오경박사, 문서행정에 능한 실무 관료, 승려 등 전문 분야의 지식을 갖춘 이들 지식인은 왜국에 정착하여 왕가나 유력 씨족과 연결되기도 했다. 승려 혜총은 성덕태자의 스승이 되었고, 관륵은 일본 최초의 승정에 올랐다. 야마토 정권에서도 5세기 말, 6세기 단계에 들어가면 이주지식인을 씨성제에 편입하여 '사史'성을 부여하기도 했다. 이는 왜국이 고대국가 체제를 정비해 가는 과정에서 백제계 이주지식인의 전문성을 필요로 했고, 이들을 편입하기 위한 제도적 장치를 마련했음을 의미한다. 이주계 씨족이 씨사를 두어 정신적 구심점으로 삼은 것은 자신들의 정체성을 지켜 가려는 조치였다. 공동체 속에서 이러한 구심점을 만들 수 있었던 존재는 이주지식인이었을 것이다. 멸망 전의 이주지식인은 선진문물을 전해 주는 입장에 있었고, 백제라는 국가가 선진적인 국가로 인식되고 있었기 때문에 백제인으로서의 정체성을 오랜 기간 유지했을 것이다.

멸망 전의 이주지식인의 정체성과 관련하여서는 관륵의 발언을 참고할 수 있다. 추고 32년(624) 4월 무신일(3일)에 한 승려가 조부를 구타한 사건이 발생하여 모든 승니를 벌주려 할 때 천황에게 상표문을 올려 벌주지 말라고 간언하여 받아들여졌다. 이후 곧바로 임술일(17일)에 불교계의 최고위인 승정僧正에 임명되어 승니를 감독하게 되었다.[83] 관륵이 천황에 대해 간언하는 과정에서 백제왕을 여전히 '아왕我王'이라 표현하고 있다. 도래한 지 20년이 지난 시점이므로 비교적 장기간 왜왕을 섬기면서도 자신의 정체성을 백제에서 찾고 있는 것이다. 왜국보다 선진적인 백제라는 국가체가 존속하고 있는 상황에서는 이주민의 정체성은 백제 멸망 후보다 훨씬 오랫동안 유지되었으리라 생각된다.

2. 백제 멸망 이후

7세기 후반 백제 멸망 이후 백제계 이주민의 정체성의 변화과정은 일본사회의 체제 정비와 맞물려 있기 때문에 신중히 검토할 필요가 있

---

83 《일본서기》 권22 추고 32년 "夏四月丙午朔戊申 有一僧 執斧毆祖父 時天皇聞之召大臣 詔之日 夫出家者頓歸三寶 具懷戒法 何無懺忌 輒犯惡逆 今朕聞 有僧以毆祖夫 故悉聚 諸寺僧尼 並將罪 於是 百濟觀勒僧 表上以言 夫佛法 自西國至于漢 經三百歲 乃傳之 至於百濟國 而僅一百年矣 然我王聞日本天皇之賢哲 而貢上佛像及内典 未滿百歲 故當 今時 以僧尼未習法律 輒犯惡逆 是以 諸僧尼惶懼 以不知所如 仰願 其除惡逆者以外僧 尼 悉赦而勿罪 是大功德也 天皇乃聽之 壬戌 以觀勒僧爲僧正 以鞍部德積爲僧都 即日 以阿曇連[闕名]爲法頭"

다. 이와 관련하여 매우 논쟁적인 견해가 있어 먼저 살펴보고자 한다. 일본으로 이주한 백제 왕실은 고대 일본의 내부에 편입되었지만, 한편으로는 천황-백제왕, 중화中華-번국蕃國이라는 고대 일본의 중화적 세계관을 지탱하는 타자였으며, 스스로 이러한 제국주의적 질서를 존립의 근거로 삼았다는 것이다.[84] '일본 중화세계론' '동이의 소제국론'에 입각한 일본 학계의 전통적인 입장에 바탕을 두고 일본 측의 의도를 부각시킨 견해라고 할 수 있다. 그러나 과연 백제 멸망 직후부터 백제 왕실이 이러한 역할을 하였을까 의문이 든다. 이 주장이 성립하려면 당시 일본사회가 중화사상, 중화주의적 질서에 대한 이해가 깊었다는 것이 전제되어야 한다. 설령 중화적 세계관을 인정한다고 하더라도 상한을 언제부터로 설정할 수 있는지에 대한 고민이 필요하다. 또한 일본 고대사회에서 백제 유민을 번국시했다는 것과 실제 백제 유민들이 백제인으로서의 집단 정체성을 유지하고 있었다는 것은 차원이 다른 이야기이다.

백제 멸망 이후 백제계 이주민의 백제인으로서의 정체성은 약화되고, 일본인화해 가는 속도가 빨라졌을 가능성은 충분히 상정할 수 있다. 660년 백제가 멸망한 시점, 663년 백강전투의 패배로 백제부흥운동이 실패로 돌아간 시점, 일본 조정이 백제계 이주민에 대해 각종 조치를 취한 시점과 대내외적인 정세의 변화에 따라 백제계 이주민 또는 이주지식인의 정체성은 달라질 수밖에 없었을 것이다. 660년과 663년을 기점으로 백제인에서 백제 유민으로 정체성의 변화를 가져 왔지만, 671년(천지 10) 백제 유민 여자신余自信 등 16명과 달솔 등 50여 인에 대한 천지천황의 관위 수여로 백제 유민의 신분에서 '백제계 일본인'으로 재차 정체성이 변화했다고 보는 견해도 있다.[85] 백제인 → 백제 유민 →

---

84 윤선태, 2003, 앞의 논문, 72쪽.

백제계 일본인으로의 정체성 변화가 단기간에 이루어진 것으로 상정하고 있다고 할 수 있다. 그러나 관위를 수여받고 사성賜姓을 받는 것이 일본인으로 변화하는 과정임은 분명하지만, 671년의 관위 수여의 의미를 백제계 일본인, 곧 일본인화한 것으로 보는 것은 무리이다. 천지조의 백제 유민들은 모두 백제관위를 관칭하고 있기 때문이다. 적어도 관위 수여로부터 몇 대가 흘러야 정체성의 변화가 가능하므로 정체성의 변화의 시기를 망명정권이나 천지 연간부터로 보기는 어렵다.

천지조, 천무조에 걸친 체제정비 뒤의 안정 속에서 지통조에는 백제 왕족이 성姓과 높은 관위를 수여받는다. 특히 천무조에 우대받던 백제 왕족들이 백제왕씨百濟王氏를 사성받음으로써 일본의 국가체제 안으로 편입된다. 이 백제왕씨를 시작으로 757년(천평보자 원년)에는 고구려와 백제 유민에 대한 전면적인 사성이 이루어진다. 관위 수여를 넘어 사성이 이루어졌기 때문에 법제적으로도 대부분의 백제 유민이 일본인화해 간 것으로 볼 수 있다.[86] 일본인화하는 과정에서 가장 핵심적인 조치가 '사성' 조치였기 때문이다.

일본 고대국가의 지배 이데올로기로서 '화化'의 이데올로기를 상정하고, 귀화해 온 사람을 '화내化內'의 영역에 정착시키는 과정과 '왕민王民'으로 수렴시키는 과정 두 단계를 거쳐 '화化'의 이데올로기가 구현된다고 본 견해에서는 고대국가의 특징의 하나로 '왕민王民' 구조를 주목하고 있다.[87] 이에 따르면, '왕민' 구조라는 것이 중국에서처럼 단순히 제번諸蕃 또는 이적夷狄을 종속·차별하려고 한 것이라고만은 할 수 없고, '화化' 내부 구조에서도 천황과의 개별적·특징적인 관계를 설정하려 한

85 정효운, 2017, 앞의 논문, 390쪽.
86 박윤선, 1995, 앞의 논문, 54쪽.
87 박석순, 2000, 〈일본 고대국가에서 '化'의 개념〉, 《동양사학연구》 70, 153쪽.

다고 보았다. 이적夷狄들에게 '왕민'이 된다는 것은 '조용調庸의 민'이 되는 것인데, 그들은 스스로 왕민이 되어 왕권에서 연원하는 신분으로서의 아이덴티티를 가지고 싶어 한다는 것이다. 내민內民과의 차별이 보이지 않았던 번성계蕃姓系의 사람들이 그 출자나 귀화의 유래를 밝히면서 개改·사성賜姓을 희망한 이유 또한 일본 고대국가의 단순한 공민公民이 아니라 왕권에 연결되는 특수한 신분의 테두리 안에 들어감으로써 스스로의 아이덴티티를 재확립하려 하기 때문이라는 것을 지적하였다.[88] 백제계 이주지식인을 비롯하여 일본사회에서 활약했던 이주지식인은 물론 일본의 관인층들도 한 단계 높은 성을 사성받기 위해 표문을 올린다든가 여러 가지 노력을 기울인 이유가 여기에 있는 것이 아닐까 한다. 백제왕씨가 환무천황의 외가임을 표방한 것도 왕권과의 연결을 통한 자신들의 입지 강화, 아이덴티티의 확립 차원으로 볼 수 있을 것이다.

일본의 중화적 세계관에 관한 논의를 좀 더 진전시켜 보도록 하자. 일본의 중화세계는 제국적 질서를 구현하기 위해 중화의 타자인 이적夷狄을 '내부'에서 끊임없이 찾게 되는데, 이른바 '귀화인'은 일본의 중화세계를 구성하였던 한 축으로서 백제, 고구려계의 '귀화인'들이 일본국가에 의해 '제번諸蕃'으로 인식되고 그 역할을 부여받았다고 보는 견해가 있다.[89] 백제, 고구려계 귀화인에 대해 '급복給復' 조치가 계속 취해진 것도 동이의 소제국으로서 신라보다 우위에 있는 국가가 되기 위해 백제, 고구려라는 제번을 거느린 일본이라는 이미지가 필요했기 때문이라는 것이다. 백제의 '귀화인'이 결과적으로 일본의 중화세계를 구성한 한 축이 된 것은 사실이지만, 일본사회가 백제 멸망 이후 유민들을 받

---

88 박석순, 2000, 앞의 논문, 156~157쪽.
89 윤선태, 2003, 앞의 논문, 96~106쪽.

아들이기 시작할 때부터 이러한 목적을 가지고 유민들을 수용하고 정착시키는 조치를 취했다고 보기는 어렵다. 일본의 국가체제를 정비해 가려는 목적이 우선이었고, 이를 위해 전문 지식을 가진 백제 출신의 고위 관료를 활용한 것이다. 내부에서 계속 이적을 찾는 구조에서 백제, 고구려계의 이주민, 특히 백제왕씨와 같은 존재를 이용했다고 보는 것은, 백제 왕족이 '백제왕'씨를 사성 받기까지의 과정에 대한 검토가 결여된 도식적인 구도 설정이 아닌가 한다.

백제왕씨를 비롯한 백제계 이주민들이 일본사회에서 살아남기 위해 천황과의 연결을 도모하였을 수 있다. 천지천황 집권 아래에서 백제계 이주민 가운데 천지를 지지하는 세력과 천무(大海內皇子)의 지지세력으로 나뉘게 된 것도 자신들의 존립을 위해 불가피한 선택이었을 것이다. 정치적 지향이 달라서일 수도 있겠고, 정착과정에서 이주민 사이의 갈등은 일본의 정책에서 비롯된 면도 있었을 것이다. 화내化內의 백성이면서 제번諸蕃으로 인식되는 이주민의 이중적 성격이 결과적으로 일본의 천황권과 그 제국적 질서를 뒷받침했을 가능성을 배제할 수는 없다. 어느 사회에서도 이주민들은 자신들의 존립을 위해 이중성을 가질 수밖에 없다. 그러나 일본사회에서 이주민을 정착시키기 위해 취했던 집거 조치나 면세 조치, 관위 수여와 사성 등의 조치, 특히 백제계 이주민에 대한 적극적인 우대 정책에 대해 오로지 일본의 제국주의적 질서를 구축하는 데 이주민들이 이용된 것으로만 평가하는 것은 지나치게 결과론적인 해석이라고 할 수 있다. 이들은 생존과 적응을 위한 차원에서 천황과 관계를 맺고 고위관료로서 활동을 한 것인데, 일본율령의 '제국질서 수립'에 깊이 관여했을 가능성이 높은 집단으로 치부하는 것은 이주지식인의 일면만을 강조한 것이다.

백제계 이주민이 언제까지 백제인으로서의 정체성을 가지고 살았을까를 판단할 정확한 척도는 없다. 그러나 8세기 중반 이후 점차 일본식 성씨로 변모해 간 것을 볼 때 100년 가까이 흐른 뒤, 곧 3~4세대가 지난 뒤에는 백제인으로서의 정체성이 약화되어 간 것이 아닐까 한다. 더욱이 《신찬성씨록》이 편찬되던 8세기 말, 9세기에는 세력 있는 이주계 씨족은 사회적 지위를 확립하고 귀족의 반열에 오른 존재였다. 일본 중심의 번국관을 완성시키고자 당과 한반도 계통을 '제번'으로 구분했지만,90 이주계 씨족은 이미 일본 고대사회의 정치세력군으로 편제된 것이다. 일본의 국가체제와 지배질서에 완전히 편입된 존재가 되었다고 할 수 있다.

---

90 서보경, 2012, 〈《신찬성씨록》의 편찬과 목적〉, 《한일관계사연구》 41, 70쪽.

제4부

백제사에서 이주지식인의
역사적 의미와 현대적 함의

1. 이주지식인 활동의 역사적 의미

1) 이주지식인의 시기별 추이

이 연구에서는 고대 동아시아 세계의 사회발전의 원동력, 문화적 연관성을 해명하는 하나의 고리로서 이주지식인에 주목했다. 동아시아에서 대규모의 주민 이동이 발생한 시기와 백제사의 전개 과정을 고려하여 1단계(4세기~5세기 중·후반), 2단계(5세기 후반~7세기 중반), 3단계(7세기 후반 이후)로 구분을 해서 백제 이주지식인의 시기별 양상을 밝혀내고자 했다. 백제사상의 이주지식인은 백제에서 활약한 중국계 이주지식인, 중국에서 활동한 백제계 이주지식인, 일본에서 활약한 백제계 이주지식인, 백제에서 활동한 왜계 이주지식인이 모두 포함되나, 그 가운데 백제에서 활약한 중국계 이주지식인과 일본에서 활약한 백제계 이주지식인이 검토의 주요 대상이 되었다. 중국에서 활동한 백제계 이주지식인은 몇몇 승려의 행적 외에는 거의 확인되지 않고, 백제에서 활동한 왜계의 이주지식인은 왜계 백제관료에서 찾아지는 정도였다.

중국계 이주지식인의 활동 시기는 상표문 등의 내용을 토대로 비교적 분명히 언급할 수 있으나, 백제로 이주한 시점은 판단하기 곤란하다. 당대當代에 이주한 경우와 이주민의 후예인 경우를 구분하기 힘든 때가 많기 때문이다. 이에 견주어 백제계 이주지식인의 이주 시기는 기록의 연대 비정이 논란이 되는 경우가 있기는 하지만, 대체로 문헌자료에 드러나 있는 편이다. 따라서 중국계 이주지식인은 이주 경로와 활동 시기를 간단히 정리하고, 백제계 이주지식인에 대해서는 이주 시기, 이주의 계기 및 동기·목적, 이주 기간, 이주 지역, 정착 방식, 활동 분야, 이주 사회에서의 영향력 등을 살펴보았다.

중국에서 백제로 건너온 이주지식인은 낙랑·대방계 후예와 4세기 초 중국 사회의 혼란기에 들어온 경우가 구분되기는 한다. 그러나 백제사회에 들어와 보인 행보는 크게 다르지 않았다. 낙랑·대방군의 지배를 위해 파견된 뒤 정착해서 가계를 이루어 활동하던 부류로서 낙랑·대방군 축출 이후 고구려나 백제에 들어온 경우는 낙랑군 지배 아래에서는 발전형이었으나, 4세기 당시에는 한반도의 고구려나 백제로의 유입이 불가피한 선택이었다. 이들은 한자문화에 기반한 지식층으로서의 전통은 계속 유지해 갔기 때문에, 아직 국가를 운영해 갈 통치체제를 온전히 구축하지 못한 백제에서 자신들이 활동할 수 있는 여지가 있다고 판단하여 백제 사회에 들어온 면도 있다. 비록 정치권력의 핵심으로부터 멀어진 지배층, 실무 관료로서 역할을 했지만, 생존형과 발전형이 결합된 경우이다.

4세기 초 중국사회의 혼란기에 들어온 경우는 큰 분류상으로 보면 일단 생존형에 가까웠다. 자신들이 살았던 터전을 버리고 한반도로까지 건너온 경우는 더 절박한 심정으로 정착하기 위한 노력을 했을 것이다. 그러나 중국 본토에서 당시의 제도나 학문 등을 직접 접했던 경험을 바탕으로 이주해 온 백제에서 활동하기 위해 적극성을 보였다. 선진적인 중국사회에서의 경험이 백제사회에서 활용될 여지가 컸고, 실제로 이들의 활약도 문자에 기반한 지식이 활용될 여지가 많은 부문에서 이루어진 면이 있다.

1, 2단계에 백제에서 활약한 중국계 이주지식인과 그 후예는 중국과의 외교관계에 참여한 경우가 많았다. 백제에서 체재하는 기간이 길어

지면서 백제인화해 가기도 했다. 1단계에도 박사 고흥처럼 문자문화에 이해를 기반으로 백제의 국가 체제 정비에서 중요한 역할을 한 경우도 있다. 또한 6세기 중반 백제의 요청으로 중국 양나라에서 파견된 박사나 화공 등은 체재 기간은 3년 정도임에도 불구하고 전문화된 지식을 가지고, 국왕의 측근으로서 백제의 체제 정비는 물론 학문과 문화 발전에도 크게 기여하였다.

백제계 이주지식인은 이주한 지역에서 활동한 내용과 역할 등을 기준으로 1차적인 분류를 한 뒤 이주의 계기 또는 동기, 정착 방식 등을 살펴보았다. 정착 방식은 외교활동, 이주해 간 나라의 왕권과의 유착, 국가 발전에 필요한 지식 및 기술 제공 등 어떤 방식으로 왜국 조정에 참여했는지, 정착의 상태는 활동과 관련하여 국가체제에 편입되어 관위를 받았는지 여부를 기준으로 살펴보았다.

1단계에는 왜국이 국가체제를 정비해 가는 과정에 있었기 때문에 백제계 이주지식인은 토기 제작, 직조, 철기 제작 및 제철, 말 사육, 수리 관개 등 일상생활과 농업생산력, 군사력 강화, 국가체제 유지에 기초가 되는 기술과 지식을 제공하였다. 아직기나 왕인 등 문자문화에 관련된 지식인층의 활약도 보이지만, 이들은 말 사육이나 재정 등 실용 분야의 전문성을 겸비한 이주지식인이었다. 2단계에는 6세기 초·중반 오경박사 등의 지식인, 문서행정이나 장부 정리 등에 익숙한 전문가에 이어 6세기 후반 불교 승려와 사찰 조영 기술자들이 집중적으로 이주하였다. 1, 2단계의 이주지식인은 집단적 이주의 성격이 강한 3단계에 비해 개별적 이주나 파견의 성격을 띠기는 하지만, 문서행정, 불교, 교육기관, 율령 등 왜국의 국가 발전 단계에 따라 그에 필요한 기술 및 지식을 기반으로 적극적으로 활약하였다. 지식과 기술이 도입되는 중요한 매개자가 이주지식인이었다.

백제에서는 백제 멸망 이전인 5세기 전후 단계부터 일본에 전문 지식과 기술을 가진 지식인이 파견된 바 있었기 때문에 그 기반 위에서 백제 멸망 후인 3단계에 관료 출신 지식인이나 전문가가 크게 활약할 수 있었다. 전 단계부터 축적된 기반이 이들의 정착과 활약을 도운 면이 있다. 유민 지식인들은 병법, 법률, 교육기관, 의약, 율령 등 각 분야의 전문 지식을 가지고 이주한 왜국－일본사회의 일원으로 자리 잡고, 그 후예들은 사성賜姓을 받으면서 백제계 이주지식인을 뛰어넘어 일본인으로 자리 잡게까지 된다. 본국이 멸망한 이후 이주한 지식인의 폭넓은 활동 범위와 활동의 적극성을 엿볼 수 있다. 당으로 건너간 유민들의 활동이 전쟁에서의 공으로 관직에 오르는 정도에 그친 것과는 차이가 있다. 당이라는 사회는 이미 틀이 꽉 짜인 사회였기 때문에 상대적으로 백제에서 건너간, 더욱이 패전국 출신의 유민이 가서 활약할 수 있는 범위는 제한되었다. 이와 비교할 때 일본사회는, 선진적이었던 백제 유민들이 비록 본국은 멸망했어도 이전의 경험을 바탕으로 활약할 수 있는 공간이 남아 있었다고 보아도 좋을 것이다. 백제 유민들이 일본사회의 발전에 기여하면서 공생共生할 수 있었고, 일본사회의 문화적 수준도 올라갈 수 있었던 것이 아닐까 한다.

이주지식인의 이주 동기와 관련해서는 전쟁이나 반란으로 사회가 혼란스러워져 좀 더 안정된 세계를 찾아서 이주한 경우도 있고, 자신이 속했던 사회보다 능력을 발휘할 수 있는 '새로운 기회의 땅'을 찾아 이주한 경우도 있다. 백제사상 이주지식인의 경우 한성함락 후나 백제 멸망 후의 상황에서는 전자의 요소가 크게 작용하였을 것이고, 6세기 이후 백제 멸망 전까지 백제사회가 비교적 안정된 상황에서는 후자의 동기에서 이주한 경우가 많았을 것이다. 그러나 전자의 동기에서 이주한 경우라 해도 대체로 후자의 이주 동기가 복합적으로 작용하였을 소지가 크다. 이주한 사회에서 적극적으로 활약한 이주지식인은 전자보다는 후자의 동기에서 비롯된 경우가 많다. 이민을 생존형과 발전형으로 구분하는 연구에서 보면,[1] 백제 멸망 후의 유민 지식인과 같은 경우는 처음에는 생존을 위해서 이주했다고 해도, 발전형의 결과를 가져온 사례가 적지 않다.

2) 이주지식인의 특징

지식인은 일반적으로 식자층으로서 국제 정세 및 자국의 동향에 충분히 관심을 가지면서 새로운 질서를 형성하고, 현실의 문제점을 개선하기 위해 노력하는 사람이다. 이러한 일반적인 지식인의 특징을 넘어 이주지식인이 가진 특별한 측면이 있다.

첫째, 이주지식인은 현실의 문제점을 해결하고 개선하기 위한 방안으로, 새로운 사회에서 자신의 뜻을 펼쳐볼 수 있는 기회를 적극적으로 찾아내고자 했다. 국가에 의해 파견된 경우도 국내의 문제에만 관심을 가지고 있던 사람들에 비해서는 훨씬 창의적으로 새로운 환경에서 일할 기회를 활용하려는 성향이 있었다. 이주민을 생존형과 발전형으로 나누고 있는데, 기본적으로 이주민은 생존형의 요소를 갖추고 있다. 그러나 이주지식인은 생존형에 그치지 않고 발전형으로 전화하는 경우가 적지 않다.

둘째, 이주지식인은 자신의 '실력'을 바탕으로 자유로운 이동을 한 존재였다. 《속일본기》 권38 연력 4년 6월 계유조에 나오는, 후한 영제의 증손이라는 아지왕阿智王은 아직기阿直伎와 동일 인물로 간주된다.[2] 《속

---

1 葛劍雄, 2005, 《中國移民史》, 五南圖書出版公司, 47~50쪽.

일본기》에는 대방군에서 바로 왜국으로 간 것으로 되어 있으나, 《일본서기》 권10 응신 15년 8월 정묘조에는 백제에서 보내 준 것으로 되어 있다. 당시의 정황을 고려하면, 대방군에서 백제를 거쳐 왜국으로 건너 갔다고 보는 것이 타당할 것이다. 이주지식인은 원래 속해 있던 사회가 혼란한 상황에서 이주하였기 때문에 안정되지 않을 경우 언제든지 자유롭게 떠날 준비가 되어 있다. 물론 아직기는 백제왕이 보내 준 것으로 되어 있기는 하지만, 성향 자체가 이동한다는 것에 큰 부담을 느끼지 않았을 것이다.

472년(개로왕 18) 백제가 북위에 보낸 표문과 478년 왜왕 무武가 남조의 송 순제順帝에게 보낸 표문의 작성 주체가 동일인일 가능성이 높다면, 이 또한 국경에 구애받지 않고 자신이 가진 실력을 최대한 발휘하면서 이주국에서 정착한 사례이다. 6세기 중반 백제에서 활약한 중국계 이주지식인이 다시 왜국으로 파견된 사례는 이주지식인의 이동 경로도 잘 보여 준다. 왕씨王氏나 고씨高氏 같은 경우는 문자에 기반한 지식사회의 형성에서 중요한 역할을 담당했다. 백제에 와서 장기간 거주하다가 왜국에 건너가서 일본사회의 문명화에 영향을 끼쳤던 진정한 노마드, 동아시아인으로서의 이주지식인이었다. 또 승려의 경우 국경을 넘나들며 정치, 외교적인 역할을 수행했고 활동의 범위도 넓었으며, 관륵觀勒처럼 불교만이 아니라 기술, 유교 문화, 법률체제 등의 신지식을 전수하는 매개체 역할을 수행했다.

셋째, 이주지식인은 새로운 지식의 확보를 위해 본국과의 관계를 잘 유지하였다. 왕인의 후예씨족인 서문씨西文氏는 '동서사부東西史部' '동서제부東西諸部'에 속하는 성씨집단으로서 야마토 조정의 문필을 담당하는

2 青木和夫 外, 1995, 《續日本紀》 4, 岩波書店, 566쪽.

실무관료로 활동했다. 이후 동서제사東西諸史가 왕진이 같은 새로운 후히토에 의해 대체되지만, 왕진이계의 선船, 백저白猪, 진津의 3사史는 동서사부를 이끈 서문씨와 밀접한 관계를 가지고 활동하였다. 왕진이도 전부터 건너와 있던 많은 백제계 이주민이나 야마토지역의 유력한 이주민 씨족인 동한씨東漢氏와의 사이에서 자신의 지위를 제고시키기 위해 백제와의 관계를 계속 유지하고자 했다. 지식에 기반한 개인이나 집단은 계속 새로운 학문이나 지식을 습득해서 변화에 대응할 수 있어야 했기 때문에 왜국에서 활동한 이주지식인도 지식의 원천인 백제에 이러한 능력을 갖춘 인재를 보내 줄 것을 계속 요구했다. 강례박사 육후陸詡와 같은 경우는 당시 성왕이 불교와 유교에 기반한 정치이념을 구축한다는 목적에서 초청한 것이지만, 왜국에서 활동하고 있던 이주지식인의 요청에 부응하는 결과도 초래하였다.

이주지식인들은 이주국 세력자와의 관계 유지만이 아니라 모국과도 계속 관계를 유지하면서 끊임없이 재충전을 해야 할 필요가 있었다. 특히 의학, 음양학 등의 과학기술은 항상 최신의 것이 추구되기 때문에 새로운 지식을 전달받을 수 있는 원천으로서 본국의 지원을 확보하는 것이 중요했다.

넷째, 이주지식인에게는 유학留學과 같은 재충전의 기회가 주어졌다. 608년(추고 16) 수나라 사신 배세청裴世淸을 따라 유학길에 나선 학문승 남연한인청안南淵漢人淸安과 학생 고향한인현리高向漢人玄理는 640년(서명 12) 신라를 거쳐 귀국하는데, 이주지식인들에게는 장기간 중국에 유학하여 선진문물을 경험할 수 있는 기회가 주어졌음을 알 수 있다. 이들은 귀국 뒤에 대화개신大化改新에도 참여하고, 고향현리의 경우 국박사國博士로 임명되었다. 또한 717년 견당사가 파견될 때는 길비진비吉備眞備·현방玄昉·아배중마려阿倍仲麻呂 등이 유학생으로서 동행했는데, 아배중마려는 당에 머물면서 관도에 나아가 이백李白 등의 문인들과 교유하였다. 길비진비와 현방은 당에서 함께 학문에 힘써 길비진비는 경서·천문역서 등 다수의 한적을, 현방은 일체경一切經을 가지고 735년 귀국하였으며, 2인은 함께 귤제형(橘諸兄: 다치바나노 모로에) 정권에서 중용되어 정치에서 힘을 떨쳤다.

이러한 사례에서 볼 때 이주지식인은 새로운 지식을 다시 습득할 수 있는 재충전의 기회를 가지면서 지식인으로서의 역량을 강화하고, 그것을 바탕으로 일본이라는 고대사회의 틀을 갖추는 데 크게 기여했음을 알 수 있다. 유학생, 유학승이 되는 것은 재충전의 기회이자 한편으로는 이주한 사회에서 정착하는 방법이기도 했다.

다섯째, 일본에 정착한 백제계 이주민의 경우 후예씨족들도 인접해 살면서 집단 거주와 구심점이 되는 씨사氏寺를 조성하였다.[3] 이주민이 오랫동안 공동체를 유지할 수 있었던 것은 공동체의 구심점이 될 수 있는 씨사와 같은 상징적인 존재를 가질 수 있었기 때문이다. 이주민으로 이루어진 공동체 속에서 이러한 구심점을 만들 수 있었던 존재는 이주지식인이었을 가능성이 높다. 공동체의 유지에 이주지식인이 수행한 역할이 컸다고 할 수 있다.

3) 이주지식인의 역할

동아시아에서 이주지식인이 활동할 수 있었던 기반은 공통분모였던 한자문화, 새로운 지식과 문화를 흡수하고 충전할 수 있는 기회의 확보, 활동무대였던 동아시아 사회의 개방성이었다. 그중에서도 일정한 수준

---

3 西琳寺를 세운 西文氏처럼 船氏는 野中寺, 葛城氏는 藤井寺 등의 氏寺를 세웠다.

의 지식과 교양을 갖춘 사람이 되기 위해 기본적으로 필요한 것이 지식과 교양을 축적할 수 있는 수단이 되는 문자의 수용과 문자생활이다. '한자漢字'라는 문자는 동아시아 사회에서 지식·기술이 전달되는 매개체였다. 따라서 이를 수용한다는 것은 동아시아 세계 공통의 언어를 습득하는 것이었고, 불교·유교, 율령 등 중국의 선진문화와 기술을 수입하는 수단이자 외교문서 및 행정문서 작성, 재정과 출납 등 국가 운영에 필수불가결한 것이었다.

동아시아 세계의 공통의 문화 형성에 이주지식인이 활약을 할 수 있었던 것은 한자를 매개로 한 지식사회가 형성되어 있었기 때문이다. 이들은 유학생과 유학승으로서 새로운 지식과 기술, 문화를 충전하여 당시 사회에서 당면한 시대적 과제를 해결하고 미래를 전망할 수 있었다. 한자를 공유하는 광범한 지식사회가 형성되어 있었기 때문에 어디든 자유롭게 갈 수 있었으며 그들의 활동 범위도 넓었다. 이주지식인은 문자의 보급만이 아니라 국가의 생산력을 확대하는 각종 기술과 제도의 정비 등 파견된 나라의 국가체제 형성과 국가 운영에서 중요한 역할을 담당하였다.

국가를 운영해 가는 데 필요한 기술이나 시스템은 단기간에 완성하는 것이 불가능하고, 또 선행 단계의 축적이 필요하다. 치수治水 기술이나 수취 제도는 대표적인 예이다. 복잡한 제도와 고도의 기술, 이해 관계가 얽혀 있는 법의 운용은 시스템을 구축하는 데 시간이 걸리고 경험이 필요하므로 유경험자인 '지식인'의 개입이 불가피하다. 이주지식인이 기여할 수 있는 부분이나 비중은 이주한 나라의 국가 발전 정도에 따라 차이가 있었을 것이다. 대체로 후발국일수록 이주지식인이 개입할 수 있는 여지가 커진다. 이주민을 수용하려는 적극적인 조치를 수반하여 이주민의 후예들이 활약할 수 있는 기반도 훨씬 공고하게 마련되는 경향이 있다. 백제의 이주지식인을 적극 받아들였던 일본 고대사회는 이를 분명하게 보여 준다.

고대사회는 상대적으로 국경의 의미가 약했고, 교류할 수 있는 범위는 넓었다. 고대사회의 교류의 범위가 넓어 동아시아만이 아니라 최근 동부 유라시아 전체로 그 범위를 확대해 보자는 의견들이 많이 나오고 있다. 백제도 동남아시아는 물론 인도, 서역과도 교류를 했다는 것이 기록과 실물자료를 통해서 확인되고 있다. 교류 자체는 인정할 수 있으나, 그 규모와 빈도, 지속성에서는 동아시아 국가들과의 교류와는 비교가 되지 않는다. 동아시아지역 사이의 교류는 동남아지역이나 서역과의 교류와 양적·질적 차이가 있었다. 따라서 여전히 동아시아세계가 가지는 교류의 단위, 문화권으로서의 의미는 중요하다고 본다. 동아시아 공통의 문화권 형성이 가능하게 된 데는 한자와 그것을 활용할 수 있는 지식인, 특히 중국, 한반도, 일본사회를 넘나들며 활동했던 이주지식인의 역할이 컸음을 인정할 수밖에 없다. 이주지식인의 활약으로 고대 동아시아 세계는 하나의 역사적·문화적 공간으로 더욱 공고히 자리잡았던 것이다. 이주지식인은 '동아시아의 문화적 동질성'[4]을 만들어 내는 견인차 역할을 했던 것이다.

그동안의 교류사 연구에서는 한반도가 선진문물의 전달 통로였고, 백제가 일본열도의 문명화를 이끌었다는 우월감 또는 자부심이 어느 정도 자리 잡고 있었다. 한반도에서 일본열도로 이주한 한반도계의 이주민에 의해 선진 기술과 학문이 전파되어 일본 고대율령국가의 틀을 세우는 기초가 된 것은 분명하다. 특히 왜국에서 활약한 백제계 이주지식인의

---

4 백제와 왜에서 보낸 상표문의 집필자, 상표문의 내용 및 시스템이 유지되는 것도 문화적 동질성의 한 예로 볼 수 있다(河內春人, 2018, 앞의 책, 148~154쪽).

역할이 컸다.

'이주'했다는 것은 어느 한쪽으로 사람들이 옮겨갔다는 점에서, 특히 고대 동아시아 삼국에서의 이주의 방향은 국가의 발전단계나 문화적으로 조금은 앞선 나라에서 발전단계가 늦은 나라로 가는 경우가 많았다는 점에서 그 방향성이 일방적인 경우가 많았다. 그러나 사람의 이주 방향의 경향성은 언급할 수 있지만, 사람들이 오고 가는 과정에서 이루어지는 교류의 가능성을 논급하자면 '문화전파'라는 일방적인 시각은 성립할 수 없는 경우가 많다. 특히 한국과 일본의 문화는 '교류交流'의 관점에서 바라볼 부분이 많다.

왜국으로 이주해서 활동한 백제계 이주지식인의 활동상을 시대별로, 또 분야별로 살펴보았지만, 이들이 우월적인 위치에서 역할을 했던 것은 아니며, 그 사회의 일원으로서 자신이 가진 역량을 최대한 발휘하여 사회의 발전에 기여한 것으로 평가할 수 있다. 아울러 그 사회는 이들이 역할을 할 수 있도록, 또 여러 가지 제도들이 제대로 작동할 수 있도록 제반 장치를 강구해 나갔다고 할 수 있다.

이는 일본에서 찾아볼 수 있는 백제문화의 요소를 바라보는 시각에도 똑같이 적용될 수 있다. 백제의 문화가 일본문화의 형성과 발전에 크게 영향을 미쳤다고 해도 일본문화 속에는 다양한 요소가 들어 있다. 백제에서 전해 준 것이라 해도, 또 백제계 이주민에 의해서 또는 백제의 영향을 받아 일본에서 제작된 것이라 해도, 외래문화를 받아들여 이를 자신들의 상황에 맞게 변용하고 자신만의 독특한 것을 만들어 냈다면 이는 엄연한 일본의 문화이다. 일본의 자연지리적 조건이나 미적 감각에 맞춰 오랫동안 자신의 문화로서 계승 발전시킨 것은 일본의 몫이기 때문이다.5 백제가 중국 것을 받아들인 것에 대한 평가나, 일본이 백제 것을 받아들인 것에 대한 평가는 동일한 잣대에서 행해져야 하며,

이중적인 잣대를 지양해야 한다.

백제왕씨를 비롯한 백제계 이주민, 곧 백제 멸망 후의 망명 지식인에 대해서는 자신들의 일본에서의 존립을 위해 더욱 적극적으로 일본의 천황권과 그 제국적 질서를 뒷받침했다는 평가도 있다.[6] 일본이라는 나라의 큰 틀을 세우는 데 기여도 했지만, 결과적으로 천황이 만든 질서에 편입될 수밖에 없었던 측면이 있었을 것이다. 그러나 이 또한 결과론적 해석을 지양할 필요가 있다. 이주지식인이 이주한 사회에서 정착하여 그 사회의 일원이 되어 가는 자연스러운 과정일 뿐이다. 따라서 이주지식인은 진정한 공생共生 관계의 창출자라 할 수 있다.

망명자적인 지식인은 남겨두고 떠나온 것과 지금의 현실 모두를 통해 사물을 보기 때문에 사물들을 고립시켜 보지 않는 중첩된 시각을 가진다. 망명자적인 지식인의 역할은 관습의 논리에 따르지 않고 대담 무쌍한 행위에, 변화를 표상하는 일에, 멈추지 않고 전진해 가는 일에 부응하는 것이라고 하는데,[7] 중국계 이주지식인, 백제에서 일본으로 건너간 이주지식인들이 자신들의 전문 분야에서 크게 두각을 나타낼 수 있었던 이유는 혹시 이러한 특징과 관련되어 있는 것은 아닌가 한다. 관습이나 그동안의 틀, 관습의 논리에서 벗어날 수 있었기 때문에 전문적인 지식과 숙련된 기술을 바탕으로 새로운 문화를 창출하는 데 일정한 역할을 할 수 있었을 것이다.

5 김영심, 2015, 앞의 논문, 96쪽.
6 윤선태, 2003, 앞의 논문, 109~110쪽.
7 에드워드 사이드 지음·최유준 옮김, 2012, 《지식인의 표상 – 지식인이란 누구인가?》, 마티, 73~77쪽.

2. 현대적 함의

이 연구에서는 몇 가지 기준에 따라 이주지식인을 유형 분류하고 그 특성을 도출함으로써 이주지식인에 대한 체계적 연구의 발판을 마련하고자 했다. 영성한 자료를 통해 백제사에서 그 자취를 남겼던 이주지식인의 온전한 면모를 드러내기는 쉽지 않았지만, 고대 동아시아 세계를 염두에 두고 백제의 이주지식인 문제를 천착하고자 했다는 점에서 의의가 있다. 연구사적 의미와 오늘날의 상황에서 갖는 의미로 나눠 볼 수 있겠다.

먼저 연구사적 의미이다. 새로운 문화를 창출·전달하고 새로운 사회를 만들어 가는 데 큰 역할을 한 백제사상의 이주지식인 문제를 동아시아 전체로 시야를 확대하여 조명했다는 점에서 일국사—國史를 넘어선 역사 연구의 초석을 놓을 수 있으리라 본다. 특히 일본에서 활약한 백제계 이주지식인의 활동상에 대한 심층 접근은 동아시아 세계론을 이론적으로 보완할 수 있는 자료가 될 수 있다. 동아시아 문화권의 각 나라에서 여러 가지 문화적 요소를 수용, 변용하여 자신의 문화, 국가질서를 창출해 낸 과정 또는 역사적 경위까지 포함하여 천착했기 때문이다. 단지 현재 나타난 양상만이 아니라 그러한 문화가 형성되게 된 역사적 배경까지 밝힘으로써 동아시아 문화를 구성하는 제반 요소에 대한 비교 연구의 토대를 마련하였다.

6세기에 이미 동아시아의 국제교류 속에서 국가 간에 전문 지식과 기술을 가진 박사 및 장인의 파견 요청이 이루어졌고, 선진적인 지식과 기술의 흐름이 중국(양) - 백제 - 왜로 이어졌음을 알 수 있다. 백제가 양과 일본을 연결하는 '박사네트워크'를 연결하는 구심점 역할을 했음을 시사한다. 따라서 향후 이주지식인 연구는 고구려, 신라의 경우까지 포함하여 고대 동아시아 삼국, 곧 한국과 중국, 일본의 공동연구로까지 끌어올릴 수 있어 연구의 확장성이 크다. 이 연구가 이주민 연구의 답보상태를 극복하고 학문적인 논쟁을 촉발시킴으로써 향후 이주민에 대한 체계적인 후속 연구를 견인해 내었으면 하는 바람이다.

이 연구에서는 단지 중국계 이주지식인이 백제에서, 또 백제계 이주지식인이 왜국에서 크게 활약하며 사회의 발전을 추동했음을 밝히는 데에 초점을 맞추지 않았다. 오히려 이들 이주지식인이 이주한 사회에서 자신의 역량을 발휘하여 사회 발전에 기여할 수 있는 풍토가 마련되어 있었다는 점, 고대사회의 개방성에 방점을 두었다. 중국계 이주지식인을 받아들인 백제와 백제계 이주지식인을 받아들인 왜국의 발전 단계에 차이가 있고, 이주의 주된 형태에서도 개별적 이주와 집단적 이주라는 차이가 있었다. 이주지식인을 보낸 사회, 이주민을 받아들인 사회에 대한 충분한 이해가 동시에 필요한 이유가 여기에 있을 것이다. 이 연구에서도 이를 지향했지만, 필자의 역량의 한계로 미흡한 부분이 많다. 추후의 과제로 남겨 둔다.

다음으로 오늘날의 상황에서 갖는 의미이다. 이 연구는 지식인의 역할을 생각해 보려는 목적에서 출발한 면이 있다. 오늘날 그 역할에 대한 별다른 논의가 이루어지지 못하고 있는 '지식인'이란 존재에 대한 진지한 논의를 다시 시작할 수 있는 계기를 마련하고자 함이다. 지식인은 대중의 요구가 무엇인지에 관심을 가지고, 그 사회가 당면한 문제를 해결하고자 최선을 다할 필요가 있다. 그러나 결코 대중 추수적이어서는 안 되고, 그 사회가 나아가야 할 방향을 제시하며 대중을 선도해 나갈 수 있어야 한다. 국가발전을 위해 지식인이 수행해야 할 역할은 국민의 의식 수준을 높이는 일과 국가가 필요로 하는 전문 지식의 개발과 공급이다.

고대사회의 지식인은 이러한 역할을 집중적으로 수행하였다. 고대에는 교류가 제한적으로 이루어졌고, 사신, 승려, 관료와 같은 상층의 지도부가 식자층으로서 교류를 담당하였기 때문에 전달된 문화도 사회 상층부의 문화였으며, 그것들이 유산(legacy)으로 남아 계속 이어졌다. 문화 전파에서 식자층의 역할이 훨씬 컸으며, 교류와 소통이 가능했던 것은 언어가 통했기 때문이었다. 고대 동아시아는 공통의 언어인 한자, 한문을 학습하여 상호 이해를 넓힐 수 있는 기반을 마련하였고, 고대사회에서 형성되었던 기반은 오늘날까지도 공고하게 이어지고 있다. 따라서 동아시아 삼국은 이를 발전적으로 계승시키기 위해 힘을 모아야 할 책임이 있다. 문명국 동아시아 삼국이 자신의 나라를 넘어서 동아시아 차원에서, 더 나아가 세계인의 가치관 형성과 문화 수준 및 지성 수준의 제고에 기여할 수 있는 참된 지식인으로서의 역할을 할 수 있도록 해야 할 것이다.

또한 지식인은 고대사회에서 국가 운영의 큰 틀, 방향성을 제시해 줄 수 있는 존재였다. 따라서 지식인에 대한 연구는 고대사회 운영의 주도 세력과 고대사회의 작동 원리를 알아낼 수 있는 중요한 근거가 되기도 한다. 고대사회에도 사회의 저변을 이루는 일반 백성이 생산의 주체이고, 역사 발전의 원동력이었음은 분명하다. 그러나 새로운 지식과 기술, 정보를 받아들이는 중요한 수단인 문자문화에 대한 이해가 수반되지 못했던 일반 백성과 달리 문자문화에 대한 이해를 바탕으로 선진문물을 받아들일 수 있었던 지식인의 역할이 매우 컸다. 지식인의 역할에 대한 의미 부여는 고대사회의 성격 규정, 더 나아가 역사를 바라보는 관점[史觀]과도 연결되는 매우 논쟁적인 부분이지만, 거대 담론이 거의 사라진 오늘날 지식인의 역할을 새삼 상기하는 중요한 계기가 될 수 있지 않을까 한다.

백제사상의 이주지식인을 검토한 결과 특히 백제 멸망 후의 이주지식인은 개별보다는 집단 이주의 성격을 띠었다. 국정 운영에 필요한 지식과 기술은 단순하게 적용할 수 있는 것은 거의 없고, 새로운 상황에 맞는 지식과 기술로 재창출해야 하는 경우가 대부분이다. 다양한 경험과 기반을 가진 지식인이 집단으로 모여 그들이 가진 지혜를 모으고 탄력적으로 서로의 의견을 조정할 수 있어야 새로운 상황에 맞는 해결책을 찾아낼 수 있다. 상호 계발啓發이 될 수 있기 때문이다. 폐쇄된 사회에서 우위경쟁만 하는 것은 사회 발전에 도움이 되지 않는다. 지식인들의 이동이 가능하고, 교류가 활발한 사회는 문화의 수준도 제고되는 반면, 지식인의 이동의 자유가 없어지고, 지식인을 긴박시키는 체제 아래에서는 사회의 발전이나 문화 수준의 제고를 기대하기 어렵다.

이런 측면에서 보면, 고대 동아시아 사회에서 이주지식인은 '지식 노마드'와 같은 존재였다. 실력에 바탕하여 자유롭게 이동할 수 있었으며, 재충전의 기회도 가질 수 있었다. 개인의 선택이나 지향에 따른 이주도 있었지만, 국가에 의해 파견된 경우가 많았다. 이주지식인이 다양한 분야에서 폭넓게 활동할 수 있었던 것은 국가적 지원 조치가 있었기 때문이다. 정치지도자는 국제정세와 자국의 정세를 정확히 파악한 뒤 방향성을 제시할 수 있어야 하고, 그 방향성을 구현해 갈 수 있는 능력을 소지한 관료를 등용하는 것이 필요하다. 관료들의 능력을 함양하기 위한 제도적 장치를 마련하고, 그 관료에 이주지식인까지 포함될 정도로 탄력적이었던 것이 고대 동아시아 사회였다. 이주지식인의 활동상과 그들이 정착해서 자신의 능력을 발휘할 수 있도록 지원하는 조치를 취한 것을 보면 고대 동아시아는 개방적인 사회였고, 정치지도자 또한 그를 감당해 낼 역량이 있었다.

고대 동아시아 각국은 혼자서 사는 폐쇄적인 사회가 아니었다. 국가나 개인 모두 열린 자세와 폭넓은 감각을 가지고 시대적 과제를 해결하고자 했다. 다양한 민족과 문화가 어우러져 살 수밖에 없는 사회였고, 특히 백제는 이를 몸소 실천한 사회였다. 백제사의 이주지식인, 고대 동아시아의 이주지식인이 보여 주었던 실천적인 모습을 되살려 오늘날 동아시아 사회가 세계의 주역이 되기 위한 발걸음을 함께 내딛어야 할 시점이 아닌가 한다.

Abstract

Migrant intellectuals in the history of Baekje and the East Asia

This research examines the role of migrant intellectuals as a driving force for social development in individual countries in ancient East Asia and as a cause of cultural similarity among them in the region. First, the study divides the period of migration into three phases for analysis, considering the large-scale migration that occurred in the East Asian society and the historical development of Baekje. Specifically, they are: the first phase from the 4th century to the mid–to late 5th century; the second phase from the late 5th century to the mid–7th century; and the third phase from the late 7th century onwards. Second, among the migrant intellectuals in the history of Baekje, it focuses on (i) the Chinese migrant intellectuals who settled in Baekje and (ii) the intellectuals who migrated from Baekje and settled in ancient Japan (Japan, hereafter).

The Chinese migrant intellectuals who worked in Baekje during the first phase comprise two groups: the descendants of immigrants from Nakrang–gun and Daebang–gun and the immigrants who fled China's chaotic situation in the early 4th century. While these migrant intellectuals are portrayed in this study as an impetus for social development and cultural links, their activities in Baekje are not significantly different. They vigorously applied their understanding of more advanced Chinese state systems, institutions, and scholarship in

Baekje which did not have its own well–established systems yet. The migrant intellectuals' major contributions were found in the areas of knowledge built on Chinese characters. For instance, while Scholar Goh Heung(高興) was instrumental in reorganizing Baekje's national system by drawing on the Chinese letter culture, many Chinese migrant intellectuals also acted as frontline bureaucrats in Baekje's diplomatic relations with China.

During the second phase, Chinese migrant intellectuals and their descendants in Baekje often became members of its diplomatic missions to China. With their longer periods of stay in Baekje, they increasingly became 'Baekjeanized'(百濟人化). Moreover, despite their relatively short three–year stays, academic scholars and painters expatriated from the Liang Dynasty of China at the request of Baekje in the mid–6th century successfully served as close aides to the King of Baekje and, with their expertise, contributed significantly to the overhaul of the country's state systems and the progress of its scholarship and culture.

Intellectuals who migrated from Baekje to Japan were first classified on the basis of their areas of activity and roles in Japan, and subsequently according to their motives of migration and settlement arrangements. During the first phase, as Japan was in the process of organizing its state system, these migrant intellectuals from Baekje (Baekje's migrant intellectuals, hereafter) provided a vast array of foundational technologies and knowledge needed for improving Japanese daily living, agricultural productivity, and the country's military power. Their valuable contributions are found in such areas as pottery, textile (weaving), manufacture of steel and steel products, horse breeding, and irrigation. The activities of migrant intellectuals well versed in the letter culture such as Ajiggi(阿直岐) and Wangin(王仁) took place. However, many of Baekje's migrant intellectuals were also equipped with expertise in practical fields such as horse breeding and finance. During the second phase, particularly from the early to the mid–6th century, there was major migration of intellectuals such as scholars of five studies as well as experts in document administration and bookkeeping. This was followed by the extensive migration of Buddhist monks and architects of Buddhist temples in the late 6th century. As opposed to the group–based, collective nature of the third–phase migration, migration at both the first and the second phases is characterized by individual relocation or national–level expatriation. Nevertheless, these migrants applied their technical expertise and knowledge in line with Japan's stages of national development and participated in its various national affairs, accordingly, including in areas of document administration, Buddhism, educational institutions, and legal statutes. Migrant intellectuals from Baekje were important intermediaries of advanced knowledge and technology to Japan.

Baekje's intellectuals with specialized knowledge and skills were first dispatched to Japan prior to the fall of Baekje in around the 5th century. Bureaucrats–turned–intellectuals or experts from Baekje were thus able to work successfully in Japan later during the third phase, even after the fall of Baekje. Equipped with expertise in each of the military, legal, educational, medical and pharmaceutical, and regulatory areas, these migrant intellectuals established a strong foothold in the country as its new members. Their descendants even received a Japanese family name from the Japanese government and evolved from the so–called migrant intellectuals from Baekje into full–fledged members of the Japanese society. Apparently, we can argue that the migrant intellectuals were involved in a vast range of activities, and that the intellectuals who migrated to Japan after the collapse of Baekje were particularly aggressive in their efforts toward successful settlement. Through their contributions to Japan's societal development, the migrant intellectuals from Baekje were able to live symbiotically with local Japanese and as a result, Japan's cultural standard also developed further.

This study has found that migrant intellectuals had many unique characteristics that outshined those of general intellectuals in their pursuit of solutions to the challenges of reality. These characteristics are provided below.

First, migrant intellectuals actively pursued opportunities to make their dreams come true in their newly adopted country, by way of managing and resolving the challenges facing reality. Accordingly, there were many instances in which migrant intellectuals continued to evolve from a mere survival type into that of continuous personal development.

Second, migrant intellectuals armed with own 'capabilities' freely moved across national boundaries. Many Chinese intellectuals who migrated to Baekje and their descendants lived in their adopted country for a considerable time and became 'Baekjeanized'. Furthermore, some of these Chinese migrants and their descendants migrated later to Japan in the mid–6th century and contributed significantly to Japan's civilization. They were true nomads and 'East Asian' migrant intellectuals. Specifically, they acted as both politicians and diplomats transcending national borders; the scope of their activities was diverse and wide–ranging; and they were transmitters of new knowledge relating to technology, Confucian culture, and legal systems, not just Buddhism.

Third, migrant intellectuals maintained good working relationships with their home country to further secure new knowledge. In a similar vein, they developed relationships with influential people in their adopted country to gain a foothold for carrying out their activities.

Fourth, migrant intellectuals were provided with opportunities of studying abroad to recharge themselves. Studying abroad as a student or a monk, migrant intellectuals were able to replenish themselves on the one hand, and permanently settle in a new country of their choice on the other hand.

Fifth, in the case of the Baekje's migrants who settled in Japan, clans of their descendants lived in adjacent areas collectively and each of the clans established a clan temple(氏寺) as the focal point for its clan members. It was these migrant intellectuals who were able to create such a pivotal space in the immigrant communities of Japan.

The successful role of migrant intellectuals in forging a common culture in East Asia was largely due to the region's knowledge–based society facilitated by the shared Chinese characters. As international students or monks, the migrant intellectuals strived to equip themselves with new knowledge, technology, and culture, thus being able to solve the challenges of the times and to foresee how the future will unfold. Having access to a comprehensive knowledge society, the migrant intellectuals were instrumental in creating and managing national systems of a country to which they were dispatched. Specifically, their roles encompass an overhaul and maintenance of the country's technologies and systems for improving its productivity and the overall diffusion of Chinese characters. Furthermore, East Asian countries that accepted migrant intellectuals also provided a range of support measures and services in their attempts to facilitate the migrants' transition and settlement and to enable them to realize their full potential. More importantly, those countries were so open–minded towards these migrants as to employ them as public servants.

As manifest in their approaches towards foreign migrants, East Asian countries of the ancient era were not closed or isolated within the confines of their own borders. Boundary–spanning activities were common in the region where diverse peoples and cultures co–existed in harmony. Baekje clearly shows this feature as well. The activities of Chinese migrant intellectuals who settled in Baekje and those who migrated from Baekje to Japan were conducive to creating a homogeneous historical and cultural space in ancient East Asia. Migrant intellectuals in the history of Baekje certainly gave strong impetus for an 'East Asian cultural homogeneity'. Furthermore, both the Chinese migrant intellectuals who settled in Baekje and the Baekje's migrant intellectuals who settled in Japan successfully forged truly symbiotic relationships with the locals in their adopted country and produced a new culture through utilizing their expert knowledge and skills.

I conclude this paper with a timely and positive note for East Asian countries. I suggest that they draw on the practices of those migrant intellectuals in the history of Baekje in particular, and those in ancient East Asia in general, and that they take a big leap forward together to position themselves as a global leader in today's challenging times.

표 및 그림 목차

참고문헌

1. 기본사료(역주집 포함)

《三國史記》

《後漢書》《三國志》《晉書》《宋書》《南齊書》《梁書》《魏書》《周書》《隋書》《北史》《舊唐書》《新唐書》《資治通鑑》

《日本書紀》《古事記》《續日本紀》《日本後紀》《新撰姓氏錄》《養老令》《令義解》《令集解》

《元興寺伽藍緣起并留記資財帳》《扶桑略記》《善隣國寶記》《藤氏家傳》《懷風藻》《日本靈異記》

스가노노 마미치菅野眞道 외 엮음·이근우 옮김, 2012·2016, 《속일본기》 1·2·3·4, 지식을만드는지식.

연민수 외, 2013, 《역주 일본서기》 1·2·3, 동북아역사재단.

연민수 외 역주, 2020, 《新撰姓氏錄》 上·中·下, 동북아역사재단.

기요하라노 나츠노淸原夏野 지음·이근우 역주, 2014, 《영의해 역주令義解 譯註》 상·하, 세창출판사.

충청남도·충남역사문화연구원, 2016, 《중국 출토 百濟人 墓誌 集成》.

쿄오카이景戒 지음·정천구 옮김, 2011, 《일본영이기 – 일본 최초의 불교설화집 – 》, 도서출판 씨아이알.

한국고대사회연구소 편, 1992, 《譯註 韓國古代金石文》 I, 가락국사적개발연구원.

仁井田 陞, 1964(1933), 《唐令拾遺》, 東京大學出版會刊.

井上光貞·關晃·土田直鎭·靑木和夫, 1976, 《律令》, 日本思想史大系 3, 岩波書店.

沖森卓也·佐藤 信·矢嶋 泉, 1999, 《藤氏家傳(鎌足·貞慧·武智麻呂傳) – 注釋と硏究 – 》, 吉川弘文館.

2. 도록, 보고서, 자료집

권덕영, 2021, 《재당 한인 묘지명 연구》, 한국학중앙연구원출판부.

국립공주박물관, 1999~2004, 《일본소재 백제문화재 조사보고서》 I~IV.

국립부여박물관, 2002, 《백제의 문자》.

울산발전연구원문화재센터, 2020, 《부여 쌍북리 56번지 유적 발굴조사보고서 –부여 한옥마을–》.

충남역사문화연구원, 2008, 《유적·유물로 본 백제 (II)》.

충청남도·충남역사문화연구원, 2016, 《중국 출토 백제인 묘지 집성》.

충청남도·충남역사문화연구원, 2017, 《일본 속의 백제 –긴키지역–》 I·II.

충청남도·충남역사문화연구원, 2018, 《일본 속의 백제 –큐슈지역–》.

충청남도·충남역사문화연구원, 2019, 《일본 속의 백제 –혼슈지역–》.

한국목간학회, 2015, 《한국고대문자자료연구 백제(상) –지역별–》, 주류성.

한국목간학회, 2015, 《한국고대문자자료연구 백제(하) –주제별–》, 주류성.

大津市歷史博物館, 2016, 《渡來した人人の足跡 –大津の古墳群と集落跡–》, 發掘された 2016 地域展示圖錄.

大阪府立近つ飛鳥博物館, 2004, 《今來才伎 –古墳·飛鳥の渡來人–》, 平成16年度秋季特別展圖錄.

大阪府立近つ飛鳥博物館, 2007, 《河內古代寺院巡禮》, 平成19年度春季特別展圖錄.

大阪府立近つ飛鳥博物館, 2011, 《倭人と文字の出会い》, 平成23年度 春季特別展 圖錄

大阪歷史博物館, 2017, 《 渡來人いずこより –도래인은 어디에서 왔는가–》, 特別展圖錄.

大阪府立狹山池博物館, 2017, 《常設展示案內》.

日中民族科學研究所 編, 1980, 《中國歷代職官辭典》, 國書刊行會.

3. 연구서

가와다 준조 지음·임경택 옮김, 2004,《무문자사회의 역사 - 서아프리카 모시족의 사례를 중심으로-》, 논형

권오영, 2005,《고대 동아시아 문명교류사의 빛 무령왕릉》, 돌베개.

권오영, 2019,《해상 실크로드와 동아시아 고대국가》, 세창출판사.

김기섭, 2000,《근초고왕과 백제》, 서경문화사.

노중국, 2012,《백제의 대외 교섭과 교류》, 지식산업사.

노중국, 2018,《백제정치사》, 일조각.

노태돈, 2009,《삼국통일전쟁사》, 서울대학교출판부.

니시지마 사다오 지음·이성시 엮음·송완범 옮김, 2008,《일본의 고대사인식 - '동아시아 세계론'과 일본-》, 역사비평사.

마크 에드워드 루이스 지음·조성우 옮김, 2016,《하버드 중국사 남북조 - 분열기의 중국-》, 너머북스.

문동석, 2007,《백제 지배세력 연구》, 혜안.

미노와 겐료蓑輪顯量 지음·김천학 옮김, 2017,《일본불교사》, 동국대학교출판부.

미야자키 이치시다宮崎市定 지음·임대희 등 옮김, 2002,《구품관인법의 연구》, 소나무.

박천수, 2012,《일본 속 고대 한국 문화 - 近畿地方-》, 동북아역사재단.

송기호, 2007,《동아시아의 역사분쟁》, 솔출판사.

스에키 후미코末木文美士 지음·이시준 옮김, 2005,《일본불교사 - 사상사로서의 접근-》, 뿌리와 이파리.

에드워드 사이드 지음·최유준 옮김, 2012,《지식인의 표상 - 지식인이란 누구인가?-》, 마티.

연민수, 1998,《고대 한일관계사》, 혜안.

연민수, 2021,《일본 고대국가와 도래계 씨족》, 학연문화사.

이도학, 1995,《백제 고대국가 연구》, 일지사.

이도학, 1996,《백제 흑치상지 평전》, 주류성.

이병도, 1976,《한국고대사연구》, 박영사.

이성시 지음, 이병호·김은진 옮김, 2022,《고대 동아시아의 민족과 국가》, 삼인(李成市, 1998,《古代東アジアの民族と國家》, 岩波書店).

이성재, 2012,《지식인》, 책세상.

이윤옥, 2020,《일본 불교를 세운 고대 한국 승려들》, 운주사.

이치 히로키市大樹 지음·이병호 옮김, 2014,《일본 고대사의 새로운 해명 아스카의 목
간》, 주류성(市大樹, 2012,《飛鳥の木簡 −古代史の新たな解明−》, 中公新書).

張光直 지음·李徹 옮김, 1990,《신화 미술 제사》, 동문선.

정동준, 2013,《동아시아 속의 백제 정치제도》, 일지사.

충남역사문화연구원, 2007,《백제 유민들의 활동》, 백제문화사대계 7.

허진웅 지음·영남대 중국문학연구실 옮김, 1993,《중국고대사회 −문자학과 고고학적
해석에 입각하여−》, 지식산업사

호리 도시가즈堀敏一 지음, 정병준·이원석·채지혜 옮김, 2012,《중국과 고대 동아시아
세계 −중화적 세계와 여러 민족들−》, 동국대 출판부.

후지에다 아키라藤枝晃 지음·오미영 옮김, 2006,《문자의 문화사》, 박이정.

加藤謙吉, 1991,《大和政権と古代氏族》, 吉川弘文館.

加藤謙吉, 1998,《秦氏とその民 渡来氏族の実像》, 白水社.

加藤謙吉, 2001,《吉士と西漢氏 渡来氏族の実像》, 白水社.

加藤謙吉, 2002,《大和の豪族と渡来人 −葛城·蘇我氏と大伴·物部氏−》, 吉川弘文館.

加藤謙吉, 2003,《ワニ氏の研究》, 雄山閣.

加藤謙吉, 2017,《渡来氏族の謎》, 祥伝社.

加藤謙吉, 2018,《日本古代の豪族と渡来人 −文献史料から読み解く古代日本−》, 雄山閣.

高田貫太, 2017,《海の向こうから見た倭國》, 講談社現代新書.

筧敏生, 2002,《古代王權と律令國家》, 校倉書房.

關晃, 1956,《歸化人》, 至文堂: 2009,《歸化人》, 講談社 學術文庫.

廣瀨憲雄, 2011,《東アジアの国際秩序と古代日本》, 吉川弘文館.

廣瀨憲雄, 2014,《古代日本外交史 東部ユーラシアの視点から読み直す》, 講談社選書メチエ.

廣瀨憲雄, 2018,《古代日本と東部ユーラシアの国際関係》, 勉誠出版.

吉村武彦, 2010,《ヤマト王權》, シリーズ日本古代史2, 岩波新書.

吉村武彦·吉川眞司·川尻秋生 編, 2020,《渡來系移住民 −半島·大陸との往來−》, 岩波書店.

金鉉球, 1985,《大和政權の対外關係研究》, 吉川弘文館.

大橋信弥, 2004,《古代豪族と渡來人》, 吉川弘文館.

大橋信弥, 2019,《古代の地域支配と渡來人》, 吉川弘文館.

大津透, 2020,《律令國家と隋唐文明》, 岩波新書.

大坪秀敏, 2008,《百濟王氏と古代日本》, 雄山閣.

都出比呂志, 2018,《古代國家はいつ成立したか》, 岩波新書.

東野治之, 2004,《日本古代金石文の研究》, 岩波書店.

東潮, 1999,《古代東アジアの鐵と倭》, 溪水社.

鈴木靖民, 2016,《古代日本の東アジア交流史》, 勉誠出版.

末木文美士, 2006,《日本宗敎史》, 岩派書店.

末木文美士, 2020,《日本思想史》, 岩波新書.

山尾幸久, 1989,《古代の朝日關係》, 塙書房.

三﨑良章, 2012,《五胡十六國 －中國史上の民族大移動－》, 東方選書.

森 三樹三郎, 1962,《梁の武帝－佛敎王朝の悲劇－》, 平樂寺書店.

三上喜孝, 2013,《日本古代の文字と地方社會》, 吉川弘文館.

上田正昭, 1965,《歸化人 －古代國家の成立をめぐって－》, 中央公論社.

上田正昭, 2013,《渡來の古代史 －國のかたちをつくったのは誰か－》, 角川選書.

西嶋定生 著·李成市 編, 2001,《古代東アジア世界と日本》, 岩波現代文庫.

薗田香融, 2016,《日本古代佛敎の傳來と受容》, 塙書房.

田中史生, 1997,《日本古代國家の民族支配と渡來人》, 校倉書房.

田中史生, 2005,《倭國と渡來人》, 吉川弘文館.

田中史生, 2019,《渡來人と歸化人》, 角川選書.

田村圓澄, 1982,《日本佛敎史》1 飛鳥時代, 法藏館.

井上光貞, 1965,《日本古代國家の研究》, 岩波書店.

井上滿郎, 1994,《渡來人 －日本古代と渡來人－》, リブロポート.

井上滿郎, 2003(1995),《古代の日本と渡來人 －古代史にみる國際關係－》, 明石書店.

佐伯有淸, 1983,《新撰姓氏錄の研究》考證篇 第5, 吉川弘文館.

佐川英治·杉山清彦, 2019,《中國と東部ユーラシアの歷史》, 放送大學敎育振興會.

中久保 辰夫, 2017,《日本古代國家の形成過程と對外交流》, 大阪大學出版部.

直木孝次郎, 2015,《日本古代史と応神天皇》, 塙書房.

坂靖, 2018,《蘇我氏の古代學 －飛鳥の渡來人－》, 新泉社.

河內春人, 2018,《倭の五王 －王位繼承と五世紀の東アジア－》, 中公新書.

河上麻由子, 2019,《古代日中關係史 －倭の五王から遣唐使以降まで－》, 中公新書.

胡口靖夫, 1996,《近江朝と渡來人 －百濟鬼室氏を中心として－》, 雄山閣出版.

葛劍雄, 2005,《中國移民史》, 五南圖書出版社.

拜根興, 2012,《唐代高麗百濟移民硏究 －以西安洛陽出土墓志爲中心－》, 中國社會科學出版社.

4. 연구논문

가와노 가츠타카河野一隆, 2018, 〈생산유적〉, 《일본 속의 백제 －큐슈지역－》, 충청남도·
　충남역사문화연구원.

가토 겐키치加藤謙吉, 2017, 〈가와치지역의 백제계 씨족〉, 《일본 속의 백제 －긴키지역－》 II,
　충청남도·충남역사문화연구원.

강선, 2005, 〈4~6세기 동아시아 정세와 고구려의 대외정책〉, 《군사》 5.

권오영, 2008, 〈壁柱建物에 나타난 백제계 이주민의 일본 畿內지역 정착〉, 《한국고대사
　연구》 49.

권오영, 2009, 〈동아시아 문화강국 백제의 상징, 무령왕릉〉, 《한국사 시민강좌》 44, 일
　조각.

권오영, 2010, 〈마한의 종족성과 공간적 분포에 대한 검토〉, 《한국고대사연구》 60.

권오영, 2012a, 〈백제와 서역의 문물교류에 대한 시론〉, 《백제연구》 55.

권오영, 2012b, 〈계체왕조의 등장을 둘러싼 고고학적 환경 －무령왕대 백제와 왜의 교
　섭을 이해하기 위한 사전작업－〉, 《백제문화》 46.

권오영, 2019, 〈하남 감일동 백제고분군의 고고학적, 역사학적 위상〉, 《하남 감일동 백
　제고분군의 위상》, 중부고고학회.

권오중, 2008, 〈낙랑 석암리 9호분 소고〉, 《한중관계 2000년》, 소나무.

권오중, 2009, 〈'낙랑사' 시대구분 시론〉, 《한국고대사연구》 53.

길기태, 2010, 〈백제의 법화사상과 惠現求靜〉, 《신라문화제학술논문집》 31.

김경호, 2014, 〈4~6세기 동아시아에서의 문헌의 유통과 확산〉, 《대동문화연구》 88.

김기섭, 2005, 〈5세기 무렵 백제 渡倭人의 활동과 문화 전파〉, 《왜 5왕 문제와 한일관계》,
　경인문화사.

김기섭, 2007, 〈고대국가의 여명〉,《한성도읍기의 백제》, 충남역사문화연구원.

김기섭, 2017, 〈4~5세기 동아시아 국제정세와 백제의 외교정책〉,《백제문화》 56.

김길식, 2017, 〈원삼국~백제 한성기 경기남부지역 제철기지 운용과 지배세력의 변화 추이〉,《백제문화》 56.

김낙중, 2015a, 〈백제에 남겨진 왜의 문물〉,《한국사 속의 백제와 왜》, 한성백제박물관.

김낙중, 2015b, 〈3~6세기 해남지역 정치체의 성장과 변동〉,《호남고고학보》 51.

김낙중, 2019, 〈백제 횡혈묘의 특징과 의미에 대하여〉,《문화재》 52 - 2.

김낙중, 2021, 〈영산강유역권 마한 관련 유적의 최신 조사 성과와 의의〉,《호남고고학보》 67.

김리나, 2002, 〈고대 한일 미술 교섭사〉,《한국고대사연구》 27.

김병준, 2008, 〈낙랑군 초기의 편호과정과 '胡漢稍別' -〈樂浪郡初元4年縣別戶口多少口 口木簡〉을 단서로 - 〉,《목간과 문자》 창간호.

김병준, 2011, 〈낙랑군의 한자 사용과 변용〉,《고대 동아시아의 문자교류와 소통》, 동북아역사재단.

김선민, 2000, 〈고대의 〈박사〉〉,《일본역사연구》 12.

김선민, 2007, 〈일본고대국가와 백제왕씨〉,《일본역사연구》 26.

김성범, 2010, 〈나주 복암리 목간의 판독과 석독〉,《목간과 문자》 5.

김성식·한지아, 2018, 〈부여 쌍북리 56번지 사비한옥마을 조성부지 유적 출토 목간〉,《목간과 문자》 21.

김수진, 2017, 〈唐京 고구려 유민 연구〉, 서울대대학원 박사학위논문.

김수태, 2017, 〈긴키지역의 백제인들〉,《일본 속의 백제 - 긴키지역 - 》 I, 충청남도·충남역사문화연구원.

김영관, 2012a, 〈중국 발견 백제유민 예씨 가족 묘지명 검토〉,《신라사학보》 24.

김영관, 2012b, 〈백제 유민들의 당 이주와 활동〉,《한국사연구》 158.

김영관, 2012c, 〈백제 멸망 후 부여융의 행적과 활동에 대한 재고찰〉,《백제학보》 7.

김영관, 2014, 〈백제 유민 진법자 묘지명 연구〉,《백제문화》 50.

김영관, 2017, 〈〈부여융 묘지명〉의 새로운 판독과 번역〉,《한국고대사탐구》 25.

김영관, 2020a, 「在唐 백제 유민의 활동과 출세 배경」,《한국고대사탐구》 35.

김영관, 2020b, 〈곱하기와 나누기를 배운 흔적〉,《목간으로 백제를 읽다》, 사회평론아카데미.

김영심, 2005, 〈백제 5방제 하의 수취체제〉,《역사학보》 185

김영심, 2006a, 〈백제 유학의 일본 전파와 그 영향〉,《민족발전연구》 13 - 14, 중앙대 민족발전연구원.

김영심, 2006b, 〈백제 사비시기 체제정비의 사상적 기반〉, 《백제 사비시기 문화의 재조명》, 춘추각.

김영심, 2007a, 〈백제 한성도읍기 문화의 계통성과 특색〉, 《한성백제의 역사와 문화》, 서경문화사.

김영심, 2007b, 〈관료의 양성과 선발〉, 《백제의 정치제도와 군사》, 충남역사문화연구원.

김영심, 2008, 〈백제의 '君'호에 관한 시론적 고찰〉, 《백제연구》 48.

김영심, 2012, 〈웅진·사비시기 백제 지배층의 사상적 지향 －六朝 士大夫와의 비교를 통하여－〉, 《백제문화》 46.

김영심, 2013a, 〈묘지명과 문헌자료를 통해 본 백제멸망 전후 禰氏의 활동〉, 《역사학연구》 52.

김영심, 2013b, 〈칠지도의 성격과 제작배경 －도교와의 관련성 검토－〉, 《한국고대사연구》 69.

김영심, 2014a, 〈4세기 동아시아 세계와 백제의 위상, 칠지도〉, 《금석문으로 백제를 읽다》, 학연문화사.

김영심, 2014b, 〈고흥 안동고분 축조의 역사적 배경〉, 《백제문화》 51.

김영심, 2014c, 〈遺民墓誌로 본 고구려, 백제의 官制〉, 《한국고대사연구》 75.

김영심, 2015, 〈일본 속 백제유물의 범위와 의미〉, 《백제문화》 53.

김영심, 2017, 〈고대 일본의 도교문화와 백제〉, 《백제문화》 57.

김영심, 2020, 〈문자문화의 상징 －시가목간과 서간 목간－〉, 《목간으로 백제를 읽다》, 사회평론아카데미.

김영심, 2022, 〈갱위강국을 만든 무령왕의 통치전략과 체제 정비〉, 《백제문화》 67.

김은숙, 1985, 〈일본 고대의 '귀화'의 개념 －《일본서기》의 '귀화' 용례를 중심으로－〉, 《변태섭박사화갑기념사학논총》, 삼영사.

김은숙, 1988, 〈西文氏의 귀화 전승〉, 《역사학보》 118.

김은숙, 2002, 〈《고사기》·《일본서기》의 편찬과정〉, 《강좌 한국고대사》 5, 가락국사적개발연구원.

김은숙, 2007a, 〈일본 율령국가의 백제왕씨〉, 《백제유민들의 활동》, 충청남도역사문화연구원.

김은숙, 2007b, 〈7세기 동아시아의 국제 관계 －수의 등장 이후 백제 멸망까지를 중심으로－〉, 《한일관계사연구》 26.

김은숙, 2007c, 〈일본 율령국가의 고구려계 씨족〉, 《동북아역사논총》 15.

김창석, 2008, 〈大阪 桑津 유적 출토 백제계 목간의 내용과 용도〉, 《목간과 문자》 창간호.

김창석, 2016, 〈중국계 인물의 백제 유입과 활동 양상〉, 《역사문화연구》 60.

김천학, 2012, 〈고대 한국불교와 남도육종의 전개〉, 《東方學》 23.

김천학, 2016, 〈백제 道藏이 일본 불교에 미친 영향에 대한 기초적 고찰〉, 《한국불교사연구》 9.

김태흡, 1927, 〈동양불교의 개설 – 일본의 불교 – 〉, 《불교》 제41호.

나행주, 2015, 〈일본고대국가와 백제계 도래인 – 특히 백제계 문필(史姓)씨족의 활동과 역할을 중심으로 – 〉, 《한일관계사연구》 52.

나행주, 2021, 〈7세기 일본 견수 학문승의 활동과 역할〉, 《한일관계사연구》 71.

노중국, 1998, 〈신라와 고구려·백제의 인재양성과 선발〉, 《신라문화제학술발표회논문집》 19.

문명대, 2001, 〈법륭사 불상조각과 삼국시대 불상조각〉, 《강좌미술사》 16.

문안식, 2003, 〈왕인의 渡倭와 상대포의 해양교류사적 위상〉, 《한국고대사연구》 31.

미카미 요시다카三上喜孝, 2012, 〈일본 고대 지방사회의 《논어》 수용〉, 《地下의 논어, 紙上의 논어》, 성균관대출판부.

박석순, 2000, 〈일본 고대국가에서 '化'의 개념〉, 《동양사학연구》 70.

박윤선, 1995, 〈도일 백제유민의 활동〉, 숙명여대 석사학위논문.

박윤선, 2012, 〈도일 백제유민의 정체성 변화 고찰〉, 《역사와 현실》 83.

박이순, 2012, 〈고려·당·일본에 있어서의 〈歸化(人)〉관련의 법 연구 – 일본의 養老律令을 중심으로〉, 《한국민족문화》 43.

박재용, 2009 《《일본서기》의 편찬과 백제 관련 문헌 연구〉, 한국교원대학교대학원 박사논문.

박재용, 2011, 〈고대 일본 藤原氏와 백제계 도왜인〉, 《백제연구》 54.

박재용, 2012, 〈6세기 왜국의 대외관계 변화와 백제계 氏族〉, 《백제와 주변세계》, 진인진.

박재용, 2014, 〈6세기 백제계 도왜인과 불교〉, 《백제문화》 50.

박재용, 2015, 〈《일본서기》에 보이는 왜계백제관료〉, 《백제학보》 15.

박재용, 2016, 〈고대 일본의 국가 기틀을 마련한 백제계 도왜씨족〉, 《한류 열풍의 진앙지 일본 가와치》, 주류성.

박재용, 2017, 〈고대 일본의 蘇我氏와 백제계 씨족〉, 《한국고대사연구》 86.

박재용, 2019, 〈고대 일본의 망명백제관인과 그 후예씨족〉, 《한일관계사연구》 64.

박재용, 2020, 〈곤지의 도왜와 그 후손들〉, 《문물연구》 38, 동아문화재단.

박재용, 2021, 〈웅진·사비기 백제와 왜국의 관계〉, 《대통백제, 통합과 교류의 장을 펼치다》, 송파구.

박준형·여인석, 2015, 〈《大同類聚方》典藥寮本과 고대 한반도 관련 처방〉, 《목간과 문자》 15.

박준형, 2021, 〈한국 고대 의약기술 교류〉, 《한국고대사연구》 102.

박지현, 2020, 〈사비기 백제의 대중관계와 문화교류 – 도교·불교를 중심으로–〉, 《목간과 문자》 24.

박초롱, 2019, 〈禰氏 一族의 백제 이주와 성장〉, 《목간과 문자》 23.

박한제, 1996, 〈동진·남조사와 僑民 –僑舊體制의 형성과 그 전개–〉, 《동양사학연구》 53.

박해현, 2016, 〈일본 고대 불교 발전에 기여한 백제 도래인 –行基를 중심으로–〉, 《한국고대사연구》 83.

박현숙, 2014, 〈백제 태학의 설립과 정비과정〉, 《역사교육》 132.

방향숙, 2013, 〈5~7세기 중국왕조들의 백제에 대한 인식과 외교 전략의 변화〉, 《백제연구》 57.

배재훈, 2015, 〈백제의 태학〉, 《한국고대사탐구》 19.

백길남, 2015, 〈4~5세기 백제의 중국계 流移民의 수용과 太守號〉, 《동방학지》 172.

백미선, 2010, 〈사비시대 백제의 대왜 불교 교류와 慧聰〉, 《한국사상사학》 34.

백미선, 2012, 〈백제 멸망기 도왜 승려들의 활동과 사상〉, 《한일관계사연구》 41.

사토 마코토佐藤信, 2011, 〈일본 한자문화의 수용과 전개〉, 《고대 동아시아의 문자교류와 소통》, 동북아역사재단.

三上喜孝 지음·오택현 옮김, 2020, 〈고대 일본 논어 목간의 특질〉, 《목간과 문자》 25.

서보경, 2008, 〈백제의 동맹 형성과 관리 –《宋書》에 보이는 왜왕의 도독백제군사호 요청과 관련하여–〉, 《일본연구》 35.

서보경, 2009, 〈도왜한 백제계 韓人과 河內 – 백제왕족의 도왜와 관련하여–〉, 《사총》 68.

서보경, 2010, 〈達率 日羅를 통해 본 倭系百濟官僚〉, 《역사와 담론》 56.

서보경, 2012, 〈《신찬성씨록》의 편찬과 목적〉, 《한일관계사연구》 41.

서보경, 2014, 〈고대 일본의 신지식 전수방식의 변화와 특징 –大學寮의 성립과정을 중심으로–〉, 《일본학》 38.

서보경, 2015, 〈백제문화와 일본 고대문화〉, 《서울2천년사》 5, 서울역사편찬원.

서보경, 2016, 〈同祖 계보의 변화를 통해 본 왕인, 왕진이계 씨족〉, 《한일관계사연구》 53.

서보경, 2017a, 〈고대 일본의 문필실무직과 한국계 〈渡來〉씨족〉, 《사림》 59.

서보경, 2017b, 〈《신찬성씨록》의 吉田連氏 출자와 氏姓 標題에 관하여〉, 《한일관계사연구》 58.

서보경, 2019a, 〈東西文部와 大祓〉, 《한일관계사연구》 64.

서보경, 2019b, 〈秦氏의 조상전승에 관한 연구〉, 《일본연구》 82.

서정석, 2013, 〈백제산성이 일본 '조선식산성'에 끼친 영향 – 대야성을 중심으로–〉,

《역사와 담론》 67.

서현주, 2015, 〈왜에 남겨진 백제 문물〉, 《한국사 속의 백제와 왜》, 한성백제박물관.

小野健吉, 2011, 〈고대 일본의 궁원〉, 《백제연구》 53.

소현숙, 2018, 〈백제 불상에 나타난 중국 불교예술의 영향 – 마애불을 중심으로〉, 《충청
남도의 백제유적》, 충청남도·충남역사문화연구원.

송기호 역주, 1992, 〈흑치준 묘지명〉, 《역주 한국고대금석문》 I, 한국고대사회연구소 편.

송기호, 2002, 〈고대의 문자생활〉, 《강좌 한국고대사》 제5권, 가락국사적개발연구원.

송완범, 2005, 〈일본 율령국가의 개사성정책에 대하여 – 반도의 유민을 중심으로–〉,
《일본역사연구》 22.

송완범, 2006, 〈동아시아세계 속의 〈백제왕씨〉의 성립과 전개〉, 《백제연구》 44.

송완범, 2009, 〈일본율령국가의 백제군·고려군·신라군에 보이는 교류와 공존〉, 《사총》 68.

송완범, 2010, 〈일본 율령국가와 백제유민의 연구〉, 《고대 동아시아 재편과 한일관계》, 경
인문화사.

송일기, 2013, 〈삼국시대 서적 유통에 관한 연구〉, 《한국도서관·정보학회지》 44 – 1.

송지연, 2004, 〈대방군의 성쇠에 대한 연구〉, 《사학연구》 74.

신종원, 2002, 〈삼국불교와 중국의 남조문화〉, 《강좌 한국고대사》 9, 가락국사적개발연
구원.

안정준, 2016, 〈고구려의 낙랑·대방군 고지 지배 연구〉, 연세대대학원 박사학위논문.

안휘준, 1989, 〈삼국시대 미술의 일본전파〉, 《국사관논총》 10.

양기석, 2010, 〈백제인들의 일본열도 이주〉, 《마한·백제 사람들의 일본열도 이주와 교류》,
중앙문화재연구원 창립10주년기념 국제학술대회 발표문.

양기석, 2013, 〈백제 박사제도의 운용과 변천〉, 《백제문화》 49.

여호규, 2000, 〈4세기 동아시아 국제질서와 고구려 대외정책의 변화〉, 《역사와 현실》 36.

여호규, 2006, 〈6~8세기 동아시아 국제관계사 연구의 진전을 기대하며〉, 《역사와 현실》 61.

여호규, 2009, 〈4세기 고구려의 낙랑·대방 경영과 중국계 망명인의 정체성 인식〉, 《한
국고대사연구》 53.

여호규, 2011, 〈고구려의 한자문화 수용과 변용〉, 《고대 동아시아의 문자교류와 소통》,
동북아역사재단.

여호규, 2015, 〈4세기~5세기 초엽 백제의 대중교섭 양상〉, 《백제의 성장과 중국》, 한성
백제박물관.

연민수, 2007, 〈왜로 이주한 백제인과 그 활동〉, 《백제유민들의 활동》, 충남역사문화연

구원.

연민수, 2009, 〈일본 고대국가 형성과 백제〉, 《한국사 시민강좌》 44, 일조각.

연민수, 2016, 〈백제 鬼室氏와 일본의 후예씨족〉, 《백제학보》 17.

연민수, 2017, 〈진씨의 도래전승과 후예씨족의 활동〉, 《한일관계사연구》 58.

연민수, 2018a 〈왕진이 일족의 문서행정과 시조전승〉, 《동북아역사논총》 62.

연민수, 2018b, 〈백제와 큐슈지역의 교류〉, 《일본 속의 백제 -큐슈지역-》, 충청남도·
    충남역사문화연구원.

연민수, 2020, 〈왜왕권의 백제유민 관리와 인재등용책〉, 《백제문화》 71.

연민수, 2021, 〈사비시대 사택씨의 위상과 멸망 이후의 후예씨족〉, 《한국학》 44 - 1.

윤선태, 2003, 〈7~9세기 삼국인의 일본이주와 정착 -고대일본의 중화의식과 귀화인
    문제를 중심으로-〉, 《대외문물교류연구》 2.

윤선태, 2006, 〈목간으로 본 백제 사비도성의 안과 밖〉, 《동아고고논단》 2.

윤선태, 2011, 〈백제와 신라의 한자·한문 수용과 변용〉, 《고대 동아시아의 문자교류와
    소통》, 동북아역사재단.

윤수희, 2009, 〈백제의 人的交流 연구 -5세기를 중심으로-〉, 한국학중앙연구원 한국
    학대학원 박사학위논문.

윤용구, 2007a, 〈중국계 관료와 그 활동〉, 《백제의 대외교섭》, 충남역사문화연구원.

윤용구, 2007b, 〈새로 발견된 낙랑목간 -낙랑군 초원4년 현별 호구부-〉, 《한국고대사
    연구》 46.

이근우, 2001, 〈일본열도의 백제 유민에 대하여〉, 《한국고대사연구》 23.

이근우, 2004, 〈왕인의 《천자문》·《논어》 일본전수설 재검토〉, 《역사비평》 2004년 겨울호.

이근우, 2010, 〈《일본서기》에 보이는 오경박사와 吳音〉, 《일본역사연구》 31.

이근우, 2017, 〈백제와 소가씨, 《일본 속의 백제 -긴키지역-》 II, 충청남도·충청남도
    역사문화연구원.

이근우, 2019, 〈고대 일본의 씨성 개념과 《신찬성씨록》의 개성〉, 《한일관계사연구》 64

이남규, 2010, 〈한국 고대철기문화 교류에 관한 연구성과와 과제〉, 《농경·금속문화와 한
    일관계》, 경인문화사.

이노우에 미츠오井上滿郎, 2017, 〈교토부 고분유적〉, 《일본 속의 백제 -긴키지역-》 II,
    충청남도·충청남도역사문화연구원.

이다운, 2013, 〈고대일본의 백제불교 전개와 정치변동〉, 《원불교사상과 종교문화》 56.

이도학, 2009, 〈중국 속의 백제인들, 중국 바깥의 백제인들〉, 《민족학연구》 7.

이문기, 2000, 〈백제유민 난원경 묘지의 소개〉, 《경북사학》 23

이병호, 2006, 〈부여 정림사지 출토 소조상의 제작시기와 계통〉, 《미술자료》 74.

이병호, 2008, 〈부여 능산리 출토 목간의 성격〉, 《목간과 문자》 창간호.

이병호, 2013a, 〈일본의 도래계 사원과 백제 유민의 동향 － 大阪·大津·東國·吉備의 고고학 성과를 중심으로－〉, 《한국사학보》 53.

이병호, 2013b, 〈일본의 도래계 사원과 백제 유민의 동향 － 飛鳥·기타 지역의 고고학 성과를 중심으로－〉, 《선사와 고대》 39.

이성규, 2003, 〈한국 고대국가의 형성과 한자 수용〉, 《한국고대사연구》 32.

이성규, 2007, 〈고대 동아시아의 열림과 닫힘〉, 《동아시아 경제문화 네트워크》, 태학사.

李成市·尹龍九·金慶浩, 2009, 〈平壤 貞柏洞364號墳 출토 竹簡 論語에 대하여〉, 《목간과 문자》 4.

이여름, 2018, 〈4~5세기 백제 이주귀족의 정착과 활동〉, 《역사와 현실》 108.

이연심, 2010, 〈6세기 전반 가야·백제에서 활동한 '왜계관료'의 성격〉, 《한국고대사연구》 58.

이은성, 1984, 〈무령왕릉 지석과 원가력법〉, 《동방학지》 43.

이재석, 2000, 〈소위 왜계 백제관료와 야마토 왕권〉, 《한국고대사연구》 20.

이재석, 2010, 〈일본 고대국가 형성기의 知의 유통과 독점〉, 《동양사학연구》 111.

이정희, 1990, 〈6, 7세기 일본사에서 율령수용의 과정과 의미〉, 《한국고대사연구》 4.

이현숙, 2015, 〈한국고대의 본초 － 고조선·백제·신라를 중심으로〉, 《신라사학보》 33.

이호형, 2008, 〈공주 단지리 횡혈묘군을 통해 본 고대 한일교류〉, 《한국고대사연구》 50.

임기환, 1992, 〈낙랑지역 출토 금석문〉, 《역주 한국고대금석문》 I, 한국고대사회연구소 편.

임기환, 2000a, 〈3세기~4세기 초 위진의 동방정책〉, 《역사와 현실》 36.

임기환, 2000b, 〈4~7세기 고구려 관등제의 전개와 운영〉, 《한국 고대의 신분제와 관등제》, 아카넷.

임동민, 2022, 〈백제 한성기 해양 네트워크 연구〉, 고려대학원 박사학위논문.

장미애, 2017, 〈백제 내 이주민 집단의 위상 비교〉, 《역사학연구》 66.

장미애, 2021, 〈《일본서기》 응신기의 성격과 5세기 전반 백제－왜 관계의 이해〉, 《역사와 현실》 120.

장병진, 2022, 〈백제 부여풍 후손의 행적에 관한 새 자료 － 조인본, 부여씨 부부의 묘지명－〉, 《역사와 현실》 123.

장성준, 2010, 〈6~7세기 백제계 이주민의 일본 오우미(近江) 지역 정착과 활동〉, 한신대학교 석사학위논문.

장인성, 2009, 〈고대 일본에 전파된 백제 도교〉, 《한국고대사연구》 55.

田中史生, 2019a, 〈왜왕권 내에서 백제계 이주민의 역할〉, 《일본 속의 백제 -혼슈지역-》, 충청남도·충남역사문화연구원.

田中史生, 2019b, 〈屯倉과 한국목간 -왜국사에서의 한국목간의 가능성-〉, 《목간과 문자》 22.

田中俊明, 1999, 〈백제인의 일본 이주사(백제계 도래인사) 개요〉, 《일본소재 백제문화재 조사보고서 I -근기지방-》, 국립공주박물관.

전해종, 1972, 〈〈歸化〉에 대한 小考 -동양고대사에 있어서의 그 의의-〉, 《백산학보》 13.

정동준, 2014, 〈〈陳法子 墓誌銘〉의 검토와 백제 관제〉, 《한국고대사연구》 74.

정동준, 2020a, 〈동아시아의 전적교류로 본 백제의 유학교육〉, 《한국사연구》 188.

정동준, 2020b, 〈동아시아의 전적교류와 〈논어〉 목간〉, 《목간과 문자》 24.

정병삼, 2002, 〈고대 한국과 일본의 불교교류〉, 《한국고대사연구》 27.

정병준, 2007, 〈당에서 활동한 백제유민〉, 《백제 유민들의 활동》, 충남역사문화연구원.

정재윤, 2008, 〈백제 왕족의 왜 파견과 그 성격〉, 《백제연구》 47.

정재윤, 2012, 〈중국계 백제관료에 대한 고찰〉, 《사총》 77.

정재윤, 2016, 〈가와치지역의 백제계 도왜인〉, 《동북아역사논총》 52.

정재윤, 2017, 〈백제인들의 일본열도 정착 과정〉, 《일본 속의 백제 -긴키지역-》 II, 충청남도·충남역사문화연구원.

정진아, 2008, 〈헤이안 전기의 도래계 관인의 사성〉, 《일본역사연구》 28.

정효운, 2017, 〈백제 멸망과 백제유민 -정착과정과 정체성 문제를 중심으로-〉, 《동북아문화연구》 53.

조경철, 2000, 〈백제 성왕대 유불정치이념 -陸詡와 謙益을 중심으로-〉, 《한국사상사학》 15.

조경철, 2007, 〈유불통치이념의 구현〉, 《사비도읍기의 백제》, 충남역사문화연구원.

조범환, 2015 〈중국계 유이민의 백제 귀화와 정착과정에 대한 검토〉, 《한국고대사탐구》 19.

주보돈, 1999, 〈백제의 영산강유역 지배방식과 전방후원분 피장자의 성격〉, 《한국의 전방후원분》, 충남대 백제연구소.

周一良, 1993, 〈百濟와 中國 南朝와의 關係에 對한 몇 가지 考察〉, 《百濟史의 比較研究》, 충남대 백제연구소.

최상기, 2013, 〈禰軍 墓誌 -한·중·일 학계의 관심사항을 중심으로-〉, 《백제 문자자료의 재검토》 발표문, 성균관대 동아시아학술원 인문한국연구소.

최연식, 2011a, 〈6세기 동아시아 지역의 불교 확산과정에 대한 재검토〉, 《충청학과 충청문화》 13.

최연식, 2011b, 〈백제 후기의 불교학의 전개과정〉, 《불교학연구》 28.

카네가에 히로유키鐘江宏之, 2009, 〈고대 한일 교류사와 출토 문자자료 – 일본에 있어서 율령제의 형성과 신라·백제-〉, 《역사교육논집》 42.

하시모토 시게루, 2017, 〈목간 – 긴키지역의 백제 관련 목간-〉, 《일본 속의 백제 – 긴키지역》 I, 충청남도·충청남도역사문화연구원.

홍성화, 2018, 〈웅진시대 백제와 왜의 관계〉, 《사총》 94.

홍승우, 2015, 〈목간 자료로 본 백제의 적장 문서와 수취제도〉, 《한국고대사연구》 80.

花谷 浩, 1999, 〈飛鳥池유적과 飛鳥文化〉, 《일본 소재 백제문화재 조사보고서 I – 近畿地方-》, 국립공주박물관.

히시다 테츠오菱田哲郎, 2019, 〈사원유적 – 백제와 관련된 혼슈지역의 고대 사원-〉, 《일본 속의 백제 – 혼슈·시코쿠지역-》, 충청남도·충남역사문화연구원.

高橋 工, 1991, 〈桑津遺跡から日本最古のまじない札〉, 《葦火》 35, 大阪市文化財協會.

高橋 工, 1992, 〈大阪 桑津遺跡〉, 《木簡研究》 14.

關尾史郎, 1999, 〈古代中國における移動と東アジア〉, 《岩波講座 世界歷史 19: 移動と移民》, 岩波書店.

龜田修一, 1993, 〈考古學から見た渡來人〉, 《古文化談叢》 30.

龜田修一, 2020, 〈列島各地の渡來系文化·渡來人〉, 《渡來系移住民 – 半島·大陸との往來-》, 岩波書店.

吉川眞司, 2019, 〈古代寺院の生態〉, 《古代寺院 – 新たに見えてきた生活と文化-》, 岩波書店.

吉村武彦, 2020, 〈ヤマト王權と半島·大陸との往來〉, 《渡來系移住民 – 半島·大陸との往來-》, 岩波書店.

內田淸, 1996, 〈百濟·倭の上表文の原典について〉, 《東アジアの古代文化》 86, 大和書房.

大橋信弥, 2014, 〈安羅加耶と倭國の初期交流〉, 《한국민족문화》 51.

大橋信弥, 2015, 〈近江における文字文化の受容と渡來人〉, 《國立歷史民俗博物館研究報告》 194.

大隅 和雄, 1993, 〈行基〉, 《日本史大事典》 第2卷, 平凡社.

東野治之, 2005, 〈古代日本の文字文化〉, 《古代日本文字の來た道》, 大修館書店.

鈴木靖民, 2016, 〈古代日本の渡來人と技術移轉〉, 《古代日本の東アジア交流史》, 勉誠出版.

朴天秀, 2020, 〈古代の朝鮮半島と日本列島〉, 《渡來系移住民》, 岩波書店.

白石太一郎, 2002, 〈古墳; 古墳時代〉, 《日本考古學事典》, 三省堂.

福井重雅, 1995, 〈秦漢時代における博士制度の展開 – 五經博士の設置をめぐる疑義再論-〉,

《東洋史研究》 54 - 1.

山尾幸久, 1989, 〈河內飛鳥と渡來氏族〉, 《古代を考のえる河內飛鳥》, 吉川弘文館.

西谷正, 1992, 〈九州北部初期須惠器とその系譜〉, 《異國と九州 －歷史における國際交流と
　　　地域形成－》, 雄山閣.

西嶋定生, 1970, 〈東アジア世界の形成 總說〉, 《岩波講座 世界歷史》 4, 岩波書店.

西嶋定生, 1999, 〈漢字の傳來とその變容〉, 《倭國の出現 －東アジア世界のなかの日本－》,
　　　東京大學出版會.

西本昌弘, 1985, 〈豊璋と翹岐〉, 《ヒストリア》 107, 大阪歷史學會.

西本昌弘, 1989, 〈樂浪·帶方二郡の興亡と漢人遺民の行方〉, 《古代文化》 41 - 10.

小山田宏一, 1999, 〈古代の治水と開發〉, 《狹山池》 論考篇.

小倉慈司, 2016, 〈資料からみた日本列島と朝鮮半島のつながり〉, 《古代東アジアと文字文化》,
　　　國立歷史民俗博物館, 同成社.

新川登龜男, 1997, 〈日本古代における仏教と道教〉, 《選集 道教と日本》 2, 雄山閣.

安村俊史, 1996, 〈被葬者をめぐって〉, 《高井田山古墳》, 柏原市敎育委員會.

薗田香融, 1995, 〈古代の知識人〉, 《岩波講座 日本通史 5》 古代4, 岩波書店.

伊藤千浪, 1985, 〈律令制下の渡來人賜姓〉, 《日本歷史》 442.

田中史生, 2016, 〈漢字文化と渡來人-倭國の漢字文化の担い手を探る－〉, 《古代東アジア
　　　と文字文化》, 國立歷史民俗博物館, 同成社.

田中淸美, 1989, 〈5世紀における攝津·河內の開發と渡來人〉, 《ヒストリア》 125, 大阪歷史
　　　學會.

前澤和之, 2016, 〈上野三碑〉, 《日本史の研究》 253.

諸田正幸, 1988, 〈渡來人論. 序章〉, 《歷史學研究》 582.

佐藤昭夫, 1993, 〈鞍作止利〉, 《日本史大事典》 第2卷, 平凡社.

佐伯有淸, 1981, 〈應神王朝の形成と渡來人〉, 《東アジア世界における日本古代史講座》 3,
　　　學生社.

佐川正敏, 2010, 〈王興寺と飛鳥寺の伽藍配置·木塔心礎設置·舍利奉安形式の系譜〉, 《古代東
　　　アジアの佛敎と王權 －王興寺から飛鳥寺へ－》, 勉誠出版.

中井 眞孝, 1993, 〈道昭〉, 《日本史大事典》 第5卷, 平凡社.

增尾伸一郎, 2001, 〈日本古代の宗敎文化と道敎〉, 《アジア諸地域と道敎》 講座道敎 第6卷,
　　　雄山閣.

倉本一宏, 2014, 〈大王の朝廷と推古朝〉, 《岩波講座 日本歷史》 第2卷 古代2, 岩波書店.

千夏久, 2020, 〈渡來系移住民がもたらした産業技術 －畿內地域の鍛冶生産と馬生産〉, 《渡來系移住民 －半島·大陸との往來－》, 岩波書店.

泉敬史, 2012, 〈《古代日本》の留學者たち〉, 《東アジアの漢籍遺産 －奈良を中心として－》, 勉誠出版.

崔恩永, 2017, 〈百濟王氏の成立と動向に關する研究〉, 滋賀縣立大學大學院 博士學位論文.

坂元義種, 1996, 〈渡來系の氏族〉, 《日本の古代》 11 ウヂとイエ(大林太良 編), 中央公論社.

平野邦雄, 1964, 〈8·9世紀における歸化人の役割〉, 《歷史學研究》 292.

平野邦雄, 1996, 〈今來漢人の渡來〉, 《大化前代社會組織の研究》, 吉川弘文館.

平川 南, 2004, 〈總說 文字による支配〉, 《文字と古代日本 1 －支配と文字－》, 吉川弘文館.

河內春人, 2013, 〈五~七世紀における學術の流通と南朝文化圈〉, 《古代中國·日本における学術と支配》, 同成社.

榎本淳一, 2013, 〈《日本國見在書目錄》に見える梁代の書籍について〉, 《古代中國·日本における学術と支配》, 同成社.

丸山裕美子, 2014, 〈歸化人と古代國家·文化の形成〉, 《岩波講座 日本歷史》 第2卷 古代 2, 岩波書店.

찾아보기